企业安全规范与事故隐患排查治理指导丛书

商贸服务企业

Shang Mao Fu Wu Qi Ye

安全规范与事故隐患排查治理指导

An Quan Gui Fan Yu Shi Gu Yin Huan Pai Cha Zhi Li Zhi Dao

《企业安全规范与事故隐患排查治理指导丛书》编委会 编

中国劳动社会保障出版社

图书在版编目(CIP)数据

商贸服务企业安全规范与事故隐患排查治理指导/《企业安全规范与事故隐患排查治理指导丛书》编委会编. —北京：中国劳动社会保障出版社，2015

(企业安全规范与事故隐患排查治理指导丛书)

ISBN 978-7-5167-1888-9

Ⅰ. ①商… Ⅱ. ①企… Ⅲ. ①商业企业-安全管理-中国 Ⅳ. ①F721

中国版本图书馆 CIP 数据核字(2015)第 108860 号

中国劳动社会保障出版社出版发行

(北京市惠新东街 1 号 邮政编码：100029)

*

三河市华骏印务包装有限公司印刷装订 新华书店经销

787 毫米×1092 毫米 16 开本 16.75 印张 362 千字

2015 年 5 月第 1 版 2015 年 5 月第 1 次印刷

定价：40.00 元

读者服务部电话：(010) 64929211/64921644/84643933

发行部电话：(010) 64961894

出版社网址：http://www.class.com.cn

编　委　会

主　　编： 张力娜

编写人员： 于　静　马　林　方金良　方志强　王　颖　王昕景
王建民　王继兵　石忠明　刘佩清　刘军喜　刘立兴
刘红旗　杜文利　闫长洪　冯海英　张力娜　张伟东
张利琴　张万福　张　平　陈国恩　吴　诚　吴　淳
耿友兵　赵　卫　赵一宙　金永文　黄增汉　黄莉新
唐　玮　陈　建　杜晓琳　李　涛　吴克军　袁　晖
袁东旭　魏英萍

内容提要

商贸企业是指设有商品营业场所、直接面向最终消费者的商业零售企业，包括直接从事综合商品销售的百货商场、超级市场、零售商店等。服务企业是指旅店业、饮食业、旅游业、仓储业、租赁业、代理业、广告业、其他服务业等。商贸服务企业如果在经营过程中不注意安全，会发生重大人员伤亡事故，特别是容易发生重大火灾事故。因此，商贸服务企业需要加强安全管理，严防事故发生。

在本书中，根据商贸服务企业的实际情况，对商贸服务企业安全与事故特点、商贸服务企业安全生产相关法律法规、商贸服务企业安全生产规范要求、商贸服务企业事故隐患排查治理相关规章与制度、商贸服务企业安全检查、商贸服务企业应急救援预案参考、商贸服务企业典型事故案例分析等内容进行了全面详细的介绍。

本书适合于商贸服务企业开展各类人员的安全培训，也是商贸服务企业进行安全管理的必备参考图书。

前　言

安全生产事关人民群众生命财产安全，事关改革发展稳定大局，事关党和政府形象和声誉。党中央、国务院高度重视安全生产，确立了安全发展理念和“安全第一、预防为主、综合治理”的方针，采取一系列重大举措加强安全生产工作，党的十八大以来，以《安全生产法》为基础的安全生产法律法规体系不断完善，以“关爱生命、关注安全”为主旨的安全文化建设不断深入，安全生产形势也在不断好转，连续几年呈现出事故起数、重特大事故起数持续下降的局面。

2014 年 8 月 31 日，十二届全国人大常委会第十次会议审议通过了《关于修改〈中华人民共和国安全生产法〉的决定》，修改后的《安全生产法》于 2014 年 12 月 1 日起施行。在《安全生产法》的修订中，特别加强了基础性工作，这项基础性工作既包括科技教育方面的内容，也包括经济投入和社会支持。第三十七条规定：生产经营单位对重大危险源应当登记建档，进行定期检测、评估、监控，并制定应急预案，告知从业人员和相关人员在紧急情况下应当采取的应急措施。第三十八条规定：生产经营单位应当建立健全生产安全事故隐患排查治理制度，采取技术、管理措施，及时发现并消除事故隐患。事故隐患排查治理情况应当如实记录，并向从业人员通报。对于企业来说，对重大危险源登记建档，对安全事故隐患排查治理，是全面改进安全生产工作的重要基础工作。

为了促进企业全面贯彻落实新的《安全生产法》，提高企业安全生产管理水平，提高企业排查治理安全事故隐患的能力，我们组织专业人员编写了这套《企业安全规范与事故隐患排查治理指导丛书》。这套丛书分为十本，根据不同企业的特点，对煤矿企业、非煤矿山企业、化工生产企业、危险化学品储存运输企业、冶金企业、机械制造企业、建筑施工企业、道路交通运输企业、商贸服务企业、特种设备使用单位的事故隐患排查治理，以及重大危险源登记建档、事故应急救援等知识，做了比较详细全面的介绍，同时还介绍了相关企业的经验与做法，比较细致地分析了相关典型事故案例。

在企业的安全生产工作中，人是起决定作用的关键因素，企业的各项安全管理工作都需要具体人员来贯彻落实，企业的生产、技术、经营等活动也需要人员来实现。因此，加强人员的安全培训与安全教育，实际上就是在保障企业的安全。这套《企业安全规范与事故隐患排查治理指导丛书》，适合企业各类人员的安全培训与安全教育，是比较好的企业各类人员安全培训教材。希望这套丛书能够切实有效地提高企业的安全管理水平，促进企业安全生产各项工作。

《企业安全规范与事故隐患排查治理指导丛书》编委会

2015 年 5 月

目　录

第一章　商贸服务企业安全与事故特点

一般来讲，商贸企业是指设有商品营业场所、直接面向最终消费者的商品零售企业，包括直接从事综合商品销售的百货商场、超级市场、零售商店等。服务企业是指旅店业、饮食业、旅游业、仓储业、租赁业、代理业、广告业、其他服务业等。商贸服务企业的安全性比工业企业高，相比危险较大、事故率较高的煤矿企业、建筑施工企业更高。但是，商贸服务企业如果在经营过程中不注意安全，安全管理存在缺陷和懈怠，同样会发生重大人员伤亡事故，特别是容易发生重大火灾事故。因此，商贸服务企业同样需要加强安全管理，严防事故发生。

第一节　商贸服务企业事故风险与原因分析

商贸服务企业数量众多，特别是近年来随着我国国民经济的快速发展，商贸服务企业也得到迅速发展，各类商店、购物中心、连锁店等商贸企业遍布于城市乡村，各类宾馆酒店星罗棋布，适应各种人群需要的公共娱乐场所更是数不胜数。数量众多的商贸服务企业也存在着各种经营风险，其中最为主要的风险就是火灾风险。

一、商场（市场）火灾事故风险与原因

随着我国改革开放的不断深入，经济建设飞速发展，人们的生活水平和消费水平不断提高，用于满足人们购物等需要的现代化大型商场和集贸市场越来越多，建筑规模也越变越大，其火灾事故的发生也屡见不鲜。

1. 商场、集贸市场的特点及火灾危险性

无论是商场还是集贸市场，其火灾危险性一般可用“一大三多”来概括。

(1) 建筑面积大

无论商场还是集贸市场，建筑面积一般都比较大，小的有数千平方米，大的有数万平方米，多层的商场或集贸市场，大多安装有自动扶梯，层层相通；有的还设有中庭；有的还打通楼层竖向分隔层，形成人为的一些竖向孔洞，破坏原有的防火分隔，使商场和集贸市场的防火分隔问题相当突出。在消防条件方面，由过去的厂房、仓库改造而成的大型集贸市场普遍存在严重的先天不足，如棚顶市场、临街市场、地下市场等普遍存在着耐火等级低、灭火设施装置不足以及商品分布未考虑防火灭火要求，加之经营规模的发展迅速，消防安全管理严重滞后，因而造成多方面的严重火灾隐患。一旦起火，极易导致火势在较短的时间内迅速蔓延，增大了火灾危险性。

（2）可燃商品多

可燃商品多，容易造成重大经济损失。商场、集贸市场经营的商品，大部分是可燃物品，一些商品本身虽然属于非燃烧材料制成，但其包装箱、盒却都是可燃物品。还有的商品，如指甲油、摩丝和小包装的汽油酒精等有机溶剂及丁烷气体（打火机用）等则属易燃易爆的化学危险物品。另外，一些商户为了商品周转快，商品除了大量陈设在柜台内、货架上供顾客选购外，往往在每个摊位或柜台的后面还设有各自的小仓库，形成了“前摊后库”，甚至“以摊代库”，在通道或走廊上堆满商品，一旦起火，容易蔓延扩大，造成严重损失。

（3）导致火灾的因素多

用火、用电、用气量大，电气照明设备多，导致火灾的因素多。市场内的电气照明设备按功能和用途的不同，既有安装在商场顶、柱、墙上的照明、装饰灯（多系带状方式分组安装的荧光灯），也有安装在市场商品的橱窗和柜台内的照明灯具。除了荧光灯和各种照明灯具外，还有各种射灯、大量的广告霓虹灯和灯箱。在节假日，市场内外还要临时安装各种彩灯，增添节日气氛。还有的市场经营照明器材和家用电器的部门为测试需要安装有临时供电插座，以及值班人员烧水煮饭用的电热器具，都离不开电，加之许多市场用电的安装和使用没有统一规划和管理，容易发生火灾事故。

（4）商品交易人员多

商场、集贸市场流动量大，商品交易人员多。大型集贸市场的显著特点是顾客云集，男女老少摩肩接踵，在我国已成为公共场所人员密度最高、流动量最大的场所。特别是在节假日期间，顾客流量远超过市场的承受能力，一旦发生火灾，疏散非常困难。

2. 商场、集贸市场火灾的特点

大型商场、集贸市场火灾主要有以下特点：

（1）火势猛烈，蔓延迅速，易形成大面积立体燃烧

楼层起火后，向水平方向迅速蔓延，由于货物、货架立体堆积，吊挂物品、吊顶形成立体组合，火势迅速扩大形成立体燃烧，并上下波及。高处起火物落下又形成新的燃烧点。在热对流、热辐射的作用下，起火层会很快出现全面燃烧。由于起火后火场热量不易散出，火场温度可达到 1 000℃左右，火势蔓延迅速，呈立体燃烧。另外由于市场空间高，面积大，可燃物多，摊位相连，建筑物密度大，一旦突破外壳，火焰外窜，加之建筑毗连，通过火焰的直接传递和强烈的热辐射，极易形成“火烧连营”之势。

（2）烟雾浓，毒气重

大型商场、集贸市场的品种繁多，大量的棉毛、化纤织物、橡胶制品、塑料制品及高分子内装修材料等起火后，不仅产生大量烟雾使能见度降低，而且释放出大量有毒气体，强烈的热辐射会给灭火人员带来极大的困难。

（3）疏散人员困难，扑救难度大

由于市场内人员密集，且来自四面八方，互不相识，若在营业时间起火，初期火灾一旦失控，人员易惊慌混乱，出入口少，通道狭窄易出现拥挤踩伤致死事故。同时棉毛、化纤织物、泡沫塑料等商品起火，产生大量的有毒气体，使疏散人员容易在短时间内中毒窒息而被大火吞噬。此外，有的商场、集贸市场没有专设的疏散楼梯，起火后内

楼梯通常是主要疏散通道，但也是火势向上蔓延的通道，特别是封闭式楼梯，起火后就像“拔火筒”一样，疏散人员若通过这一充满高温烟气的通道，很容易就在楼梯处窒息。当没有其他通道可走，容易造成大批人员拥挤在楼梯间窒息死亡。

（4）能见度低

商场、集贸市场多为内采光，起火后浓烟充斥，能见度低，甚至着火后会导致停电，厅内一片黑暗，再加上摊位布局密集，通道窄，障碍多，疏散困难。

（5）商业布局不合理

商场、集贸市场一般建在商业区，由于先天的不足，规划遗留问题，从而造成消防通道狭窄，大型特种消防车无法接近火场，不利于迅速灭火。特别是繁华地区市场发生火灾，由于交通拥堵等原因，不利于消防车驶近停靠，战斗展开困难。

3. 商场、集贸市场火灾事故原因分析

商场、集贸市场火灾事故屡见不鲜，发生火灾事故的原因，主要集中在电源线路、电气设备管理不善，明火作业监管不到位等。下文将分析几起商场、集贸市场火灾事故案例。

（1）合肥市庐阳宫商场电源线短路打火引起的火灾事故

2000 年 1 月 11 日 6 时 40 分左右，合肥市城隍庙庐阳宫商场发生火灾，市公安消防支队接到报警后，先后调集 35 辆消防车、近 400 名消防官兵赶赴现场扑救。这起火灾造成 1 人死亡，直接财产损失 2 178.9 万元。

1）基本情况。庐阳宫商场位于合肥市城隍庙市场内，始建于 1984 年，1986 年 1 月正式开业。庐阳宫商场系钢筋混凝土框架建筑，呈“回”字形。主体 4 层，局部 5 层，北面呈退台式，楼高 19.5 m，总建筑面积 10 202 m^2。1996 年，紧贴庐阳宫四周搭建了 126 间门面房，共 3 210 m^2，门面房与庐阳宫主体建筑之间在不少地方仅仅是玻璃窗相隔。庐阳宫南侧外墙距两栋 7 层居民住宅楼 4.6 m，西侧外墙与庙前街两层门面房相距 4.2 m，东侧外墙与街对面一层门面房相距 4.6 m，北侧外墙与路对面门面房相距 7.3 m。

2）事故经过。2000 年 1 月 11 日 6 时 40 分左右，合肥市某单位的 4 名员工在往城隍庙市场送货后返回时，途经庐阳宫东侧北段门面房一带，发现其中一个门面房内有光亮。4 名员工在确认是火光后，便呼喊庐阳宫内的值班人员。庐阳宫一楼值班员听到有人喊“起火了”后，一边去楼上通知其他值班人员，一边到消火栓箱内取水带。正在接水带时，庐阳宫东侧北段 105 号至 108 号门面房处的玻璃已被火烧炸裂，火势迅速向庐阳宫内蔓延。市公安消防支队 7 时 2 分接到报警后，先后调集 7 个公安消防队的 35 辆消防车、近 400 名消防官兵赶赴现场扑救。

这起火灾造成 1 人死亡（庐阳宫四楼值班员），烧毁（损）庐阳宫及四周贴近的门面房建筑共 10 523 m^2，烧毁大量布匹、服装、五金、搪瓷和塑料制品等物品，造成直接财产损失 2 178.9 万元。

3）事故原因分析。火灾事故发生后，经现场勘查，确认起火点在庐阳宫东侧北段的 107 号门面房内，火灾原因是该门面房顶部电源线短路打火引燃可燃物。起火的 107 号门面房和庐阳宫周围的门面房均由城隍庙市场管理处违章搭建。城隍庙市场管理处在实施门面房电气安装时，违反国家有关电气安装施工规程，没有在门面房与庐阳宫之间采取有效的防火分隔措施，以致火灾发生后，火势迅速蔓延至庐阳宫内，导致损失扩大。

4）事故教训与防范措施。这起火灾不仅造成了重大财产损失和人员伤亡，还在社会上造成了一定影响，教训十分深刻。

一是庐阳宫商场开业后，在消防设施没有保障的情况下，将商场经营方式由“零售型”改为“批零兼营型”，致使商场内的商品大量增多，增加了火灾荷载，形成了新的火灾隐患。1996年6月，又违反《集贸市场消防安全管理办法》，占用防火间距，将庐阳宫四周临时性摊点违章改建成固定式门面房，与庐阳宫建筑之间没有采取防火分隔措施，增大了庐阳宫的火灾危险，这起火灾就发生在违章搭建的门面房内。

二是日常消防安全管理中存在的问题。如城隍庙市场规定夜间巡查人员的巡查工作从当天下午停止营业开始至次日8时结束，而实际上长期以来，夜查人员早上6时下班，致使整个市场外围安全在6时至8时之间无人负责，这起大火就是在这一期间发生的。又如城隍庙市场规定不得擅自装修门面房，然而经营户擅自装修现象较普遍，且无人制止，如107号门面房用聚苯乙烯泡沫板作吊顶也无人纠正。再如管理处对聘用夜间值班人员的年龄限定在18～55周岁，而庐阳宫内的7名夜间值班人员只有一人符合规定，其他值班人员都超龄，年龄最大者为67岁。火灾发生后，这些值班人员不仅不能实施有效扑救，也不能有效地保护自己。67岁的四楼值班员夏某，就是未能及时逃离火场而死于火灾。

（2）南充市达亨副食品公司批发市场员工违章使用蜡烛引起的火灾事故

2002年3月1日，四川省南充市达亨副食品公司批发市场发生火灾，着火面积4 377 m^2，受灾小食品批发经营户65家，造成19人死亡、23人受伤，直接财产损失141万元。

1）基本情况。达亨副食品公司批发市场大楼占地面积2 752.75 m^2，建筑面积20 444 m^2。一层至三层为钢筋混凝土框架结构，建筑中部有贯穿一层至四层平台的天井。四层至九层为砖混结构的“回”字形居民住宅，共10个单元。东、西两边各有两个疏散楼梯。该建筑一层为达亨副食品公司批发市场，共有经营户65家，副食品摊位100个。二层一部分为达亨副食品公司批发市场仓库，另一部分为南充市信托投资公司的证券交易所（未投入使用），中间用实体墙进行了防火分隔。三层为南充市城镇房产公司所有并对外租赁，设有老年活动中心、茶坊、简易旅店等。四层至九层共有居民98户、300余人。

2）事故经过。2002年2月28日晚，南充市达亨副食品批发市场鑫成批发经营部雇工谭某等3人，在鑫成批发经营部二层库房卸货。次日凌晨，由于该库房货物码放过高，遮挡了过道上的光线，谭某便违反规章制度，在仓库内点燃事先准备好的蜡烛，并将其固定在一个塑料饭盒上，放在货箱上。货物搬运完后，谭某等人忘记吹灭蜡烛，离开库房后蜡烛引燃货物包装物引起火灾。南充市消防支队接到报警后，调集15辆消防车、1 245名消防人员前往灭火救人。经过6个多小时的顽强奋战，于6时10分控制火势，10时13分扑灭火灾，抢救疏散人员220余名，保护了毗邻建筑及4层以上居民生命财产安全，最大限度地减少了火灾损失。

这起火灾烧毁一、二层小食品、小百货及三层部分物品，过火面积 4 377 m^2，受灾小食品批发经营户 65 家，死亡 19 人（跳楼死亡 8 人，窒息死亡 11 人），伤 23 人，直接财产损失 141 万元。

3）事故原因分析。经调查，造成这起火灾事故的直接原因，是南充市达亨副食品公司批发市场鑫成批发经营部雇工谭某等人，在鑫成批发经营部二层库房卸货时，违章使用蜡烛照明。

4）事故教训与防范措施。这起火灾事故的发生与损失的扩大，有以下几个因素：

一是管理不严，消防规章制度不落实。该单位的消防安全责任制没有得到有效落实，现场值班的保安人员没有尽职尽责地做好现场监管和装卸作业结束后的清理工作，进入批发市场仓库内装卸货物的人员违章使用蜡烛照明直接导致火灾发生。保安人员夜间守护不力、玩忽职守。在火灾发生初期没有使用现场的灭火器材及时扑救，批发市场内未设置事故报警电话，致使火灾发生后，无法尽快报警，错过了最佳灭火时机。三层业主未经治安、消防同意，擅自非法开设旅馆，扩大经营范围，封堵两个疏散楼梯，并在夜间锁上四个疏散楼梯，是造成人员伤亡的重要因素。

二是发现晚，报警迟。南充达亨副食品公司批发市场一层至三层没有电话，最先发现火情的被困群众无法报警。该市场当晚值班人员为两名上了年纪的民工，火势蔓延后，一人逃离现场，另一人在街上找行人借用移动电话报警，但夜深人静，行人很少，直到火势突破外墙被邻近群众发现才报警，延误了约 40 min。消防人员到达火场时火势已处于猛烈燃烧阶段，错过了火灾扑救的最佳时机。

三是业主法律意识淡薄。达亨副食品公司批发市场三层的部分业主在经营过程中，对消防法律法规置若罔闻，未申报消防安全检查，非法开设旅馆，并且在夜间锁死疏散通道，致使火灾发生后，大量人员滞留其中难以疏散，造成重大人员伤亡。

（3）吉林市中百商厦员工吸烟引燃可燃物导致的特大火灾事故

2004 年 2 月 15 日 11 时许，吉林省吉林市中百商厦发生火灾，公安消防部队先后调集 60 辆消防车、320 名消防人员赶赴现场。经过近 4 个小时的奋力扑救，于当日 15 时 30 分扑灭大火。火灾过火面积 2 040 m^2，造成 54 人死亡、70 人受伤，直接财产损失约 426 万元。

1）基本情况。中百商厦位于吉林市船营区长春路 53 号。该商厦建筑设计为四层（因一层架高 6 m，中间建有钢结构回廊，设有摊位，人们日常称其为五层），二级耐火等级建筑，建筑高度 20.65 m，长 53.3 m，宽 20.4 m，总建筑面积 4 328 m^2。一、二层（含回廊）为商场，主要经营食品、日杂、五金、家电、钟表、鞋帽、文体用品、化妆品、箱包、针织、服装、布匹、床上用品、工艺品、小百货等；三层为浴池；四层为舞厅和台球厅（其中舞厅 886.05 m^2，可容纳 240 人，台球厅 100 m^2，可容纳 30 人）。火灾发生时，商厦一、二层有从业人员和顾客 350 余人，三层有浴池工作人员及顾客约 30 人，四层有舞厅工作人员及顾客 60 余人，台球厅工作人员及顾客近 10 人，总计 450 余人。

该商厦为国有企业，隶属吉林市商委，实行出租摊铺经营，共有经营户 146 户。商厦东西两面均为建筑工地，北面为贴邻搭建的高 2.7 m、长 42 m 的仓房和锅炉房，南面

15 m 为长春路。该建筑内东西两侧各设一部宽 3.3 m 的疏散楼梯，总疏散宽度为 6.6 m，一层有直通室外的安全出口 3 个。该商厦按国家消防技术规范要求，设有 8 个室内墙壁消火栓、1 个 90 m^3 的消防水池、配置 ABC 干粉灭火器 36 具，设置了安全疏散指示标志 21 个，应急照明灯具 17 个。

2）事故经过。2004 年 2 月 15 日 11 时许，吉林市中百商厦北侧锅炉房锅炉工李某发现毗邻的中百商厦搭建的 3 号库房向外冒烟，便找来该库房的租用人——中百商厦伟业电器行业主焦某的雇工于某用钥匙打开门锁，发现仓库着火。他们边用锹铲雪边喊人从商场几个楼层里取来干粉灭火器扑救，但未能控制火势。火势突破该库房与商厦之间的窗户蔓延到营业厅。营业厅内人员只顾救火和逃生，无人向消防队报警。直到 11 时 28 分，吉林市公安消防支队调度指挥中心才接到第一个报警电话。大火于 15 时 30 分被扑灭。灭火救援中消防官兵共抢救疏散出 190 人（生还 136 人，死亡 54 人）。其中，利用曲臂举高消防车救出 31 人，15 m 拉梯救出 28 人，两节拉梯和挂钩梯联用救出 74 人，救生绳、担架、棉被、床单等工具救出 49 人。

这起火灾事故共造成 54 人死亡（男 28 人、女 26 人），其中烧死 3 人，窒息死亡 42 人，坠楼死亡 9 人。70 人受伤，其中男性 34 人，女性 36 人，重伤 14 人。过火面积 2 040 m^2，直接财产损失 426.4 万元。

3）事故原因分析。火灾发生后，国务院、省、市有关部门立即组成了联合调查组，经过近一个月的紧张工作，审查、调查事故相关人员 416 人（次），形成询（讯）问笔录 316 份，查清了火灾原因，核定了火灾损失，及时控制了涉嫌刑事犯罪的嫌疑人。确定火灾直接原因是中百商厦伟业电器行雇工于某在当日 9 时许向 3 号库房送纸板时，不慎将嘴上叼着的烟头掉落在地面上（木板地面），引燃地面可燃物。

4）事故教训与防范措施。尽管该商厦消防设施比较完备，消防组织和制度比较健全，也制定了灭火和疏散预案，但通过火灾暴露出的问题仍很突出。

一是没有按照《中华人民共和国消防法》（以下简称《消防法》）的有关规定和《机关、团体、企业、事业单位消防安全管理规定》要求，认真落实自身消防安全责任制。火灾发生后没人及时报警，也没有及时组织人员疏散。

二是没有认真落实组织防火检查，及时消除火灾隐患等消防安全职责。对当地公安消防部门指出的违章搭建仓房造成的火灾隐患，没有按照要求认真整改消除。对仓房与商场之间相通的 10 个窗户，仅用砖封堵了东西两侧 6 个，中间 4 个仅用装修物掩盖，留下了火灾隐患。

三是没有组织开展灭火和应急疏散实地演练，以致火灾发生后，员工惊慌失措，造成严重的人员伤亡和财产损失。

二、宾馆饭店火灾事故风险与原因

宾馆饭店（酒店）是供旅客住宿、就餐、娱乐和举行各种会议宴会的场所。现代宾馆饭店（酒店）一般都具有多功能的特点，将客房、餐厅、商场、夜总会、会议中心等集于一体，因而对建筑和其他设施要求高，安全要求也更高。

1. 宾馆饭店存在的主要火灾隐患

近年来，宾馆饭店（酒店）如雨后春笋般发展，且在装修上追求豪华、舒适，以满足旅客的需要，提高竞争力。但这些场所的发展极不平衡，良莠不齐，存在大量的火灾隐患，极易造成群死群伤恶性火灾事故。

宾馆饭店（酒店）主要存在以下火灾隐患：

（1）可燃物多

宾馆饭店虽然大多采用钢筋混凝土结构或钢结构，但大量的内部装修材料和陈设用具却采用木材、塑料和棉、麻、丝、毛及其他纤维制品，大大增加了建筑物内的火灾荷载。

（2）建筑结构存在先天隐患

现代的宾馆饭店很多是多层建筑，通风管道纵横交错，延伸到建筑各个角落。在火灾时烟囱效应会使火焰蔓延扩大。另外，个别宾馆饭店还存在疏散通道不足等问题，影响人员疏散。

（3）用火用电频繁、致灾因素多

宾馆饭店内存在大量用电设备，如电视、空调、热水器、各种灯具等，用电负荷大，功率高、线路复杂，一旦发生用电设备故障、线路短路、电热设备使用不当等，极易引发火灾事故。宾馆饭店的厨房、锅炉房等部位，一般均有液化气、天然气等设备或管道，极易发生泄漏导致燃烧爆炸事故。另外，工作人员用火不慎也是导致火灾事故的重要原因。

（4）人员流动性强、从业人员安全意识差

宾馆饭店人员流动性强，且大多数人员消防安全意识淡薄，躺在床上吸烟、乱扔烟头等现象较多，极易引燃被褥、地毯、沙发等易燃物造成火灾。宾馆饭店附属的夜总会、茶楼等场所往往灯光暗淡，一旦发生火灾极易导致人们惊慌失措，争相逃生，互相拥挤，发生踩踏造成重大人身伤亡。有的经营业主出于防盗等考虑，擅自封堵安全出口，或将安全出口锁闭，或堆放杂物堵塞消防通道，造成人员不能及时疏散。有的宾馆饭店业主和从业人员未经消防安全培训，不会使用消防设施扑救初期火灾，造成火势扩大。有的在发生火灾时不履行组织、引导旅客疏散的职责，造成人员伤亡。

（5）消防设施配置不足、设置不当、维护及保养差

一些宾馆饭店没有按照公安消防部门的要求配齐配足消防器材和设施，存在不配或少配疏散指示标志、应急照明灯、灭火器等消防器材；疏散指示标志、应急照明灯设置位置不当；灭火器选型不当、配置不足、不便于取用等。有的对消防设施设备不注意维护保养，损坏严重，灭火器压力不足，过期也不及时检测更换，使灭火器材和消防设施不能发挥应有的作用。

2. 宾馆饭店火灾事故原因分析

宾馆饭店用电设备多，着火源多，人员往来流动性大不易控制，因此，由于对电源线路、电气设备管理不当、维修不及时，容易引发火灾事故。下文将分析几起火灾事故案例。

（1）银河宾馆舞厅镇流器故障未能及时发现引起的火灾事故

1994 年 10 月 4 日凌晨 1 时许，江阴长江石油分公司银河宾馆设在三楼裙房的舞厅发生火灾，火灾中有 2 人跳楼身亡，2 人受伤，造成直接经济损失 136.7 万元。

1）事故经过。1994 年 10 月 4 日凌晨 1 时许，江阴长江石油分公司银河宾馆（高 11 层）设在三楼裙房的舞厅发生火灾，350 m^2 的舞厅内部装饰全部烧毁，大厦主楼六楼 2 间客房被烧，三层至八层靠舞厅一侧铝合金窗受损。火灾中有 2 人跳楼身亡、2 人受伤，造成直接经济损失 136.7 万元。

2）事故原因分析。经消防部门调查，确认造成这起火灾事故的直接原因，是舞厅走道内一日光灯镇流器故障发热起火，引燃紧贴的木质底板蔓延所致。造成事故的间接原因：一是消防部门的意见没有得到很好落实。大厦在建造时经有关部门反复督促，才在完工后补办消防审批手续，使用和施工单位没有完全按批复要求执行，后来舞厅装饰时又不报消防审核，以致留下许多事故隐患。公安消防部门为此发出书面通知，隐患仍未整改。舞厅大量采用木质材料和刨花板等可燃材料，为火灾蔓延埋下了隐患。二是舞厅职工思想麻痹。舞厅日光灯镇流器曾于 1993 年 8 月和 1994 年 1 月两次发生故障冒烟的险情，电工只是更换了舞厅镇流器，在国庆前夕进行的安全检查疏忽大意，起火部位没有查到。三是失火当晚，值班人员巡查不够，直到火烧大了才发现，延误报警和灭火时机。四是宾馆自救应急能力差，宾馆及舞厅在高层建筑内，按规定应在安全组织、消防设施、员工素质、行动方案等方面做好自救的应急准备。消防部门曾对此提出要求，该单位未予采纳，失火当天虽有总经理带队值班，但由于平时没有准备，失火后未能有组织地疏散灭火。消防控制中心无专人值班，控制中心与客房等部门间的报警系统不完善，且没有指挥、调度疏散和灭火的高音喇叭，信息不灵，以致旅客看到失火后不知所措。供灭火用的楼顶水源被关闭，水泵还是靠一外单位职工打开的，大厦内服务员不仅未引导旅客疏散，个别人在火灾发生后自顾逃生。

3）事故教训与防范措施。从宾馆饭店发生的火灾来看，在起火原因中，由于电气线路接触不良、电热器具使用不当、照明灯具温度过高烤着可燃物等原因引起的火灾占有较大的比例，因此宾馆饭店应特别注意电气防火问题。

特别需要注意的是，宾馆饭店所使用的各种灯具，如碘钨灯、荧光灯、高压汞灯（包括日光灯镇流器），不应直接安装在可燃构件上；深罩灯、吸顶灯等如靠近可燃物安装时，应加垫不燃材料制作的隔热层；碘钨灯及功率大的白炽灯的灯头线应采用耐高温线穿套管保护；卫生间、厨房等潮湿地方应采用防潮灯具。照明灯具表面高温部位应当远离可燃物。空调、制冷和加热设备等要加强维护检查，防止发生火灾。

（2）端溪酒店电风扇长时间运转电源线过热燃烧导致的火灾事故

1996 年 7 月 17 日凌晨，深圳市宝安南路端溪酒店二楼肥肥火锅城发生特大火灾事故。火灾造成 30 人死亡（其中男 19 人，女 11 人），13 人受伤（其中重伤 2 人），直接经济损失 13.84 万元。

1）基本情况。端溪酒店于 1983 年 6 月动工建设，1986 年 4 月投入使用，楼高 9 层共 31 m，建筑面积 7 130 m^2。一楼是大堂、商场，二楼是餐厅，三到九楼是客房。起火当晚，端溪酒店入住旅客 243 人，其中有外地来深圳的旅游团 6 个共 139 人，其他住客及员工共 104 人。

2）事故经过。1996 年 7 月 17 日凌晨 1 时 50 分左右，有人发现端溪酒店二楼肥肥火锅城靠北角的房间起火，立即告知在一楼大堂值班的保安员，保安员上二楼看到影碟机房着火，见房门上了锁，就回一楼打电话找酒店值班经理，未找到人，然后再上二楼拟用灭火器灭火，但不会使用；打开消火栓开关又无水。此时火势已开始蔓延，该保安员再跑回一楼大堂给各楼层服务员打电话，最后才想起打119电话报警。市公安消防局指挥中心于2时16分接到报警，先后调动5个消防中队，共13台消防车120名消防员赶到现场灭火救人，仅用10 min就将火扑灭。在灭火过程中，消防人员利用4台云梯车在酒店的东西两侧升高救人；同时组织消防员佩戴空气呼吸器进入各楼层，采取背、抬、扶等方法，共抢救和疏散出222人。

这起火灾造成30人死亡、13人受伤，直接经济损失13.84万元。

3）事故原因分析。火灾事故发生后，经调查确认，造成这起火灾事故的直接原因，是肥肥火锅城楼面经理刘某，于7月16日下午5时许打开电风扇至17日凌晨1时许离开时，没有把电风扇电源关闭就锁门外出。电风扇在运转中，异物进入电风扇罩内，影响电风扇正常转动，加大负荷，引起电动机电流增大，使电风扇电源线过热燃烧，引燃周围的可燃物，导致火灾。此外，端溪酒店的经营管理存在问题，防火制度不完善，消防水阀门被关闭，安全疏散口上锁，防火门长期被打开；酒店服务员、保安员未组织旅客疏散，报警不及时。住店旅客自救能力差、缺乏自救自防的常识是这次火灾事故造成人员惨重伤亡的一个重要原因。

4）事故教训与防范措施。这起火灾实际上并不是一场大火，但是却造成严重的人员伤亡，这与扑救初起火灾不力有直接关系。对初起火灾，在公安消防队未到达火场之前，起火单位的领导和在场人员应抓住时机，组织职工集中力量，迅速果断地把火灾扑灭在初起阶段。要求做到：

一是及时报警，组织扑救。起火单位职工在任何时间和场所，一旦发现起火，都要立即报警，并参与和组织群众扑救火灾。

二是集中使用力量，控制火势蔓延。根据燃烧物质的性质、数量、火势蔓延的方向、燃烧速度、可能燃烧的范围等作出正确的估计，积极组织灭火力量，在火势蔓延的主要方向部署力量进行扑救和控制火势蔓延。

三是积极抢救被困人员。人员集中的场所发生火灾，要组织身强力壮的人员，由熟悉情况的人员做向导，积极寻找和抢救被火势围困的人员。

(3) 华南宾馆电气线路短路故障引燃可燃物导致的火灾事故

2005年6月10日，广东省汕头市潮南区峡山街道华南贸易广场华南宾馆发生火灾，造成31人死亡，28人受伤，直接财产损失81万元。

1）基本情况。华南宾馆位于汕头市潮南区峡山街道华南贸易广场第九街46～50号，距汕头市区45 km，为四层钢筋混凝土结构，占地面积2 000 m^2，总建筑面积8 000 m^2。1994年1月由经纬集团华南广场开发有限公司（港商）投资兴建，同年9月竣工，当时设计为办公商务用房，产权属经纬集团所有。1995年和2003年先后进行两次内部装修后，改建成综合性宾馆。该建筑设有3个直通楼顶平台的楼梯，一层为宾馆大堂、餐厅、棋牌室、健身中心；二层为带娱乐功能的餐厅包厢；三、四层为客房。

2）事故经过。2005年6月10日11时45分，华南宾馆服务员卞某在二层工作时闻到电线烧焦的味道，同时在场的领班苟某、服务员吴某、收银员邓某等发现二层金陵包厢门口通道吊顶向下冒烟，苟某随即拉闸断电，由于施救不力，火势迅速向四周蔓延，最终导致火灾发生。

这起火灾事故造成31人死亡（其中跳楼致死3人，窒息死亡28人），28人受伤（其中消防官兵10人）。烧毁内部装饰、家具、电器等一批物品，过火面积2 800 m^2，直接财产损失81万元。

3）事故原因分析。经过火灾事故调查人员对现场进行反复勘查、清理，根据燃烧痕迹特征和证人证言，最终认定广东汕头华南宾馆火灾，系二层金陵包厢门前吊顶上电气线路短路故障，引燃可燃物所致。

4）事故教训与防范措施。这起火灾事故的发生，与宾馆消防安全责任制不落实，业主消防安全法制意识淡薄，严重违反消防法律法规有直接的关系。

一是从1993年土建开始，到1996年和2003年共两次室内装修，该建筑的业主均未依法向消防部门申报建筑消防设计审核和验收，擅自施工并投入使用。2003年该宾馆重新装修后，也未依法向消防部门申报消防安全检查。该宾馆存在严重的火灾隐患，建筑内部使用大量可燃装修材料，消防疏散通道和安全出口不符合要求，未设置自动喷水系统等建筑消防设施。

二是宾馆服务人员缺乏基本的消防安全常识。火灾发生时，宾馆服务人员没有及时报警，没有及时扑救，没有及时采取有效措施组织人员疏散，导致三、四层的住客因不知起火情况而受到浓烟包围未能及时逃生。宾馆住宿人员缺乏消防安全常识和逃生技能，部分人员不懂火灾现场的自防自救，被火场浓烟熏死。

三是火灾报警迟缓，延误了灭火救人的最佳时机。根据调查取证，该起火灾的发生时间为11时45分左右，但该宾馆从业人员并没有及时报警，大约30 min后（即12时15分），消防队才接到途经路人的电话报警；消防队到场时，火势已处于猛烈燃烧阶段，为及时有效抢救被困人员带来了很大困难。

三、公共娱乐场所火灾事故风险与原因

公共娱乐场所是指向公众开放的影剧院、录像厅、礼堂等演出、放映场所，舞厅、卡拉OK等歌舞娱乐场所，具有娱乐功能的夜总会、音乐茶座和餐饮场所，游艺、游乐场所，保龄球馆、旱冰场、桑拿浴室等营业性健身、休闲场所等。此外，公共娱乐场所还包括许多与上述所列场所功能相同或相似的营业性场所，如网吧、美容院、棋牌室、洗脚房，具有娱乐功能的餐馆、茶馆、酒吧、咖啡厅，洗浴、健身等场所。

1. 公共娱乐场所存在的主要火灾事故隐患

近年来，公共娱乐场所不时发生重大火灾事故，造成群死群伤的事件数量不断上升，给社会公共安全带来了极大的危害。

公共娱乐场所存在的火灾事故隐患主要为：

（1）安全出口数量少，疏散通道不畅

疏散门开启方向错误、安全通道堵塞、被占用以及安全出口数量与宽度不足是此类场所普遍存在的最为严重、最为突出的问题，也是容易引起群死群伤火灾事故的重要原因。部分经营者为了管理方便或防盗或其他原因，常锁闭安全出口，造成习惯性违章，

一旦发生火灾，必然严重影响人员的安全疏散。

(2) 可燃、易燃物品多，火灾荷载大

大部分公共娱乐场所（如一些影剧院、礼堂）的屋顶建筑构件是木质结构或钢结构，舞台幕布和木地板是可燃物，观众厅天花板和墙面为了满足声学设计音响效果，大多采用可燃材料。一些歌舞厅、卡拉 OK 厅、夜总会等场所也采用大量木材、塑料、纤维织品等可燃材料，直接导致火灾荷载大幅度增加。大多数公共娱乐场所一般采用多种照明灯光和各类音响、影视、电脑、空调等设备，而且数量多、功率大，经过长时间连续运转，常常会处于超负荷运行状态。此外，有些灯具在持续工作后的表面温度很高，一旦可燃物品靠近极易引起火灾。

(3) 制度不健全，素质不高

有些场所并没有按照规定建立用火用电、防火检查、员工培训、消防设施维修保养、火灾隐患整改、灭火和应急疏散演练等消防安全管理制度。加之经营者不重视消防安全管理，火灾隐患整治不力，消防投入少，消防设施维护保养不善，只追求经济效益，忽视了安全措施。还有部分场所疏于对工作人员进行防火安全知识教育，员工在上岗前没有经过消防安全培训，没有对防火安全疏散预案进行演练，不具备安全防火知识和火场逃生方法，心理承受能力差，在火灾发生时不能引导顾客逃生，缺乏处理突发事件的能力。

(4) 缺乏逃生常识，组织疏散不力

部分场所内的人员消防安全意识低下，缺乏逃生常识。在日常检查中，有的安全管理人员和员工甚至不知道安全门是干什么用的，遇到突发事件只能“随大溜”，别人往哪跑，自己就往哪跑，争先恐后，挤作一团，结果谁也出不去，容易造成挤伤、践踏等伤亡事故。

2. 公共娱乐场所火灾的特点

公共娱乐场所内可燃物多，火灾荷载大，如歌舞厅、卡拉 OK 厅、夜总会等场所，为了满足声学设计音响效果，大多采用可燃材料，火灾荷载大幅度增加，增大了发生火灾的概率和危险。由此，公共娱乐场所火灾具有以下特点：

(1) 燃烧猛烈，蔓延迅速

由于公共娱乐场所建筑空间大、跨度大、空气流通快，加之内部装修使用木板、纤维板等各种塑料制品和装饰物，若发生火灾时处理不当，火势向四周迅速蔓延，易形成立体燃烧。

(2) 疏散困难，易造成人员伤亡

公共娱乐场所人员流动性、随意性大，高峰期间人员密集，一旦发生火灾，大量的浓烟和毒气使未及时疏散的人员造成中毒，再加上人员拥挤，秩序混乱，极易发生相互践踏而造成人员伤亡。

(3) 损失大，影响大

公共娱乐场所服务功能多，大多数设有按摩、健足、餐饮、健身、录像等服务项目，有的甚至通宵营业，有的公共娱乐场所位于城市繁华地带和交通要道，若发生火灾，不及时控制火势，可发展到高层建筑火灾和大面积其他建筑火灾，易造成重大经济损失和不良影响。

（4）扑救困难，易延误救援

公共娱乐场所发生火灾，易造成交通堵塞，影响消防人员的扑救；而且由于可燃物多，火灾负荷大，被困人员多，扑救难度大。

3. 公共娱乐场所火灾事故原因分析

公共娱乐场所是人员大量聚集的场所，一旦发生火灾，在火灾的发展阶段人员很难疏散完毕；即使是小的火灾事故，也会导致人们惊慌失措、争相逃生、相互拥挤，不能及时疏散而造成重大人员伤亡事故。下文将分析几起发生在公共娱乐场所的火灾事故案例。

（1）生辉酒楼电视插头接触不良引燃易燃物导致的火灾事故

2000年7月8日21时56分，湖南省某县新开业的生辉酒楼发生火灾，由于报警及时，大火被迅速赶到的消防队扑灭，但是也造成了一定损失。

1）事故经过。2000年7月8日，湖南省某县重新开业的生辉酒楼生意红火，场面热闹。21时56分，生辉酒楼值班员张某发现从8号包厢内冒出滚滚浓烟，火光四射，同时伴有“噼啪”声和阵阵煳臭味，他立即呼喊“救火”。不一会儿，酒楼经理赵某等人陆续赶到，酒楼职工一边取水灭火，一边打电话报警。接到火警后，县消防大队的一辆消防车和两辆警车呼啸而至，4名消防人员和10名公安干警立即投入到灭火战斗中。经40多分钟奋力扑救，于22时34分将火扑灭。这起火灾共造成财物损失11 448元。

2）事故原因分析。经县消防部门调查访问和现场勘查，确认造成这起火灾的直接原因，是酒楼8号包厢内电视机插头与插座接触不良，产生电火花引燃墙壁软布、海绵等易燃物而着火成灾。

3）事故教训与防范措施。生辉酒楼是由10个包厢和1个大厅组成的餐饮业场所，面积324 m^2。1999年9月根据消防部门意见实行停业整改，2000年7月3日酒楼承包关系变更后重新开业。该酒楼室内装修多为易燃、可燃材料（实木、三夹板、软包），且大都未经防火阻燃处理；吊顶内的电气线路也没有穿管保护，特别是该酒楼承包关系变更后，未经公安消防机构验收便擅自开业。

事后调查发现，这个酒楼电气线路存在严重的问题。根据服务员的反映：8号包厢电视机插座有问题，常冒火花。酒楼经营负责人也反映，曾发现机房总闸经常冒火花，酒楼也经常停电。该问题多次向经理反映过，但是经理要求边营业边整改。开业几天来，酒楼的电经常出问题，几乎每天都要找电工维修。由此可见，酒楼经理对酒楼存在的事故隐患缺乏应有的重视。无数事实证明：只要人们具有较强的消防安全意识，自觉遵守、执行消防法律法规以及国家的消防技术标准，大多数火灾是可以预防的。因此，只有提高防火安全意识，才能最大限度地控制火灾事故的发生。如果放松警惕，麻痹大意，灾难便会乘虚而入，给生命财产安全造成极大危害。生辉酒楼的火灾就是最好的例证。因此，加强消防安全宣传，提高广大人民群众的消防安全意识是做好消防工作的重要环节。

（2）天堂音像俱乐部使用电暖器烤燃邻近沙发导致的火灾事故

2000年3月29日3时许，河南焦作市天堂音像俱乐部发生火灾，这起火灾造成死亡 74 人、伤 2 人，烧毁建筑 800 m^2 及放像设备、家具等，直接财产损失 20 万元的严重损失。

1）基本情况。河南焦作天堂音像俱乐部建筑面积 1 100 m^2，属砖木双跨“人字梁”结构，三级耐火等级。该建筑原为蔬菜公司东风菜市场，始建于 1965 年，1999 年 5 月被韩某租赁承包，1999 年 6 月韩某将南部西侧部分改造装修成录像厅后，又将南部东侧部分转包给王某装修成包间，由其经营，1999 年 6 月 10 日开始营业。该录像厅由走廊、大厅、投影厅和 16 个包间四部分组成。该建筑内部均使用早已被淘汰的塑料泡沫板吊顶。投影厅面积 168.25 m^2，在厅内北侧仅有一个宽 1.2 m、高 1.9 m 的出口，座椅之间有 1.2 m 宽的南北过道，无窗户，厅内能容纳观众 160 余人，内设 6 排座椅和 18 排沙发。东侧有 16 个卡拉 OK 包间，每个包间采用三合板隔离分开，墙面采用海绵和化纤布料装修，地面铺设化纤地毯，房间内有电视、电视柜和折叠式沙发床等物品，可燃物品较多。整个建筑内通道狭长、弯多，安全门不符合规定，内部无灭火器材，无疏散标志和应急照明。该俱乐部未向公安消防机构申报，擅自开业，属非法经营。

2）事故经过。1999 年 3 月 29 日 3 时许，河南焦作市天堂音像俱乐部服务员看到通往包间的铝合金玻璃门东侧包间处起火，马上到投影厅门口喊叫观众，并叫醒老板关电闸，随后打电话报警。焦作市公安消防支队 3 时 30 分接到报警后，迅速调集消防车赶赴火场，4 时 35 分大火被彻底扑灭。

这起火灾造成死亡 74 人，伤 2 人，烧毁建筑 800 m^2 及放像设备、家具等，直接财产损失 20 万元的严重损失。

3）事故原因分析。火灾事故发生后，经现场勘查和调查分析，确认火灾系 15 号包间内的石英管电暖器烤燃邻近的沙发等易燃材料所致。

4）事故教训与防范措施。焦作市天堂音像俱乐部火灾，死亡人数众多，在社会上引起了极大的震动。这起火灾事故的主要教训：

一是违章使用电器。天堂音像俱乐部没有消防安全组织和消防安全管理制度，内部消防安全管理极为混乱，从业人员消防素质低，违章使用电热器具，从而导致火灾的发生。

二是在改建装修时未向消防机构报送消防设计图纸。天堂音像俱乐部应在改建装修时，报送消防设计图纸及竣工时申报验收，但是在 1999 年 6 月该单位进行改建装修时未向消防机构报送消防设计图纸，竣工时也没有报经公安消防机构验收即投入使用，属严重违法行为。

三是违法经营。天堂音像俱乐部在使用前，没有向当地公安消防机构申报消防安全检查，无视法律规定，并未向公安消防机构申报即于 1999 年 6 月开业，严重违反了消防法律法规的规定。

四是存有大量火灾隐患。天堂音像俱乐部耐火等级低，大量使用易燃可燃材料装修且未经防火阻燃处理，安全出口、疏散通道严重不足且阻塞，没有疏散标志、应急照明和消防器材，严重违反规定使用明火和电热器具，直接导致了火灾的发生，并造成大量人员死亡。

(3) 红太阳演艺中心乱拉乱接电线电气线路短路造成的火灾事故

2002 年 3 月 1 日，长沙市红太阳演艺中心发生火灾，烧毁建筑 2 655.5 m^2 及大量的灯光、音响设备等，直接经济损失 938.6 万元。

1) 基本情况。红太阳演艺中心由体育馆改建而成。该体育馆于 1954 年动工兴建，1956 年竣工投入使用，是一栋单层主体高度为 18.5 m、占地面积为 2 600 m^2 的砖混结构建筑物，耐火等级为二级。

1994 年 8 月 10 日，某公司与原湖南省体委签订了租期为 15 年的租赁体育馆合同。1995 年该公司以申办红太阳迪斯科广场为由报经有关部门同意，开始对体育馆进行装修改造。在施工过程中，因公司资金和投资项目未确定，该工程几经变更，施工断断续续，直到 1999 年才最终确定开办红太阳演艺中心，并于同年 10 月 10 日将底层和第一个夹层（以下简称二层）改造装修完毕，对外正式营业。该演艺中心总建筑面积 4 100 m^2，底层设有一个演艺厅和 19 个卡拉 OK 包厢，二层设有 30 个卡拉 OK 包厢，第二个夹层（以下简称三层）在开业前未投入使用，直到 2001 年该中心才拟将三层改为美食街，在未报公安消防机构审核同意的情况下，擅自动工装修，火灾前已进行了局部装修，但未投入使用。

红太阳演艺中心底层共有 7 个直通室外的安全出口，二层有 2 个直通室外的安全出口和 4 座通至一层大厅的疏散楼梯、2 个通至一层大厅的疏散通道；室内一、二层设置了火灾自动报警系统、火灾事故应急照明和疏散指示标志等建筑消防设施，室外距演艺中心 500 m 范围内有 6 个市政消火栓，最近的一个消火栓距演艺中心 50 m。

2) 事故经过。2002 年 3 月 1 日 13 时 30 分，红太阳演艺中心的部分员工相继来到演艺中心上班，为当晚的演出做准备工作，其中管家部的主管潘某带领 6 名员工，按照各自的分工打扫大厅及包厢的卫生，临时居住在三层装修工地的 30 多名民工，因工地没有开工正在休息。17 时 10 分左右，有人发现红太阳演艺中心的南侧屋顶往外冒烟，于是大喊“红太阳起火了”。正在吃饭的民工以及演艺中心人员纷纷赶往火灾现场灭火。17 时 13 分市消防支队 119 指挥中心接到报警后，立即调集消防队伍前往灭火。经过全市 28 辆消防车、300 余名消防官兵的全力扑救，火灾于 20 时 20 分被全部扑灭，保住了底层全部包厢和二层的 20 个包厢。这起火灾烧毁建筑 2 655.5 m^2 及大量的灯光、音响设备等，直接财产损失 938.6 万元。

3) 事故原因分析。火灾事故后，经现场勘查，确认起火部位位于三层南侧由西往东第三个房间（简称 3 号房）。造成这起火灾的直接原因，是电工违反电气安装操作规程，乱拉乱接电气线路，导致电气线路短路。

4) 事故教训与防范措施。这起火灾事故发生在白天工作时间，但是却造成如此严重的损失，说明该中心防火工作基础差，事故隐患多，以致小火酿成大灾。其原因及教训：

一是法制观念淡薄，违法装修。红太阳演艺中心自 1999 年 10 月 10 日正式对外营业后，曾向公安消防机构申报将闲置的三层改建为美食街，公安消防机构认为改建后达不到现行消防技术规范的要求，明确表示不同意其改建。但该单位负责人法制意识淡薄，依然我行我素，违法施工。

二是管理松懈，违章操作现象严重。红太阳演艺中心和施工单位对装修工地的消防安全管理不严，未建立健全有效的消防安全管理制度，致使电工违反电气安装操作规程，乱拉乱接电气线路，结果导致电气线路短路引发火灾。而且该单位还违反有关公共娱乐场所消防安全管理规定，擅自安排民工居住在娱乐场所内，且未将居住区与娱乐场所进行防火分隔，也未配置必备的灭火器材。

三是消防安全意识缺乏，火灾隐患久拖不改。该演艺中心在1999年投入使用时，公安消防机构曾对其下达了火灾隐患整改意见，要求其有计划、分阶段地拆除走道、吊顶和无窗房间的可燃装修材料，但该单位直到火灾发生前只拆除了小部分走道吊顶及隔墙上的可燃装修材料，其他部位的可燃装修材料均未拆除，致使火灾发生后火势发展迅猛。

四是发现晚、报警迟，扑救初期火灾不力，贻误灭火战机。居住在红太阳演艺中心三层装修工地的民工在下楼吃饭时未切断电源，工地无人看管，致使火灾未及时发现。起火后，红太阳演艺中心未能组织员工和民工进行有效的扑救，导致小火酿成大灾。

第二节　商贸服务企业防火安全管理要求

商贸服务企业属于公众聚集场所，是消防安全管理的重点单位。商贸服务企业不同于工业企业，由于其服务的特点与性质，既不像机械、冶金等企业容易发生机械伤害、起重伤害等事故，也不像化工、有色金属等企业容易发生爆炸、中毒等事故。商贸服务企业最大的危险是火灾事故，因此，商贸服务企业需要特别加强防火安全管理工作，落实责任制，建立健全各项规章制度，保证安全运行。

一、商场（市场）防火安全管理要求

在这里，商场（市场）是指那些大中型的百货商场、专业商场、地下商业街、购物中心等。在这些大中型商场，由于人来人往，客流频繁，加上用电量大、装修复杂，容易因电气线路、电气设备等因素造成火灾事故，而且发生火灾事故后人员不易疏散，从而导致恶性火灾事故的发生，因此商场（市场）应加强对火灾事故的防范。

1. 综合性百货商场的防火安全要求

综合性百货商场的特点是面积大，一般至少在2 000 m^2 以上，大的达到3万～5万 m^2。在这种地方，可燃物多、人员多、电气设施多、物资流动多、各种火源多，所以火灾危险性也高。特别是现在一些综合性大商场，已经不仅仅是销售日用百货的商场，而且还成为集购物、餐饮、娱乐、休闲于一体的大型商贸服务场所，因此必须根据其特点采取相应的消防安全措施。应采取的安全措施包括：

（1）必须提高建筑耐火等级

现在一般的新建大楼耐火等级都比较高，但也有一些开发商为了抢先占领市场份额，单纯追求建设速度，特别是大卖场，大多用钢结构搭建，一些高层建筑也是边建边

装修，建成一部分就先开张一部分，招商引资，追求经济利益最大化。这样一来，由于其内部堆积了大量的易燃可燃物品，稍有疏忽或不慎就会引起大火。很多火灾案例都是百货大楼在边装修边营业的情况下，由于工人用火不慎造成的。而那些钢结构建筑，其本身虽然不会燃烧，但一旦起火，由于其中堆满了各种易燃物质，所以时间稍长就有可能把整座建筑物的支撑架烧坍塌。这是商场（市场）投资者和经营者应该注意的。

（2）装修和电气设施必须符合安全规范

大中型商场的装修应尽量使用不燃或耐燃材料，起码是经过防火处理的原材料。特别是钢结构建筑，对内装修必须提出严格要求，钢梁钢柱上要尽量涂厚防火材料，以达到应有的耐火等级，即经得住 1 000℃的高温炙烤两个小时以上。电气线路和各种电气设备要按规定敷设和置放，周围必须有安全保护装置或安全隔离间距，严禁与易燃可燃物靠得太近。

（3）设立消防自动报警喷淋系统和中央监控系统

大中型商场必须按照有关规定，设立消防自动报警喷淋系统和中央监控系统，并保证有专人看管，及时维修测试。一些大型商场在最初设计和通过验收时，往往都是达到消防安全要求的，但开业后就不再过问，甚至有的为了降低成本不设专人管理，或将已有设施拆掉或不加维修。所以对大型商场的消防安全设施，一定要经常检查并加以严格管理。

（4）加强各种通风管道的管理

现代大中型商场在基础设施上设置冷暖系统，做到冬暖夏凉，因此，商场内布满了通风、供暖、供凉的各种管道。这种管道由于一般隐蔽在暗处，长时间积灰，加上靠近易燃装修或商品，有可能引起燃烧。为了避免可能发生的火灾事故，应该做到：

1）制冷机组要做好防火防爆工作，防止氨气或其他有害物质泄漏。

2）通风管道要定期清除积灰和防止冷热裂缝，发现周围靠近物有老化或烤焦现象要及时更换。

3）各个管道要设置隔闭装置，并要按楼层和长度分区隔离，一旦发生问题能及时阻断，以防烟火顺管道蔓延。要经常检查关闭装置的灵敏度，以防锈死。

2. 专业性大型集市（商城）的防火安全要求

专业性大型集市，如鞋城、美食城、皮革城、书城、服装城、装饰城等，近几年发展很快，其经营形式大多为出租摊位，形成分隔状态，其基础设施好坏相差很大。这类专业性大型集市由于分隔出租经营，有先天性的不足，因此需要特别注意防火安全。

（1）商场内要有消火栓和消防通道，前后排摊位之间不应小于 3 m 的距离，对没有消防基础设施或消防通道不合格的，消防部门原则上应予以查封，不得让其经营。

（2）商场保安要进行专门的培训，并负责巡逻检查各处存在的火灾隐患。要求在商场摊位内不得乱用加热器，不得自烧开水或用电热毯、电暖器等。

（3）商场的电气线路要符合电气防火安全规范的要求，照明线要有套管，灯头要固定牢固，不得随意乱拉。有电源插头的要用合格的电器件，每个摊位的用电器具要进行额定，管理人员要做到心中有数。每天收摊后要对全场进行检查，并拉断总电闸。值班人员的住处电源应该另拉，不得与一般照明线同路。

(4) 商场要制定严格的防火用火用电制度，夜间要定时巡查，不得擅自脱岗。值班室要有电话或报警装置，并按要求在商场内置放消防器材。夜间值班人员必须两人以上，巡查时必须同时行动，以防万一。

3. 地下商场的防火安全要求

地下商场由于位于地下，人员进出不便，尤其是在发生火灾的情况下，人员疏散困难。因此，地下商场除了要符合地面商场的规定要求以外，还需要注意以下几点：

(1) 完善自动报警和喷淋装置，要专设地下消火栓，并定期检查和维修。

(2) 所有出入口要有明显的在黑暗中也能显示的指示标志牌，特别是拐弯处、上下楼梯间。

(3) 要备一套单独的发电机组，在停电时能立即启动并和照明线连接，保证不断电。

(4) 地下商场要有完备的通风排烟装置，以及防火隔断装置和广播通信装置，以备紧急状态下可启用并方便群众疏散。

二、宾馆饭店防火安全管理要求

按照有关消防法律法规的规定，宾馆饭店属于重点消防单位，需要认真做好安全管理工作，预防火灾事故。宾馆饭店的领导、安全保卫部门和技术人员，要根据确定重点保卫部位的原则，从实际出发研究和确定重点部位，实施有效管理，不能放任自流。要选用责任心强、业务技术熟练、懂得消防知识、身体能胜任的人员负责消防安全工作。

1. 宾馆饭店引发火灾的因素和原因

宾馆饭店用火、用电、用气设备点多量大，如果疏于管理或防范不周极易引发火灾。宾馆饭店最易发生火灾的部位是：客房、厨房、餐厅以及各种机房。

从国内外宾馆饭店发生火灾的原因来看，引发火灾的主要原因是：

(1) 旅客吸烟或使用明火不当，如卧床吸烟、酒后躺在床上吸烟、乱丢烟蒂和火柴梗等。

(2) 厨房用火不慎，如油锅过热起火、煤气泄漏起火等。

(3) 设备设施维修时违章操作，如维修管道设备不慎起火、违章焊接作业、进行可燃装修施工违章动火等。

(4) 电气线路接触不良、电热器具使用不当、照明灯具温度过高烤着可燃物等。

2. 宾馆饭店防火措施

(1) 宾馆饭店进行内部装修时所有的装饰、装修材料均应符合相关规定要求，应当采用不燃材料或难燃烧材料。窗帘一类的丝、毛、麻、棉织品应经过防火处理。地毯、沙发和床垫应采用阻燃型的。客房内除了固有电器和允许旅客使用的电吹风、电动剃须刀等日常生活小型电器外，禁止使用其他电器设备，尤其是电热设备。

(2) 对旅客应明文告示：禁止将易燃易爆物品带入宾馆，凡携带易燃易爆物品进入宾馆者，要立即交给服务员专门储存，妥善保管。

(3) 客房内应配有禁止卧床吸烟的标志、应急疏散指示图、旅客须知及宾馆饭店内的消防安全指南。服务员在整理房间时要仔细检查，对烟灰缸内未熄灭的烟蒂不得倒入垃圾袋；平时应不间断巡逻查看，发现火灾隐患或起火苗头应及时采取措施。

（4）未成年的旅客住房，最好不安排在四层以上，其客房里不要摆放打火机、火柴等引火物。

（5）宾馆饭店的电气线路，一般都敷设在吊顶和墙内，为预防漏电短路应穿入套管内，不得明线敷设。客房里的台灯、壁灯、落地灯等设备的金属外壳，应有可靠的接地保护。床头柜内设有音响、灯光、电视等控制设备的，应做好防火隔热处理。

（6）照明灯具表面高温部位应当远离可燃物；碘钨灯、荧光灯、高压汞灯（包括日光灯镇流器），不应直接安装在可燃构件上；深罩灯、吸顶灯等如靠近可燃物安装时，应加垫不燃材料制作的隔热层；碘钨灯及功率大的白炽灯的灯头线应采用耐高温线穿套管保护；卫生间、厨房等潮湿地方应采用防潮灯具。空调、制冷和加热设备等要加强维护检查，防止发生火灾。

（7）宾馆饭店建筑内应按照有关建筑设计防火规范设置防烟楼梯间或封闭楼梯间。安全出口的数量，疏散走道的长度、宽度及疏散楼梯等疏散设施的设置，必须符合有关规定要求。严禁占用、阻塞和封堵疏散走道和疏散楼梯间。为确保防火分隔，楼梯间、前室的门应为乙级防火门，并应向疏散方向开启；楼梯间及疏散走道应设置应急照明灯具和疏散指示标志；应急照明灯宜设在墙面上或顶棚上，安全出口标志宜设在出口的顶部；疏散走道的指示标志宜设在疏散走道及其转角处距地面 1 m 以下的墙面上，且间距不应大于 20 m。疏散用应急照明灯，其地面最低照度不应低于 0.5 lx，且连续供电时间不应少于 20 min。

（8）加强用火、用气管理，建立健全用火、用气管理制度和操作规程，落实到每个员工的工作岗位。如餐厅内需要点蜡烛烘托气氛时，必须把蜡烛固定在不燃材料制作的基座内，不得靠近可燃物。供应有火锅、烧烤等风味餐厅，必须加强对炉火的看管，使用酒精炉时，严禁在火焰未熄灭前添加酒精，酒精炉应使用固体酒精燃料。使用煤油灯、煤油炉时，严禁以汽油代替煤油。餐厅内应在多处放置烟灰缸，以方便宾客放置烟头和火柴梗。

（9）对厨房内燃气燃油管道、法兰接头、仪表、阀门必须定期检查，防止泄漏。发现燃气燃油泄漏，首先要关闭阀门，及时通风，并严禁使用任何明火和启动电源开关。燃气厨房不得存放或堆放与厨房无关的其他物品。楼层厨房不应使用瓶装液化石油气，煤气、天然气管道应从室外单独引入，不得穿过客房或其他公共区域。

（10）厨房内使用的炊事机械设备，不得超负荷用电，并防止电气设备和线路受潮。油炸食品时，要采取措施，防止食油溢出着火。工作结束后，操作人员应及时关闭厨房的所有燃气燃油阀门，切断气源、火源和电源后方能离开。厨房内抽油烟机罩应及时擦洗，烟道每半年应清洗一次。厨房内除配置常用的灭火器外，还应配置石棉毯，以备扑灭初起火灾。

（11）定期维修保养建筑消防设施，保证正常运行。根据国家有关消防技术标准，宾馆饭店的消防设施一般都比较完善，通常都设有火灾自动报警系统、消火栓系统、自动喷水灭火系统、防烟排烟系统、应急照明系统、火灾广播系统等各类消防设施。这些设施在建筑工程竣工验收合格后，应设专人操作管理，定期进行维修保养，在万一发生火灾时保证发挥应有的作用。消防控制室的值班人员应当经过培训，考试合格后才可上岗。

（12）实行消防安全责任制。宾馆饭店必须落实消防安全责任制，要指定专人负责消防安全工作，既要加强硬件设施的管理，也要加强软件管理，建立健全各项消防安全管理制度，依法履行自身消防安全管理职责，定期组织防火检查，及时消除火灾隐患。

（13）加强员工消防教育培训，制定并经常演练灭火、疏散预案。要组织义务消防队，发动职工积极参与消防工作。宾馆饭店的保安人员应当也是义务消防队员，教育他们懂得平时应当如何防火，发生火灾时如何扑救初起之火、如何报警和如何组织安全疏散、引导旅客逃生避难。

三、公共娱乐场所防火安全管理要求

公众娱乐场所主要是指影剧院、录像厅、歌舞厅、卡拉 OK 厅、大浴场、游戏机房、网吧等。由于这些地方人员众多，又往往营业到深夜甚至通宵，而且在这些场所，往往把餐饮业也融合在一起，所以其消防安全特别重要。

1. 公共娱乐场所防火措施

（1）根据相关规定，凡新建、改建、扩建或者改变内部装修的公共娱乐场所，防火设计（包括防火分区、安全疏散、防烟排烟、消防给水、装修材料、自动灭火系统和火灾自动报警系统等）必须符合国家有关消防技术规范的规定。建设单位应当将防火设计、装修图纸送当地公安消防机构进行审核，经审核同意后方可施工；在使用或者开业前，应向当地公安消防机构申报，经消防安全检查合格后，方可使用或者开业。

（2）公共娱乐场所不得设置在文物古建筑、博物馆、图书馆建筑内，不得毗连重要仓库或危险物品仓库，不得设置在居民住宅楼内。在公共娱乐场所的上面、下面或毗邻位置，不准布置燃油、燃气的锅炉房和油浸电力变压器室。

（3）公共娱乐场所在建设时，应同其他建筑物保持一定的防火间距，同甲、乙类生产厂房、库房之间应留有不少于 50 m 的防火间距。建筑物本身耐火等级不宜低于二级。

（4）在建筑设计时应当考虑必要的防火技术措施：影剧院等建筑的舞台与观众厅之间，应采用耐火极限不低于 3.5 h 的不燃体隔墙，舞台口上部与观众厅闷顶之间的隔墙可采用耐火极限不低于 1.5 h 的不燃体，隔墙上的门应采用乙级防火门；电影放映室（包括卷片室）应用耐火极限不低于 1 h 的不燃体隔墙与其他部分隔开，观察孔和放映孔应设阻火闸门；剧院后台的辅助用房与舞台之间，应当用耐火极限不低于 1.5 h 的不燃体墙隔开；舞台下面的灯光操作室和可燃物储藏室，应用耐火极限不低于 1 h 的不燃体墙与其他部位隔开。

（5）对超过 1 500 个座位的影剧院和超过 2 000 个座位的会堂、礼堂的舞台口，以及与舞台相连的侧台、后台的门窗洞口，都应设水幕分隔。对于超过 1 500 个座位的剧院和超过 2 000 个座位的会堂舞台的葡萄架下部以及建筑面积超过 400 m^2 的演播室、建筑面积超过 500 m^2 的电影摄影棚等都应设雨淋喷水灭火设备。

（6）公共娱乐场所与其他建筑相毗连或者附设在其他建筑物内时，应当按照独立的防火分区设置。商住楼内的公共娱乐场所与居民住宅的安全出口应当分开设置。

(7) 公共娱乐场所的内部装修设计和施工，必须符合相关规定和有关装饰装修防火规定。窗帘、地毯应是阻燃型的，座椅衬垫和护罩也应是阻燃型的。

(8) 安全疏散出口应符合要求并保持畅通。为确保安全疏散，公共娱乐场所室外疏散通道的宽度应不小于 3 m。为了保证灭火时的需要，超过 2 000 个座位的会堂等建筑四周，宜设置环形消防车道。应急照明灯宜设在墙面或顶棚上，疏散指示标志宜设在太平门的顶部和疏散走道及其转角处距地面 1 m 以下的墙面上，走道上的指示标志的间距不宜大于 20 m。为了便于管理和防护，应急照明和疏散指示标志应设置玻璃或其他不燃材料制作的保护罩。

(9) 公共娱乐场所必须设置灭火设施。根据规定，对于超过 800 个座位的剧院、电影院、俱乐部和超过 1 200 个座位的礼堂，都应设置室内消火栓。

(10) 为了保证能及时有效地控制火灾，座位超过 1 500 个的剧院和座位超过 2 000 个的会堂或礼堂，其观众厅、舞台上部（屋顶采用金属构件时）、化妆室、道具室、储藏室、贵宾室等应设置闭式自动喷水灭火设备。室内消火栓应布置在舞台、观众厅和电影放映室等重点部位醒目并便于取用的地方。

2. 公共娱乐场所的防火安全管理

(1) 公共娱乐场所应当在法定代表人或主要负责人中确定一名本单位的消防安全负责人，对本单位的消防安全工作负责；并向当地公安消防机构备案，接受消防机构的消防安全培训。

(2) 公共娱乐场所的房产所有者在与其他单位、个人发生租赁、承包等关系后，公共娱乐场所的消防安全由经营者负责。

(3) 公共娱乐场所在营业时，安全出口必须全部开启，疏散通道一定要保证畅通无阻，严禁将安全出口上锁、阻塞。

(4) 公共娱乐场所在营业时接纳的人数不得超过额定的人数。不许添加临时座位，无票观众不得站在通道上。

(5) 公共娱乐场所的电气设备不得超过其安全电流负荷量，不得擅自拉接临时电线。

(6) 在公共娱乐场所营业时间内，严禁进行设备检修、电气焊、油漆粉刷等施工作业。

(7) 严禁携带易燃易爆物品进入公共娱乐场所。

(8) 公共娱乐场所应当按照《建筑灭火器配置设计规范》的规定配备灭火器材，设置报警电话，并保证消防设施、设备完好有效。

(9) 公共娱乐场所应当制定紧急安全疏散方案，并进行演练。在营业时间和营业结束后，应当指定专人进行安全巡视检查。特别要注意有无遗留烟头等火种，确认安全后，切断电源。

(10) 公共娱乐场所应当建立全员防火安全责任制度，全体员工都应当熟知必要的消防安全知识，会报火警，会使用灭火器材，会组织人员疏散。新职工上岗前必须进行消防安全培训。

(11) 卡拉 OK 厅及其包房内，应当设置声音或图像警报，保证在火灾发生初期，将各卡拉 OK 房间的画面、音响消除，播送火灾警报，引导人员疏散。

（12）公共娱乐场所应当推行禁烟制度，至少应做到除吸烟室外，其他地方一律禁止吸烟。为观众寻找座位时，禁止使用明火照明。

（13）万一发生火灾时，应保证火灾事故应急照明的电源和其他消防专用电源能立即启用。

第二章　商贸服务企业安全生产相关法律法规

商贸服务企业是第三产业的重要组成部分，正在成为促进我国国民经济和就业增长的新动力。我国历来重视商贸服务企业发展，近年来制定了一系列鼓励和支持商贸服务企业发展的政策措施，取得了明显成效，规模继续扩大，结构和质量得到改善。商贸服务企业在经营过程中，也需要针对所存在的安全问题加强安全管理，严格遵守和执行安全生产法律法规，始终把安全生产摆在重要位置，把安全作为发展的前提和基础，使企业生产经营活动建立在安全基础之上。

第一节　商贸服务企业安全生产相关法律法规

商贸服务企业在经营过程和安全管理过程中，要以法律法规为基准，坚持“安全第一、预防为主、综合治理”的方针，针对常见多发事故特点，全面加强企业安全管理，落实安全生产责任，完善安全生产制度，积极防范各类事故。由于经营性质的关系，商贸服务企业大量使用电梯、锅炉、厂内机动车等特种设备，同时需要预防的主要是火灾事故。因此，在此重点介绍《安全生产法》《特种设备安全法》和《消防法》相关内容。

一、《安全生产法》（修订版）相关要点

《中华人民共和国安全生产法》（以下简称《安全生产法》）于 2002 年 6 月 29 日由第九届全国人民代表大会常务委员会第二十八次会议通过，自 2002 年 11 月 1 日起施行。2014 年 8 月 31 日，第十二届全国人民代表大会常务委员会第十次会议审议通过《关于修改〈中华人民共和国安全生产法〉的决定》，自 2014 年 12 月 1 日起施行。

1. 制定《安全生产法》的目的

新修订的《安全生产法》分为七章一百一十四条，各章内容分别为：第一章总则，第二章生产经营单位的安全生产保障，第三章从业人员的安全生产权利义务，第四章安全生产的监督管理，第五章生产安全事故的应急救援与调查处理，第六章法律责任，第七章附则。制定本法是为了加强安全生产工作，防止和减少生产安全事故，保障人民群众生命和财产安全，促进经济社会持续健康发展。

修改后的《安全生产法》，从加强预防、强化安全生产主体责任、加强隐患排查、完善监管、加大违法惩处力度等方面作了修改，涉及修改的条款较多，旨在为我国经济社会健康发展营造安全的生产环境提供有力的法制保障。

2. 总则中的有关规定

在《安全生产法》第一章总则中，对一些重大事项和原则问题作出了明确的规定。

有关规定如下：

◆在中华人民共和国领域内从事生产经营活动的单位（以下统称生产经营单位）的安全生产，适用本法；有关法律、行政法规对消防安全和道路交通安全、铁路交通安全、水上交通安全、民用航空安全以及核与辐射安全、特种设备安全另有规定的，适用其规定。

◆安全生产工作应当以人为本，坚持安全发展，坚持"安全第一、预防为主、综合治理"的方针，强化和落实生产经营单位的主体责任，建立生产经营单位负责、职工参与、政府监督、行业自律和社会监督的机制。

◆生产经营单位必须遵守本法和其他有关安全生产的法律、法规，加强安全生产管理，建立、健全安全生产责任制和安全生产规章制度，改善安全生产条件，推进安全生产标准化建设，提高安全生产水平，确保安全生产。

◆生产经营单位的主要负责人对本单位的安全生产工作全面负责。

◆生产经营单位的从业人员有依法获得安全生产保障的权利，并应当依法履行安全生产方面的义务。

◆工会依法对安全生产工作进行监督。

生产经营单位的工会依法组织职工参加本单位安全生产工作的民主管理和民主监督，维护职工在安全生产方面的合法权益。

生产经营单位制定或者修改有关安全生产的规章制度，应当听取工会的意见。

◆国务院安全生产监督管理部门依照本法，对全国安全生产工作实施综合监督管理；县级以上地方各级人民政府安全生产监督管理部门依照本法，对本行政区域内安全生产工作实施综合监督管理。

◆国家实行生产安全事故责任追究制度，依照本法和有关法律、法规的规定，追究生产安全事故责任人员的法律责任。

◆国家对在改善安全生产条件、防止生产安全事故、参加抢险救护等方面取得显著成绩的单位和个人，给予奖励。

3. 生产经营单位安全生产保障的有关规定

在第二章生产经营单位的安全生产保障中，对相关事项作了规定。

◆生产经营单位应当具备本法和有关法律、行政法规和国家标准或者行业标准规定的安全生产条件；不具备安全生产条件的，不得从事生产经营活动。

◆生产经营单位的主要负责人对本单位安全生产工作负有下列职责：

(1) 建立、健全本单位安全生产责任制。

(2) 组织制定本单位安全生产规章制度和操作规程。

(3) 组织制定并实施本单位安全生产教育和培训计划。

(4) 保证本单位安全生产投入的有效实施。

(5) 督促、检查本单位的安全生产工作，及时消除生产安全事故隐患。

(6) 组织制定并实施本单位的生产安全事故应急救援预案。

(7) 及时、如实报告生产安全事故。

◆生产经营单位的安全生产责任制应当明确各岗位的责任人员、责任范围和考核标准等内容。

生产经营单位应当建立相应的机制，加强对安全生产责任制落实情况的监督考核，保证安全生产责任制的落实。

◆生产经营单位应当具备的安全生产条件所必需的资金投入，由生产经营单位的决策机构、主要负责人或者个人经营的投资人予以保证，并对由于安全生产所必需的资金投入不足导致的后果承担责任。

◆矿山、金属冶炼、建筑施工、道路运输单位和危险物品的生产、经营、储存单位，应当设置安全生产管理机构或者配备专职安全生产管理人员。

前款规定以外的其他生产经营单位，从业人员超过一百人的，应当设置安全生产管理机构或者配备专职安全生产管理人员；从业人员在一百人以下的，应当配备专职或者兼职的安全生产管理人员。

◆生产经营单位的安全生产管理机构以及安全生产管理人员履行下列职责：

（1）组织或者参与拟订本单位安全生产规章制度、操作规程和生产安全事故应急救援预案。

（2）组织或者参与本单位安全生产教育和培训，如实记录安全生产教育和培训情况。

（3）督促落实本单位重大危险源的安全管理措施。

（4）组织或者参与本单位应急救援演练。

（5）检查本单位的安全生产状况，及时排查生产安全事故隐患，提出改进安全生产管理的建议。

（6）制止和纠正违章指挥、强令冒险作业、违反操作规程的行为。

（7）督促落实本单位安全生产整改措施。

◆生产经营单位的安全生产管理机构以及安全生产管理人员应当恪尽职守，依法履行职责。

生产经营单位作出涉及安全生产的经营决策，应当听取安全生产管理机构以及安全生产管理人员的意见。

生产经营单位不得因安全生产管理人员依法履行职责而降低其工资、福利等待遇或者解除与其订立的劳动合同。

◆生产经营单位的主要负责人和安全生产管理人员必须具备与本单位所从事的生产经营活动相应的安全生产知识和管理能力。

◆生产经营单位应当对从业人员进行安全生产教育和培训，保证从业人员具备必要的安全生产知识，熟悉有关的安全生产规章制度和安全操作规程，掌握本岗位的安全操作技能，了解事故应急处理措施，知悉自身在安全生产方面的权利和义务。未经安全生产教育和培训合格的从业人员，不得上岗作业。

生产经营单位使用被派遣劳动者的，应当将被派遣劳动者纳入本单位从业人员统一管理，对被派遣劳动者进行岗位安全操作规程和安全操作技能的教育和培训。劳务派遣单位应当对被派遣劳动者进行必要的安全生产教育和培训。

生产经营单位接收中等职业学校、高等学校学生实习的，应当对实习学生进行相应的安全生产教育和培训，提供必要的劳动防护用品。学校应当协助生产经营单位对实习学生进行安全生产教育和培训。

生产经营单位应当建立安全生产教育和培训档案，如实记录安全生产教育和培训的时间、内容、参加人员以及考核结果等情况。

◆生产经营单位采用新工艺、新技术、新材料或者使用新设备，必须了解、掌握其安全技术特性，采取有效的安全防护措施，并对从业人员进行专门的安全生产教育和培训。

◆生产经营单位的特种作业人员必须按照国家有关规定经专门的安全作业培训，取得相应资格，方可上岗作业。

◆生产经营单位新建、改建、扩建工程项目（以下统称建设项目）的安全设施，必须与主体工程同时设计、同时施工、同时投入生产和使用。安全设施投资应当纳入建设项目概算。

◆生产经营单位应当在有较大危险因素的生产经营场所和有关设施、设备上，设置明显的安全警示标志。

◆生产经营单位必须对安全设备进行经常性维护、保养，并定期检测，保证正常运转。维护、保养、检测应当做好记录，并由有关人员签字。

◆生产经营单位对重大危险源应当登记建档，进行定期检测、评估、监控，并制定应急预案，告知从业人员和相关人员在紧急情况下应当采取的应急措施。

◆生产经营单位应当建立健全生产安全事故隐患排查治理制度，采取技术、管理措施，及时发现并消除事故隐患。事故隐患排查治理情况应当如实记录，并向从业人员通报。

◆生产、经营、储存、使用危险物品的车间、商店、仓库不得与员工宿舍在同一座建筑物内，并应当与员工宿舍保持安全距离。

生产经营场所和员工宿舍应当设有符合紧急疏散要求、标志明显、保持畅通的出口。禁止锁闭、封堵生产经营场所或者员工宿舍的出口。

◆生产经营单位应当教育和督促从业人员严格执行本单位的安全生产规章制度和安全操作规程；并向从业人员如实告知作业场所和工作岗位存在的危险因素、防范措施以及事故应急措施。

◆生产经营单位必须为从业人员提供符合国家标准或者行业标准的劳动防护用品，并监督、教育从业人员按照使用规则佩戴、使用。

◆生产经营单位的安全生产管理人员应当根据本单位的生产经营特点，对安全生产状况进行经常性检查；对检查中发现的安全问题，应当立即处理；不能处理的，应当及时报告本单位有关负责人，有关负责人应当及时处理。检查及处理情况应当如实记录在案。

◆生产经营单位应当安排用于配备劳动防护用品、进行安全生产培训的经费。

◆两个以上生产经营单位在同一作业区域内进行生产经营活动，可能危及对方生产安全的，应当签订安全生产管理协议，明确各自的安全生产管理职责和应当采取的安全措施，并指定专职安全生产管理人员进行安全检查与协调。

◆生产经营单位不得将生产经营项目、场所、设备发包或者出租给不具备安全生产条件或者相应资质的单位或者个人。

◆生产经营单位发生生产安全事故时，单位的主要负责人应当立即组织抢救，并不得在事故调查处理期间擅离职守。

◆生产经营单位必须依法参加工伤保险，为从业人员缴纳保险费。

国家鼓励生产经营单位投保安全生产责任保险。

4. 从业人员安全生产权利义务的有关规定

在第三章从业人员的安全生产权利义务中，对相关事项作了规定。

◆生产经营单位与从业人员订立的劳动合同，应当载明有关保障从业人员劳动安全、防止职业危害的事项，以及依法为从业人员办理工伤保险的事项。

生产经营单位不得以任何形式与从业人员订立协议，免除或者减轻其对从业人员因生产安全事故伤亡依法应承担的责任。

◆生产经营单位的从业人员有权了解其作业场所和工作岗位存在的危险因素、防范措施及事故应急措施，有权对本单位的安全生产工作提出建议。

◆从业人员有权对本单位安全生产工作中存在的问题提出批评、检举、控告；有权拒绝违章指挥和强令冒险作业。

生产经营单位不得因从业人员对本单位安全生产工作提出批评、检举、控告或者拒绝违章指挥、强令冒险作业而降低其工资、福利等待遇或者解除与其订立的劳动合同。

◆从业人员发现直接危及人身安全的紧急情况时，有权停止作业或者在采取可能的应急措施后撤离作业场所。

生产经营单位不得因从业人员在前款紧急情况下停止作业或者采取紧急撤离措施而降低其工资、福利等待遇或者解除与其订立的劳动合同。

◆因生产安全事故受到损害的从业人员，除依法享有工伤保险外，依照有关民事法律尚有获得赔偿的权利的，有权向本单位提出赔偿要求。

◆从业人员在作业过程中，应当严格遵守本单位的安全生产规章制度和操作规程，服从管理，正确佩戴和使用劳动防护用品。

◆从业人员应当接受安全生产教育和培训，掌握本职工作所需的安全生产知识，提高安全生产技能，增强事故预防和应急处理能力。

◆从业人员发现事故隐患或者其他不安全因素，应当立即向现场安全生产管理人员或者本单位负责人报告；接到报告的人员应当及时予以处理。

◆工会有权对建设项目的安全设施与主体工程同时设计、同时施工、同时投入生产和使用进行监督，提出意见。

工会对生产经营单位违反安全生产法律、法规，侵犯从业人员合法权益的行为，有权要求纠正；发现生产经营单位违章指挥、强令冒险作业或者发现事故隐患时，有权提出解决的建议，生产经营单位应当及时研究答复；发现危及从业人员生命安全的情况时，有权向生产经营单位建议组织从业人员撤离危险场所，生产经营单位必须立即作出处理。

工会有权依法参加事故调查，向有关部门提出处理意见，并要求追究有关人员的责任。

◆生产经营单位使用被派遣劳动者的，被派遣劳动者享有本法规定的从业人员的权利，并应当履行本法规定的从业人员的义务。

5. 生产安全事故应急救援与调查处理的有关规定

在第五章生产安全事故的应急救援与调查处理中，对相关事项作了明确规定。

◆生产经营单位应当制定本单位生产安全事故应急救援预案，与所在地县级以上地方人民政府组织制定的生产安全事故应急救援预案相衔接，并定期组织演练。

◆危险物品的生产、经营、储存单位以及矿山、金属冶炼、城市轨道交通运营、建筑施工单位应当建立应急救援组织；生产经营规模较小的，可以不建立应急救援组织，但应当指定兼职的应急救援人员。

危险物品的生产、经营、储存、运输单位以及矿山、金属冶炼、城市轨道交通运营、建筑施工单位应当配备必要的应急救援器材、设备和物资，并进行经常性维护、保养，保证正常运转。

◆生产经营单位发生生产安全事故后，事故现场有关人员应当立即报告本单位负责人。

单位负责人接到事故报告后，应当迅速采取有效措施，组织抢救，防止事故扩大，减少人员伤亡和财产损失，并按照国家有关规定立即如实报告当地负有安全生产监督管理职责的部门，不得隐瞒不报、谎报或者迟报，不得故意破坏事故现场、毁灭有关证据。

◆任何单位和个人都应当支持、配合事故抢救，并提供一切便利条件。

◆任何单位和个人不得阻挠和干涉对事故的依法调查处理。

6. 有关法律责任的规定

在第六章法律责任中，对法律责任相关事项作了明确规定。

◆生产经营单位有下列行为之一的，责令限期改正，可以处五万元以下的罚款；逾期未改正的，责令停产停业整顿，并处五万元以上十万元以下的罚款，对其直接负责的主管人员和其他直接责任人员处一万元以上二万元以下的罚款：

（1）未按照规定设置安全生产管理机构或者配备安全生产管理人员的。

（2）危险物品的生产、经营、储存单位以及矿山、金属冶炼、建筑施工、道路运输单位的主要负责人和安全生产管理人员未按照规定经考核合格的。

（3）未按照规定对从业人员、被派遣劳动者、实习学生进行安全生产教育和培训，或者未按照规定如实告知有关的安全生产事项的。

（4）未如实记录安全生产教育和培训情况的。

（5）未将事故隐患排查治理情况如实记录或者未向从业人员通报的。

（6）未按照规定制定生产安全事故应急救援预案或者未定期组织演练的。

（7）特种作业人员未按照规定经专门的安全作业培训并取得相应资格，上岗作业的。

◆生产经营单位有下列行为之一的，责令限期改正，可以处五万元以下的罚款；逾期未改正的，处五万元以上二十万元以下的罚款，对其直接负责的主管人员和其他直接责任人员处一万元以上二万元以下的罚款；情节严重的，责令停产停业整顿；构成犯罪的，依照刑法有关规定追究刑事责任：

（1）未在有较大危险因素的生产经营场所和有关设施、设备上设置明显的安全警示标志的。

（2）安全设备的安装、使用、检测、改造和报废不符合国家标准或者行业标准的。

（3）未对安全设备进行经常性维护、保养和定期检测的。

（4）未为从业人员提供符合国家标准或者行业标准的劳动防护用品的。

（5）危险物品的容器、运输工具，以及涉及人身安全、危险性较大的海洋石油开采特种设备和矿山井下特种设备未经具有专业资质的机构检测、检验合格，取得安全使用证或者安全标志，投入使用的。

（6）使用应当淘汰的危及生产安全的工艺、设备的。

◆生产经营单位的从业人员不服从管理，违反安全生产规章制度或者操作规程的，由生产经营单位给予批评教育，依照有关规章制度给予处分；构成犯罪的，依照刑法有关规定追究刑事责任。

二、《特种设备安全法》相关要点

2013 年 6 月 29 日，第十二届全国人民代表大会常务委员会第三次会议通过《中华人民共和国特种设备安全法》（中华人民共和国主席令第 4 号，以下简称《特种设备安全法》），自 2014 年 1 月 1 日起施行。

《特种设备安全法》分为七章一百零一条，各章内容分别为：第一章总则，第二章生产、经营、使用，第三章检验、检测，第四章监督管理，第五章事故应急救援与调查处理，第六章法律责任，第七章附则。制定本法的目的是加强特种设备安全工作，预防特种设备事故，保障人身和财产安全，促进经济社会发展。

1. 总则中的有关规定

在第一章总则中，对相关事项作了规定。

◆特种设备的生产（包括设计、制造、安装、改造、修理）、经营、使用、检验、检测和特种设备安全的监督管理，适用本法。

本法所称特种设备，是指对人身和财产安全有较大危险性的锅炉、压力容器（含气瓶）、压力管道、电梯、起重机械、客运索道、大型游乐设施、场（厂）内专用机动车辆，以及法律、行政法规规定适用本法的其他特种设备。

◆特种设备安全工作应当坚持“安全第一、预防为主、节能环保、综合治理”的原则。

◆国家对特种设备的生产、经营、使用，实施分类的、全过程的安全监督管理。

◆国务院负责特种设备安全监督管理的部门对全国特种设备安全实施监督管理。县级以上地方各级人民政府负责特种设备安全监督管理的部门对本行政区域内特种设备安全实施监督管理。

◆特种设备生产、经营、使用单位应当遵守本法和其他有关法律、法规，建立、健全特种设备安全和节能责任制度，加强特种设备安全和节能管理，确保特种设备生产、经营、使用安全，符合节能要求。

◆特种设备生产、经营、使用、检验、检测应当遵守有关特种设备安全技术规范及相关标准。

◆任何单位和个人有权向负责特种设备安全监督管理的部门和有关部门举报涉及特种设备安全的违法行为，接到举报的部门应当及时处理。

2. 有关特种设备生产、经营、使用的规定

在第二章生产、经营、使用中，对相关事项作了规定。

◆特种设备生产、经营、使用单位及其主要负责人对其生产、经营、使用的特种设备安全负责。

特种设备生产、经营、使用单位应当按照国家有关规定配备特种设备安全管理人员、检测人员和作业人员，并对其进行必要的安全教育和技能培训。

◆特种设备安全管理人员、检测人员和作业人员应当按照国家有关规定取得相应资格，方可从事相关工作。特种设备安全管理人员、检测人员和作业人员应当严格执行安全技术规范和管理制度，保证特种设备安全。

◆特种设备生产、经营、使用单位对其生产、经营、使用的特种设备应当进行自行检测和维护保养，对国家规定实行检验的特种设备应当及时申报并接受检验。

◆国家鼓励投保特种设备安全责任保险。

◆国家按照分类监督管理的原则对特种设备生产实行许可制度。特种设备生产单位应当具备下列条件，并经负责特种设备安全监督管理的部门许可，方可从事生产活动：

（1）有与生产相适应的专业技术人员。

（2）有与生产相适应的设备、设施和工作场所。

（3）有健全的质量保证、安全管理和岗位责任等制度。

◆特种设备生产单位应当保证特种设备生产符合安全技术规范及相关标准的要求，对其生产的特种设备的安全性能负责。不得生产不符合安全性能要求和能效指标以及国家明令淘汰的特种设备。

◆锅炉、气瓶、氧舱、客运索道、大型游乐设施的设计文件，应当经负责特种设备安全监督管理的部门核准的检验机构鉴定，方可用于制造。

◆特种设备出厂时，应当随附安全技术规范要求的设计文件、产品质量合格证明、安装及使用维护保养说明、监督检验证明等相关技术资料和文件，并在特种设备显著位置设置产品铭牌、安全警示标志及其说明。

◆电梯的安装、改造、修理，必须由电梯制造单位或者其委托的依照本法取得相应许可的单位进行。电梯制造单位委托其他单位进行电梯安装、改造、修理的，应当对其安装、改造、修理进行安全指导和监控，并按照安全技术规范的要求进行校验和调试。电梯制造单位对电梯安全性能负责。

◆特种设备安装、改造、修理的施工单位应当在施工前将拟进行的特种设备安装、改造、修理情况书面告知直辖市或者设区的市级人民政府负责特种设备安全监督管理的部门。

◆特种设备安装、改造、修理竣工后，安装、改造、修理的施工单位应当在验收后三十日内将相关技术资料和文件移交特种设备使用单位。特种设备使用单位应当将其存入该特种设备的安全技术档案。

◆锅炉、压力容器、压力管道元件等特种设备的制造过程和锅炉、压力容器、压力管道、电梯、起重机械、客运索道、大型游乐设施的安装、改造、重大修理过程，应当经特种设备检验机构按照安全技术规范的要求进行监督检验；未经监督检验或者监督检验不合格的，不得出厂或者交付使用。

◆特种设备销售单位销售的特种设备，应当符合安全技术规范及相关标准的要求，其设计文件、产品质量合格证明、安装及使用维护保养说明、监督检验证明等相关技术资料和文件应当齐全。

特种设备销售单位应当建立特种设备检查验收和销售记录制度。

禁止销售未取得许可生产的特种设备，未经检验和检验不合格的特种设备，或者国家明令淘汰和已经报废的特种设备。

◆特种设备出租单位不得出租未取得许可生产的特种设备或者国家明令淘汰和已经报废的特种设备，以及未按照安全技术规范的要求进行维护保养和未经检验或者检验不合格的特种设备。

◆特种设备在出租期间的使用管理和维护保养义务由特种设备出租单位承担，法律另有规定或者当事人另有约定的除外。

◆进口的特种设备应当符合我国安全技术规范的要求，并经检验合格；需要取得我国特种设备生产许可的，应当取得许可。

进口特种设备随附的技术资料和文件应当符合本法相关规定，其安装及使用维护保养说明、产品铭牌、安全警示标志及其说明应当采用中文。

◆特种设备使用单位应当使用取得许可生产并经检验合格的特种设备。

禁止使用国家明令淘汰和已经报废的特种设备。

◆特种设备使用单位应当在特种设备投入使用前或者投入使用后三十日内，向负责特种设备安全监督管理的部门办理使用登记，取得使用登记证书。登记标志应当置于该特种设备的显著位置。

◆特种设备使用单位应当建立岗位责任、隐患治理、应急救援等安全管理制度，制定操作规程，保证特种设备安全运行。

◆特种设备使用单位应当建立特种设备安全技术档案。安全技术档案应当包括以下内容：

（1）特种设备的设计文件、产品质量合格证明、安装及使用维护保养说明、监督检验证明等相关技术资料和文件。

（2）特种设备的定期检验和定期自行检查记录。

（3）特种设备的日常使用状况记录。

（4）特种设备及其附属仪器仪表的维护保养记录。

（5）特种设备的运行故障和事故记录。

◆电梯、客运索道、大型游乐设施等为公众提供服务的特种设备的运营使用单位，应当对特种设备的使用安全负责，设置特种设备安全管理机构或者配备专职的特种设备安全管理人员；其他特种设备使用单位，应当根据情况设置特种设备安全管理机构或者配备专职、兼职的特种设备安全管理人员。

◆特种设备的使用应当具有规定的安全距离、安全防护措施。

与特种设备安全相关的建筑物、附属设施，应当符合有关法律、行政法规的规定。

◆特种设备属于共有的，共有人可以委托物业服务单位或者其他管理人管理特种设备，受托人履行本法规定的特种设备使用单位的义务，承担相应责任。共有人未委托的，由共有人或者实际管理人履行管理义务，承担相应责任。

◆特种设备使用单位应当对其使用的特种设备进行经常性维护保养和定期自行检查，并作出记录。

特种设备使用单位应当对其使用的特种设备的安全附件、安全保护装置进行定期校验、检修，并作出记录。

◆特种设备使用单位应当按照安全技术规范的要求，在检验合格有效期届满前一个月向特种设备检验机构提出定期检验要求。

特种设备检验机构接到定期检验要求后，应当按照安全技术规范的要求及时进行安全性能检验。特种设备使用单位应当将定期检验标志置于该特种设备的显著位置。

未经定期检验或者检验不合格的特种设备，不得继续使用。

◆特种设备安全管理人员应当对特种设备使用状况进行经常性检查，发现问题应当立即处理；情况紧急时，可以决定停止使用特种设备并及时报告本单位有关负责人。

特种设备作业人员在作业过程中发现事故隐患或者其他不安全因素，应当立即向特种设备安全管理人员和单位有关负责人报告；特种设备运行不正常时，特种设备作业人员应当按照操作规程采取有效措施保证安全。

◆特种设备出现故障或者发生异常情况，特种设备使用单位应当对其进行全面检查，消除事故隐患，方可继续使用。

◆锅炉使用单位应当按照安全技术规范的要求进行锅炉水（介）质处理，并接受特种设备检验机构的定期检验。

◆电梯的维护保养应当由电梯制造单位或者依照本法取得许可的安装、改造、修理单位进行。

电梯的维护保养单位应当在维护保养中严格执行安全技术规范的要求，保证其维护保养的电梯的安全性能，并负责落实现场安全防护措施，保证施工安全。

电梯的维护保养单位应当对其维护保养的电梯的安全性能负责；接到故障通知后，应当立即赶赴现场，并采取必要的应急救援措施。

◆电梯投入使用后，电梯制造单位应当对其制造的电梯的安全运行情况进行跟踪调查和了解，对电梯的维护保养单位或者使用单位在维护保养和安全运行方面存在的问题，提出改进建议，并提供必要的技术帮助；发现电梯存在严重事故隐患时，应当及时告知电梯使用单位，并向负责特种设备安全监督管理的部门报告。电梯制造单位对调查和了解的情况，应当作出记录。

◆特种设备进行改造、修理，按照规定需要变更使用登记的，应当办理变更登记，方可继续使用。

◆特种设备存在严重事故隐患，无改造、修理价值，或者达到安全技术规范规定的其他报废条件的，特种设备使用单位应当依法履行报废义务，采取必要措施消除该特种设备的使用功能，并向原登记的负责特种设备安全监督管理的部门办理使用登记证书注销手续。

◆移动式压力容器、气瓶充装单位，应当具备下列条件，并经负责特种设备安全监督管理的部门许可，方可从事充装活动：

（1）有与充装和管理相适应的管理人员和技术人员。

（2）有与充装和管理相适应的充装设备、检测手段、场地厂房、器具、安全设施。

（3）有健全的充装管理制度、责任制度、处理措施。

充装单位应当建立充装前后的检查、记录制度，禁止对不符合安全技术规范要求的移动式压力容器和气瓶进行充装。

气瓶充装单位应当向气体使用者提供符合安全技术规范要求的气瓶，对气体使用者进行气瓶安全使用指导，并按照安全技术规范的要求办理气瓶使用登记，及时申报定期检验。

3. 有关特种设备检验、检测的规定

在第三章检验、检测中，对相关事项作了规定。

◆从事本法规定的监督检验、定期检验的特种设备检验机构，以及为特种设备生产、经营、使用提供检测服务的特种设备检测机构，应当具备下列条件，并经负责特种设备安全监督管理的部门核准，方可从事检验、检测工作：

（1）有与检验、检测工作相适应的检验、检测人员。

（2）有与检验、检测工作相适应的检验、检测仪器和设备。

（3）有健全的检验、检测管理制度和责任制度。

◆特种设备检验、检测机构的检验、检测人员应当经考核，取得检验、检测人员资格，方可从事检验、检测工作。

特种设备检验、检测机构的检验、检测人员不得同时在两个以上检验、检测机构中执业；变更执业机构的，应当依法办理变更手续。

◆特种设备检验、检测工作应当遵守法律、行政法规的规定，并按照安全技术规范的要求进行。

特种设备检验、检测机构及其检验、检测人员应当依法为特种设备生产、经营、使用单位提供安全、可靠、便捷、诚信的检验、检测服务。

◆特种设备生产、经营、使用单位应当按照安全技术规范的要求向特种设备检验、检测机构及其检验、检测人员提供特种设备相关资料和必要的检验、检测条件，并对资料的真实性负责。

◆特种设备检验、检测机构及其检验、检测人员对检验、检测过程中知悉的商业秘密，负有保密义务。

◆特种设备检验机构及其检验人员利用检验工作故意刁难特种设备生产、经营、使用单位的，特种设备生产、经营、使用单位有权向负责特种设备安全监督管理的部门投诉，接到投诉的部门应当及时进行调查处理。

4. 有关监督管理的规定

在第四章监督管理中，对相关事项作了规定。

◆负责特种设备安全监督管理的部门依照本法规定，对特种设备生产、经营、使用单位和检验、检测机构实施监督检查。

负责特种设备安全监督管理的部门应当对学校、幼儿园以及医院、车站、客运码头、商场、体育场馆、展览馆、公园等公众聚集场所的特种设备，实施重点安全监督检查。

◆负责特种设备安全监督管理的部门实施本法规定的许可工作，应当依照本法和其他有关法律、行政法规规定的条件和程序以及安全技术规范的要求进行审查；不符合规定的，不得许可。

◆负责特种设备安全监督管理的部门在依法履行监督检查职责时，可以行使下列职权：

（1）进入现场进行检查，向特种设备生产、经营、使用单位和检验、检测机构的主要负责人和其他有关人员调查、了解有关情况。

（2）根据举报或者取得的涉嫌违法证据，查阅、复制特种设备生产、经营、使用单位和检验、检测机构的有关合同、发票、账簿以及其他有关资料。

（3）对有证据表明不符合安全技术规范要求或者存在严重事故隐患的特种设备实施查封、扣押。

（4）对流入市场的达到报废条件或者已经报废的特种设备实施查封、扣押。

（5）对违反本法规定的行为作出行政处罚决定。

◆负责特种设备安全监督管理的部门在依法履行职责过程中，发现违反本法规定和安全技术规范要求的行为或者特种设备存在事故隐患时，应当以书面形式发出特种设备安全监察指令，责令有关单位及时采取措施予以改正或者消除事故隐患。紧急情况下要求有关单位采取紧急处置措施的，应当随后补发特种设备安全监察指令。

◆负责特种设备安全监督管理的部门在依法履行职责过程中，发现重大违法行为或者特种设备存在严重事故隐患时，应当责令有关单位立即停止违法行为、采取措施消除事故隐患，并及时向上级负责特种设备安全监督管理的部门报告。接到报告的负责特种设备安全监督管理的部门应当采取必要措施，及时予以处理。

对违法行为、严重事故隐患的处理需要当地人民政府和有关部门的支持、配合时，负责特种设备安全监督管理的部门应当报告当地人民政府，并通知其他有关部门。当地人民政府和其他有关部门应当采取必要措施，及时予以处理。

5. 有关事故应急救援与调查处理的规定

在第五章事故应急救援与调查处理中，对相关事项作了规定。

◆特种设备使用单位应当制定特种设备事故应急专项预案，并定期进行应急演练。

◆特种设备发生事故后，事故发生单位应当按照应急预案采取措施，组织抢救，防止事故扩大，减少人员伤亡和财产损失，保护事故现场和有关证据，并及时向事故发生地县级以上人民政府负责特种设备安全监督管理的部门和有关部门报告。

与事故相关的单位和人员不得迟报、谎报或者瞒报事故情况，不得隐匿、毁灭有关证据或者故意破坏事故现场。

◆事故发生地人民政府接到事故报告，应当依法启动应急预案，采取应急处置措施，组织应急救援。

◆特种设备发生特别重大事故，由国务院或者国务院授权有关部门组织事故调查组进行调查。

发生重大事故，由国务院负责特种设备安全监督管理的部门会同有关部门组织事故调查组进行调查。

发生较大事故，由省、自治区、直辖市人民政府负责特种设备安全监督管理的部门会同有关部门组织事故调查组进行调查。

发生一般事故，由设区的市级人民政府负责特种设备安全监督管理的部门会同有关部门组织事故调查组进行调查。

事故调查组应当依法、独立、公正地开展调查，提出事故调查报告。

◆组织事故调查的部门应当将事故调查报告报本级人民政府，并报上一级人民政府负责特种设备安全监督管理的部门备案。有关部门和单位应当依照法律、行政法规的规定，追究事故责任单位和人员的责任。

事故责任单位应当依法落实整改措施，预防同类事故发生。事故造成损害的，事故责任单位应当依法承担赔偿责任。

6. 有关法律责任的规定

在第六章法律责任中，对相关事项作了规定。

◆违反本法规定，未经许可从事特种设备生产活动的，责令停止生产，没收违法制造的特种设备，处十万元以上五十万元以下罚款；有违法所得的，没收违法所得；已经实施安装、改造、修理的，责令恢复原状或者责令限期由取得许可的单位重新安装、改造、修理。

◆违反本法规定，特种设备的设计文件未经鉴定，擅自用于制造的，责令改正，没收违法制造的特种设备，处五万元以上五十万元以下罚款。

◆违反本法规定，未进行型式试验的，责令限期改正；逾期未改正的，处三万元以上三十万元以下罚款。

◆违反本法规定，特种设备出厂时，未按照安全技术规范的要求随附相关技术资料和文件的，责令限期改正；逾期未改正的，责令停止制造、销售，处二万元以上二十万元以下罚款；有违法所得的，没收违法所得。

◆违反本法规定，特种设备安装、改造、修理的施工单位在施工前未书面告知负责特种设备安全监督管理的部门即行施工的，或者在验收后三十日内未将相关技术资料和文件移交特种设备使用单位的，责令限期改正；逾期未改正的，处一万元以上十万元以下罚款。

◆违反本法规定，特种设备的制造、安装、改造、重大修理以及锅炉清洗过程，未经监督检验的，责令限期改正；逾期未改正的，处五万元以上二十万元以下罚款；有违法所得的，没收违法所得；情节严重的，吊销生产许可证。

◆违反本法规定，电梯制造单位有下列情形之一的，责令限期改正；逾期未改正的，处一万元以上十万元以下罚款：

（1）未按照安全技术规范的要求对电梯进行校验、调试的。

（2）对电梯的安全运行情况进行跟踪调查和了解时，发现存在严重事故隐患，未及时告知电梯使用单位并向负责特种设备安全监督管理的部门报告的。

◆违反本法规定，特种设备生产单位有下列行为之一的，责令限期改正；逾期未改正的，责令停止生产，处五万元以上五十万元以下罚款；情节严重的，吊销生产许可证：

（1）不再具备生产条件、生产许可证已经过期或者超出许可范围生产的。

（2）明知特种设备存在同一性缺陷，未立即停止生产并召回的。

违反本法规定，特种设备生产单位生产、销售、交付国家明令淘汰的特种设备的，责令停止生产、销售，没收违法生产、销售、交付的特种设备，处三万元以上三十万元以下罚款；有违法所得的，没收违法所得。

特种设备生产单位涂改、倒卖、出租、出借生产许可证的，责令停止生产，处五万元以上五十万元以下罚款；情节严重的，吊销生产许可证。

◆违反本法规定，特种设备经营单位有下列行为之一的，责令停止经营，没收违法经营的特种设备，处三万元以上三十万元以下罚款；有违法所得的，没收违法所得：

（1）销售、出租未取得许可生产，未经检验或者检验不合格的特种设备的。

（2）销售、出租国家明令淘汰、已经报废的特种设备，或者未按照安全技术规范的要求进行维护保养的特种设备的。

违反本法规定，特种设备销售单位未建立检查验收和销售记录制度，或者进口特种设备未履行提前告知义务的，责令改正，处一万元以上十万元以下罚款。

特种设备生产单位销售、交付未经检验或者检验不合格的特种设备的，依照本条第一款规定处罚；情节严重的，吊销生产许可证。

◆违反本法规定，特种设备使用单位有下列行为之一的，责令限期改正；逾期未改正的，责令停止使用有关特种设备，处一万元以上十万元以下罚款：

（1）使用特种设备未按照规定办理使用登记的。

（2）未建立特种设备安全技术档案或者安全技术档案不符合规定要求，或者未依法设置使用登记标志、定期检验标志的。

（3）未对其使用的特种设备进行经常性维护保养和定期自行检查，或者未对其使用的特种设备的安全附件、安全保护装置进行定期校验、检修，并作出记录的。

（4）未按照安全技术规范的要求及时申报并接受检验的。

（5）未按照安全技术规范的要求进行锅炉水（介）质处理的。

（6）未制定特种设备事故应急专项预案的。

◆违反本法规定，特种设备使用单位有下列行为之一的，责令停止使用有关特种设备，处三万元以上三十万元以下罚款：

（1）使用未取得许可生产，未经检验或者检验不合格的特种设备，或者国家明令淘汰、已经报废的特种设备的。

（2）特种设备出现故障或者发生异常情况，未对其进行全面检查、消除事故隐患，继续使用的。

（3）特种设备存在严重事故隐患，无改造、修理价值，或者达到安全技术规范规定的其他报废条件，未依法履行报废义务，并办理使用登记证书注销手续的。

◆违反本法规定，移动式压力容器、气瓶充装单位有下列行为之一的，责令改正，处二万元以上二十万元以下罚款；情节严重的，吊销充装许可证：

（1）未按照规定实施充装前后的检查、记录制度的。

（2）对不符合安全技术规范要求的移动式压力容器和气瓶进行充装的。

违反本法规定，未经许可，擅自从事移动式压力容器或者气瓶充装活动的，予以取缔，没收违法充装的气瓶，处十万元以上五十万元以下罚款；有违法所得的，没收违法所得。

◆违反本法规定，特种设备生产、经营、使用单位有下列情形之一的，责令限期改正；逾期未改正的，责令停止使用有关特种设备或者停产停业整顿，处一万元以上五万元以下罚款：

（1）未配备具有相应资格的特种设备安全管理人员、检测人员和作业人员的。

（2）使用未取得相应资格的人员从事特种设备安全管理、检测和作业的。

（3）未对特种设备安全管理人员、检测人员和作业人员进行安全教育和技能培训的。

◆违反本法规定，电梯、客运索道、大型游乐设施的运营使用单位有下列情形之一的，责令限期改正；逾期未改正的，责令停止使用有关特种设备或者停产停业整顿，处二万元以上十万元以下罚款：

（1）未设置特种设备安全管理机构或者配备专职的特种设备安全管理人员的。

（2）客运索道、大型游乐设施每日投入使用前，未进行试运行和例行安全检查，未对安全附件和安全保护装置进行检查确认的。

（3）未将电梯、客运索道、大型游乐设施的安全使用说明、安全注意事项和警示标志置于易于为乘客注意的显著位置的。

◆违反本法规定，未经许可，擅自从事电梯维护保养的，责令停止违法行为，处一万元以上十万元以下罚款；有违法所得的，没收违法所得。

电梯的维护保养单位未按照本法规定以及安全技术规范的要求，进行电梯维护保养的，依照前款规定处罚。

◆发生特种设备事故，有下列情形之一的，对单位处五万元以上二十万元以下罚款；对主要负责人处一万元以上五万元以下罚款；主要负责人属于国家工作人员的，并依法给予处分：

（1）发生特种设备事故时，不立即组织抢救或者在事故调查处理期间擅离职守或者逃匿的。

（2）对特种设备事故迟报、谎报或者瞒报的。

◆发生事故，对负有责任的单位除要求其依法承担相应的赔偿等责任外，依照下列规定处以罚款：

（1）发生一般事故，处十万元以上二十万元以下罚款。

（2）发生较大事故，处二十万元以上五十万元以下罚款。

（3）发生重大事故，处五十万元以上二百万元以下罚款。

◆对事故发生负有责任的单位的主要负责人未依法履行职责或者负有领导责任的，依照下列规定处以罚款；属于国家工作人员的，并依法给予处分：

（1）发生一般事故，处上一年年收入百分之三十的罚款。

（2）发生较大事故，处上一年年收入百分之四十的罚款。

（3）发生重大事故，处上一年年收入百分之六十的罚款。

◆违反本法规定，特种设备安全管理人员、检测人员和作业人员不履行岗位职责，违反操作规程和有关安全规章制度，造成事故的，吊销相关人员的资格。

◆违反本法规定，特种设备生产、经营、使用单位或者检验、检测机构拒不接受负责特种设备安全监督管理的部门依法实施的监督检查的，责令限期改正；逾期未改正的，责令停产停业整顿，处二万元以上二十万元以下罚款。

特种设备生产、经营、使用单位擅自动用、调换、转移、损毁被查封、扣押的特种设备或者其主要部件的，责令改正，处五万元以上二十万元以下罚款；情节严重的，吊销生产许可证，注销特种设备使用登记证书。

◆违反本法规定，造成人身、财产损害的，依法承担民事责任。

违反本法规定，应当承担民事赔偿责任和缴纳罚款、罚金，其财产不足以同时支付时，先承担民事赔偿责任。

◆违反本法规定，构成违反治安管理行为的，依法给予治安管理处罚；构成犯罪的，依法追究刑事责任。

三、《消防法》相关要点

2008 年 10 月 28 日，第十一届全国人民代表大会常务委员会第五次会议通过新修订的《中华人民共和国消防法》（中华人民共和国主席令第 6 号，以下简称《消防法》），自 2009 年 5 月 1 日起施行。

《消防法》分为七章七十四条，各章内容分别为：第一章总则，第二章火灾预防，第三章消防组织，第四章灭火救援，第五章监督检查，第六章法律责任，第七章附则。制定本法的目的是预防火灾和减少火灾危害，加强应急救援工作，保护人身、财产安全，维护公共安全。

1. 总则中的有关规定

在第一章总则中，对相关事项作了规定。

◆消防工作贯彻预防为主、防消结合的方针，按照政府统一领导、部门依法监管、单位全面负责、公民积极参与的原则，实行消防安全责任制，建立健全社会化的消防工作网络。

◆国务院公安部门对全国的消防工作实施监督管理。县级以上地方人民政府公安机关对本行政区域内的消防工作实施监督管理，并由本级人民政府公安机关消防机构负责实施。军事设施的消防工作，由其主管单位监督管理，公安机关消防机构协助；矿井地下部分、核电厂、海上石油天然气设施的消防工作，由其主管单位监督管理。

县级以上人民政府其他有关部门在各自的职责范围内，依照本法和其他相关法律、法规的规定做好消防工作。

◆任何单位和个人都有维护消防安全、保护消防设施、预防火灾、报告火警的义务。任何单位和成年人都有参加有组织的灭火工作的义务。

◆各级人民政府应当组织开展经常性的消防宣传教育，提高公民的消防安全意识。

机关、团体、企业、事业等单位，应当加强对本单位人员的消防宣传教育。

2. 有关火灾预防的规定

在第二章火灾预防中，对相关事项作了规定。

◆机关、团体、企业、事业等单位应当履行下列消防安全职责：

（1）落实消防安全责任制，制定本单位的消防安全制度、消防安全操作规程，制定灭火和应急疏散预案。

（2）按照国家标准、行业标准配置消防设施、器材，设置消防安全标志，并定期组织检验、维修，确保完好有效。

（3）对建筑消防设施每年至少进行一次全面检测，确保完好有效，检测记录应当完整准确，存档备查。

（4）保障疏散通道、安全出口、消防车通道畅通，保证防火防烟分区、防火间距符合消防技术标准。

（5）组织防火检查，及时消除火灾隐患。

（6）组织进行有针对性的消防演练。

（7）法律、法规规定的其他消防安全职责。

单位的主要负责人是本单位的消防安全责任人。

◆县级以上地方人民政府公安机关消防机构应当将发生火灾可能性较大以及发生火灾可能造成重大的人身伤亡或者财产损失的单位，确定为本行政区域内的消防安全重点单位，并由公安机关报本级人民政府备案。

消防安全重点单位除应当履行本法相关规定的职责外，还应当履行下列消防安全职责：

（1）确定消防安全管理人，组织实施本单位的消防安全管理工作。

（2）建立消防档案，确定消防安全重点部位，设置防火标志，实行严格管理。

（3）实行每日防火巡查，并建立巡查记录。

（4）对职工进行岗前消防安全培训，定期组织消防安全培训和消防演练。

◆同一建筑物由两个以上单位管理或者使用的，应当明确各方的消防安全责任，并确定责任人对共用的疏散通道、安全出口、建筑消防设施和消防车通道进行统一管理。

住宅区的物业服务企业应当对管理区域内的共用消防设施进行维护管理，提供消防安全防范服务。

◆生产、储存、经营易燃易爆危险品的场所不得与居住场所设置在同一建筑物内，并应当与居住场所保持安全距离。

生产、储存、经营其他物品的场所与居住场所设置在同一建筑物内的，应当符合国家工程建设消防技术标准。

◆举办大型群众性活动，承办人应当依法向公安机关申请安全许可，制定灭火和应急疏散预案并组织演练，明确消防安全责任分工，确定消防安全管理人员，保持消防设施和消防器材配置齐全、完好有效，保证疏散通道、安全出口、疏散指示标志、应急照明和消防车通道符合消防技术标准和管理规定。

◆禁止在具有火灾、爆炸危险的场所吸烟、使用明火。因施工等特殊情况需要使用明火作业的，应当按照规定事先办理审批手续，采取相应的消防安全措施；作业人员应当遵守消防安全规定。

进行电焊、气焊等具有火灾危险作业的人员和自动消防系统的操作人员，必须持证上岗，并遵守消防安全操作规程。

◆生产、储存、运输、销售、使用、销毁易燃易爆危险品，必须执行消防技术标准和管理规定。

进入生产、储存易燃易爆危险品的场所，必须执行消防安全规定。禁止非法携带易燃易爆危险品进入公共场所或者乘坐公共交通工具。

储存可燃物资仓库的管理，必须执行消防技术标准和管理规定。

◆消防产品必须符合国家标准；没有国家标准的，必须符合行业标准。禁止生产、销售或者使用不合格的消防产品以及国家明令淘汰的消防产品。

◆建筑构件、建筑材料和室内装修、装饰材料的防火性能必须符合国家标准；没有国家标准的，必须符合行业标准。

人员密集场所室内装修、装饰，应当按照消防技术标准的要求，使用不燃、难燃材料。

◆电器产品、燃气用具的产品标准，应当符合消防安全的要求。

电器产品、燃气用具的安装、使用及其线路、管路的设计、敷设、维护保养、检测，必须符合消防技术标准和管理规定。

◆任何单位、个人不得损坏、挪用或者擅自拆除、停用消防设施、器材，不得埋压、圈占、遮挡消火栓或者占用防火间距，不得占用、堵塞、封闭疏散通道、安全出口、消防车通道。人员密集场所的门窗不得设置影响逃生和灭火救援的障碍物。

◆负责公共消防设施维护管理的单位，应当保持消防供水、消防通信、消防车通道等公共消防设施的完好有效。在修建道路以及停电、停水、截断通信线路时有可能影响消防队灭火救援的，有关单位必须事先通知当地公安机关消防机构。

◆国家鼓励、引导公众聚集场所和生产、储存、运输、销售易燃易爆危险品的企业投保火灾公众责任保险；鼓励保险公司承保火灾公众责任保险。

3. 有关消防组织的规定

在第三章消防组织中，对相关事项作了规定。

◆下列单位应当建立单位专职消防队，承担本单位的火灾扑救工作：

（1）大型核设施单位、大型发电厂、民用机场、主要港口。

（2）生产、储存易燃易爆危险品的大型企业。

（3）储备可燃的重要物资的大型仓库、基地。

（4）除上述规定以外的火灾危险性较大、距离公安消防队较远的其他大型企业。

（5）距离公安消防队较远、被列为全国重点文物保护单位的古建筑群的管理单位。

◆专职消防队的建立，应当符合国家有关规定，并报当地公安机关消防机构验收。

专职消防队的队员依法享受社会保险和福利待遇。

◆机关、团体、企业、事业等单位以及村民委员会、居民委员会根据需要，建立志愿消防队等多种形式的消防组织，开展群众性自防自救工作。

◆公安机关消防机构应当对专职消防队、志愿消防队等消防组织进行业务指导；根据扑救火灾的需要，可以调动指挥专职消防队参加火灾扑救工作。

4. 有关灭火救援的规定

在第四章灭火救援中，对相关事项作了规定。

◆任何人发现火灾都应当立即报警。任何单位、个人都应当无偿为报警提供便利，不得阻拦报警。严禁谎报火警。

人员密集场所发生火灾，该场所的现场工作人员应当立即组织、引导在场人员疏散。

任何单位发生火灾，必须立即组织力量扑救。邻近单位应当给予支援。

消防队接到火警，必须立即赶赴火灾现场，救助遇险人员，排除险情，扑灭火灾。

◆公安机关消防机构统一组织和指挥火灾现场扑救，应当优先保障遇险人员的生命安全。

火灾现场总指挥根据扑救火灾的需要，有权决定下列事项：

（1）使用各种水源。

（2）截断电力、可燃气体和可燃液体的输送，限制用火用电。

（3）划定警戒区，实行局部交通管制。

（4）利用邻近建筑物和有关设施。

（5）为了抢救人员和重要物资，防止火势蔓延，拆除或者破损毗邻火灾现场的建筑物、构筑物或者设施等。

（6）调动供水、供电、供气、通信、医疗救护、交通运输、环境保护等有关单位协助灭火救援。

根据扑救火灾的紧急需要，有关地方人民政府应当组织人员、调集所需物资支援灭火。

◆消防车、消防艇前往执行火灾扑救或者应急救援任务，在确保安全的前提下，不受行驶速度、行驶路线、行驶方向和指挥信号的限制，其他车辆、船舶以及行人应当让行，不得穿插超越；收费公路、桥梁免收车辆通行费。交通管理指挥人员应当保证消防车、消防艇迅速通行。

赶赴火灾现场或者应急救援现场的消防人员和调集的消防装备、物资，需要铁路、水路或者航空运输的，有关单位应当优先运输。

◆公安消防队、专职消防队扑救火灾、应急救援，不得收取任何费用。

单位专职消防队、志愿消防队参加扑救外单位火灾所损耗的燃料、灭火剂和器材、装备等，由火灾发生地的人民政府给予补偿。

◆对因参加扑救火灾或者应急救援受伤、致残或者死亡的人员，按照国家有关规定给予医疗、抚恤。

◆公安机关消防机构有权根据需要封闭火灾现场，负责调查火灾原因，统计火灾损失。

火灾扑灭后，发生火灾的单位和相关人员应当按照公安机关消防机构的要求保护现场，接受事故调查，如实提供与火灾有关的情况。

公安机关消防机构根据火灾现场勘验、调查情况和有关的检验、鉴定意见，及时制作火灾事故认定书，作为处理火灾事故的证据。

5. 有关监督检查的规定

在第五章监督检查中，对相关事项作了规定。

◆地方各级人民政府应当落实消防工作责任制，对本级人民政府有关部门履行消防安全职责的情况进行监督检查。

县级以上地方人民政府有关部门应当根据本系统的特点，有针对性地开展消防安全检查，及时督促整改火灾隐患。

◆公安机关消防机构应当对机关、团体、企业、事业等单位遵守消防法律、法规的情况依法进行监督检查。公安派出所可以负责日常消防监督检查、开展消防宣传教育，具体办法由国务院公安部门规定。

公安机关消防机构、公安派出所的工作人员进行消防监督检查，应当出示证件。

◆公安机关消防机构在消防监督检查中发现火灾隐患的，应当通知有关单位或者个人立即采取措施消除隐患；不及时消除隐患可能严重威胁公共安全的，公安机关消防机构应当依照规定对危险部位或者场所采取临时查封措施。

6. 有关法律责任的规定

在第六章法律责任中，对相关事项作了规定。

◆单位违反本法规定，有下列行为之一的，责令改正，处五千元以上五万元以下罚款：

(1) 消防设施、器材或者消防安全标志的配置、设置不符合国家标准、行业标准，或者未保持完好有效的。

(2) 损坏、挪用或者擅自拆除、停用消防设施、器材的。

(3) 占用、堵塞、封闭疏散通道、安全出口或者有其他妨碍安全疏散行为的。

(4) 埋压、圈占、遮挡消火栓或者占用防火间距的。

(5) 占用、堵塞、封闭消防车通道，妨碍消防车通行的。

(6) 人员密集场所在门窗上设置影响逃生和灭火救援的障碍物的。

(7) 对火灾隐患经公安机关消防机构通知后不及时采取措施消除的。

个人有第 (2)～(5) 项相关行为之一的，处警告或者五百元以下罚款。有第 (3)～(6) 项行为，经责令改正拒不改正的，强制执行，所需费用由违法行为人承担。

◆生产、储存、经营易燃易爆危险品的场所与居住场所设置在同一建筑物内，或者未与居住场所保持安全距离的，责令停产停业，并处五千元以上五万元以下罚款。

生产、储存、经营其他物品的场所与居住场所设置在同一建筑物内，不符合消防技术标准的，依照前款规定处罚。

◆有下列行为之一的，依照《中华人民共和国治安管理处罚法》的规定处罚：

(1) 违反有关消防技术标准和管理规定生产、储存、运输、销售、使用、销毁易燃易爆危险品的。

（2）非法携带易燃易爆危险品进入公共场所或者乘坐公共交通工具的。

（3）谎报火警的。

（4）阻碍消防车、消防艇执行任务的。

（5）阻碍公安机关消防机构的工作人员依法执行职务的。

◆违反本法规定，有下列行为之一的，处警告或者五百元以下罚款；情节严重的，处五日以下拘留：

（1）违反消防安全规定进入生产、储存易燃易爆危险品场所的。

（2）违反规定使用明火作业或者在具有火灾、爆炸危险的场所吸烟、使用明火的。

◆违反本法规定，有下列行为之一，尚不构成犯罪的，处十日以上十五日以下拘留，可以并处五百元以下罚款；情节较轻的，处警告或者五百元以下罚款：

（1）指使或者强令他人违反消防安全规定，冒险作业的。

（2）过失引起火灾的。

（3）在火灾发生后阻拦报警，或者负有报告职责的人员不及时报警的。

（4）扰乱火灾现场秩序，或者拒不执行火灾现场指挥员指挥，影响灭火救援的。

（5）故意破坏或者伪造火灾现场的。

（6）擅自拆封或者使用被公安机关消防机构查封的场所、部位的。

◆电器产品、燃气用具的安装、使用及其线路、管路的设计、敷设、维护保养、检测不符合消防技术标准和管理规定的，责令限期改正；逾期不改正的，责令停止使用，可以并处一千元以上五千元以下罚款。

◆人员密集场所发生火灾，该场所的现场工作人员不履行组织、引导在场人员疏散的义务，情节严重，尚不构成犯罪的，处五日以上十日以下拘留。

◆违反本法规定，构成犯罪的，依法追究刑事责任。

第二节　商贸服务企业安全生产相关重要规定

对于商贸服务企业来说，要按照相关法律法规的规定，在消防安全管理上建立健全消防安全制度，保障必要的消防投入，严格落实各项消防安全措施。在此介绍与商贸服务企业安全关系较大、内容较新的规章制度，主要有《生产经营单位安全培训规定》《特种作业人员安全技术培训考核管理规定》《特种设备作业人员监督管理办法》等，以及新近发布的《工贸企业有限空间作业安全管理与监督暂行规定》《有限空间安全作业五条规定》《企业安全生产风险公告六条规定》《消防安全常识二十条》等规定。

一、《生产经营单位安全培训规定》相关要点

2006 年 1 月 17 日，国家安全生产监督管理总局公布《生产经营单位安全培训规定》（国家安全生产监督管理总局令第 3 号），自 2006 年 3 月 1 日起施行。2013 年 8 月 29 日，根据国家安全生产监督管理总局令第 63 号，对《生产经营单位安全培训规定》进

行修订，自公布之日起施行。

《生产经营单位安全培训规定》分为七章三十五条，各章内容分别为：第一章总则，第二章主要负责人、安全生产管理人员的安全培训，第三章其他从业人员的安全培训，第四章安全培训的组织实施，第五章监督管理，第六章罚则，第七章附则。制定本规定的目的，是根据安全生产法和有关法律、行政法规，加强和规范生产经营单位安全培训工作，提高从业人员安全素质，防范伤亡事故，减轻职业危害。

1. 总则中的有关规定

在第一章总则中，对相关事项作了规定。

◆工矿商贸生产经营单位（以下简称生产经营单位）从业人员的安全培训，适用本规定。

◆生产经营单位负责本单位从业人员安全培训工作。

生产经营单位应当按照安全生产法和有关法律、行政法规和本规定，建立健全安全培训工作制度。

◆生产经营单位应当进行安全培训的从业人员包括主要负责人、安全生产管理人员、特种作业人员和其他从业人员。

生产经营单位从业人员应当接受安全培训，熟悉有关安全生产规章制度和安全操作规程，具备必要的安全生产知识，掌握本岗位的安全操作技能，增强预防事故、控制职业危害和应急处理的能力。

未经安全生产培训合格的从业人员，不得上岗作业。

◆国家安全生产监督管理总局指导全国安全培训工作，依法对全国的安全培训工作实施监督管理。

2. 有关主要负责人、安全生产管理人员安全培训的规定

在第二章主要负责人、安全生产管理人员的安全培训中，对相关事项作了规定。

◆生产经营单位主要负责人和安全生产管理人员应当接受安全培训，具备与所从事的生产经营活动相适应的安全生产知识和管理能力。

◆生产经营单位主要负责人安全培训应当包括下列内容：

（1）国家安全生产方针、政策和有关安全生产的法律、法规、规章及标准。

（2）安全生产管理基本知识、安全生产技术、安全生产专业知识。

（3）重大危险源管理、重大事故防范、应急管理和救援组织以及事故调查处理的有关规定。

（4）职业危害及其预防措施。

（5）国内外先进的安全生产管理经验。

（6）典型事故和应急救援案例分析。

（7）其他需要培训的内容。

◆生产经营单位安全生产管理人员安全培训应当包括下列内容：

（1）国家安全生产方针、政策和有关安全生产的法律、法规、规章及标准。

（2）安全生产管理、安全生产技术、职业卫生等知识。

（3）伤亡事故统计、报告及职业危害的调查处理方法。

（4）应急管理、应急预案编制以及应急处置的内容和要求。

（5）国内外先进的安全生产管理经验。

（6）典型事故和应急救援案例分析。

（7）其他需要培训的内容。

◆生产经营单位主要负责人和安全生产管理人员初次安全培训时间不得少于32学时。每年再培训时间不得少于12学时。

◆生产经营单位主要负责人和安全生产管理人员的安全培训必须依照安全生产监管监察部门制定的安全培训大纲实施。

◆煤矿、非煤矿山、危险化学品、烟花爆竹等生产经营单位主要负责人和安全生产管理人员，经安全资格培训考核合格，由安全生产监管监察部门发给安全资格证书。

其他生产经营单位主要负责人和安全生产管理人员经安全生产监管监察部门认定的具备相应资质的培训机构培训合格后，由培训机构发给相应的培训合格证书。

3. 有关其他从业人员安全培训的规定

在第三章其他从业人员的安全培训中，对相关事项作了规定。

◆加工、制造业等生产单位的其他从业人员，在上岗前必须经过厂（矿）、车间（工段、区、队）、班组三级安全培训教育。

生产经营单位可以根据工作性质对其他从业人员进行安全培训，保证其具备本岗位安全操作、应急处置等知识和技能。

◆生产经营单位新上岗的从业人员，岗前培训时间不得少于24学时。

◆厂（矿）级岗前安全培训内容应当包括：

（1）本单位安全生产情况及安全生产基本知识。

（2）本单位安全生产规章制度和劳动纪律。

（3）从业人员安全生产权利和义务。

（4）有关事故案例等。

◆车间（工段、区、队）级岗前安全培训内容应当包括：

（1）工作环境及危险因素。

（2）所从事工种可能遭受的职业伤害和伤亡事故。

（3）所从事工种的安全职责、操作技能及强制性标准。

（4）自救互救、急救方法、疏散和现场紧急情况的处理。

（5）安全设备设施、个人防护用品的使用和维护。

（6）本车间（工段、区、队）安全生产状况及规章制度。

（7）预防事故和职业危害的措施及应注意的安全事项。

（8）有关事故案例。

（9）其他需要培训的内容。

◆班组级岗前安全培训内容应当包括：

（1）岗位安全操作规程。

（2）岗位之间工作衔接配合的安全与职业卫生事项。

（3）有关事故案例。

（4）其他需要培训的内容。

◆从业人员在本生产经营单位内调整工作岗位或离岗一年以上重新上岗时，应当重新接受车间（工段、区、队）和班组级的安全培训。

生产经营单位实施新工艺、新技术或者使用新设备、新材料时，应当对有关从业人员重新进行有针对性的安全培训。

◆生产经营单位的特种作业人员，必须按照国家有关法律、法规的规定接受专门的安全培训，经考核合格，取得特种作业操作资格证书后，方可上岗作业。

特种作业人员的范围和培训考核管理办法，另行规定。

4. 安全培训组织实施的有关规定

在第四章安全培训的组织实施中，对相关事项作了规定。

◆生产经营单位除主要负责人、安全生产管理人员、特种作业人员以外的从业人员的安全培训工作，由生产经营单位组织实施。

◆具备安全培训条件的生产经营单位，应当以自主培训为主；可以委托具备安全培训条件的机构，对从业人员进行安全培训。

不具备安全培训条件的生产经营单位，应当委托具备安全培训条件的机构，对从业人员进行安全培训。

◆生产经营单位应当将安全培训工作纳入本单位年度工作计划。保证本单位安全培训工作所需资金。

◆生产经营单位应建立健全从业人员安全培训档案，详细、准确记录培训考核情况。

◆生产经营单位安排从业人员进行安全培训期间，应当支付工资和必要的费用。

5. 监督管理的有关规定

在第五章监督管理中，对相关事项作了规定。

◆安全生产监管监察部门依法对生产经营单位安全培训情况进行监督检查，督促生产经营单位按照国家有关法律法规和本规定开展安全培训工作。

◆各级安全生产监管监察部门对生产经营单位安全培训及其持证上岗的情况进行监督检查，主要包括以下内容：

（1）安全培训制度、计划的制定及其实施的情况。

（2）煤矿、非煤矿山、危险化学品、烟花爆竹等生产经营单位主要负责人和安全生产管理人员安全资格证持证上岗的情况；其他生产经营单位主要负责人和安全生产管理人员培训的情况。

（3）特种作业人员操作资格证持证上岗的情况。

（4）建立安全培训档案的情况。

（5）其他需要检查的内容。

6. 有关罚则的规定

在第六章罚则中，对相关事项作了规定。

◆生产经营单位有下列行为之一的，由安全生产监管监察部门责令其限期改正，并处2万元以下的罚款：

（1）未将安全培训工作纳入本单位工作计划并保证安全培训工作所需资金的。

（2）未建立健全从业人员安全培训档案的。

（3）从业人员进行安全培训期间未支付工资并承担安全培训费用的。

◆生产经营单位有下列行为之一的，由安全生产监管监察部门给予警告，吊销安全资格证书，并处3万元以下的罚款：

（1）编造安全培训记录、档案的。

（2）骗取安全资格证书的。

二、《特种作业人员安全技术培训考核管理规定》相关要点

2010年5月24日，国家安全生产监督管理总局公布《特种作业人员安全技术培训考核管理规定》（国家安全生产监督管理总局令第30号），自2010年7月1日起施行。1999年7月12日原国家经济贸易委员会发布的《特种作业人员安全技术培训考核管理办法》同时废止。2013年8月29日，根据国家安全生产监督管理总局令第63号令，对《特种作业人员安全技术培训考核管理规定》进行修订，自公布之日起施行。

《特种作业人员安全技术培训考核管理规定》分为七章四十四条，各章内容分别为：第一章总则，第二章培训，第三章考核发证，第四章复审，第五章监督管理，第六章罚则，第七章附则。制定本规定的目的，是根据《安全生产法》《行政许可法》等有关法律、行政法规，规范特种作业人员的安全技术培训考核工作，提高特种作业人员的安全技术水平，防止和减少伤亡事故。

1. 总则中的有关规定

在第一章总则中，对相关事项作了规定。

◆本规定所称特种作业，是指容易发生事故，对操作者本人、他人的安全健康及设备、设施的安全可能造成重大危害的作业。特种作业的范围由特种作业目录规定。

本规定所称特种作业人员，是指直接从事特种作业的从业人员。

◆特种作业人员应当符合下列条件：

（1）年满18周岁，且不超过国家法定退休年龄。

（2）经社区或者县级以上医疗机构体检健康合格，并无妨碍从事相应特种作业的器质性心脏病、癫痫病、美尼尔氏症、眩晕症、癔病、震颤麻痹症、精神病、痴呆症以及其他疾病和生理缺陷。

（3）具有初中及以上文化程度。

（4）具备必要的安全技术知识与技能。

（5）相应特种作业规定的其他条件。

危险化学品特种作业人员应当具备高中或者相当于高中及以上文化程度。

◆特种作业人员必须经专门的安全技术培训并考核合格，取得“中华人民共和国特种作业操作证”（以下简称特种作业操作证）后，方可上岗作业。

◆特种作业人员的安全技术培训、考核、发证、复审工作实行统一监管、分级实施、教考分离的原则。

◆国家安全生产监督管理总局（以下简称安全监管总局）指导、监督全国特种作业

人员的安全技术培训、考核、发证、复审工作；省、自治区、直辖市人民政府安全生产监督管理部门负责本行政区域特种作业人员的安全技术培训、考核、发证、复审工作。

2. 有关培训的规定

在第二章培训中，对相关事项作了规定。

◆特种作业人员应当接受与其所从事的特种作业相应的安全技术理论培训和实际操作培训。

已经取得职业高中、技工学校及中专以上学历的毕业生从事与其所学专业相应的特种作业，持学历证明经考核发证机关同意，可以免予相关专业的培训。

跨省、自治区、直辖市从业的特种作业人员，可以在户籍所在地或者从业所在地参加培训。

◆从事特种作业人员安全技术培训的机构（以下统称培训机构），应当制定相应的培训计划、教学安排，并按照安全监管总局、煤矿安监局制定的特种作业人员培训大纲和煤矿特种作业人员培训大纲进行特种作业人员的安全技术培训。

3. 有关考核发证的规定

第三章考核发证中，对相关事项作了规定。

◆参加特种作业操作资格考试的人员，应当填写考试申请表，由申请人或者申请人的用人单位持学历证明或者培训机构出具的培训证明向申请人户籍所在地或者从业所在地的考核发证机关或其委托的单位提出申请。

考核发证机关或其委托的单位收到申请后，应当在60日内组织考试。

特种作业操作资格考试包括安全技术理论考试和实际操作考试两部分。考试不及格的，允许补考1次。经补考仍不及格的，重新参加相应的安全技术培训。

◆考核发证机关委托承担特种作业操作资格考试的单位应当具备相应的场所、设施、设备等条件，建立相应的管理制度，并公布收费标准等信息。

◆考核发证机关或其委托承担特种作业操作资格考试的单位，应当在考试结束后10个工作日内公布考试成绩。

◆符合本规定要求并经考试合格的特种作业人员，应当向其户籍所在地或者从业所在地的考核发证机关申请办理特种作业操作证，并提交身份证复印件、学历证书复印件、体检证明、考试合格证明等材料。

◆收到申请的考核发证机关应当在5个工作日内完成对特种作业人员所提交申请材料的审查，作出受理或者不予受理的决定。能够当场作出受理决定的，应当当场作出受理决定；申请材料不齐全或者不符合要求的，应当当场或者在5个工作日内一次告知申请人需要补正的全部内容，逾期不告知的，视为自收到申请材料之日起即已被受理。

◆对已经受理的申请，考核发证机关应当在20个工作日内完成审核工作。符合条件的，颁发特种作业操作证；不符合条件的，应当说明理由。

◆特种作业操作证有效期为6年，在全国范围内有效。

特种作业操作证由安全监管总局统一式样、标准及编号。

◆特种作业操作证遗失的，应当向原考核发证机关提出书面申请，经原考核发证机关审查同意后，予以补发。

4. 有关复审的规定

在第四章复审中，对相关事项作了规定。

◆特种作业操作证每3年复审1次。

特种作业人员在特种作业操作证有效期内，连续从事本工种10年以上，严格遵守有关安全生产法律法规的，经原考核发证机关或者从业所在地考核发证机关同意，特种作业操作证的复审时间可以延长至每6年1次。

◆特种作业操作证需要复审的，应当在期满前60日内，由申请人或者申请人的用人单位向原考核发证机关或者从业所在地考核发证机关提出申请，并提交下列材料：

（1）社区或者县级以上医疗机构出具的健康证明。

（2）从事特种作业的情况。

（3）安全培训考试合格记录。

特种作业操作证有效期届满需要延期换证的，应当按照前款的规定申请延期复审。

◆特种作业操作证申请复审或者延期复审前，特种作业人员应当参加必要的安全培训并考试合格。

安全培训时间不少于8个学时，主要培训法律、法规、标准、事故案例和有关新工艺、新技术、新装备等知识。

◆申请复审的，考核发证机关应当在收到申请之日起20个工作日内完成复审工作。复审合格的，由考核发证机关签章、登记，予以确认；不合格的，说明理由。

申请延期复审的，经复审合格后，由考核发证机关重新颁发特种作业操作证。

◆特种作业人员有下列情形之一的，复审或者延期复审不予通过：

（1）健康体检不合格的。

（2）违章操作造成严重后果或者有2次以上违章行为，并经查证确实的。

（3）有安全生产违法行为，并给予行政处罚的。

（4）拒绝、阻碍安全生产监管监察部门监督检查的。

（5）未按规定参加安全培训，或者考试不合格的。

（6）具有本规定其他规定情形的。

5. 罚则中的有关规定

在第六章罚则中，对相关事项作了规定。

◆生产经营单位未建立健全特种作业人员档案的，给予警告，并处1万元以下的罚款。

◆生产经营单位使用未取得特种作业操作证的特种作业人员上岗作业的，责令限期改正；逾期未改正的，责令停产停业整顿，可以并处2万元以下的罚款。

◆生产经营单位非法印制、伪造、倒卖特种作业操作证，或者使用非法印制、伪造、倒卖的特种作业操作证的，给予警告，并处1万元以上3万元以下的罚款；构成犯罪的，依法追究刑事责任。

◆特种作业人员伪造、涂改特种作业操作证或者使用伪造的特种作业操作证的，给予警告，并处1 000元以上5 000元以下的罚款。

特种作业人员转借、转让、冒用特种作业操作证的，给予警告，并处2 000元以上10 000元以下的罚款。

附件：特种作业目录（与商贸服务企业相关部分）

1. 电工作业

电工作业是指对电气设备进行运行、维护、安装、检修、改造、施工、调试等作业（不含电力系统进网作业）。

（1）高压电工作业

高压电工作业是指对 1 千伏（kV）及以上的高压电气设备进行运行、维护、安装、检修、改造、施工、调试、试验及绝缘工、器具进行试验的作业。

（2）低压电工作业

低压电工作业是指对 1 千伏（kV）以下的低压电气设备进行安装、调试、运行操作、维护、检修、改造施工和试验的作业。

（3）防爆电气作业

防爆电气作业是指对各种防爆电气设备进行安装、检修、维护的作业。

2. 焊接与热切割作业

焊接与热切割作业是指运用焊接或者热切割方法对材料进行加工的作业（不含《特种设备安全监察条例》规定的有关作业）。

（1）熔化焊接与热切割作业

熔化焊接与热切割作业是指使用局部加热的方法将连接处的金属或其他材料加热至熔化状态而完成焊接与切割的作业。适用于气焊与气割、焊条电弧焊与碳弧气刨、埋弧焊、气体保护焊、等离子弧焊、电渣焊、电子束焊、激光焊、氧熔剂切割、激光切割、等离子切割等作业。

（2）压力焊作业

压力焊作业是指利用焊接时施加一定压力而完成的焊接作业。适用于电阻焊、气压焊、爆炸焊、摩擦焊、冷压焊、超声波焊、锻焊等作业。

（3）钎焊作业

钎焊作业是指使用比母材熔点低的材料作钎料，将焊件和钎料加热到高于钎料熔点，但低于母材熔点的温度，利用液态钎料润湿母材，填充接头间隙并与母材相互扩散而实现连接焊件的作业。适用于火焰钎焊作业、电阻钎焊作业、感应钎焊作业、浸渍钎焊作业、炉中钎焊作业，不包括烙铁钎焊作业。

3. 高处作业

高处作业是指专门或经常在坠落高度基准面 2 m 及以上有可能坠落的高处进行的作业。

（1）登高架设作业

登高架设作业是指在高处从事脚手架、跨越架架设或拆除的作业。

（2）高处安装、维护、拆除作业

高处安装、维护、拆除作业是指在高处从事安装、维护、拆除的作业。适用于利用专用设备进行建筑物内外装饰、清洁、装修，电力、电信等线路架设，高处管道架设，小型空调高处安装、维修，各种设备设施与户外广告设施的安装、检修、维护以及在高处从事建筑物、设备设施拆除作业。

4. 制冷与空调作业

制冷与空调作业是指对大中型制冷与空调设备运行操作、安装与修理的作业。

（1）制冷与空调设备运行操作作业

制冷与空调设备运行操作作业是指对各类生产经营企业和事业等单位的大中型制冷与空调设备运行操作的作业。适用于机械类（冷加工、冷处理、工艺性空调）生产企业和运输类（冷藏运输）经营企业的大中型制冷与空调设备运行操作作业。

（2）制冷与空调设备安装修理作业

制冷与空调设备安装修理作业是指对前款所指制冷与空调设备整机、部件及相关系统进行安装、调试与维修的作业。

三、《特种设备作业人员监督管理办法》相关要点

2011 年 5 月 3 日，国家质量监督检验检疫总局公布《关于修改〈特种设备作业人员监督管理办法〉的决定》（国家质量监督检验检疫总局令第 140 号），自 2011 年 7 月 1 日起施行。

新修改的《特种设备作业人员监督管理办法》分为五章二十七条，各章内容分别为：第一章总则，第二章考试和审核发证程序，第三章证书使用及监督管理，第四章罚则，第五章附则。制定本办法的目的是加强特种设备作业人员监督管理工作，规范作业人员考核发证程序，保障特种设备安全运行。

1. 总则中的有关规定

在第一章总则中，对相关事项作了规定。

◆锅炉、压力容器（含气瓶）、压力管道、电梯、起重机械、客运索道、大型游乐设施、场（厂）内专用机动车辆等特种设备的作业人员及其相关管理人员统称特种设备作业人员。特种设备作业人员作业种类与项目目录由国家质量监督检验检疫总局统一发布。

从事特种设备作业的人员应当按照本办法的规定，经考核合格取得“特种设备作业人员证”，方可从事相应的作业或者管理工作。

◆国家质量监督检验检疫总局（以下简称国家质检总局）负责全国特种设备作业人员的监督管理，县以上质量技术监督部门负责本辖区内的特种设备作业人员的监督管理。

◆申请“特种设备作业人员证”的人员，应当首先向省级质量技术监督部门指定的特种设备作业人员考试机构（以下简称考试机构）报名参加考试。

对特种设备作业人员数量较少不需要在各省、自治区、直辖市设立考试机构的，由国家质检总局指定考试机构。

◆特种设备生产、使用单位（以下统称用人单位）应当聘（雇）用取得“特种设备作业人员证”的人员从事相关管理和作业工作，并对作业人员进行严格管理。

特种设备作业人员应当持证上岗，按章操作，发现隐患及时处置或者报告。

2. 考试和审核发证程序的有关规定

在第二章考试和审核发证程序中，对相关事项作了规定。

◆特种设备作业人员考核发证工作由县以上质量技术监督部门分级负责。省级质量技术监督部门决定具体的发证分级范围，负责对考核发证工作的日常监督管理。

申请人经指定的考试机构考试合格的，持考试合格凭证向考试场所所在地的发证部

门申请办理“特种设备作业人员证”。

◆特种设备作业人员考试和审核发证程序包括：考试报名、考试、领证申请、受理、审核、发证。

◆发证部门和考试机构应当在办公处所公布本办法、考试和审核发证程序、考试作业人员种类、报考具体条件、收费依据和标准、考试机构名称及地点、考试计划等事项。其中，考试报名时间、考试科目、考试地点、考试时间等具体考试计划事项，应当在举行考试之日 2 个月前公布。有条件的应当在有关网站、新闻媒体上公布。

◆申请“特种设备作业人员证”的人员应当符合下列条件：

(1) 年龄在 18 周岁以上。

(2) 身体健康并满足申请从事的作业种类对身体的特殊要求。

(3) 有与申请作业种类相适应的文化程度。

(4) 具有相应的安全技术知识与技能。

(5) 符合安全技术规范规定的其他要求。

作业人员的具体条件应当按照相关安全技术规范的规定执行。

◆用人单位应当对作业人员进行安全教育和培训，保证特种设备作业人员具备必要的特种设备安全作业知识、作业技能和及时进行知识更新。作业人员未能参加用人单位培训的，可以选择专业培训机构进行培训。

作业人员培训的内容按照国家质检总局制定的相关作业人员培训考核大纲等安全技术规范执行。

◆符合条件的申请人员应当向考试机构提交有关证明材料，报名参加考试。

◆考试机构应当制订和认真落实特种设备作业人员的考试组织工作的各项规章制度，严格按照公开、公正、公平的原则，组织实施特种设备作业人员的考试，确保考试工作质量。

◆考试结束后，考试机构应当在 20 个工作日内将考试结果告知申请人，并公布考试成绩。

◆考试合格的人员，凭考试结果通知单和其他相关证明材料，向发证部门申请办理“特种设备作业人员证”。

◆发证部门应当在 5 个工作日内对报送材料进行审查，或者告知申请人补正申请材料，并作出是否受理的决定。能够当场审查的，应当当场办理。

◆对同意受理的申请，发证部门应当在 20 个工作日内完成审核批准手续。准予发证的，在 10 个工作日内向申请人颁发“特种设备作业人员证”；不予发证的，应当书面说明理由。

3. 证书使用及监督管理的有关规定

在第三章证书使用及监督管理中，对相关事项作了规定。

◆持有“特种设备作业人员证”的人员，必须经用人单位的法定代表人（负责人）或者其授权人雇（聘）用后，方可在许可的项目范围内作业。

◆用人单位应当加强对特种设备作业现场和作业人员的管理，履行下列义务：

(1) 制订特种设备操作规程和有关安全管理制度。

（2）聘用持证作业人员，并建立特种设备作业人员管理档案。

（3）对作业人员进行安全教育和培训。

（4）确保持证上岗和按章操作。

（5）提供必要的安全作业条件。

（6）其他规定的义务。

用人单位可以指定一名本单位管理人员作为特种设备安全管理负责人，具体负责前款规定的相关工作。

◆特种设备作业人员应当遵守以下规定：

（1）作业时随身携带证件，并自觉接受用人单位的安全管理和质量技术监督部门的监督检查。

（2）积极参加特种设备安全教育和安全技术培训。

（3）严格执行特种设备操作规程和有关安全规章制度。

（4）拒绝违章指挥。

（5）发现事故隐患或者不安全因素应当立即向现场管理人员和单位有关负责人报告。

（6）其他有关规定。

◆“特种设备作业人员证”每4年复审一次。持证人员应当在复审期届满3个月前，向发证部门提出复审申请。对持证人员在4年内符合有关安全技术规范规定的不间断作业要求和安全、节能教育培训要求，且无违章操作或者管理等不良记录、未造成事故的，发证部门应当按照有关安全技术规范的规定准予复审合格，并在证书正本上加盖发证部门复审合格章。

复审不合格、逾期未复审的，其“特种设备作业人员证”予以注销。

◆有下列情形之一的，应当撤销“特种设备作业人员证”：

（1）持证作业人员以考试作弊或者以其他欺骗方式取得“特种设备作业人员证”的。

（2）持证作业人员违反特种设备的操作规程和有关的安全规章制度操作，情节严重的。

（3）持证作业人员在作业过程中发现事故隐患或者其他不安全因素未立即报告，情节严重的。

（4）考试机构或者发证部门工作人员滥用职权、玩忽职守、违反法定程序或者超越发证范围考核发证的。

（5）依法可以撤销的其他情形。

违反第（1）项规定的，持证人3年内不得再次申请“特种设备作业人员证”。

◆“特种设备作业人员证”遗失或者损毁的，持证人应当及时报告发证部门，并在当地媒体予以公告。查证属实的，由发证部门补办证书。

◆任何单位和个人不得非法印制、伪造、涂改、倒卖、出租或者出借“特种设备作业人员证”。

◆各级质量技术监督部门应当对特种设备作业活动进行监督检查，查处违法作业行为。

4. 罚则与附则的有关规定

在第四章罚则和第五章附则中，对相关事项作了规定。

◆申请人隐瞒有关情况或者提供虚假材料申请“特种设备作业人员证”的，不予受理或者不予批准发证，并在1年内不得再次申请“特种设备作业人员证”。

◆有下列情形之一的，责令用人单位改正，并处1 000元以上3万元以下罚款：

(1) 违章指挥特种设备作业的。

(2) 作业人员违反特种设备的操作规程和有关的安全规章制度操作，或者在作业过程中发现事故隐患或者其他不安全因素未立即向现场管理人员和单位有关负责人报告，用人单位未给予批评教育或者处分的。

◆非法印制、伪造、涂改、倒卖、出租、出借“特种设备作业人员证”，或者使用非法印制、伪造、涂改、倒卖、出租、出借“特种设备作业人员证”的，处1 000元以下罚款；构成犯罪的，依法追究刑事责任。

◆特种设备作业人员未取得“特种设备作业人员证”上岗作业，或者用人单位未对特种设备作业人员进行安全教育和培训的，按照《特种设备安全监察条例》的有关规定对用人单位予以处罚。

◆“特种设备作业人员证”的格式、印制等事项由国家质检总局统一规定。

◆本办法不适用于从事房屋建筑工地和市政工程工地起重机械、场（厂）内专用机动车辆作业及其相关管理的人员。

◆本办法自2011年7月1日起施行。原有规定与本办法要求不一致的，以本办法为准。

四、《工贸企业有限空间作业安全管理与监督暂行规定》相关要点

2013年5月20日，国家安全生产监督管理总局公布《工贸企业有限空间作业安全管理与监督暂行规定》(国家安全生产监督管理总局令第59号)，自2013年7月1日起施行。

《工贸企业有限空间作业安全管理与监督暂行规定》分为五章三十条，各章内容分别为：第一章总则，第二章有限空间作业的安全保障，第三章有限空间作业的安全监督管理，第四章法律责任，第五章附则。制定本规定的目的是加强对冶金、有色、建材、机械、轻工、纺织、烟草、商贸企业（以下统称工贸企业）有限空间作业的安全管理与监督，预防和减少生产安全事故，保障作业人员的安全与健康。

1. 总则中的有关规定

在第一章总则中，对相关事项作了规定。

◆工贸企业有限空间作业的安全管理与监督，适用本规定。

本规定所称有限空间，是指封闭或者部分封闭，与外界相对隔离，出入口较为狭窄，作业人员不能长时间在内工作，自然通风不良，易造成有毒有害、易燃易爆物质积聚或者氧含量不足的空间。工贸企业有限空间的目录由国家安全生产监督管理总局确定、调整并公布。

◆工贸企业是本企业有限空间作业安全的责任主体，其主要负责人对本企业有限

空间作业安全全面负责，相关负责人在各自职责范围内对本企业有限空间作业安全负责。

◆国家安全生产监督管理总局对全国工贸企业有限空间作业安全实施监督管理。

县级以上地方各级安全生产监督管理部门按照属地监管、分级负责的原则，对本行政区域内工贸企业有限空间作业安全实施监督管理。省、自治区、直辖市人民政府对工贸企业有限空间作业的安全生产监督管理职责另有规定的，依照其规定。

2. 有限空间作业安全保障的有关规定

在第二章有限空间作业的安全保障中，对相关事项作了规定。

◆存在有限空间作业的工贸企业应当建立下列安全生产制度和规程：

（1）有限空间作业安全责任制度。

（2）有限空间作业审批制度。

（3）有限空间作业现场安全管理制度。

（4）有限空间作业现场负责人、监护人员、作业人员、应急救援人员安全培训教育制度。

（5）有限空间作业应急管理制度。

（6）有限空间作业安全操作规程。

◆工贸企业应当对从事有限空间作业的现场负责人、监护人员、作业人员、应急救援人员进行专项安全培训。专项安全培训应当包括下列内容：

（1）有限空间作业的危险有害因素和安全防范措施。

（2）有限空间作业的安全操作规程。

（3）检测仪器、劳动防护用品的正确使用。

（4）紧急情况下的应急处置措施。

安全培训应当有专门记录，并由参加培训的人员签字确认。

◆工贸企业应当对本企业的有限空间进行辨识，确定有限空间的数量、位置以及危险有害因素等基本情况，建立有限空间管理台账，并及时更新。

◆工贸企业实施有限空间作业前，应当对作业环境进行评估，分析存在的危险有害因素，提出消除、控制危害的措施，制定有限空间作业方案，并经本企业负责人批准。

◆工贸企业应当按照有限空间作业方案，明确作业现场负责人、监护人员、作业人员及其安全职责。

◆工贸企业实施有限空间作业前，应当将有限空间作业方案和作业现场可能存在的危险有害因素、防控措施告知作业人员。现场负责人应当监督作业人员按照方案进行作业准备。

◆工贸企业应当采取可靠的隔断（隔离）措施，将可能危及作业安全的设施设备、存在有毒有害物质的空间与作业地点隔开。

◆有限空间作业应当严格遵守“先通风、再检测、后作业”的原则。检测指标包括氧浓度、易燃易爆物质（可燃性气体、爆炸性粉尘）浓度、有毒有害气体浓度。检测应当符合相关国家标准或者行业标准的规定。

未经通风和检测合格，任何人员不得进入有限空间作业。检测的时间不得早于作业开始前 30 min。

◆检测人员进行检测时，应当记录检测的时间、地点、气体种类、浓度等信息。检测记录经检测人员签字后存档。

检测人员应当采取相应的安全防护措施，防止中毒窒息等事故发生。

◆有限空间内盛装或者残留的物料对作业存在危害时，作业人员应当在作业前对物料进行清洗、清空或者置换。经检测，有限空间的危险有害因素符合《工作场所有害因素职业接触限值　第 1 部分：化学有害因素》（GBZ 2.1）的要求后，方可进入有限空间作业。

◆在有限空间作业过程中，工贸企业应当采取通风措施，保持空气流通，禁止采用纯氧通风换气。

发现通风设备停止运转、有限空间内氧含量浓度低于或者有毒有害气体浓度高于国家标准或者行业标准规定的限值时，工贸企业必须立即停止有限空间作业，清点作业人员，撤离作业现场。

◆在有限空间作业过程中，工贸企业应当对作业场所中的危险有害因素进行定时检测或者连续监测。

作业中断超过 30 min，作业人员再次进入有限空间作业前，应当重新通风、检测合格后方可进入。

◆有限空间作业场所的照明灯具电压应当符合《特低电压限值》（GB/T 3805）等国家标准或者行业标准的规定；作业场所存在可燃性气体、粉尘的，其电气设施设备及照明灯具的防爆安全要求应当符合《爆炸性环境　第 1 部分：设备　通用要求》（GB 3836.1）等国家标准或者行业标准的规定。

◆工贸企业应当根据有限空间存在危险有害因素的种类和危害程度，为作业人员提供符合国家标准或者行业标准规定的劳动防护用品，并教育监督作业人员正确佩戴与使用。

◆工贸企业有限空间作业还应当符合下列要求：

（1）保持有限空间出入口畅通。

（2）设置明显的安全警示标志和警示说明。

（3）作业前清点作业人员和工器具。

（4）作业人员与外部有可靠的通信联络。

（5）监护人员不得离开作业现场，并与作业人员保持联系。

（6）存在交叉作业时，采取避免互相伤害的措施。

◆有限空间作业结束后，作业现场负责人、监护人员应当对作业现场进行清理，撤离作业人员。

◆工贸企业应当根据本企业有限空间作业的特点，制定应急预案，并配备相关的呼吸器、防毒面罩、通信设备、安全绳索等应急装备和器材。有限空间作业的现场负责人、监护人员、作业人员和应急救援人员应当掌握相关应急预案内容，定期进行演练，提高应急处置能力。

◆工贸企业将有限空间作业发包给其他单位实施的，应当发包给具备国家规定资质或者安全生产条件的承包方，并与承包方签订专门的安全生产管理协议或者在承包合同中明确各自的安全生产职责。存在多个承包方时，工贸企业应当对承包方的安全生产工作进行统一协调、管理。

工贸企业对其发包的有限空间作业安全承担主体责任。承包方对其承包的有限空间作业安全承担直接责任。

◆有限空间作业中发生事故后，现场有关人员应当立即报警，禁止盲目施救。应急救援人员实施救援时，应当做好自身防护，佩戴必要的呼吸器具、救援器材。

3. 有限空间作业安全监督管理的有关规定

在第三章有限空间作业的安全监督管理中，对相关事项作了规定。

◆安全生产监督管理部门应当加强对工贸企业有限空间作业的监督检查，将检查纳入年度执法工作计划。对发现的事故隐患和违法行为，依法作出处理。

◆安全生产监督管理部门对工贸企业有限空间作业实施监督检查时，应当重点抽查有限空间作业安全管理制度、有限空间管理台账、检测记录、劳动防护用品配备、应急救援演练、专项安全培训等情况。

◆安全生产监督管理部门应当加强对行政执法人员的有限空间作业安全知识培训，并为检查有限空间作业安全的行政执法人员配备必需的劳动防护用品、检测仪器。

◆安全生产监督管理部门及其行政执法人员发现有限空间作业存在重大事故隐患的，应当责令立即或者限期整改；重大事故隐患排除前或者排除过程中无法保证安全的，应当责令暂时停止作业，撤出作业人员；重大事故隐患排除后，经审查同意，方可恢复作业。

4. 有关法律责任的规定

在第四章法律责任中，对相关事项作了规定。

◆工贸企业有下列行为之一的，由县级以上安全生产监督管理部门责令限期改正；逾期未改正的，责令停产停业整顿，可以并处 5 万元以下的罚款：

（1）未在有限空间作业场所设置明显的安全警示标志的。

（2）未按照本规定为作业人员提供符合国家标准或者行业标准的劳动防护用品的。

◆工贸企业有下列情形之一的，由县级以上安全生产监督管理部门给予警告，可以并处 2 万元以下的罚款：

（1）未按照本规定对有限空间作业进行辨识、提出防范措施、建立有限空间管理台账的。

（2）未按照本规定对有限空间的现场负责人、监护人员、作业人员和应急救援人员进行专项安全培训的。

（3）未按照本规定对有限空间作业制定作业方案或者方案未经审批擅自作业的。

（4）有限空间作业未按照本规定进行危险有害因素检测或者监测，并实行专人监护作业的。

（5）未教育和监督作业人员按照本规定正确佩戴与使用劳动防护用品的。

（6）未按照本规定对有限空间作业制定应急预案，配备必要的应急装备和器材，并定期进行演练的。

五、《有限空间安全作业五条规定》具体内容

2014 年 9 月 29 日，国家安全生产监督管理总局公布《有限空间安全作业五条规定》（国家安全生产监督管理总局令第 69 号），自公布之日起施行。

有限空间安全作业五条规定具体内容如下：

（1）必须严格实行作业审批制度，严禁擅自进入有限空间作业。

（2）必须做到"先通风、再检测、后作业"，严禁通风、检测不合格作业。

（3）必须配备个人防中毒窒息等防护装备，设置安全警示标识，严禁无防护监护措施作业。

（4）必须对作业人员进行安全培训，严禁教育培训不合格上岗作业。

（5）必须制定应急措施，现场配备应急装备，严禁盲目施救。

六、《企业安全生产风险公告六条规定》具体内容与解读

2014 年 12 月 10 日，国家安全生产监督管理总局公布《企业安全生产风险公告六条规定》（国家安全生产监督管理总局令第 70 号），自公布之日起施行。

1. 企业安全生产风险公告六条规定

企业安全生产风险公告六条规定如下：

（1）必须在企业醒目位置设置公告栏，在存在安全生产风险的岗位设置告知卡，分别标明本企业、本岗位主要危险危害因素、后果、事故预防及应急措施、报告电话等内容。

（2）必须在重大危险源、存在严重职业病危害的场所设置明显标志，标明风险内容、危险程度、安全距离、防控办法、应急措施等内容。

（3）必须在有重大事故隐患和较大危险的场所和设施设备上设置明显标志，标明治理责任、期限及应急措施。

（4）必须在工作岗位标明安全操作要点。

（5）必须及时向员工公开安全生产行政处罚决定、执行情况和整改结果。

（6）必须及时更新安全生产风险公告内容，建立档案。

2. 制定颁布企业安全生产风险公告的必要性

近年来，党中央国务院对信息公开的要求越来越严，在政务信息公开方面要求"全面推进政务公开，坚持以公开为常态、不公开为例外"。而新修订的《安全生产法》对企业安全生产风险信息公开作出了一系列要求。《企业信息公示暂行条例》于 2014 年 10 月 1 日正式实施后，国家安全监管总局局长对于企业安全生产风险信息公开作出了明确指示。

企业是安全生产的主体。近年来发生的一系列事故，尤其是江苏昆山"8·2"特别重大爆炸事故充分说明，广大群众尤其是企业从业人员对于企业安全生产风险的了解与否与了解程度，直接关系到企业从业人员的生命财产安全。

可以说，企业安全生产风险信息公开，是落实《安全生产法》、实行依法治安的要求，是强化群众参与、完善安全生产监督机制的要求，也是事故隐患排查治理、落实预

防为主的要求。无论是从法律法规上还是从工作实践中看，强化企业安全生产风险信息公开，势在必行。

3. 企业安全生产风险公告六条规定的主要内容和法律依据

《企业安全生产风险公告六条规定》共六条。

（1）关于设置公告栏、告知卡的要求

要求企业在醒目位置设置公告栏，在存在安全生产风险的岗位设置告知卡。通过设置公告栏，重点约束企业公告企业主要危险危害因素、后果等，让进出企业的人员包括企业员工，对企业危险危害因素一目了然。通过设置告知卡，让相关岗位上的具体操作人员对自己岗位的安全状况了如指掌。

这一条在《安全生产法》等法规中都有明确规定。《安全生产法》第四十一条规定："生产经营单位应当教育和督促从业人员严格执行本单位的安全生产规章制度和安全操作规程；并向从业人员如实告知作业场所和工作岗位存在的危险因素、防范措施以及事故应急措施。"第五十条规定："生产经营单位的从业人员有权了解其作业场所和工作岗位存在的危险因素、防范措施及事故应急措施，有权对本单位的安全生产工作提出建议。"

《职业病防治法》第二十五条规定："产生职业病危害的用人单位，应当在醒目位置设置公告栏，公布有关职业病防治的规章制度、操作规程、职业病危害事故应急救援措施和工作场所职业病危害因素检测结果。"

（2）关于设置明显标志的要求

第二条规定，必须在重大危险源、存在严重职业病危害的场所设置明显标志。第三条规定，必须在有重大事故隐患和较大危险的场所和设施设备上设置明显标志。

在综合考量相关法规的基础上，我们将风险归纳为重大危险源、存在严重职业病危害的场所，有重大事故隐患和较大危险的场所和设施设备。不仅考虑到了企业自身安全，也考虑到了企业周边的安全。

《安全生产法》第三十二条规定："生产经营单位应当在有较大危险因素的生产经营场所和有关设施、设备上，设置明显的安全警示标志。"第三十七条规定："生产经营单位对重大危险源应当登记建档，进行定期检测、评估、监控，并制定应急预案，告知从业人员和相关人员在紧急情况下应当采取的应急措施。"

《职业病防治法》第二十五条规定："对产生严重职业病危害的作业岗位，应当在其醒目位置，设置警示标识和中文警示说明。警示说明应当载明产生职业病危害的种类、后果、预防以及应急救治措施等内容。"

（3）关于在工作岗位标明安全操作要点的要求

规定要求企业必须在工作岗位标明安全操作要点，是吸取了基层工作中行之有效的经验，将其上升到部门规章层面。

（4）关于安全生产行政处罚信息公开的要求

监管部门对企业安全生产行政处罚决定以及企业的执行情况、整改结果，从某种层面上体现了企业安全生产方面存在的问题，反映了企业的安全生产状况。《企业信息公示暂行条例》明确要求企业公示受到行政处罚的信息。

（5）关于更新公告内容、建立档案的要求

新制定的《企业信息公示暂行条例》规定，“企业信息公示应当真实、及时”“政府部门和企业分别对其公示信息的真实性、及时性负责”。《职业病防治法》规定用人单位应当采取的职业病防治管理措施是“建立、健全职业卫生档案和劳动者健康监护档案”。《安全生产事故隐患排查治理暂行规定》规定生产经营单位“对排查出的事故隐患，应当按照事故隐患的等级进行登记，建立事故隐患信息档案，并按照职责分工实施监控治理”。

七、《消防安全常识二十条》解读

2012 年 8 月，公安部、教育部、民政部、文化部、广电总局、国家安全生产监管总局六部委联合制定并发布了《消防安全常识二十条》，以加强全民消防安全宣传教育，增强全民消防意识，提高全民防火、灭火的自我保护能力。公安部消防局宣传处处长对《消防安全常识二十条》的出台背景、重点内容等进行了解读。

1.《消防安全常识二十条》出台的原因与背景

2011 年年底，国务院发布了《关于加强和改进消防工作的意见》（国发〔2011〕46 号），里面第八章专门提出要加强消防安全教育；中宣部、公安部、教育部、民政部、文化部、卫生部、广电总局和国家安全监管总局联合印发《全民消防安全宣传教育纲要（2011—2015）》，为落实好国家的方针政策，我们根据国家消防法律法规、消防技术规范和消防常识，结合近些年火灾事故的教训，把老百姓在防火、逃生自救方面最应知应会、最保命的那些知识点，用简单、通俗易懂的语言总结出来，加强宣传教育，提高老百姓的消防意识和消防安全常识。

因为在分析火灾原因时，追究到最后，往往就是人的消防意识和最简单的消防常识不具备。例如，2011 年上海“11·15”特大火灾事故，事后调查发现，发生火灾后，住在 17 层的 70 多岁的行动不方便的老头、老太太都能颤颤巍巍地从 17 层走到楼外，而住在二三层的年轻人反而有烧死在屋内的。这说明，还是消防意识和消防常识不足。而且随着社会经济的发展，火灾特点也发生变化，我们把当前老百姓最应掌握的消防安全常识，以及公安部等四部委在 1995 年制定的《消防安全 20 条》里的相关内容，加以综合，补充完善形成目前的《消防安全常识二十条》。

2.《消防安全常识二十条》内容上的新特点

《消防安全常识二十条》与 1995 年制定的《消防安全 20 条》虽然在内容上有差别，但在理念上是一脉相承的，都是把当前老百姓在防火、逃生自救方面最应掌握的常识、最管用的方法，用简单易记的语言提炼概括出来，让大家学以致用。

根据近些年火灾防治的新特点，《消防安全常识二十条》中增加了“家庭和单位配备必要的消防器材并掌握正确的使用方法”“每个家庭都应制定消防安全计划，绘制逃生疏散路线图，及时检查、消除火灾隐患”“学校和单位定期组织逃生疏散演练”等内容。

比如“家庭和单位配备必要的消防器材并掌握正确的使用方法”这条，强调不仅要配备消防器材，还要会使用。如果配备消防器材而不会使用，就相当于没有配备消防器材，发挥不了消防作用，当然不配备消防器材更是不对。有新闻报道称，漳州师院的学生公寓发生火灾，宿舍内学生不懂如何使用消火栓，火势越来越大，幸亏校园保安发现得早，装上水枪头才将大火扑灭。这说明，再好的消防设施，如果不会使用，就形同虚设。

目前，高层住宅越来越普遍，较之公共场所的消防安全，家庭消防安全更容易被忽略。因此，从消防安全的角度提示“每个家庭都应制定消防安全计划，绘制逃生疏散路线图，及时检查、消除火灾隐患”。如果楼上着火应该如何撤离，楼下着火如何逃生，邻居家着火又该如何逃生。家庭除设计制定逃生疏散路线外，还要进行火灾逃生计划演练，以确定所有的逃生出口是否可以正常使用。一旦火灾真的发生，家庭成员就能够在烟、火封堵逃生路线前安全、快速疏散逃生。

家庭单位尚且需要进行逃生疏散演练，学校和单位更要定期组织逃生疏散演练，不仅是做好消防安全准备，还可以应对地震等突发事件。最成功的例子就是“5·12”汶川大地震时，桑枣中学的 2 300 余名师生在震后 1 分 36 秒内全部安全疏散到操场，创造了极重灾区学校零伤亡的奇迹。这是桑枣中学每学期坚持组织师生进行紧急撤离演练的结果。

消防逃生疏散演练最重要的通道是疏散楼梯，但如果存在疏散通道内堆放杂物、防火门被锁住等情况，这就属于消防隐患。《消防安全常识二十条》中告诉大家“发现火灾隐患和消防安全违法行为可拨打 96119 电话，向当地公安消防部门举报”。消防隐患举报电话 96119 是新增内容，目的是发挥群防群治、全民消防的作用，让老百姓都来当消防安全监督员，把火灾隐患消除在火灾发生之前。这种做法最早是广东省在 2011 年“清剿火患”时采取的措施，取得很好的效果。消防部门每天都能接到大量的消防隐患举报、投诉电话，存在消防隐患的商场、影院等人员密集的公共场所被现场核实后，往往会被罚款，而举报人却能得到消防部门的奖励。这就相当于每时每刻都有许多双眼睛在盯着消防安全，既减轻了消防监管部门的压力，也提高了全民的消防安全意识。因此，从 2012 年开始，消防部门在全国推广 96119 这一消防隐患电话举报方式。

过去大家都知道 119 火灾报警电话，但是真正发生火灾后，却由于种种顾虑而不拨打 119 火灾报警电话，导致小火变成大火，耽误最佳灭火时间。所以，《消防安全常识二十条》中特意把“自觉维护公共消防安全，发现火灾迅速拨打 119 电话报警，消防队救火不收费”放在第一条，醒目地提示大家，发生火灾后，不管是当事人还是过路人，都有义务迅速拨打火灾报警电话，报警早，损失少。火灾燃烧有一定的规律，刚开始燃烧较慢，差不多经过 10 min 的热量积聚，会发生轰燃，即猛烈燃烧，这时再灭火就比较困难，而消防队到达火灾现场一要检查有无人员被困，二要控制火势不蔓延，所以救火一定得争分夺秒。并且报警时要说清楚火灾时间、地点、原因、有无人员被困等信息，以便消防队根据火情携带必要的救援工具和足够的灭火器材，一次就将火灾控制、消灭。

3. 如何深入了解和掌握消防常识

《消防安全常识二十条》中的内容属于提示性的，根据目前火灾的发生因素总结提炼，告诉大家在防火、自救逃生中要重点注意的事项，有些具体、实用的操作方法，如家庭消防安全自查方法、消防器材的认识与使用、逃生绳的结绳方式等，消防局在官网上以图片、视频的方式进行详细解析，并联合全国百余家网站共同宣传普及。

此外，《消防安全常识二十条》还将以挂图、折页、宣传手册的形式广泛宣传，用图片和文字对每一条进行详细解释，以便让大家了解哪些做法是正确的，哪些做法是错误不可取的；也会采用视频文艺、公益广告等丰富多样的形式进行宣传，提高全社会的消防安全意识，掌握防火自救知识。

4. 消防安全常识二十条

（1）自觉维护公共消防安全，发现火灾迅速拨打 119 电话报警，消防队救火不收费。

（2）发现火灾隐患和消防安全违法行为可拨打 96119 电话，向当地公安消防部门举报。

（3）不埋压、圈占、损坏、挪用、遮挡消防设施和器材。

（4）不携带易燃易爆危险品进入公共场所、乘坐公共交通工具。

（5）不在严禁烟火的场所和人员密集场所动用明火和吸烟。

（6）购买合格的烟花爆竹，燃放时遵守安全燃放规定，注意消防安全。

（7）家庭和单位配备必要的消防器材并掌握正确的使用方法。

（8）每个家庭都应制定消防安全计划，绘制逃生疏散路线图，及时检查、消除火灾隐患。

（9）室内装修装饰不宜采用易燃材料。

（10）正确使用电气设备，不乱接电源线，不超负荷用电，及时更换老化电气设备和线路，外出时要关闭电源开关。

（11）正确使用、经常检查燃气设施和用具，发现燃气泄漏，迅速关阀门、开门窗，切勿触动电器开关和使用明火。

（12）教育儿童不玩火，将打火机和火柴放在儿童拿不到的地方。

（13）不占用、堵塞或封闭安全出口、疏散通道和消防车通道，不设置妨碍消防车通行和火灾扑救的障碍物。

（14）不躺在床上或沙发上吸烟，不乱扔烟头。

（15）学校和单位定期组织逃生疏散演练。

（16）进入公共场所注意观察安全出口和疏散通道，记住疏散方向。

（17）遇到火灾时沉着、冷静，迅速正确逃生，不贪恋财物、不乘坐电梯、不盲目跳楼。

（18）必须穿过浓烟逃生时，尽量用浸湿的衣物保护头部和身体，捂住口鼻，弯腰低姿前行。

（19）身上着火，可就地打滚或用厚重衣物覆盖，压灭火苗。

（20）大火封门无法逃生时，可用浸湿的毛巾衣物堵塞门缝，发出求救信号等待救援。

第三章　商贸服务企业安全生产规范要求

现代安全管理的特点是以预防事故为中心，从提高设备的可靠性入手，把安全和生产稳定发展统一起来。安全管理规范化、标准化是企业发展的必然需求，也是企业安全管理的实际需要。商贸服务企业通过安全管理规范化、标准化，可以规范自身消防安全管理行为，规范消防安全管理工作，提高消防安全管理水平，达到防止火灾发生、减少火灾危害、保障人身和财产安全的目的。

第一节　商贸服务企业安全生产规范相关规定

商贸服务企业虽然与工业企业有所不同，但是在安全管理上同样都需要遵循规范化、标准化的路径，逐步走上规范、标准的道路，以解决部门之间、人员之间分工不清、责权不明、流程不畅、基础管理工作混乱等问题。在规范化、标准化管理上，2010年4月国家安全生产监督管理总局发布实施的《企业安全生产标准化基本规范》（AQ/T 9006—2010）是一个十分重要的标准，在此进行介绍。

一、《企业安全生产标准化基本规范》相关要点

2010年4月15日，国家安全生产监督管理总局发布了《企业安全生产标准化基本规范》（AQ/T 9006—2010），自2010年6月1日起施行，这意味着我国广大企业的安全生产标准化工作将得到规范。

本标准适用于工矿企业开展安全生产标准化工作以及对标准化工作的咨询、服务和评审；其他企业和生产经营单位可参照执行。有关行业制定安全生产标准化标准应满足本标准的要求；已经制定行业安全生产标准化标准的，优先适用行业安全生产标准化标准。

本标准对安全生产标准化的定义是：通过建立安全生产责任制，制定安全管理制度和操作规程，排查治理隐患和监控重大危险源，建立预防机制，规范生产行为，使各生产环节符合有关安全生产法律法规和标准规范的要求，人、机、物、环处于良好的生产状态，并持续改进，不断加强企业安全生产规范化建设。

《企业安全生产标准化基本规范》分为范围、规范性引用文件、术语和定义、一般要求、核心要求五个部分。

一般要求与核心要求的具体内容如下：

1.《企业安全生产标准化基本规范》一般要求

（1）原则

企业开展安全生产标准化工作，遵循“安全第一、预防为主、综合治理”的方针，以隐患排查治理为基础，提高安全生产水平，减少事故发生，保障人身安全健康，保证生产经营活动的顺利进行。

（2）建立和保持

企业安全生产标准化工作采用“策划、实施、检查、改进”动态循环的模式，依据本标准的要求，结合自身特点，建立并保持安全生产标准化系统；通过自我检查、自我纠正和自我完善，建立安全绩效持续改进的安全生产长效机制。

（3）评定和监督

企业安全生产标准化工作实行企业自主评定、外部评审的方式。

企业应当根据本标准和有关评分细则，对本企业开展安全生产标准化工作情况进行评定；自主评定后申请外部评审定级。

安全生产标准化评审分为一级、二级、三级，一级为最高。

安全生产监督管理部门对评审定级进行监督管理。

2.《企业安全生产标准化基本规范》核心要求

（1）目标

企业根据自身安全生产实际，制定总体和年度安全生产目标。按照所属基层单位和部门在生产经营中的职能，制定安全生产指标和考核办法。

（2）组织机构和职责

1）组织机构。企业应按规定设置安全生产管理机构，配备安全生产管理人员。

2）职责。企业主要负责人应按照安全生产法律法规赋予的职责，全面负责安全生产工作，并履行安全生产义务。企业应建立安全生产责任制，明确各级单位、部门和人员的安全生产职责。

（3）安全生产投入

企业应建立安全生产投入保障制度，完善和改进安全生产条件，按规定提取安全费用，专项用于安全生产，并建立安全费用台账。

（4）法律法规与安全管理制度

1）法律法规、标准规范。企业应建立识别和获取适用的安全生产法律法规、标准规范的制度，明确主管部门，确定获取的渠道、方式，及时识别和获取适用的安全生产法律法规、标准规范。

企业各职能部门应及时识别和获取本部门适用的安全生产法律法规、标准规范，并跟踪、掌握有关法律法规、标准规范的修订情况，及时提供给企业内负责识别和获取适用的安全生产法律法规的主管部门汇总。

企业应将适用的安全生产法律法规、标准规范及其他要求及时传达给从业人员。

企业应遵守安全生产法律法规、标准规范，并将相关要求及时转化为本单位的规章制度，贯彻到各项工作中。

2）规章制度。企业应建立健全安全生产规章制度，并发放到相关工作岗位，规范从业人员的生产作业行为。

安全生产规章制度至少应包含下列内容：安全生产职责、安全生产投入、文件和档案管理、隐患排查与治理、安全教育培训、特种作业人员管理、设备设施安全管理、建设项目安全设施“三同时”管理、生产设备设施验收管理、生产设备设施报废管理、施工和检维修安全管理、危险物品及重大危险源管理、作业安全管理、相关方及外用工管理、职业健康管理、防护用品管理、应急管理、事故管理等。

3）操作规程。企业应根据生产特点，编制岗位安全操作规程，并发放到相关岗位。

4）评估。企业应每年至少一次对安全生产法律法规、标准规范、规章制度、操作规程的执行情况进行检查评估。

5）修订。企业应根据评估情况、安全检查反馈的问题、生产安全事故案例、绩效评定结果等，对安全生产管理规章制度和操作规程进行修订，确保其有效和适用，保证每个岗位所使用的为最新有效版本。

6）文件和档案管理。企业应严格执行文件和档案管理制度，确保安全规章制度和操作规程编制、使用、评审、修订的效力。

企业应建立主要安全生产过程、事件、活动、检查的安全记录档案，并加强对安全记录的有效管理。

（5）教育培训

1）教育培训管理。企业应确定安全教育培训主管部门，按规定及岗位需要，定期识别安全教育培训需求，制定、实施安全教育培训计划，提供相应的资源保证。

应做好安全教育培训记录，建立安全教育培训档案，实施分级管理，并对培训效果进行评估和改进。

2）安全生产管理人员教育培训。企业的主要负责人和安全生产管理人员，必须具备与本单位所从事的生产经营活动相适应的安全生产知识和管理能力。法律法规要求必须对其安全生产知识和管理能力进行考核的，须经考核合格后方可任职。

3）操作岗位人员教育培训。企业应对操作岗位人员进行安全教育和生产技能培训，使其熟悉有关的安全生产规章制度和安全操作规程，并确认其能力符合岗位要求。未经安全教育培训，或培训考核不合格的从业人员，不得上岗作业。

新入厂（矿）人员在上岗前必须经过厂（矿）、车间（工段、区、队）、班组三级安全教育培训。

在新工艺、新技术、新材料、新设备设施投入使用前，应对有关操作岗位人员进行专门的安全教育和培训。

操作岗位人员转岗、离岗一年以上重新上岗者，应进行车间（工段）、班组安全教育培训，经考核合格后，方可上岗工作。

从事特种作业的人员应取得特种作业操作资格证书，方可上岗作业。

4）其他人员教育培训。企业应对相关方的作业人员进行安全教育培训。作业人员进入作业现场前，应由作业现场所在单位对其进行进入现场前的安全教育培训。

企业应对外来参观、学习等人员进行有关安全规定、可能接触到的危害及应急知识的教育和告知。

5）安全文化建设。企业应通过安全文化建设，促进安全生产工作。

企业应采取多种形式的安全文化活动，引导全体从业人员的安全态度和安全行为，逐步形成为全体员工所认同、共同遵守、带有本单位特点的安全价值观，实现法律和政府监管要求之上的安全自我约束，保障企业安全生产水平持续提高。

（6）生产设备设施

1）生产设备设施建设。企业建设项目的所有设备设施应符合有关法律法规、标准规范要求；安全设备设施应与建设项目主体工程同时设计、同时施工、同时投入生产和使用。

企业应按规定对项目建议书、可行性研究、初步设计、总体开工方案、开工前安全条件确认和竣工验收等阶段进行规范管理。

生产设备设施变更应执行变更管理制度，履行变更程序，并对变更的全过程进行隐患控制。

2）设备设施运行管理。企业应对生产设备设施进行规范化管理，保证其安全运行。

企业应有专人负责管理各种安全设备设施，建立台账，定期检维修。对安全设备设施应制定检维修计划。

设备设施检维修前应制定方案。检维修方案应包含作业行为分析和控制措施。检维修过程中应执行隐患控制措施并进行监督检查。

安全设备设施不得随意拆除、挪用或弃置不用；确因检维修拆除的，应采取临时安全措施，检维修完毕后立即复原。

3）新设备设施验收及旧设备拆除、报废。设备的设计、制造、安装、使用、检测、维修、改造、拆除和报废，应符合有关法律法规、标准规范的要求。

企业应执行生产设备设施到货验收和报废管理制度，应使用质量合格、设计符合要求的生产设备设施。

拆除的生产设备设施应按规定进行处置。拆除的生产设备设施涉及危险物品的，须制定危险物品处置方案和应急措施，并严格按规定组织实施。

（7）作业安全

1）生产现场管理和生产过程控制。企业应加强生产现场安全管理和生产过程的控制。对生产过程及物料、设备设施、器材、通道、作业环境等存在的隐患，应进行分析和控制。对动火作业、受限空间内作业、临时用电作业、高处作业等危险性较高的作业活动实施作业许可管理，严格履行审批手续。作业许可证应包含危害因素分析和安全措施等内容。

企业进行爆破、吊装等危险作业时，应当安排专人进行现场安全管理，确保安全规程的遵守和安全措施的落实。

2）作业行为管理。企业应加强生产作业行为的安全管理。对作业行为隐患、设备设施使用隐患、工艺技术隐患等进行分析，采取控制措施。

3）警示标志。企业应根据作业场所的实际情况，按照 GB 2894 及企业内部规定，在有较大危险因素的作业场所和设备设施上，设置明显的安全警示标志，进行危险提示、警示，告知危险的种类、后果及应急措施等。

企业应在设备设施检维修、施工、吊装等作业现场设置警戒区域和警示标志，在检维修现场的坑、井、洼、沟、陡坡等场所设置围栏和警示标志。

4）相关方管理。企业应执行承包商、供应商等相关方管理制度，对其资格预审、选择、服务前准备、作业过程、提供的产品、技术服务、表现评估、续用等进行管理。

企业应建立合格相关方的名录和档案，根据服务作业行为定期识别服务行为风险，并采取行之有效的控制措施。

企业应对进入同一作业区的相关方进行统一安全管理。

不得将项目委托给不具备相应资质或条件的相关方。企业和相关方的项目协议应明确规定双方的安全生产责任和义务。

5）变更。企业应执行变更管理制度，对机构、人员、工艺、技术、设备设施、作业过程及环境等永久性或暂时性的变化进行有计划的控制。

变更的实施应履行审批及验收程序，并对变更过程及变更所产生的隐患进行分析和控制。

（8）隐患排查和治理

1）隐患排查。企业应组织事故隐患排查工作，对隐患进行分析评估，确定隐患等级，登记建档，及时采取有效的治理措施。

法律法规、标准规范发生变更或有新的公布，以及企业操作条件或工艺改变，新建、改建、扩建项目建设，相关方进入、撤出或改变，对事故、事件或其他信息有新的认识，组织机构发生大的调整的，应及时组织隐患排查。

隐患排查前应制定排查方案，明确排查的目的、范围，选择合适的排查方法。排查方案应依据：有关安全生产法律、法规要求；设计规范、管理标准、技术标准；企业的安全生产目标等。

2）排查范围与方法。企业隐患排查的范围应包括所有与生产经营相关的场所、环境、人员、设备设施和活动。

企业应根据安全生产的需要和特点，采用综合检查、专业检查、季节性检查、节假日检查、日常检查等方式进行隐患排查。

3）隐患治理。企业应根据隐患排查的结果，制定隐患治理方案，对隐患及时进行治理。

隐患治理方案应包括目标和任务、方法和措施、经费和物资、机构和人员、时限和要求。重大事故隐患在治理前应采取临时控制措施并制定应急预案。

隐患治理措施包括：工程技术措施、管理措施、教育措施、防护措施和应急措施。

治理完成后，应对治理情况进行验证和效果评估。

4）预测预警。企业应根据生产经营状况及隐患排查治理情况，运用定量的安全生产预测预警技术，建立体现企业安全生产状况及发展趋势的预警指数系统。

（9）重大危险源监控

1）辨识与评估。企业应依据有关标准对本单位的危险设施或场所进行重大危险源辨识与安全评估。

2）登记建档与备案。企业应当对确认的重大危险源及时登记建档，并按规定备案。

3）监控与管理。企业应建立健全重大危险源安全管理制度，制定重大危险源安全管理技术措施。

（10）职业健康

1）职业健康管理。企业应按照法律法规、标准规范的要求，为从业人员提供符合职业健康要求的工作环境和条件，配备与职业健康保护相适应的设施、工具。

企业应定期对作业场所职业危害进行检测，在检测点设置标识牌予以告知，并将检测结果存入职业健康档案。

对可能发生急性职业危害的有毒、有害工作场所，应设置报警装置，制定应急预案，配置现场急救用品、设备，设置应急撤离通道和必要的泄险区。

各种防护器具应定点存放在安全、便于取用的地方，并有专人负责保管，定期校验和维护。

企业应对现场急救用品、设备和防护用品进行经常性的检维修，定期检测其性能，确保其处于正常状态。

2）职业危害告知和警示。企业与从业人员订立劳动合同时，应将工作过程中可能产生的职业危害及其后果和防护措施如实告知从业人员，并在劳动合同中写明。

企业应采用有效的方式对从业人员及相关方进行宣传，使其了解生产过程中的职业危害、预防和应急处理措施，降低或消除危害后果。

对存在严重职业危害的作业岗位，应按照 GBZ 158 要求设置警示标识和警示说明。警示说明应载明职业危害的种类、后果、预防和应急救治措施。

3）职业危害申报。企业应按规定，及时、如实向当地主管部门申报生产过程存在的职业危害因素，并依法接受其监督。

（11）应急救援

1）应急机构和队伍。企业应按规定建立安全生产应急管理机构或指定专人负责安全生产应急管理工作。

企业应建立与本单位安全生产特点相适应的专兼职应急救援队伍，或指定专兼职应急救援人员，并组织训练；无须建立应急救援队伍的，可与附近具备专业资质的应急救援队伍签订服务协议。

2）应急预案。企业应按规定制定生产安全事故应急预案，并针对重点作业岗位制定应急处置方案或措施，形成安全生产应急预案体系。

应急预案应根据有关规定报当地主管部门备案，并通报有关应急协作单位。

应急预案应定期评审，并根据评审结果或实际情况的变化进行修订和完善。

3）应急设施、装备、物资。企业应按规定建立应急设施，配备应急装备，储备应急物资，并进行经常性的检查、维护、保养，确保其完好、可靠。

4）应急演练。企业应组织生产安全事故应急演练，并对演练效果进行评估。根据评估结果，修订、完善应急预案，改进应急管理工作。

5）事故救援。企业发生事故后，应立即启动相关应急预案，积极开展事故救援。

（12）事故报告、调查和处理

1）事故报告。企业发生事故后，应按规定及时向上级单位、政府有关部门报告，并妥善保护事故现场及有关证据。必要时向相关单位和人员通报。

2）事故调查和处理。企业发生事故后，应按规定成立事故调查组，明确其职责与权限，进行事故调查或配合上级部门的事故调查。

事故调查应查明事故发生的时间、经过、原因、人员伤亡情况及直接经济损失等。

事故调查组应根据有关证据、资料，分析事故的直接、间接原因和事故责任，提出整改措施和处理建议，编制事故调查报告。

（13）绩效评定和持续改进

1）绩效评定。企业应每年至少一次对本单位安全生产标准化的实施情况进行评定，验证各项安全生产制度措施的适宜性、充分性和有效性，检查安全生产工作目标、指标的完成情况。

企业主要负责人应对绩效评定工作全面负责。评定工作应形成正式文件，并将结果向所有部门、所属单位和从业人员通报，作为年度考评的重要依据。

企业发生死亡事故后应重新进行评定。

2）持续改进。企业应根据安全生产标准化的评定结果和安全生产预警指数系统所反映的趋势，对安全生产目标、指标、规章制度、操作规程等进行修改完善，持续改进，不断提高安全绩效。

二、《企业安全生产标准化基本规范》解读

2010 年 4 月 15 日，国家安全生产监督管理总局发布安全生产行业标准《企业安全生产标准化基本规范》（AQ/T 9006—2010），自 2010 年 6 月 1 日起实施。

国家安全生产监督管理总局副局长就《企业安全生产标准化基本规范》（以下简称《基本规范》）的发布实施进行了讲解。

1. 制定《基本规范》的目的

2004 年，国务院印发了《关于进一步加强安全生产工作决定》（国发〔2004〕2 号，以下简称《决定》），要求在全国所有工矿商贸、交通运输、建筑施工等企业普遍开展安全生产标准化活动。为了贯彻落实国务院《决定》，近年来，国家安全监管总局也下发了相关指导文件，并陆续在煤矿、金属非金属矿山、危险化学品、烟花爆竹、冶金、机械等行业开展了安全生产标准化创建活动，有效地提升了企业的安全生产管理水平。

为进一步落实企业安全生产的主体责任，全面推进企业安全生产标准化工作，深入贯彻落实国家关于安全生产的方针政策和法律法规，有必要制定规范企业安全生产工作的基本规定，使企业的安全生产工作有据可依、有章可循。而且，对各行业已经开展的安全生产标准化工作，在形式要求、基本内容、考评办法等方面也需要作出相对一致的规定，以进一步规范各项工作的开展。同时，为调动企业开展安全生产标准化工作的积极性和主动性，结合企业安全生产工作的共性特点，制定可操作性较强的安全生产工作规范，并以行业标准的形式予以发布，也非常必要。

2.《基本规范》发布实施的重要意义

《基本规范》的重要意义主要体现在以下几个方面：

（1）有利于进一步规范企业的安全生产工作

《基本规范》涉及企业安全生产工作的方方面面，提出的要求明确、具体，较好地解决了企业安全生产工作干什么和怎么干的问题，能够更好地引导企业落实安全生产责

任，做好安全生产工作。

（2）有利于进一步维护从业人员的合法权益

安全生产工作的最终目的都是保护人民群众的生命财产安全，《基本规范》的各项规定，尤其是关于教育培训和职业健康的规定，可以更好地保障从业人员安全生产方面的合法权益。

（3）有利于进一步促进安全生产法律法规的贯彻落实

安全生产法律法规对安全生产工作提出了原则要求，设定了各项法律制度。《基本规范》是对这些相关法律制度内容的具体化和系统化，并通过运行使之成为企业的生产行为规范，从而更好地促进安全生产法律法规的贯彻落实。

3.《基本规范》对“安全生产标准化”的定义

“安全生产标准化”是指通过建立安全生产责任制，制定安全管理制度和操作规程，排查治理隐患和监控重大危险源，建立预防机制，规范生产行为，使各生产环节符合有关安全生产法律法规和标准规范的要求，人、机、物、环处于良好的生产状态，并持续改进，不断加强企业安全生产规范化建设。

这一定义涵盖了企业安全生产工作的全局，是企业开展安全生产工作的基本要求和衡量尺度，也是企业加强安全管理的重要方法和手段。而《标准化法》中所指的“标准化”，主要是通过制定、实施国家和行业等标准来规范各种生产行为，以获得最佳生产秩序和社会效益的过程，两者有所不同。

4.《基本规范》包括的主要内容

《基本规范》共分为范围、规范性引用文件、术语和定义、一般要求、核心要求五章。在核心要求这一章，对企业安全生产工作的组织机构、安全生产投入、安全管理制度、人员教育培训、设备设施运行管理、作业安全管理、隐患排查和治理、重大危险源监控、职业健康、应急救援、事故的报告和调查处理、绩效评定和持续改进等方面的内容作了具体规定。

5.《基本规范》的特点

《基本规范》的特点主要体现在以下三个方面：

（1）采用了国际通用的策划（P，Plan）、实施（D，Do）、检查（C，Check）、改进（A，Act）动态循环的 PDCA 现代安全管理模式

通过企业自我检查、自我纠正、自我完善这一动态循环的管理模式，能够更好地促进企业安全绩效的持续改进和安全生产长效机制的建立。

（2）对各行业、各领域具有广泛适用性

《基本规范》总结归纳了煤矿、危险化学品、金属非金属矿山、烟花爆竹、冶金、机械等已经颁布的行业安全生产标准化标准中的共性内容，提出了企业安全生产管理的共性基本要求，既适应各行业安全生产工作的开展，又避免了自成体系的局面。

（3）体现了企业主体责任与外部监督相结合的思想

《基本规范》要求企业对安全生产标准化工作进行自主评定，自主评定后申请外部评审定级，并由安全生产监督管理部门对评审定级进行监督。

三、《加强企业安全生产规范化建设的指导意见》相关要点

2010 年 8 月 20 日，国家安全生产监督管理总局印发《关于进一步加强企业安全生产规范化建设严格落实企业安全生产主体责任的指导意见》（安监总办〔2010〕139 号），目的是认真贯彻落实《国务院关于进一步加强企业安全生产工作的通知》（国发〔2010〕23 号）精神，进一步加强企业安全生产规范化建设，严格落实企业安全生产主体责任，提高企业安全生产管理水平，实现全国安全生产状况持续稳定好转。该《指导意见》的主要内容如下：

1. 总体要求

深入贯彻落实科学发展观，坚持安全发展理念，指导督促企业完善安全生产责任体系，建立健全安全生产管理制度，加大安全基础投入，加强教育培训，推进企业全员、全过程、全方位安全管理，全面实施安全生产标准化，夯实安全生产基层基础工作，提升安全生产管理工作的规范化、科学化水平，有效遏制重特大事故发生，为实现安全生产提供基础保障。

2. 健全和完善责任体系

（1）落实企业法定代表人安全生产第一责任人的责任

法定代表人要依法确保安全投入、管理、装备、培训等措施落实到位，确保企业具备安全生产基本条件。

（2）明确企业各级管理人员的安全生产责任

企业分管安全生产的负责人协助主要负责人履行安全生产管理职责，其他负责人对各自分管业务范围内的安全生产负领导责任。企业安全生产管理机构及其人员对本单位安全生产实施综合管理；企业各级管理人员对分管业务范围内的安全生产工作负责。

（3）健全企业安全生产责任体系

责任体系应涵盖本单位各部门、各层级和生产各环节，明确有关协作、合作单位责任，并签订安全责任书。要做好相关单位和各个环节安全管理责任的衔接，相互支持、互为保障，做到责任无盲区、管理无死角。

3. 健全和完善管理体系

（1）加强企业安全生产工作的组织领导

企业及其下属单位应建立安全生产委员会或安全生产领导小组，负责组织、研究、部署本单位安全生产工作，专题研究重大安全生产事项，制订、实施、加强和改进本单位安全生产工作的措施。

（2）依法设立安全管理机构并配齐专（兼）职安全生产管理人员

矿山、建筑施工单位和危险物品的生产、经营、储存单位及从业人员超过 300 人的企业，要设置安全生产管理专职机构或者配备专职安全生产管理人员。其他单位有条件的，应设置安全生产管理机构，或者配备专职或兼职的安全生产管理人员，或者委托注册安全工程师等具有相关专业技术资格的人员提供安全生产管理服务。

（3）提高企业安全生产标准化水平

企业要严格执行安全生产法律法规和行业规程标准，按照《企业安全生产标准化基

本规范》（AQ/T 9006—2010）的要求，加大安全生产标准化建设投入，积极组织开展岗位达标、专业达标和企业达标的建设活动，并持续巩固达标成果，实现全面达标、本质达标和动态达标。

4. 健全和完善基本制度

（1）安全生产例会制度

建立班组班前会、周安全生产活动日，车间周安全生产调度会，企业月安全生产办公会、季安全生产形势分析会、年度安全生产工作会等例会制度，定期研究、分析、布置安全生产工作。

（2）安全生产例检制度

建立班组班前、班中、班后安全生产检查（即“一班三检”）、重点对象和重点部位安全生产检查（即“点检”）、作业区域安全生产巡查（即“巡检”），车间周安全生产检查、月安全生产大检查，企业月安全生产检查、季安全生产大检查、复工复产前安全生产大检查等例检制度，对各类检查的频次、重点、内容提出要求。

（3）岗位安全生产责任制

以企业负责人为重点，逐级建立企业管理人员、职能部门、车间班组、各工种的岗位安全生产责任制，明确企业各层级、各岗位的安全生产职责，形成涵盖全员、全过程、全方位的责任体系。

（4）领导干部和管理人员现场带班制度

企业主要负责人、领导班子成员和生产经营管理人员要认真执行现场带班的规定，认真制定本企业领导成员带班制度，立足现场安全管理，加强对重点部位、关键环节的检查巡视，及时发现和解决问题，并据实做好交接。

（5）安全技术操作规程

分专业、分工艺制定安全技术操作规程，并当生产条件发生变化时及时重新组织审查或修订。对实施作业许可证管理的动火作业、受限空间作业、爆破作业、临时用电作业、高空作业等危险性作业，要制定专项安全技术措施，并严格审批监督。企业员工应当熟知并严格执行安全技术操作规程。

（6）作业场所职业安全卫生健康管理制度

积极开展职业健康安全管理体系认证。依照国家有关法律法规及规章标准，完善现场职业安全健康设施、设备和手段。为员工配备合格的职业安全卫生健康防护用品，督促员工正确佩戴和使用，并对接触有毒有害物质的作业人员进行定期的健康检查。

（7）隐患排查治理制度

建立安全生产隐患全员排查、登记报告、分级治理、动态分析、整改销号制度。对排查出的隐患实施登记管理，按照分类分级治理原则，逐一落实整改方案、责任人员、整改资金、整改期限和应急预案。建立隐患整改评价制度，定期分析、评估隐患治理情况，不断完善隐患治理工作机制。建立隐患举报奖励制度，鼓励员工发现和举报事故隐患。

（8）安全生产责任考核制度

完善企业绩效工资制度，加大安全生产挂钩比重。建立以岗位安全绩效考核为重点，以落实岗位安全责任为主线，以杜绝岗位安全责任事故为目标的全员安全生产责任考核办法，加大安全生产责任在员工绩效工资、晋级、评先评优等考核中的权重，重大责任事项实行“一票否决”。

(9) 高危行业（领域）员工风险抵押金制度

根据各行业（领域）特点，推广企业内部全员安全风险抵押金制度，加大奖惩兑现力度，充分调动全员安全生产的积极性和主动性。

(10) 民主管理监督制度

企业安全生产基本条件、安全生产目标、重大隐患治理、安全生产投入、安全生产形势等情况应以适当方式向员工公开，接受员工监督。充分发挥班组安全管理监督作用。

保障工会依法组织员工参加本单位安全生产工作的民主管理和民主监督，维护员工安全生产的合法权益。

(11) 安全生产承诺制度

企业就遵守安全生产法律法规、执行安全生产规章制度、保证安全生产投入、持续具备安全生产条件等签订安全生产承诺书，向企业员工及社会作出公开承诺，自觉接受监督。同时，员工就履行岗位安全责任向企业作出承诺。

各类企业均要建立以上基本制度，同时要依照国家有关法律法规及规章标准规定，结合本单位实际，建立健全适合本单位特点的安全生产规章制度。

5. 加大安全投入

(1) 及时足额提取并切实管好用好安全费用

煤矿、非煤矿山、建筑施工、危险化学品、烟花爆竹、道路交通运输等高危行业（领域）企业必须落实提取安全费用税前列支政策。其他行业（领域）的企业要根据本地区有关政策规定提足用好安全费用。安全费用必须专项用于安全防护设备设施、应急救援器材装备、安全生产检查评价、事故隐患评估整改和监控、安全技能培训和应急演练等与安全生产直接相关的投入。

(2) 确保安全设施投入

严格落实企业建设项目安全设施“三同时”制度，新建、改建、扩建工程项目的安全设施投资应纳入项目建设概算，安全设施与建设项目主体工程同时设计、同时施工、同时投入生产和使用。高危行业（领域）建设项目要依法进行安全评价。

(3) 加大安全科技投入

坚持“科技兴安”战略。健全安全管理工作技术保障体系，强化企业技术管理机构的安全职能，按规定配备安全技术人员。切实落实企业负责人安全生产技术管理负责制，针对影响和制约本单位安全生产的技术问题开展科研攻关，鼓励员工进行技术革新，积极推广应用先进适用的新技术、新工艺、新装备和新材料，提高企业本质安全水平。

6. 加强安全教育培训

(1) 强化企业人员素质培训

落实校企合作办学、对口单招、订单式培养等政策，大力培养企业专业技术人才。

有条件的高危行业企业可通过兴办职业学校培养技术人才。结合本企业安全生产特点，制订员工教育培训计划和实施方案，针对不同岗位人员落实培训时间、培训内容、培训机构、培训费用，提高员工安全生产素质。

（2）加强安全技能培训

企业安全生产管理人员必须按规定接受培训并取得相应资格证书。加强新进人员岗前培训工作，新员工上岗前、转岗员工换岗前要进行岗位操作技能培训，保证其具有本岗位安全操作、应急处置等知识和技能。特种作业人员必须取得特种作业操作资格证书方可上岗。

（3）强化风险防范教育

企业要推进安全生产法律法规的宣传贯彻，做到安全宣传教育日常化。要及时分析和掌握安全生产工作的规律和特点，定期开展安全生产技术方法、事故案例及安全警示教育，普及安全生产基本知识和风险防范知识，提高员工安全风险辨析与防范能力。

（4）深入开展安全文化建设

注重企业安全文化在安全生产工作中的作用，把先进的安全文化融入企业管理思想、管理理念、管理模式和管理方法之中，努力建设安全诚信企业。

7. 加强重大危险源和重大隐患的监控预警

（1）实行重大隐患挂牌督办

企业应当实行重大隐患挂牌督办制度，并及时将重大隐患现状、可能造成的危害、消除隐患的治理方案报告企业所在地相关政府有关部门。对政府有关部门挂牌督办的重大隐患，企业应按要求报告治理进展、治理结果等情况，切实落实企业重大隐患整改责任。

（2）加强重大危险源监控

企业应建立重大危险源辨识登记、安全评估、报告备案、监控整改、应急救援等工作机制和管理办法。

设立重大危险源警示标志，并将本单位重大危险源及有关管理措施、应急预案等信息报告有关部门，并向相关单位、人员和周边群众公告。

（3）利用科学的方法加强预警预报

企业应定期进行安全生产风险分析，积极利用先进的技术和方法建立安全生产监测监控系统，进行有效的实时动态预警。遇重大危险源失控或重大安全隐患出现事故苗头时，应当立即预警预报，组织撤离人员、停止运行、加强监控，防止事故发生和事故损失扩大。

8. 加强应急管理，提高事故处置能力

（1）加强应急管理

要针对重大危险源和可能突发的生产安全事故，制定相应的应急组织、应急队伍、应急预案、应急资源、应急培训教育、应急演练、应急救援等方案和应急管理办法，并注重与社会应急组织体系相衔接。加强应急预案演练，及时分析查找应急预案及其执行中存在的问题并有针对性地予以修改完善，防止因撤离不及时或救援不适当造成事故扩大。

（2）提高应急救援保障能力

煤矿、非煤矿山和危险化学品企业，应当依法建立专职或兼职人员组成的应急救援队伍；不具备单独建立专业应急救援队伍的小型企业，除建立兼职应急救援队伍外，还应当与邻近建有专业救援队伍的企业或单位签订救援协议，或者联合建立专业应急救援队伍。根据应急救援需要储备一定数量的应急物资，为应急救援队伍配备必要的应急救援器材、设备和装备。

（3）做好事故报告和处置工作

事故发生后，要按照规定的报告时限、报告内容、报告方式、报告对象等要求，及时、完整、客观地报告事故，不得瞒报、漏报、谎报、迟报。发生事故的企业主要负责人必须坚守岗位，立即启动事故应急救援预案，采取措施组织抢救，防止事故扩大，减少人员伤亡和财产损失。

（4）严肃事故调查处理

企业要认真组织或配合事故调查，妥善处理事故善后工作。对于事故调查报告提出的防范措施和整改意见，要认真吸取教训，按要求及时整改，并把落实情况及时报告有关部门。

第二节　商贸服务企业消防安全规范相关要求

商贸服务企业是组成社会的基本单元之一。商贸服务企业在消防安全管理工作中的主体地位、作用是政府和监督部门无法替代的。只有社会各企业、各单位切实履行消防安全职责，落实消防安全管理措施，才能有效预防和遏制火灾事故的发生。因此，履行消防安全职责，规范消防安全管理，提高自防自救能力，保障自身的消防安全，是各企业、各单位依法做好消防安全管理工作的基本要求，也是单位应尽的法律义务。对商贸服务企业来讲，在消防管理规章方面，《机关、团体、企业、事业单位消防安全管理规定》《消防监督检查规定》《重大火灾隐患判定方法》是应重点关注的，在此进行介绍。

一、《机关、团体、企业、事业单位消防安全管理规定》相关要点

2001 年 11 月 14 日，公安部发布《机关、团体、企业、事业单位消防安全管理规定》（公安部令第 61 号），自 2002 年 5 月 1 日起施行。本规定施行以前公安部发布的规章中的有关规定与本规定不一致的，以本规定为准。

《机关、团体、企业、事业单位消防安全管理规定》分为十章四十八条，各章内容分别为：第一章总则，第二章消防安全责任，第三章消防安全管理，第四章防火检查，第五章火灾隐患整改，第六章消防安全宣传教育和培训，第七章灭火、应急疏散预案和演练，第八章消防档案，第九章奖惩，第十章附则。制定本规定的目的，是根据《中华人民共和国消防法》，加强和规范机关、团体、企业、事业单位的消防安全管理，预防火灾和减少火灾危害。

1. 总则中的有关规定

在第一章总则中，对相关事项作了规定。

◆本规定适用于中华人民共和国境内的机关、团体、企业、事业单位（以下统称单位）自身的消防安全管理。法律、法规另有规定的除外。

◆单位应当遵守消防法律、法规、规章（以下统称消防法规），贯彻预防为主、防消结合的消防工作方针，履行消防安全职责，保障消防安全。

◆法人单位的法定代表人或者非法人单位的主要负责人是单位的消防安全责任人，对本单位的消防安全工作全面负责。

◆单位应当落实逐级消防安全责任制和岗位消防安全责任制，明确逐级和岗位消防安全职责，确定各级、各岗位的消防安全责任人。

2. 有关消防安全责任的规定

在第二章消防安全责任中，对相关事项作了规定。

◆单位的消防安全责任人应当履行下列消防安全职责：

（1）贯彻执行消防法规，保障单位消防安全符合规定，掌握本单位的消防安全情况。

（2）将消防工作与本单位的生产、科研、经营、管理等活动统筹安排，批准实施年度消防工作计划。

（3）为本单位的消防安全提供必要的经费和组织保障。

（4）确定逐级消防安全责任，批准实施消防安全制度和保障消防安全的操作规程。

（5）组织防火检查，督促落实火灾隐患整改，及时处理涉及消防安全的重大问题。

（6）根据消防法规的规定建立专职消防队、义务消防队。

（7）组织制定符合本单位实际的灭火和应急疏散预案，并实施演练。

◆单位可以根据需要确定本单位的消防安全管理人。消防安全管理人对单位的消防安全责任人负责，实施和组织落实下列消防安全管理工作：

（1）拟订年度消防工作计划，组织实施日常消防安全管理工作。

（2）组织制订消防安全制度和保障消防安全的操作规程并检查督促其落实。

（3）拟订消防安全工作的资金投入和组织保障方案。

（4）组织实施防火检查和火灾隐患整改工作。

（5）组织实施对本单位消防设施、灭火器材和消防安全标志的维护保养，确保其完好有效，确保疏散通道和安全出口畅通。

（6）组织管理专职消防队和义务消防队。

（7）在员工中组织开展消防知识、技能的宣传教育和培训，组织灭火和应急疏散预案的实施和演练。

（8）单位消防安全责任人委托的其他消防安全管理工作。

消防安全管理人应当定期向消防安全责任人报告消防安全情况，及时报告涉及消防安全的重大问题。未确定消防安全管理人的单位，前款规定的消防安全管理工作由单位消防安全责任人负责实施。

◆实行承包、租赁或者委托经营、管理时，产权单位应当提供符合消防安全要求的建筑物，当事人在订立的合同中依照有关规定明确各方的消防安全责任；消防车通道、涉及公共消防安全的疏散设施和其他建筑消防设施应当由产权单位或者委托管理的单位统一管理。

承包、承租或者受委托经营、管理的单位应当遵守本规定，在其使用、管理范围内履行消防安全职责。

◆对于有两个以上产权单位和使用单位的建筑物，各产权单位、使用单位对消防车通道、涉及公共消防安全的疏散设施和其他建筑消防设施应当明确管理责任，可以委托统一管理。

◆举办集会、焰火晚会、灯会等具有火灾危险的大型活动的主办单位、承办单位以及提供场地的单位，应当在订立的合同中明确各方的消防安全责任。

3. 消防安全管理的有关规定

在第三章消防安全管理中，对相关事项作了规定。

◆下列范围的单位是消防安全重点单位，应当按照本规定的要求，实行严格管理：

（1）商场（市场）、宾馆（饭店）、体育场（馆）、会堂、公共娱乐场所等公众聚集场所（以下统称公众聚集场所）。

（2）医院、养老院和寄宿制的学校、托儿所、幼儿园。

（3）国家机关。

（4）广播电台、电视台和邮政、通信枢纽。

（5）客运车站、码头、民用机场。

（6）公共图书馆、展览馆、博物馆、档案馆以及具有火灾危险性的文物保护单位。

（7）发电厂（站）和电网经营企业。

（8）易燃易爆化学物品的生产、充装、储存、供应、销售单位。

（9）服装、制鞋等劳动密集型生产、加工企业。

（10）重要的科研单位。

（11）其他发生火灾可能性较大以及一旦发生火灾可能造成重大人身伤亡或者财产损失的单位。

高层办公楼（写字楼）、高层公寓楼等高层公共建筑，城市地下铁道、地下观光隧道等地下公共建筑和城市重要的交通隧道，粮、棉、木材、百货等物资集中的大型仓库和堆场，国家和省级等重点工程的施工现场，应当按照本规定对消防安全重点单位的要求，实行严格管理。

◆消防安全重点单位及其消防安全责任人、消防安全管理人应当报当地公安消防机构备案。

◆消防安全重点单位应当设置或者确定消防工作的归口管理职能部门，并确定专职或者兼职的消防管理人员；其他单位应当确定专职或者兼职消防管理人员，可以确定消防工作的归口管理职能部门。归口管理职能部门和专兼职消防管理人员在消防安全责任人或者消防安全管理人的领导下开展消防安全管理工作。

◆公众聚集场所应当在具备下列消防安全条件后，向当地公安消防机构申报进行消防安全检查，经检查合格后方可开业使用：

（1）依法办理建筑工程消防设计审核手续，并经消防验收合格。

（2）建立健全消防安全组织，消防安全责任明确。

(3) 建立消防安全管理制度和保障消防安全的操作规程。

(4) 员工经过消防安全培训。

(5) 建筑消防设施齐全、完好有效。

(6) 制定灭火和应急疏散预案。

◆举办集会、焰火晚会、灯会等具有火灾危险的大型活动，主办或者承办单位应当在具备消防安全条件后，向公安消防机构申报对活动现场进行消防安全检查，经检查合格后方可举办。

◆单位应当按照国家有关规定，结合本单位的特点，建立健全各项消防安全制度和保障消防安全的操作规程，并公布执行。

单位消防安全制度主要包括以下内容：消防安全教育、培训；防火巡查、检查；安全疏散设施管理；消防（控制室）值班；消防设施、器材维护管理；火灾隐患整改；用火、用电安全管理；易燃易爆危险物品和场所防火防爆；专职和义务消防队的组织管理；灭火和应急疏散预案演练；燃气和电气设备的检查和管理（包括防雷、防静电）；消防安全工作考评和奖惩；其他必要的消防安全内容。

◆单位应当将容易发生火灾、一旦发生火灾可能严重危及人身和财产安全以及对消防安全有重大影响的部位确定为消防安全重点部位，设置明显的防火标志，实行严格管理。

◆单位应当对动用明火实行严格的消防安全管理。禁止在具有火灾、爆炸危险的场所使用明火；因特殊情况需要进行电、气焊等明火作业的，动火部门和人员应当按照单位的用火管理制度办理审批手续，落实现场监护人，在确认无火灾、爆炸危险后方可动火施工。动火施工人员应当遵守消防安全规定，并落实相应的消防安全措施。

公众聚集场所或者两个以上单位共同使用的建筑物局部施工需要使用明火时，施工单位和使用单位应当共同采取措施，将施工区和使用区进行防火分隔，清除动火区域的易燃、可燃物，配置消防器材，专人监护，保证施工及使用范围的消防安全。

公共娱乐场所在营业期间禁止动火施工。

◆单位应当保障疏散通道、安全出口畅通，并设置符合国家规定的消防安全疏散指示标志和应急照明设施，保持防火门、防火卷帘、消防安全疏散指示标志、应急照明、机械排烟送风、火灾事故广播等设施处于正常状态。

严禁下列行为：

(1) 占用疏散通道。

(2) 在安全出口或者疏散通道上安装栅栏等影响疏散的障碍物。

(3) 在营业、生产、教学、工作等期间将安全出口上锁、遮挡或者将消防安全疏散指示标志遮挡、覆盖。

(4) 其他影响安全疏散的行为。

◆单位应当遵守国家有关规定，对易燃易爆危险物品的生产、使用、储存、销售、运输或者销毁实行严格的消防安全管理。

◆单位应当根据消防法规的有关规定，建立专职消防队、义务消防队，配备相应的消防装备、器材，并组织开展消防业务学习和灭火技能训练，提高预防和扑救火灾的能力。

◆单位发生火灾时，应当立即实施灭火和应急疏散预案，务必做到及时报警，迅速扑救火灾，及时疏散人员。邻近单位应当给予支援。任何单位、人员都应当无偿为报火警提供便利，不得阻拦报警。

单位应当为公安消防机构抢救人员、扑救火灾提供便利和条件。

火灾扑灭后，起火单位应当保护现场，接受事故调查，如实提供火灾事故的情况，协助公安消防机构调查火灾原因，核定火灾损失，查明火灾事故责任。未经公安消防机构同意，不得擅自清理火灾现场。

4. 防火检查的有关规定

在第四章防火检查中，对相关事项作了规定。

◆消防安全重点单位应当进行每日防火巡查，并确定巡查的人员、内容、部位和频次。其他单位可以根据需要组织防火巡查。巡查的内容应当包括：

（1）用火、用电有无违章情况。

（2）安全出口、疏散通道是否畅通，安全疏散指示标志、应急照明是否完好。

（3）消防设施、器材和消防安全标志是否在位、完整。

（4）常闭式防火门是否处于关闭状态，防火卷帘下是否堆放物品影响使用。

（5）消防安全重点部位的人员在岗情况。

（6）其他消防安全情况。

公众聚集场所在营业期间的防火巡查应当至少每二小时一次；营业结束时应当对营业现场进行检查，消除遗留火种。医院、养老院、寄宿制的学校、托儿所、幼儿园应当加强夜间防火巡查，其他消防安全重点单位可以结合实际组织夜间防火巡查。

防火巡查人员应当及时纠正违章行为，妥善处置火灾危险，无法当场处置的，应当立即报告。发现初起火灾应当立即报警并及时扑救。

防火巡查应当填写巡查记录，巡查人员及其主管人员应当在巡查记录上签名。

◆机关、团体、事业单位应当至少每季度进行一次防火检查，其他单位应当至少每月进行一次防火检查。检查的内容应当包括：

（1）火灾隐患的整改情况以及防范措施的落实情况。

（2）安全疏散通道、疏散指示标志、应急照明和安全出口情况。

（3）消防车通道、消防水源情况。

（4）灭火器材配置及有效情况。

（5）用火、用电有无违章情况。

（6）重点工种人员以及其他员工消防知识的掌握情况。

（7）消防安全重点部位的管理情况。

（8）易燃易爆危险物品和场所防火防爆措施的落实情况以及其他重要物资的防火安全情况。

（9）消防（控制室）值班情况和设施运行、记录情况。

（10）防火巡查情况。

(11) 消防安全标志的设置情况和完好、有效情况。

(12) 其他需要检查的内容。

防火检查应当填写检查记录。检查人员和被检查部门负责人应当在检查记录上签名。

◆单位应当按照建筑消防设施检查维修保养有关规定的要求，对建筑消防设施的完好有效情况进行检查和维修保养。

◆设有自动消防设施的单位，应当按照有关规定定期对其自动消防设施进行全面检查测试，并出具检测报告，存档备查。

◆单位应当按照有关规定定期对灭火器进行维护保养和维修检查。对灭火器应当建立档案资料，记明配置类型、数量、设置位置、检查维修单位（人员）、更换药剂的时间等有关情况。

5. 火灾隐患整改的有关规定

在第五章火灾隐患整改中，对相关事项作了规定。

◆单位对存在的火灾隐患，应当及时予以消除。

◆对下列违反消防安全规定的行为，单位应当责成有关人员当场改正并督促落实：

(1) 违章进入生产、储存易燃易爆危险物品场所的。

(2) 违章使用明火作业或者在具有火灾、爆炸危险的场所吸烟、使用明火等违反禁令的。

(3) 将安全出口上锁、遮挡，或者占用、堆放物品影响疏散通道畅通的。

(4) 消火栓、灭火器材被遮挡影响使用或者被挪作他用的。

(5) 常闭式防火门处于开启状态，防火卷帘下堆放物品影响使用的。

(6) 消防设施管理、值班人员和防火巡查人员脱岗的。

(7) 违章关闭消防设施、切断消防电源的。

(8) 其他可以当场改正的行为。

违反前款规定的情况以及改正情况应当有记录并存档备查。

◆对不能当场改正的火灾隐患，消防工作归口管理职能部门或者专兼职消防管理人员应当根据本单位的管理分工，及时将存在的火灾隐患向单位的消防安全管理人或者消防安全责任人报告，提出整改方案。消防安全管理人或者消防安全责任人应当确定整改的措施、期限以及负责整改的部门、人员，并落实整改资金。

在火灾隐患未消除之前，单位应当落实防范措施，保障消防安全。不能确保消防安全，随时可能引发火灾或者一旦发生火灾将严重危及人身安全的，应当将危险部位停产停业整改。

◆火灾隐患整改完毕，负责整改的部门或者人员应当将整改情况记录报送消防安全责任人或者消防安全管理人签字确认后存档备查。

◆对于涉及城市规划布局而不能自身解决的重大火灾隐患，以及机关、团体、事业单位确无能力解决的重大火灾隐患，单位应当提出解决方案并及时向其上级主管部门或者当地人民政府报告。

◆对公安消防机构责令限期改正的火灾隐患，单位应当在规定的期限内改正并写出火灾隐患整改复函，报送公安消防机构。

6. 有关消防安全宣传教育和培训的规定

在第六章消防安全宣传教育和培训中，对相关事项作了规定。

◆单位应当通过多种形式开展经常性的消防安全宣传教育。消防安全重点单位对每名员工应当至少每年进行一次消防安全培训。宣传教育和培训内容应当包括：

（1）有关消防法规、消防安全制度和保障消防安全的操作规程。

（2）本单位、本岗位的火灾危险性和防火措施。

（3）有关消防设施的性能、灭火器材的使用方法。

（4）报火警、扑救初起火灾以及自救逃生的知识和技能。

公众聚集场所对员工的消防安全培训应当至少每半年进行一次，培训的内容还应当包括组织、引导在场群众疏散的知识和技能。

单位应当组织新上岗和进入新岗位的员工进行上岗前的消防安全培训。

◆公众聚集场所在营业、活动期间，应当通过张贴图画、广播、闭路电视等向公众宣传防火、灭火、疏散逃生等常识。

◆下列人员应当接受消防安全专门培训：

（1）单位的消防安全责任人、消防安全管理人。

（2）专、兼职消防管理人员。

（3）消防控制室的值班、操作人员。

（4）其他依照规定应当接受消防安全专门培训的人员。

前款规定中的第（3）项人员应当持证上岗。

7. 有关灭火、应急疏散预案和演练的规定

在第七章灭火、应急疏散预案和演练中，对相关事项作了规定。

◆消防安全重点单位制定的灭火和应急疏散预案应当包括下列内容：

（1）组织机构，包括灭火行动组、通信联络组、疏散引导组、安全防护救护组。

（2）报警和接警处置程序。

（3）应急疏散的组织程序和措施。

（4）扑救初起火灾的程序和措施。

（5）通信联络、安全防护救护的程序和措施。

◆消防安全重点单位应当按照灭火和应急疏散预案，至少每半年进行一次演练，并结合实际，不断完善预案。其他单位应当结合本单位实际，参照制定相应的应急方案，至少每年组织一次演练。

消防演练时，应当设置明显标识并事先告知演练范围内的人员。

8. 有关消防档案的规定

在第八章消防档案中，对相关事项作了规定。

◆消防安全重点单位应当建立健全消防档案。消防档案应当包括消防安全基本情况和消防安全管理情况。消防档案应当翔实，全面反映单位消防工作的基本情况，并附有必要的图表，根据情况变化及时更新。

单位应当对消防档案统一保管、备查。

◆消防安全基本情况应当包括以下内容：

（1）单位基本概况和消防安全重点部位情况。

（2）建筑物或者场所施工、使用或者开业前的消防设计审核、消防验收以及消防安全检查的文件、资料。

（3）消防管理组织机构和各级消防安全责任人。

（4）消防安全制度。

（5）消防设施、灭火器材情况。

（6）专职消防队、义务消防队人员及其消防装备配备情况。

（7）与消防安全有关的重点工种人员情况。

（8）新增消防产品、防火材料的合格证明材料。

（9）灭火和应急疏散预案。

◆消防安全管理情况应当包括以下内容：

（1）公安消防机构填发的各种法律文书。

（2）消防设施定期检查记录、自动消防设施全面检查测试的报告以及维修保养的记录。

（3）火灾隐患及其整改情况记录。

（4）防火检查、巡查记录。

（5）有关燃气、电气设备检测（包括防雷、防静电）等记录资料。

（6）消防安全培训记录。

（7）灭火和应急疏散预案的演练记录。

（8）火灾情况记录。

（9）消防奖惩情况记录。

◆其他单位应当将本单位的基本概况、公安消防机构填发的各种法律文书、与消防工作有关的材料和记录等统一保管备查。

9. 有关奖惩的规定

在第九章奖惩中，对相关事项作了规定。

◆单位应当将消防安全工作纳入内部检查、考核、评比内容。对在消防安全工作中成绩突出的部门（班组）和个人，单位应当给予表彰奖励。对未依法履行消防安全职责或者违反单位消防安全制度的行为，应当依照有关规定对责任人员给予行政纪律处分或者其他处理。

◆违反本规定，依法应当给予行政处罚的，依照有关法律、法规予以处罚；构成犯罪的，依法追究刑事责任。

二、《消防监督检查规定》相关要点

2009 年 4 月 30 日，中华人民共和国公安部发布修订后的《消防监督检查规定》（公安部令第 107 号），自 2009 年 5 月 1 日起施行。2004 年 6 月 9 日发布的《消防监督检查规定》（公安部令第 73 号）同时废止。2012 年 7 月 17 日发布《公安部关于修改〈消防监督检查规定〉的决定》，自 2012 年 11 月 1 日起施行。

《消防监督检查规定》分为六章四十二条，各章内容分别为：第一章总则，第二章消防监督检查的形式和内容，第三章消防监督检查的程序，第四章公安派出所日常消防监督检查，第五章执法监督，第六章附则。制定本规定的目的，是依据《中华人民共和国消防法》，加强和规范消防监督检查工作，督促机关、团体、企业、事业等单位（以下简称单位）履行消防安全职责。

1. 总则中的有关规定

在第一章总则中，对相关事项作了规定。

◆本规定适用于公安机关消防机构和公安派出所依法对单位遵守消防法律、法规情况进行消防监督检查。

◆公安派出所可以对居民住宅区的物业服务企业、居民委员会、村民委员会履行消防安全职责的情况和上级公安机关确定的单位实施日常消防监督检查。

◆公安机关消防机构应当与公安派出所共同做好辖区消防监督工作，并对公安派出所开展日常消防监督检查工作进行指导，定期对公安派出所民警进行消防监督业务培训。

◆对消防监督检查的结果，公安机关消防机构可以通过适当方式向社会公告；对检查发现的影响公共安全的火灾隐患应当定期公布，提示公众注意消防安全。

2. 有关消防监督检查形式和内容的规定

在第二章消防监督检查的形式和内容中，对相关事项作了规定。

◆消防监督检查的形式有：

（1）对公众聚集场所在投入使用、营业前的消防安全检查。

（2）对单位履行法定消防安全职责情况的监督抽查。

（3）对举报投诉的消防安全违法行为的核查。

（4）对大型群众性活动举办前的消防安全检查。

（5）根据需要进行的其他消防监督检查。

◆公安机关消防机构根据本地区火灾规律、特点等消防安全需要组织监督抽查；在火灾多发季节，重大节日、重大活动前或者期间，应当组织监督抽查。

消防安全重点单位应当作为监督抽查的重点，非消防安全重点单位必须在监督抽查的单位数量中占有一定比例。对属于人员密集场所的消防安全重点单位每年至少监督检查一次。

◆公众聚集场所在投入使用、营业前，建设单位或者使用单位应当向场所所在地的县级以上人民政府公安机关消防机构申请消防安全检查，并提交下列材料：

（1）消防安全检查申报表。

（2）营业执照复印件或者工商行政管理机关出具的企业名称预先核准通知书。

（3）依法取得的建设工程消防验收或者进行竣工验收消防备案的法律文件复印件。

（4）消防安全制度、灭火和应急疏散预案、场所平面布置图。

（5）员工岗前消防安全教育培训记录和自动消防系统操作人员取得的消防行业特有工种职业资格证书复印件。

（6）法律、行政法规规定的其他材料。

依照《建设工程消防监督管理规定》不需要进行竣工验收消防备案的公众聚集场所申请消防安全检查的，还应当提交场所室内装修消防设计施工图、消防产品质量合格证明文件，以及装修材料防火性能符合消防技术标准的证明文件、出厂合格证。

公安机关消防机构对消防安全检查的申请，应当按照行政许可有关规定受理。

◆对公众聚集场所投入使用、营业前进行消防安全检查，应当检查下列内容：

(1) 建筑物或者场所是否依法通过消防验收合格或者进行竣工验收消防备案抽查合格；依法进行竣工验收消防备案但没有进行备案抽查的建筑物或者场所是否符合消防技术标准。

(2) 消防安全制度、灭火和应急疏散预案是否制定。

(3) 自动消防系统操作人员是否持证上岗，员工是否经过岗前消防安全培训。

(4) 消防设施、器材是否符合消防技术标准并完好有效。

(5) 疏散通道、安全出口和消防车通道是否畅通。

(6) 室内装修材料是否符合消防技术标准。

(7) 外墙门窗上是否设置影响逃生和灭火救援的障碍物。

◆对单位履行法定消防安全职责情况的监督抽查，应当根据单位的实际情况检查下列内容：

(1) 建筑物或者场所是否依法通过消防验收或者进行竣工验收消防备案，公众聚集场所是否通过投入使用、营业前的消防安全检查。

(2) 建筑物或者场所的使用情况是否与消防验收或者进行竣工验收消防备案时确定的使用性质相符。

(3) 消防安全制度、灭火和应急疏散预案是否制定。

(4) 消防设施、器材和消防安全标志是否定期组织维修保养，是否完好有效。

(5) 电器线路、燃气管路是否定期维护保养、检测。

(6) 疏散通道、安全出口、消防车通道是否畅通，防火分区是否改变，防火间距是否被占用。

(7) 是否组织防火检查、消防演练和员工消防安全教育培训，自动消防系统操作人员是否持证上岗。

(8) 生产、储存、经营易燃易爆危险品的场所是否与居住场所设置在同一建筑物内。

(9) 生产、储存、经营其他物品的场所与居住场所设置在同一建筑物内的，是否符合消防技术标准。

(10) 其他依法需要检查的内容。

对人员密集场所还应当抽查室内装修材料是否符合消防技术标准、外墙门窗上是否设置影响逃生和灭火救援的障碍物。

◆对消防安全重点单位履行法定消防安全职责情况的监督抽查，除检查本规定第十条规定的内容外，还应当检查下列内容：

(1) 是否确定消防安全管理人。

(2) 是否开展每日防火巡查并建立巡查记录。

（3）是否定期组织消防安全培训和消防演练。

（4）是否建立消防档案、确定消防安全重点部位。

对属于人员密集场所的消防安全重点单位，还应当检查单位灭火和应急疏散预案中承担灭火和组织疏散任务的人员是否确定。

◆在大型群众性活动举办前对活动现场进行消防安全检查，应当重点检查下列内容：

（1）室内活动使用的建筑物（场所）是否依法通过消防验收或者进行竣工验收消防备案，公众聚集场所是否通过使用、营业前的消防安全检查。

（2）临时搭建的建筑物是否符合消防安全要求。

（3）是否制定灭火和应急疏散预案并组织演练。

（4）是否明确消防安全责任分工并确定消防安全管理人员。

（5）活动现场消防设施、器材是否配备齐全并完好有效。

（6）活动现场的疏散通道、安全出口和消防车通道是否畅通。

（7）活动现场的疏散指示标志和应急照明是否符合消防技术标准并完好有效。

◆对大型的人员密集场所和其他特殊建设工程的施工现场进行消防监督检查，应当重点检查施工单位履行下列消防安全职责的情况：

（1）是否明确施工现场消防安全管理人员，是否制定施工现场消防安全制度、灭火和应急疏散预案。

（2）在建工程内是否设置人员住宿、可燃材料及易燃易爆危险品储存等场所。

（3）是否设置临时消防给水系统、临时消防应急照明，是否配备消防器材，并确保完好有效。

（4）是否设有消防车通道并畅通。

（5）是否组织员工消防安全教育培训和消防演练。

（6）施工现场人员宿舍、办公用房的建筑构件燃烧性能、安全疏散是否符合消防技术标准。

3. 有关消防监督检查程序的规定

在第三章消防监督检查的程序中，对相关事项作了规定。

◆公安机关消防机构实施消防监督检查时，检查人员不得少于两人，并出示执法身份证件。

消防监督检查应当填写检查记录，如实记录检查情况。

◆对公众聚集场所投入使用、营业前的消防安全检查，公安机关消防机构应当自受理申请之日起十个工作日内进行检查，自检查之日起三个工作日内作出同意或者不同意投入使用或者营业的决定，并送达申请人。

◆对大型群众性活动现场在举办前进行的消防安全检查，公安机关消防机构应当在接到本级公安机关治安部门书面通知之日起三个工作日内进行检查，并将检查记录移交本级公安机关治安部门。

◆公安机关消防机构应当按照下列时限，对举报投诉的消防安全违法行为进行实地核查：

(1) 对举报投诉占用、堵塞、封闭疏散通道、安全出口或者其他妨碍安全疏散行为，以及擅自停用消防设施的，应当在接到举报投诉后二十四小时内进行核查。

(2) 对举报投诉本款第 (1) 项以外的消防安全违法行为，应当在接到举报投诉之日起三个工作日内进行核查。

核查后，对消防安全违法行为应当依法处理。处理情况应当及时告知举报投诉人；无法告知的，应当在受理登记中注明。

◆在消防监督检查中，公安机关消防机构对发现的依法应当责令立即改正的消防安全违法行为，应当当场制作、送达责令立即改正通知书，并依法予以处罚；对依法责令限期改正的，应当自检查之日起三个工作日内制作、送达责令限期改正通知书，并依法予以处罚。

对违法行为轻微并当场改正完毕，依法可以不予行政处罚的，可以口头责令改正，并在检查记录上注明。

◆对依法责令限期改正的，应当根据改正违法行为的难易程度合理确定改正期限。公安机关消防机构应当在责令限期改正期限届满或者收到当事人的复查申请之日起三个工作日内进行复查。对逾期不改正的，依法予以处罚。

◆公安机关消防机构在消防监督检查中发现火灾隐患，应当通知有关单位或者个人立即采取措施消除；对具有下列情形之一，不及时消除可能严重威胁公共安全的，应当对危险部位或者场所予以临时查封：

(1) 疏散通道、安全出口数量不足或者严重堵塞，已不具备安全疏散条件的。

(2) 建筑消防设施严重损坏，不再具备防火灭火功能的。

(3) 人员密集场所违反消防安全规定，使用、储存易燃易爆危险品的。

(4) 公众聚集场所违反消防技术标准，采用易燃、可燃材料装修，可能导致重大人员伤亡的。

(5) 其他可能严重威胁公共安全的火灾隐患。

临时查封期限不得超过三十日。临时查封期限届满后，当事人仍未消除火灾隐患的，公安机关消防机构可以再次依法予以临时查封。

◆火灾隐患消除后，当事人应当向作出临时查封决定的公安机关消防机构申请解除临时查封。公安机关消防机构应当自收到申请之日起三个工作日内进行检查，自检查之日起三个工作日内作出是否同意解除临时查封的决定，并送达当事人。对检查确认火灾隐患已消除的，应当作出解除临时查封的决定。

◆当事人不执行公安机关消防机构作出的停产停业、停止使用、停止施工决定的，作出决定的公安机关消防机构应当自履行期限届满之日起三个工作日内催告当事人履行义务。当事人收到催告书后有权进行陈述和申辩。公安机关消防机构应当充分听取当事人的意见，记录、复核当事人提出的事实、理由和证据。当事人提出的事实、理由或者证据成立的，应当采纳。

经催告，当事人逾期仍不履行义务且无正当理由的，公安机关消防机构负责人应当组织集体研究强制执行方案，确定执行的方式和时间。强制执行决定书应当自决定之日起三个工作日内制作、送达当事人。

4. 公安派出所日常消防监督检查的有关规定

在第四章公安派出所日常消防监督检查中，对相关事项作了规定。

◆公安派出所对其日常监督检查范围的单位，应当每年至少进行一次日常消防监督检查。

◆公安派出所对单位进行日常消防监督检查，应当检查下列内容：

（1）建筑物或者场所是否依法通过消防验收或者进行竣工验收消防备案，公众聚集场所是否依法通过投入使用、营业前的消防安全检查。

（2）是否制定消防安全制度。

（3）是否组织防火检查、消防安全宣传教育培训、灭火和应急疏散演练。

（4）消防车通道、疏散通道、安全出口是否畅通，室内消火栓、疏散指示标志、应急照明、灭火器是否完好有效。

（5）生产、储存、经营易燃易爆危险品的场所是否与居住场所设置在同一建筑物内。

对设有消防设施的单位，公安派出所还应当检查单位是否对建筑消防设施定期组织维修保养。

◆公安派出所民警在日常消防监督检查时，发现被检查单位有下列行为之一的，应当责令依法改正：

（1）未制定消防安全制度、未组织防火检查和消防安全教育培训、消防演练的。

（2）占用、堵塞、封闭疏散通道、安全出口的。

（3）占用、堵塞、封闭消防车通道，妨碍消防车通行的。

（4）埋压、圈占、遮挡消火栓或者占用防火间距的。

（5）室内消火栓、灭火器、疏散指示标志和应急照明未保持完好有效的。

（6）人员密集场所在外墙门窗上设置影响逃生和灭火救援的障碍物的。

（7）违反消防安全规定进入生产、储存易燃易爆危险品场所的。

（8）违反规定使用明火作业或者在具有火灾、爆炸危险的场所吸烟、使用明火的。

（9）生产、储存和经营易燃易爆危险品的场所与居住场所设置在同一建筑物内的。

（10）未对建筑消防设施定期组织维修保养的。

公安派出所发现被检查单位的建筑物未依法通过消防验收，或者进行竣工验收消防备案，擅自投入使用的；公众聚集场所未依法通过使用、营业前的消防安全检查，擅自使用、营业的，应当在检查之日起五个工作日内书面移交公安机关消防机构处理。

公安派出所民警进行日常消防监督检查，应当填写检查记录，记录发现的消防安全违法行为、责令改正的情况。

◆公安派出所在日常消防监督检查中，发现存在严重威胁公共安全的火灾隐患，应当在责令改正的同时书面报告乡镇人民政府或者街道办事处和公安机关消防机构。

5. 附则中对火灾隐患的确定

在第六章附则中，对火灾隐患作了确定。

◆具有下列情形之一的，应当确定为火灾隐患：

（1）影响人员安全疏散或者灭火救援行动，不能立即改正的。

（2）消防设施未保持完好有效，影响防火灭火功能的。

（3）擅自改变防火分区，容易导致火势蔓延、扩大的。

（4）在人员密集场所违反消防安全规定，使用、储存易燃易爆危险品，不能立即改正的。

（5）不符合城市消防安全布局要求，影响公共安全的。

（6）其他可能增加火灾实质危险性或者危害性的情形。

重大火灾隐患按照国家有关标准认定。

三、《重大火灾隐患判定方法》相关要点

2006 年 10 月 25 日，公安部发布《重大火灾隐患判定方法》（GA 653—2006），自 2007 年 1 月 1 日起实施。

《重大火灾隐患判定方法》分为前言、引言、范围、规范性引用文件、术语和定义、总则、重大火灾隐患直接判定、重大火灾隐患的综合判定等部分。本标准是依据消防法律法规，在调查研究、总结实践经验、参考和借鉴国内外有关资料、广泛征求意见的基础上制定的。

1. 制定《重大火灾隐患判定方法》的意义

如何判定重大火灾隐患，是消防工作中经常遇到的问题。《重大火灾隐患判定方法》以保护公民人身和公私财产的安全为目标，为公民、法人、其他组织和公安消防机构提供了科学判定重大火灾隐患的方法，也为消防安全评估提供了依据。

《重大火灾隐患判定方法》规定了重大火灾隐患的判定原则，提供了重大火灾隐患的判定方法。适用于在用工业与民用建筑（包括人民防空工程）及相关场所因违反或不符合消防法规而形成的重大火灾隐患的判定。

2. 对重大火灾隐患直接判定

下列重大火灾隐患可以直接判定：

（1）生产、储存和装卸易燃易爆化学物品的工厂、仓库和专用车站、码头、储罐区，未设置在城市的边缘或相对独立的安全地带。

（2）甲、乙类厂房设置在建筑的地下、半地下室。

（3）甲、乙类厂房、库房或丙类厂房与人员密集场所、住宅或宿舍混合设置在同一建筑内。

（4）公共娱乐场所、商店、地下人员密集场所的安全出口、楼梯间的设置形式及数量不符合规定。

（5）旅馆、公共娱乐场所、商店、地下人员密集场所未按规定设置自动喷水灭火系统或火灾自动报警系统。

（6）易燃可燃液体、可燃气体储罐（区）未按规定设置固定灭火、冷却设施。

3. 重大火灾隐患的综合判定

（1）总平面布置

1）未按规定设置消防车道或消防车道被堵塞、占用。

2）建筑之间的既有防火间距被占用。

3）城市建成区内的液化石油气加气站、加油加气合建站的储量达到或超过GB 50156对一级站的规定。

4）丙类厂房或丙类仓库与集体宿舍混合设置在同一建筑内。

5）托儿所、幼儿园的儿童用房及儿童游乐厅等儿童活动场所，老年人建筑，医院、疗养院的住院部分等与其他建筑合建时，所在楼层位置不符合规定。

6）地下车站的站厅乘客疏散区、站台及疏散通道内设置商业经营活动场所。

（2）防火分隔

1）擅自改变原有防火分区，造成防火分区面积超过规定的50%。

2）防火门、防火卷帘等防火分隔设施损坏的数量超过该防火分区防火分隔设施数量的50%。

3）丙、丁、戊类厂房内有火灾爆炸危险的部位未采取防火防爆措施，或这些措施不能满足防止火灾蔓延的要求。

（3）安全疏散及灭火救援

1）擅自改变建筑内的避难走道、避难间、避难层与其他区域的防火分隔设施，或避难走道、避难间、避难层被占用、堵塞而无法正常使用。

2）建筑物的安全出口数量不符合规定，或被封堵。

3）按规定应设置独立的安全出口、疏散楼梯而未设置。

4）商店营业厅内的疏散距离超过规定距离的25%。

5）高层建筑和地下建筑未按规定设置疏散指示标志、应急照明，或损坏率超过30%；其他建筑未按规定设置疏散指示标志、应急照明，或损坏率超过50%。

6）设有人员密集场所的高层建筑的封闭楼梯间、防烟楼梯间门的损坏率超过20%，其他建筑的封闭楼梯间、防烟楼梯间门的损坏率超过50%。

7）民用建筑内疏散走道、疏散楼梯间、前室室内的装修材料燃烧性能低于B1级。

8）人员密集场所的疏散走道、楼梯间、疏散门或安全出口设置栅栏、卷帘门。

（4）消防给水及灭火设施

1）未按规定设置消防水源。

2）未按规定设置室外消防给水设施，或已设置但不能正常使用。

3）未按规定设置室内消火栓系统，或已设置但不能正常使用。

4）未按规定设置除自动喷水灭火系统外的其他固定灭火设施。

5）已设置的自动喷水灭火系统或其他固定灭火设施不能正常使用或运行。

（5）消防电源

1）消防用电设备未按规定采用专用的供电回路。

2）未按规定设置消防用电设备末端自动切换装置，或已设置但不能正常工作。

（6）其他

1）违反规定在可燃材料或可燃构件上直接敷设电气线路或安装电气设备。

2）易燃易爆化学物品场所未按规定设置防雷、防静电设施，或防雷、防静电设施失效。

3）易燃易爆化学物品或有粉尘爆炸危险的场所未按规定设置防爆电气设备，或防爆电气设备失效。

4）违反规定在公共场所使用可燃材料装修。

第三节　商贸服务企业安全生产标准化与规范化

2011年7月26日，国家安全生产监督管理总局下发《关于印发商场仓储物流企业安全生产标准化评定标准的通知》（安监总管四〔2011〕123号）。企业创建安全生产标准化活动，是落实企业安全生产主体责任的重要途径，也是企业实现安全生产工作制度化、规范化和科学化的重要途径。安全生产工作标准化是规范化的基础，反过来，安全生产工作规范化，又能够促进标准化的深入落实。在此，以商场企业、酒店业、仓储物流企业安全生产标准化评定标准为基准，介绍安全生产标准化与规范化要求。

一、商场企业安全生产标准化与规范化要求

1. 安全生产目标

（1）目标

1）建立安全生产目标的管理制度，明确目标与指标的制定、分解、实施、考核等环节内容。

2）按照安全生产目标管理制度的规定，制定文件化的年度安全生产目标与指标。

（2）监测与考核

1）根据所属基层单位和部门在安全生产中的职能，分解年度安全生产目标与指标，并制定实施计划和考核办法。

2）按照制度规定，对安全生产目标和指标实施计划的执行情况进行监测，并保存有关监测记录资料。

3）定期对安全生产目标的完成效果进行评估和考核，根据考核评估结果，及时调整安全生产目标和指标的实施计划。评估结果、实施计划的调整、修改记录应形成文件并加以保存。

2. 组织机构和职责

（1）组织机构和人员

1）按规定设置安全管理机构或配备安全管理人员。

2）根据有关规定和企业实际，设立安全生产领导机构。

3）安全生产领导机构每季度应至少召开一次安全专题会，协调解决安全生产问题。会议纪要中应有工作要求并保存。

（2）职责

1）建立、健全安全生产责任制，并对落实情况进行考核。

2）企业主要负责人应按照安全生产法律法规赋予的职责，全面负责安全生产工作，并履行安全生产义务。

3）各级人员应掌握本岗位的安全生产职责。

3. 安全投入

（1）安全生产费用

1）建立安全生产费用提取和使用管理制度。

2）保证安全生产费用投入，专款专用，并建立安全生产费用使用台账。

3）制定并实施包含以下方面的安全生产费用的使用计划：①完善、改造和维护安全健康防护设备设施。②安全生产教育培训和配备个体防护装备。③安全评价、职业危害评价、重大危险源监控、事故隐患排查和治理。④职业危害防治，职业危害因素检测、监测和职业健康体检。⑤设备设施安全性能检测检验。⑥应急救援器材、装备的配备及应急救援演练。⑦安全标志及标识和职业危害警示标识。⑧其他与安全生产直接相关的物品或者活动。

（2）相关保险

1）缴纳足额的保险费（工伤保险、安全生产责任险）。

2）保障受伤害员工享受工伤保险待遇。

4. 法律法规与安全管理制度

（1）法律法规、标准规范

1）建立识别、获取、评审、更新安全生产法律法规、标准规范与其他要求的管理制度。

2）各职能部门和基层单位应定期、及时识别和获取本部门适用的安全生产法律法规、标准规范与其他要求，向归口部门汇总，并发布清单。

3）及时将识别和获取的安全生产法律法规、标准规范与其他要求融入企业安全生产管理制度中。

4）及时将适用的安全生产法律法规、标准规范与其他要求传达给从业人员，并进行相关培训和考核。

（2）规章制度

1）按照相关规定建立和发布健全的安全生产规章制度，至少包含下列内容：安全目标管理、安全生产责任制管理、法律法规标准规范管理、安全投入管理、文件和档案管理、风险评估和控制管理、安全教育培训管理、特种作业人员管理、设备设施安全管理、建设项目安全“三同时”管理、施工和检维修安全管理、危险物品及重大危险源管理、作业安全管理、相关方及外用工（单位）管理、职业健康管理、个体防护装备（具）和保健品管理、安全检查及隐患治理、应急管理、事故管理、安全绩效评定管理、安全生产考核及奖惩制度、消防管理、女职工劳动保护管理、促销活动安全管理、装饰装修安全管理、安全值班检查巡查管理、租赁承包安全资质审查及管理等。

2）将安全生产规章制度发放到相关工作岗位，员工应掌握相关内容。

（3）操作规程

1）基于岗位风险辨识，编制完善、适用的岗位安全操作规程。

2）向员工下发岗位安全操作规程，员工应掌握相关内容。

3）员工操作要严格按照操作规程执行。

（4）评估

每年至少一次对安全生产法律法规、标准规范、规章制度、操作规程的执行情况和适用情况进行检查、评估。

(5) 修订

根据评估情况、安全检查反馈的问题、生产安全事故案例、绩效评定结果等，对安全生产管理规章制度和操作规程进行修订，确保其有效和适用。

(6) 文件和档案管理

1) 建立文件和档案的管理制度，明确职责、流程、形式、权限及各类安全生产档案及保存要求等事项。

2) 确保安全规章制度和操作规程编制、使用、评审、修订的效力。

3) 对下列主要安全生产资料实行档案管理：主要安全生产文件、安全生产会议记录、隐患管理信息、培训记录、资格资质证书、检查和整改记录、职业健康管理记录、安全活动记录、法定检测记录、关键设备设施档案、相关方信息、应急演习信息、事故管理记录、标准化系统评价报告、维护和校验记录、技术图纸等。

5. 教育培训

(1) 教育培训管理

1) 建立安全教育培训的管理制度。

2) 确定安全教育培训主管部门，定期识别安全教育培训需求，制定各类人员的培训计划。

3) 按计划进行安全教育培训，对安全培训效果进行评估和改进。做好培训记录，并建立档案。

(2) 安全生产管理人员教育培训

主要负责人和安全生产管理人员，必须具备与本单位所从事的生产经营活动相应的安全生产知识和管理能力，须经考核合格后方可任职，并应按规定进行再培训。

(3) 操作岗位人员教育培训

1) 对操作岗位人员进行安全教育和生产技能培训和考核，考核不合格的人员，不得上岗。

2) 对新员工进行“三级”安全教育。

3) 在新工艺、新技术、新材料、新设备设施投入使用前，应对有关操作岗位人员进行专门的安全教育和培训。

4) 操作岗位人员转岗、离岗一年以上重新上岗者，应进行车间（工段）、班组安全教育培训，经考核合格后，方可上岗工作。

(4) 特种作业人员教育培训

从事特种作业的人员应取得特种作业操作资格证书，方可上岗作业。

(5) 其他人员教育培训

1) 志愿消防员应参加消防安全培训；消防控制室的值班、操作人员、从事具有火灾危险性作业人员、仓库管理员、从事易燃易爆物品经营、储存、装卸、运输的工作人员必须经过有资质的专业培训单位组织的消防安全培训。

2) 企业应对相关方的作业人员进行安全教育培训。作业人员进入作业现场前，应由作业现场所在单位对其进行进入现场前的安全教育培训。

3）对外来参观、学习等人员进行有关安全规定、可能接触到的危害及应急知识等内容的安全教育和告知，并由专人带领。

（6）安全文化建设

采取多种形式的活动来促进企业的安全文化建设，促进安全生产工作。

6. 生产设备设施

（1）生产设备设施建设

1）企业新、改、扩建工程应建立建设项目安全设施“三同时”管理制度。

2）新、改、扩建设项目应严格执行安全设施“三同时”制度，根据国家、地方及行业等规定执行建设项目安全预评价、安全专篇、安全验收评价和项目安全验收等审查、批复和备案等程序。

3）各类场所使用、开业前或改建、扩建、装修和改变用途应依法向公安消防机构申报，办理行政审批手续。

（2）安全与消防设施要求

1）建筑物：①建筑物符合国家相关规定，并经有关部门验收合格。②室内装修、装饰，应当按照消防技术标准的要求，适用不燃、难燃材料。装修、装饰施工过程中，室内装修防火材料应当按照国家消防技术标准的要求进行见证取样和抽样检验。③不得在设有营运场所或仓库的建筑内设宿舍或饭堂。④普通仓库与营运场所应分楼层设置，确因需要而同层时，应用实体砖墙砌至梁板底部，且不留缝隙。⑤仓库、营运场所、办公室、员工宿舍不得用可燃材料装修、分隔。⑥孔洞口、楼板、基坑等临边应有防护设施。⑦建筑物应按规定安装避雷装置。

2）仓储设施：①危险化学品必须储存在专用仓库内，按国家标准、规范存放，并由专人管理。②堆放易潮物品仓库的地面必须高于本区的基准面，并有防潮防雨淋设施。③易燃、易潮物资仓库应有防水、防潮设施。④仓库安全通道必须符合消防安全要求，保持畅通。⑤仓库安全出口按消防设计要求设置，工作期间不得上锁；物品堆垛应严格按有关要求堆放；需夜间作业的仓库每个门口上方须安装应急照明灯。⑥安全通道门要符合消防设计要求。⑦库区内应有明显的交通行驶、安全警示等标志。

3）人员密集场所：①人员密集场所应依据国家相关消防技术规范及地方消防强制性技术标准设置消防设施。②不准擅自关闭、停用火灾自动报警系统以及相应的消防联动设备。③应确保高位消防水箱、消防水池、气压水罐等消防储水设施水量充足；确保消防泵出水管阀门、自动喷水灭火系统管道上的阀门常开；确保消防水泵、防排烟风机等消防用电设备的配电柜开关处于自动（接通）位置；确保自动喷水灭火系统设置在自动状态。④消火栓应有明显标识，不应埋压、圈占或遮挡。⑤展品、商品、货柜、广告箱牌等的设置不应影响火灾探测器、手动火灾报警按钮、自动喷水灭火喷头等设施的正常使用。⑥按规定设置安全疏散指示标志和应急照明设施，保证防火门、防火卷帘、消防安全疏散指示标志、应急照明、机械排烟送风、火灾事故广播等设施处于正常状态。⑦保证疏散通道、安全出口的畅通。不得占用疏散通道或者在疏散通道、安全出口上设置影响疏散的障碍物，防火卷帘下不得堆放杂物；不得在营业、工作期间封闭安全出口，不得遮挡安全疏散指示标志。⑧按规定配置消防器材，消防器材设置位置应在明显、便于取用的地点，不能埋压、遮挡灭火器材。并指定专人维护管理，保证消防设施、器材的正常、有效使用。⑨消防控制室每班值班人员不应少于 2 人，必须持证上岗；值班人员要熟练掌握规章制度、操作规程及应急等内容，并对消防控制室的设备能够熟练使用、正确操作。消防控制室应有设备运行等情况记录。除值班用品、火情处置用品外，消防控制室不能堆放其他物品。⑩人员密集场所应当在明显位置设置疏散示意图或者通过张贴图画、广播、视像等方式，向公众宣传防火、灭火、疏散、逃生等知识。

(3) 设备设施运行管理

1) 建立设备、设施运行、检修、维护、保养管理制度。

2) 建立设备设施运行台账，制定检维修计划。

3) 按检维修计划定期对设备设施和安全设备设施进行检修。

4) 建立特种设备（锅炉、压力容器、起重设备、安全附件及安全保护装置等）的管理制度。

5) 特种设备应经专业资质的机构检验检测合格，向所属辖区的特种设备安全监督管理部门登记，取得使用证和登记证，方可投入使用。

6) 特种设备应按规定使用、维护，定期检验，并建立特种设备安全技术档案。

7) 消防设备：①消防设备的选用及安装应符合国家标准和有关规定，设备档案完整，安全状态良好。②建筑消防设施的产权单位或者使用单位应当建立和落实消防设施的管理、检查、检测、维修、保养、建档等工作制度，对建筑消防设施、电气设备、电气线路每年至少进行一次全面检测，检测报告存档备查。③消防控制室的门应向疏散方向开启，且入口处应设置明显标志。地下的消防控制室门上的标志必须是带灯光的装置；消防控制室应设置一部外线电话、火灾事故应急照明、灭火器等消防器材，并配备相应的通讯联络工具。④设备档案完整。⑤设备各项联动、操控及显示等功能良好。⑥设备、设施、工具、配件等完整无缺陷。⑦设备的防护、保险、信号等安全装置无缺陷。⑧预备中英文紧急疏散广播词或录音广播。

8) 安防设备：①设备选用及安装符合国家标准和有关规定。②设备档案完整，资料数据保密。③设备各项操控及显示等功能状态良好。④设备、设施、工具、配件等完整无缺陷。⑤设备的防护、保险、信号联动等安全装置无缺陷。

9) 闭路电视监视系统：应安装录像机和摄像头等监控设备，对公共安全部位进行监控，闭路电视监控区域应覆盖主要出入口，前厅、电梯间、通道和贵重物资集中场所（如收银处、保险柜、仓库等），厨房食品加工制作间，食品仓库门前通道、商场、地下车库及其他区域。

10) 计算机房设备：①设备选用及安装符合国家标准和有关规定。②设备档案完整，安全保密性能良好。③机房的环境符合设备正常运行的安全要求，各项操控及显示等功能状态良好。④设备、设施、工具、配件等完整无缺陷。⑤设备的防护、保险、信号等安全装置无缺陷。

11) 厨房设备：①机械运转部位有完好可靠的防护装置。②搅拌操作的容器必须加盖密封且盖机联锁。③PE（N）线连接可靠，电源线路完好。④每台设备应有单独控制开关。⑤凡有碾、绞、压、挤、切伤可能的部位均应有可靠防护。⑥抽风和给排水系统完好无缺陷。⑦燃气阀、燃气管、燃气瓶、温度控制器完好无缺陷，无气体泄漏。燃气存放或调压室内应安装防爆照明灯及报警装置，通风良好，使用完毕后由专人关闭阀门并做好记录。⑧厨房灶台照明应使用防潮灯，厨房的烟道应至少每季度清洗一次，灶台附近应配备灭火毯和消防器材。

12）洗涤设备：①机械运转部位有完好可靠的防护装置。②洗涤操作的容器必须加盖密封且盖机联锁，铰位灵活。③PE（N）线连接可靠，电源线路完好。④每台设备应有单独控制开关。⑤凡有碾、绞、压、挤、切伤可能的部位均应有可靠防护。⑥地毯机的泡箱出泡口畅通、泡箱内的隔网无堵塞，地毯刷完整、锁位无破损。⑦高速磨光机的针盘完整，配针坚固，磨光垫选用正确无烂损。⑧吸水泵应设有控制开关和漏电保护装置，应装设与负荷匹配的熔断器。

13）梯台及防护栏杆：①焊接处应无裂纹和可见的表面气孔。②结构的外形不应有歪斜、扭曲、变形，以及明显的锈蚀等缺陷。③梯台及防护栏杆的结构连接及固定支撑牢固。④在室外安装的梯台及防护栏杆的防雷电保护、防雷电连接和接地附件应符合GB 50057 的要求。

（4）电气设备运行管理

电气设备的选用及安装符合国家标准和有关部门规定，设备档案完整。

1）变配电系统要求：①变配电室的门应向外开，相邻配电室的门应双向开，高压配电间的窗、门应装防护网，防护网的网孔尺寸应小于 10 mm×10 mm。②高、低压配电柜的母线相序标志正确，应设置接地母排和接地端子，且与接地系统连接，并有接地标志。③电气运行指示仪表显示正确，控制装置完好，操纵机构和联锁机构可靠。④双电源供电或自有发电应设有联锁安全装置。⑤空气开关灭弧罩应完整。⑥电力电容器外壳无膨胀，无漏油现象。⑦设置有电气运行工作标志和安全警示标志。⑧电气操作工具完好可靠，有定期检测记录和标志。

2）电网接地系统要求：①电气系统连接符合设计的系统接地制式要求。②电网接地装置的接地电阻值小于 4 Ω，应保存定期检测记录。③接地装置应有编号和识别标记。

3）动力及照明配电柜（箱）要求：①应按规定设有接地母排和/或接地端子，且与接地系统连接。②动力及照明配电柜（箱）内设置的插座，其线路应配有漏电保护装置。③电气元件的接线端子与导线连接坚固，无过热烧损现象。④动力及照明配电柜（箱）内设置的导线应有相序标志。⑤动力及照明配电柜（箱）内无粉尘和油污污染。⑥动力及照明配电柜（箱）应设置安全警示标志。

4）低压电气线路要求

固定线路要求：①线路架设位置、间距符合设计要求。②线路导线型号、规格符合设计要求。③线路的保护装置符合设计要求。④线槽或桥架在电气不连贯处应装设电气跨接线，接地端子的连接导线与接地系统连接，并有接地标志；柜、箱有编号；有电气控制线路图。⑤线路导线绝缘保护完好。⑥线路相序、相色正确，标志齐全、清晰。

临时线路要求：①临时线路架设前应履行审批手续，设置的临时线路应有标识牌，超出使用批准期限的临时线路应及时拆除。②线路导线型号规格符合设计要求，导线应有护套软管保护。③临时线路应设有总控制开关和漏电保护装置，每一分路应装设与负荷匹配的熔断器。④临时线路应设有与用电设备接地连接的接地保护导线，接地保护导线应与电网接地系统连接。⑤应保存有临时线路架设审批、架设和使用安全检查的记录，以及按审批时效拆除临时线路的记录。

5）防雷接地装置要求：①防雷装置完好，接闪器无损坏，引下线焊接可靠，接地电阻值小于 10 Ω。②建筑物应按规定安装避雷装置，保存防雷装置定期检测记录。③接地装置应有编号和识别标记。④易燃易爆场所必须使用防爆电器。⑤线路应按规范敷设。⑥电气设备、开关、插座不得安装在可燃材料上。⑦电源开关箱应设立在库房外，不得使用闸刀开关。⑧电源开关箱前不得堆放杂物，架空线路下不得堆放可燃物。⑨仓库内除了固定的照明外，不允许使用其他电器。可燃物品仓库，可燃物品库房不应设置卤钨灯等高温照明器。

（5）机电设备

1）机电设备应按规定进行经常性维护、保养，并定期检测，保证正常运转；经维护、保养、检测后，应当做好记录，并由有关人员签字，建立使用、维护、保养、检查和试验记录档案，在进行机电设备维修（抢修）时，应执行严格申报、审批和维修完成后的验收制度，落实安全防护措施。

2）手持电动工具要求：①使用Ⅰ类手持电动工具的电源插座和开头线路应配有漏电保护装置，接地保护导线与接地系统连接。②定期检测手持电动工具的绝缘电阻值，并做好检测记录。③电源线必须用护管软线，无接头和绝缘层无破损。

（6）车辆要求

1）必须严格按公安、交通部门要求建立完善车辆管理制度和档案，车辆定期维护保养，对驾驶员定期进行安全教育。

2）车辆整洁、资料齐全。

3）动力系统运转平稳，线路、管路无漏电、漏水、漏油。

4）灯光电气部分完好，仪表、照明、信号及各附属安全装置性能良好。

5）传动系统运转平稳。

6）转向系统轻便灵活。

7）制动系统安全有效，制动距离符合要求。

（7）安全设备设施要求

安全设备设施不得随意拆除、挪用或弃置不用；确因检维修拆除的，应采取临时安全措施，检维修完毕后立即复原。

（8）新设备设施验收及旧设备设施拆除、报废

1）建立新设备设施验收和旧设备设施拆除、报废管理制度。

2）按规定对新设备设施进行验收，确保使用质量合格、设计符合要求的设备设施。

3）按规定对不符合要求的设备设施进行报废或拆除。

7. 作业安全

（1）生产现场管理和生产过程控制

1）企业应加强生产现场安全管理和生产过程的控制。对动火作业、有限空间作业、临时用电作业、高处作业、其他危险作业等危险性较高的作业活动建立作业安全管理制度，实施作业许可管理，严格履行审批手续。作业许可应包含危害因素分析和安全措施等内容。

2）在空气不畅、容易产生有毒有害气体，可能造成窒息、中毒的密室、洞室、井坑、管道、容器等场所进行作业的，应采取通风、检测、专人监护等防护措施，并配备相应的防护用品。

3）进行危险性较高的作业时，应当安排专人进行现场安全管理，确保安全规程的遵守和安全措施的落实。

4）应对经营现场、后勤办公室、设备层工作室、经营过程、设备设施、器材、通道和作业环境等存在的隐患，进行排查、评估分级，并制定相应的控制措施。

（2）作业行为管理

1）对生产作业过程中人的不安全行为进行辨识，并制定相应的控制措施。需要规范的作业行为主要包括：①遵守劳动纪律。②设备开机前按规定进行检查，确认无误后方可操作。③运转中的设备禁止进行擦洗、清扫、拆卸和维护维修等可能直接接触运转部位的操作。④工作过程中，如有故障，应停机，通知修理，待故障排除后再恢复工作状态。⑤作业完成时按规定进行停机操作，关闭电源，清理岗位作业环境。

2）对仓储作业、整理货品、搬运等作业进行专项管理。

3）电气、高速运转机械等设备，应实行操作牌制度。

4）按规定为从业人员配备与工作岗位相适应的个体防护装备，并监督、教育从业人员按照使用规则佩戴、使用。

（3）警示标志和安全防护

1）建立警示标志和安全防护管理制度。

2）在存在较大危险因素的作业场所或有关设备上，按照 GB 2894 及企业内部规定，设置安全警示标志。

3）在检维修、施工、吊装等作业现场设置警戒区域，以及厂区内的坑、沟、池、井、陡坡等设置安全盖板或护栏等。

（4）相关方管理

1）建立有关承包商、供应商等相关方的管理制度。

2）对承包商、供应商等相关方的资格预审、选择、服务前准备、作业过程监督、提供的产品、技术服务、表现评估、续用等进行管理，建立相关方的名录和档案。

3）不得将经营项目、场所、设备发包（外包）或者租赁给不具备安全生产条件或者相应资质的单位和个人。

4）经营项目、场所有多个承包单位、承租单位的，应当与承包单位、承租单位签订专门的安全管理协议，或者在承包合同、租赁合同中约定各自的安全管理职责，对承包单位、承租单位的安全工作统一协调、管理。

5）企业应定期或不定期对承包单位、承租单位进行安全检查，发现隐患督促整改；开展经常性安全宣传教育培训工作；组织开展安全管理工作的评议或考核。

（5）变更

1）建立有关人员、机构、工艺、技术、设施、作业过程及环境变更管理制度。

2）对变更的设施进行审批和验收管理，并对变更过程及变更后所产生的隐患进行排查、评估和控制。

8. 隐患排查和治理

（1）隐患排查

1）建立隐患排查治理的管理制度，明确部门、人员的责任。

2）制定隐患排查工作方案，明确排查的目的、范围、方法和要求等。

3）按照方案进行隐患排查工作。

4）对隐患进行分析评估，确定隐患等级，登记建档。

（2）排查范围与方法

1）隐患排查的范围应包括所有与生产经营相关的场所、环境、人员、设备设施和活动。

2）采用综合检查、专业检查、季节性检查、节假日检查、日常检查和其他方式进行隐患排查。

（3）隐患治理

1）根据隐患排查的结果，及时进行整改。不能立即整改的，制定隐患治理方案，内容应包括目标和任务、方法和措施、经费和物资、机构和人员、时限和要求。

2）重大事故隐患在治理前应采取临时控制措施，并制定应急预案。隐患治理措施应包括工程技术措施、管理措施、教育措施、防护措施、应急措施等。

3）在隐患治理完成后对治理情况进行验证和效果评估。

4）按规定对隐患排查和治理情况进行统计分析，并向安全监管部门和有关部门报送书面统计分析表。

（4）预测预警

企业应根据生产经营状况及隐患排查治理情况，采用技术手段、仪器仪表及管理方法等，建立安全预警指数系统，每月进行一次安全生产风险分析。

二、酒店企业安全生产标准化与规范化要求

1. 安全生产目标

（1）目标

1）建立安全生产目标的管理制度，明确目标与指标的制定、分解、实施、考核等环节内容。

2）按照安全生产目标管理制度的规定，制定文件化的年度安全生产目标与指标。

（2）监测与考核

1）根据所属基层单位和部门在安全生产中的职能，分解年度安全生产目标与指标，并制定实施计划和考核办法。

2）按照制度规定，对安全生产目标和指标实施计划的执行情况进行监测，并保存有关监测记录资料。

3）定期对安全生产目标的完成效果进行评估和考核，根据考核评估结果，及时调整安全生产目标和指标的实施计划。

4）评估结果、实施计划的调整、修改记录应形成文件并加以保存。

2. 组织机构和职责

（1）组织机构和人员

1）按规定设置安全管理机构或配备安全管理人员。

2）根据有关规定和企业实际，设立安全生产领导机构。

3）安全生产领导机构每季度应至少召开一次安全专题会，协调解决安全生产问题。会议纪要中应有工作要求并保存。

（2）职责

1）建立、健全安全生产责任制和职业病防治责任制，并对落实情况进行考核。

2）企业主要负责人应按照安全生产法律法规赋予的职责，全面负责安全生产工作，并履行安全生产义务。

3）各级人员应掌握本岗位的安全生产职责。

3. 安全投入

（1）安全生产费用

1）建立安全生产费用提取和使用管理制度。

2）保证安全生产费用投入，专款专用，并建立安全生产费用使用台账。

3）制定并实施包含以下方面的安全生产费用的使用计划：①完善、改造和维护安全和职业病防护设施设备。②安全生产教育培训和配备个体防护装备。③安全评价、职业病危害评价、重大危险源监控、事故隐患排查和治理。④职业病防治，职业病危害因素检测、监测和职业健康检查。⑤设备设施安全性能检测检验。⑥应急救援器材、装备的配备及应急救援演练。⑦安全标志和职业病危害警示标识。⑧其他与安全生产直接相关的物品或者活动。

（2）相关保险

1）缴纳足额的保险费（工伤保险、安全生产责任险）。

2）保障受伤害员工享受工伤保险待遇。

4. 法律法规与安全管理制度

（1）法律法规、标准规范

1）建立识别、获取、评审、更新安全生产法律法规、标准规范与其他要求的管理制度。

2）各职能部门和基层单位应定期、及时识别和获取本部门适用的安全生产法律法规、标准规范与其他要求，向归口部门汇总，并发布清单。

3）及时将有关新的安全生产法律法规、标准规范与其他要求融入企业安全生产管理制度中。

4）及时将适用的安全生产法律法规、标准规范与其他要求传达给从业人员，并进行相关培训和考核。

（2）规章制度

按照相关规定建立和发布健全的安全生产规章制度，至少包含下列内容：安全生产目标管理、安全生产责任制和职业病防治责任制、安全生产费用管理、法律法规标准规范管理、岗位安全操作规程、文件和档案管理、风险评估和控制管理、安全教育培训管理、特种作业人员管理、设备设施安全管理、建设项目安全设施和职业病防护设施“三同时”管理、生产设备设施验收和报废拆除管理、危险作业管理、施工和检维修安全管理、危险物品及重大危险源管理、安全标志和职业病危害警示标识、相关方及外用工（单位）管理、职业健康管理、个体防护装备管理、安全检查及隐患排查治理、应急管理、事故管理、安全绩效评定管理、安全生产考核及奖惩制度、消防管理、女职工劳动保护管理、大型活动安全管理、装饰装修安全管理、安全值班检查巡查管理、租赁承包安全资质审查及管理等。

将安全生产规章制度发放到相关工作岗位，员工应掌握相关内容。

（3）操作规程

1）基于岗位风险辨识，编制完善、适用的岗位安全操作规程。

2）向员工下发岗位安全操作规程，员工应掌握相关内容。

3）员工操作要严格按照操作规程执行。

（4）评估

每年至少一次对安全生产法律法规、标准规范、其他要求规章制度、操作规程的执行情况和适用情况进行检查、评估。

（5）修订

根据评估情况、安全检查反馈的问题、生产安全事故案例、绩效评定结果等，对安全生产管理规章制度和操作规程进行修订，确保其有效和适用。

（6）文件和档案管理

1）建立文件和档案的管理制度，明确职责、流程、形式、权限及各类安全生产档案及保存要求等事项。

2）确保安全规章制度和操作规程编制、使用、评审、修订的效力。

3）对下列主要安全生产管理相关资料实行档案管理：主要安全生产文件、安全生产会议记录、隐患管理信息、培训记录、资格资质证书、检查和整改记录、职业健康管理记录、安全活动记录、法定检测记录、关键设备设施档案、相关方信息、应急演练信息、事故管理记录、绩效评定记录、维护和校验记录、技术图纸等。

5. 教育培训

（1）教育培训管理

1）建立安全教育培训的管理制度。

2）确定安全教育培训主管部门，定期识别安全教育培训需求，制定各类人员的培训计划。

3）企业每名员工掌握安全消防的基本知识和技能，遇到突发事件可以快速、安全地救援和逃生。

4）按计划进行安全教育培训，对安全培训效果进行评估和改进。做好培训记录，并建立档案。

（2）安全生产管理人员教育培训

主要负责人和安全生产管理人员，必须具备与本单位所从事的生产经营活动相应的安全生产知识和管理能力，须经考核合格后方可任职，并应按规定进行再培训。

（3）操作岗位人员教育培训

1）对操作岗位人员进行安全教育和生产技能培训和考核，考核不合格的人员，不得上岗。

2）对新上岗人员进行岗前安全教育培训。

3）在新工艺、新技术、新材料、新设备设施投入使用前，应对有关操作岗位人员进行专门的安全教育和培训。

4）操作岗位人员转岗、离岗一年以上重新上岗者，应进行所在基层单位（部门和班组）级的安全教育培训，经考核合格后，方可上岗工作。

（4）特种作业人员教育培训

从事特种作业的人员应取得特种作业操作资格证书，方可上岗作业。

（5）其他人员教育培训

1）义务消防员应参加消防安全培训；必须经过有资质的专业培训单位组织的消防安全培训。

2）企业应对相关方的作业人员进行安全教育培训。作业人员进入作业现场前，应由作业现场所在单位对其进行进入现场前的安全教育培训。

3）对外来参观、学习等人员进行有关安全规定、可能接触到的危害及应急知识等内容的安全教育和告知，并由专人带领。

（6）安全文化建设

采取多种形式的活动来促进企业的安全文化建设，促进安全生产工作。

6. 生产设备设施

（1）生产设备设施建设

1）企业新改扩工程应建立建设项目安全设施和职业病防护设施“三同时”管理制度。

2）严格执行“三同时”管理制度，根据项目情况按有关规定进行安全条件论证、安全评价和职业病危害评价、提交审查和竣工验收及备案等工作。

3）使用、开业前或改建、扩建、装修和改变用途应依法向公安消防机构申报，办理行政审批手续。

（2）对客经营场所要求

1）客房要求：①应在显著位置放置中英文对照的“宾客安全须知”、应急疏散图及相关说明。②客房地面、墙面、天花板应无破损、无开裂、无脱落。③配置的电气用品完好、有效、安全、可靠。④客房卫生间须采取有效防滑措施，浴缸应配备防滑垫，并有“小心滑倒”等警示标志；浴室扶手无松动、脱落；排风扇完好、有效。⑤客房内应配备应急手电筒、防烟面具等逃生器材及使用说明。

2）客房楼层要求：①楼层通道（消防通道）疏散指示标志清晰。②公共区域地面打蜡或拖地时必须放置警示牌。③按照标准配备消防器材。④疏散通道的门应向疏散方向开启，并保持关闭状态，不得上锁。⑤疏散通道不得堆放杂物。

3）餐厅及会议场所要求：①服务人员在清理卫生时应注意检查所有烟头是否完全熄灭。②出入通道和楼梯口应保持畅通，以备疏散。③大宴会厅和大型会议室等人员集中的场所应具有两个以上的安全疏散通道，客人数量不能超出核定的范围。④两层以上的餐厅，营业面积大于 80 m^2，其疏散楼梯应不少于 2 个。⑤按照标准配备消防器材。

4）娱乐场所（歌厅、舞厅、演艺厅等）要求：①卡拉 OK 厅及其包间内应当设置声音或者视、像警报，保证在火灾发生初期，将各卡拉 OK 房间的画面、音响消除，播送火灾警报，引导人们安全疏散。设置的电源线路应当符合国家标准或者行业标准；临时用电线路应当采取有效防护措施；电气设备应当安装漏电和过载保护装置。舞台幕布、银幕、窗帘等应当采用经过防火处理的材料。②娱乐场所应当保证安全出口的畅通；不得封闭、堵塞安全出口；安全出口处不得设置门槛。③疏散门应当向疏散方向开启，不得采用卷帘门、转门、吊门、侧拉门。门内和门外 1.4 m 范围内不得设置踏步。④娱乐场所内设置的包间、包厢，应当在房门上安装高度适宜、面积不小于 0.2 m^2、能够展现室内整体环境的透明窗口，不得设置内锁和套间、卫生间；设置长明灯，不得设置可调灯光。⑤娱乐场所的出入口、主要通道应当安装闭路电视监控设备，并保证闭路电视监控设备在营业期间正常运行，不得中断。⑥娱乐场所的营业区域内的安全出口、疏散通道和重点部位应当设置应急照明灯。应急照明灯的连续照明时间不得少于 20 min，其地面最低照度不得低于 0.5 lx。⑦娱乐场所的核定人数按照营业区域面积计算，平均每人不得小于 1.5 m^2。核定人数在 500 人以上的歌舞娱乐场所，应当安装人员流量统计装置。⑧娱乐场所应当设置报警系统，并在包间、包厢的视频设备上设置开机安全提示语。⑨按照标准配备消防器材。

5）健身场所要求：①健身房的健身器材应符合《健身器材的安全通用要求》（GB 17498）的要求，器材质量稳定，安全可靠，整洁卫生。②健身房应保证所提供的健身服务符合保障健身人员人身财产安全的要求，器材醒目处张贴有器材名称、具体用途、使用说明或图示；对使用不当、容易造成器材损坏或可能危及人身财产安全的器材、设施等应做出真实的说明和明确的警示，并说明正确使用的方法。

6）洗浴场所要求：①各厅室须设置电源控制分闸，电源线与可燃结构的安全距离＞10 cm，或设非燃隔离层。②配电线路须穿金属管线保护。③禁止拉临时电线。④凡移动的电器设备，其电源线必须采用符合国家和行业标准的产品、电缆，并严格按产品使用说明书进行操作，不得超负荷运载。⑤应定期对用电设备进行检修维护，保证用电安全。⑥按照标准配备消防灭火器等消防器具。⑦场所内设置中英文对照的《宾客安全须知》及有关警示标志。

7）游泳场所要求：①水上救生员数量（见表 3—1）。②游泳池营业期间应配备经过专业培训，且取得合格证书的专职救生人员及救生设备；救生员应当持证上岗，并佩戴明显标识。③要有水深标志。④按规定对次氯酸钠等消毒物品进行保存和使用。

8）其他娱乐场所要求：①各种设备设施应符合相关规定的要求，并保持完好、有效的状态。②按规定设置安全标志。③保持疏散通道畅通。④按照标准配备消防器材。⑤按规定配备应急设备设施，并保持完好状态。

表 3—1　　水上救生员数量

类别	人工游泳池		天然游泳场	
	≤	每增	≤	每增
水面面积	250 m^2	250 m^2	360 m^2	360 m^2
专职水上救生员数量	≥2 名	增加 1 名	≥1 名	增加 1 名

（3）设备设施运行管理

1）建立设备、设施运行、检修、维护、保养管理制度。

2）建立设备设施运行台账，制定检维修计划。

3）按检维修计划定期对设备设施和安全设备设施进行检修。

4）建筑物要求：①建筑物符合国家相关规定，并经有关部门验收合格。②室内装修、装饰，应当按照消防技术标准的要求，使用不燃、难燃材料。装修、装饰施工应当符合消防有关规定。③不得在设有营运场所或仓库的建筑内设员工宿舍。④楼层管道井应当封闭。⑤建筑物应按规定安装避雷装置。⑥安全出口、疏散通道、疏散门、应急照明和标志符合有关规定。

5）仓储设施要求：①库房的房顶、墙壁、地面要坚固，门窗有防护装置，闷顶不得与其他房间相通；库房钥匙应当由专人保管使用；严禁无关人员入内；贵重物品库房应当安装报警装置。②应在明显位置设立“严禁吸烟和使用明火及携带火种进入仓储房”的警示牌。③仓储房内存放的物品要分类、分垛码放、堆放整齐，码放面积要符合相关规定。④仓储房内的照明灯具及线路必须完好，禁止乱拉临时线，超负荷用电，防止线路老化。⑤仓储房内电气线路敷设要符合相关规定，不得使用电炉、电取暖器、电熨斗、电烙铁等电器设备。⑥电源开关箱应设立在库房外，不得使用闸刀开关。⑦仓库内除了固定的照明外，不允许使用其他电器。⑧可燃物品库房不应设置卤钨灯等高温照明设备。⑨酒品、洗涤和消毒用品、皮草间等储存应按有关规定执行。⑩库房内严禁留人住宿。

6）消防设备要求：①消防设备的选用及安装应符合国家标准和有关规定，设备档案完整，安全状态良好。②建筑消防设施的产权单位或者使用单位应当建立和落实消防设施的管理、检查、检测、维修、保养、建档等工作制度，对建筑消防设施、电气设备、电气线路每年至少进行一次全面检测，检测报告存档备查。③消防控制室的门应向疏散方向开启，且入口处应设置明显标志。消防控制室应设置单独的外线电话。④有完整的报警记录和设备运转情况记录。⑤设备各项联动、操控及显示等功能运行良好。⑥设备、设施、工具、配件等完整无缺陷，处于正常工作状态。⑦设备的防护、保险、信号等安全装置无缺陷。⑧应当配有中文（涉外单位还应配有英文）紧急疏散广播录音或书面的广播词，广播应覆盖所有营业区域。

7）闭路电视监视系统要求：在酒店的大堂、客房走廊等公共区域应安装闭路电视监控设备，对公共安全部位进行监控，闭路电视监控区域应覆盖主要出入口，前厅、电梯间、客房通道和贵重物资集中场所（如收银处、仓库等），商场、地下车库及其他区域。

8）计算机房设备要求：①设备选用及安装符合国家标准和有关规定。②设备档案完整，安全保密性能良好。③机房的环境符合设备正常运行的安全要求，各项操控及显示等功能状态良好。④设备、设施、工具、配件等完整无缺陷。⑤设备的防护、保险、信号等安全装置无缺陷。⑥有完整的工作记录。

9）空调机房要求：①机房中制冷剂储存量不应超过 150 kg，严禁易燃易爆的制冷剂储存在机房中。②盛装回收制冷剂的容器其盛装量不得超过允许盛装量。③应定期检测循环冷却水和冷冻水，水质标准符合国家 GB 50050 标准；冷却水系统应具有过滤、缓蚀、阻垢、杀菌、灭藻等水处理功能。④压力容器的使用、管理必须符合《压力容器安全技术监察规程》要求。⑤制冷剂钢瓶必须离明火 10 m 以上。⑥不得对瓶体进行焊接，不得使用报废的钢瓶；不得自行处理瓶体内的残液。⑦制冷剂钢瓶内残留不少于 0.5%～1%规定充注量的制冷剂。⑧制冷机组压力控制安全防护装置经调整、校验后，应做好记录，压力表、安全阀进行铅封处理。⑨压缩机水套、水冷冷凝器、蒸发式冷凝器、冷水机组蒸发器、冷冻水、冷却水系统应设断水保护装置。⑩氨制冷机房所有电器必须都是防爆型，并采用双电源供电。⑪外露运动部件和直通大气的进、出口，必须装设防护罩（或防护网）。⑫制冷作业单位负责人、安全管理人员、操作人员、制冷剂充装人员必须经过专门的培训，持证上岗。⑬有完整的运行记录。

10）厨房设备要求：①机械运转部位有完好可靠的防护装置。②搅拌操作的容器必须加盖密封且盖机联锁。③PE（N）线连接可靠，电源线路完好。④每台设备应有单独控制开关。⑤凡有碾、绞、压、挤、切伤可能的部位均应有可靠防护。⑥抽风和给排水系统完好无缺陷。⑦使用和备用的液化石油气瓶标定总重量超过 100 kg 或者气瓶总数超过 30 瓶的，应当按照有关规定设置气瓶间。高层建筑内的餐饮场所不得使用瓶装液化石油气。⑧气瓶间内不得设置电器开关，不得放置易燃物品等杂物，应有通风设施。瓶库周围应划定禁火区、设置明显的安全警示标志，并配备相应数量的干粉灭火器。⑨操作间使用液化石油气的，灶具与气瓶之间的净距离不得小于 0.5 m，灶具与气瓶连接的软管长度不得超过 2 m。软管应当经常检查，定期更换。⑩用气场所应当按照有关规定安装可燃气体浓度报警装置，配备干粉灭火器等消防器材。⑪对燃气管道、燃气管道自动切断阀、调压装置、燃气灶具、阀门等进行定期检查，并做好记录。⑫厨房灶台及油烟机应保持清洁无油垢，厨房灶台照明应使用防潮灯，厨房的烟道按规定清洗并留有记录，灶台附近应配备灭火毯和消防器材。⑬灭菌、消毒、防疫设备设施及用具符合相关规定。

11）洗涤设备要求：①机械运转部位有完好可靠的防护装置。②洗涤操作的容器必须加盖密封且盖机联锁，铰位灵活。③PE（N）线连接可靠，电源线路完好。④每台设备应有单独控制开关。⑤凡有碾、绞、压、挤、切伤可能的部位均应有可靠防护。⑥地毯机的泡箱出泡口畅通、泡箱内的隔网无堵塞，地毯刷完整、锁位无破损。⑦高速磨光机的针盘完整，配针坚固，磨光垫选用正确无烂损。⑧吸水泵应设有控制开关和漏电保护装置，应装设与负荷匹配的熔断器。⑨蒸汽管道和阀门必须有保温装置，防止烫伤；水、汽管路无滴漏现象。

12）梯台及防护栏杆要求：①焊接处应无裂纹和可见的表面气孔。②结构的外形不应有歪斜、扭曲、变形，以及明显的锈蚀等缺陷。③梯台及防护栏杆的结构连接及固定支撑牢固。④在室外安装的梯台及防护栏杆的防雷电保护、防雷电连接和接地附件应符合 GB 50057 的要求。

（4）电气设备要求

电气设备的选用及安装符合国家标准和有关部门规定，设备档案完整。

1）变配电系统要求：①变配电室的门应向外开，相邻配电室的门应双向开，高压配电间的窗、门应装防护网，防护网的网孔尺寸应小于 10 mm×10 mm。②高、低压配电柜的母线相序标志正确，应设置接地母排和接地端子，且与接地系统连接，并有接地标志。③电气运行指示仪表显示正确，控制装置完好，操纵机构和联锁机构可靠。④双电源供电或自有发电应设有联锁安全装置。⑤空气开关灭弧罩应完整。⑥电力电容器外壳无膨胀，无漏油现象。⑦设置有电气运行工作标志和安全警示标志。⑧电气操作工具完好可靠，有定期检测记录和标志。

2）电网接地系统要求：①电气系统连接符合设计的系统接地制式要求。②电网接地装置的接地电阻值小于 4 Ω，应保存定期检测记录。③接地装置应有编号和识别标记。

3）动力及照明配电柜（箱）要求：①应按规定设有接地母排和/或接地端子，且与接地系统连接。②动力及照明配电柜（箱）内设置的插座，其线路应配有漏电保护装置。③电气元件的接线端子与导线连接坚固，无过热烧损现象。④动力及照明配电柜（箱）内设置的导线应有相序标志。⑤动力及照明配电柜（箱）内无粉尘和油污污染。⑥动力及照明配电柜（箱）应设置安全警示标志。

4）低压电气线路要求

固定线路要求：①线路架设位置、间距符合设计要求。②线路导线型号、规格符合设计要求。③线路的保护装置符合设计要求。④线槽或桥架在电气不连贯处应装设电气跨接线，接地端子的连接导线与接地系统连接，并有接地标志；柜、箱有编号；有电气控制线路图。⑤线路导线绝缘保护完好。⑥线路相序、相色正确，标志齐全、清晰。

临时线路要求：①临时线路架设前应履行审批手续，设置的临时线路应有标识牌，超出使用批准期限的临时线路应及时拆除。②线路导线型号规格符合设计要求，导线应有护套软管保护。③临时线路应设有总控制开关和漏电保护装置，每一分路应装设与负荷匹配的熔断器。④临时线路应设有与用电设备接地连接的接地保护导线，接地保护导线应与电网接地系统连接。⑤应保存有临时线路架设审批、架设和使用安全检查的记录，以及按审批时效拆除临时线路的记录。

5）防雷接地装置要求：①防雷装置完好，接闪器无损坏，引下线焊接可靠，接地电阻值小于 10 Ω。②建筑物应按规定安装避雷装置，保存防雷装置定期检测记录。③接地装置应有编号和识别标记。

6）其他设备设施要求：①易燃易爆场所必须使用防爆电器。②线路应按规范敷设。③电气设备、开关、插座不得安装在可燃材料上。④电源开关箱前不得堆放杂物，架空线路下不得堆放可燃物。

7）机电设备应按规定进行经常性维护、保养，并定期检测，保证正常运转；经维护、保养、检测后，应当做好记录，并由有关人员签字，建立使用、维护、保养、检查和试验记录档案，在进行机电设备维修（抢修）时，应执行严格申报、审批和维修完成后的验收制度，落实安全防护措施。

8）手持电动工具要求：①手持电动工具根据使用的环境不同选择相应的绝缘等级。②手持电动工具按规定进行绝缘电阻检测，且记录完整有效。③手持电动工具的防护罩、盖板及手柄应完好，无破损、无变形、不松动。④电源线中间不允许有接头和破损。⑤不得跨越通道使用。

（5）车辆要求

1）必须严格按公安、交通部门要求建立完善车辆管理制度和档案，车辆定期维护保养，对驾驶员定期进行安全教育。

2）车辆整洁、资料齐全。

3）动力系统运转平稳，线路、管路无漏电、漏水、漏油。

4）灯光电气部分完好，仪表、照明、信号及各附属安全装置性能良好。

5）传动系统运转平稳。

6）转向系统轻便灵活。

7）制动系统安全有效，制动距离符合要求。

（6）特种设备要求

1）建立特种设备（锅炉、压力容器、配电房、电机房等）的管理制度。

2）特种设备应经专业资质的机构检验检测合格，向所属辖区的特种设备安全监督管理部门登记，取得使用证和登记证，方可投入使用。

3）特种设备应按规定使用、维护，定期检验，并建立特种设备安全技术档案。

（7）新设备设施验收及旧设备设施拆除、报废

1）建立新设备设施验收和旧设备设施拆除、报废管理制度。

2）按规定对新设备设施进行验收，确保使用质量合格、设计符合要求的设备设施。

3）按规定对不符合要求的设备设施进行报废或拆除。

7. 作业安全

（1）工作现场管理和作业过程控制

1）企业应加强工作现场安全管理和作业过程的控制。对动火作业、有限空间作业、临时用电作业、高处作业、其他危险作业等危险性较高的作业活动建立作业安全管理制度，实施作业许可管理，严格履行审批手续。作业许可应包含危害因素分析、安全措施和应急预案等内容。

2）在空气不畅、容易产生有毒有害气体，可能造成窒息、中毒的密室、管道、井坑、容器等场所进行作业的，应采取通风、检测、专人监护等防护措施，并配备相应的防护用品。

3）进行危险性较高的作业时，应当安排专人进行现场安全管理，确保安全规程的遵守和安全措施的落实。

4）举办大型活动时应制定专门的安全方案和采取相应的安全措施，并制定专门的应急预案。

（2）作业行为管理

1）对作业过程中人的不安全行为进行辨识，并制定相应的控制措施。需要规范的作业行为主要包括：①遵守劳动纪律和各项规章制度。②按操作规程的规定操作各种设备设施。③作业过程中注意各种不安全情况和不安全行为，及时纠正并落实安全措施。④向客人提示有关安全要求，采取适当方法制止不安全行为。

2）电气、高速运转机械等设备，应实行操作牌制度。

3）按规定为从业人员配备与工作岗位相适应的个体防护装备，并监督、教育从业人员按照使用规则佩戴、使用。

（3）警示标志和安全防护

1）建立安全标志、职业病危害警示标识和安全防护管理制度。

2）在存在较大危险因素的作业场所或有关设备上，按照 GB 2894 及企业内部规定，设置安全标志。

3）在玻璃门、旋转门、台阶、楼梯、护栏等设备设施或场所设置安全警示标志。

4）在检维修、施工、吊装等作业现场设置警戒区域，以及酒店区域内的坑、沟、池、井、陡坡等设置安全盖板或护栏等防护措施。

（4）相关方管理

1）建立有关承包商、供应商等相关方的管理制度。

2）对承包商、供应商等相关方的资格预审、选择、服务前准备、作业过程监督、提供的产品、技术服务、表现评估、续用等进行管理，建立相关方的名录和档案。

3）不得将舞厅、康乐、商店等经营项目及场所租赁给不具备安全条件或者相应资质的单位和个人。

4）经营项目、场所有承包单位、承租单位的，应当与承包单位、承租单位签订专门的安全管理协议，对有多个承包单位、承租单位的，应对安全工作统一协调、管理。

5）定期或不定期对承包单位、承租单位进行安全检查，发现隐患督促整改；开展经常性安全宣传教育工作；对其安全管理工作进行评议。

（5）变更

1）建立健全有关人员、机构、设施、作业过程及环境变更管理制度。

2）对变更的设施进行审批和验收管理，并对变更过程及变更后所产生的隐患进行排查、评估和控制。

8. 隐患排查和治理

（1）隐患排查

1）建立隐患排查治理的管理制度，明确部门、人员的责任。

2）制定隐患排查工作方案，明确排查的目的、范围、方法和要求等。

3）按照方案进行隐患排查工作。

4）对隐患进行分析评估，确定隐患等级，登记建档。

（2）排查范围与方法

1）隐患排查的范围应包括所有与生产经营相关的场所、环境、人员、设备设施和活动。

2）采用综合检查、专业检查、季节性检查、节假日检查、日常检查、消防巡检、每日巡查和其他方式进行隐患排查。

（3）隐患治理

1）根据隐患排查的结果，及时进行整改。不能立即整改的，制定隐患治理方案，内容应包括目标和任务、方法和措施、经费和物资、机构和人员、时限和要求。

2）隐患治理措施应包括工程技术措施和管理措施等。

3）重大事故隐患在治理前应采取临时控制措施，并制定应急预案。隐患治理措施应包括工程技术措施、管理措施、教育措施、防护措施、应急措施等。

4）在隐患治理完成后对治理情况进行验证和效果评估。

5）按规定对隐患排查和治理情况进行统计分析，并向安全生产监督管理部门和有关部门报送书面统计分析表。

（4）预测预警

企业应根据生产经营状况及隐患排查治理情况，采用技术手段、仪器仪表及管理方法等，建立安全预警指数系统，每月进行一次安全生产风险分析。

三、仓储物流企业安全生产标准化与规范化要求

1. 安全生产目标

（1）目标

1）建立安全生产目标的管理制度，明确目标与指标的制定、分解、实施、考核等环节内容。

2）按照安全生产目标管理制度的规定，制定文件化的年度安全生产目标与指标。

（2）监测与考核

1）根据所属基层单位和部门在安全生产中的职能，分解年度安全生产目标与指标，并制定实施计划和考核办法。

2）按照制度规定，对安全生产目标和指标实施计划的执行情况进行监测，并保存有关监测记录资料。

3）定期对安全生产目标的完成效果进行评估和考核，根据考核评估结果，及时调整安全生产目标和指标的实施计划。

4）评估结果、实施计划的调整、修改记录应形成文件并加以保存。

2. 组织机构和职责

（1）组织机构和人员

1）按规定设置安全管理机构或配备安全管理人员。

2）根据有关规定和企业实际，设立安全生产领导机构。

3）安全生产领导机构每季度应至少召开一次安全专题会，协调解决安全生产问题。会议纪要中应有工作要求并保存。

（2）职责

1）建立、健全安全生产责任制，并对落实情况进行考核。

2）企业主要负责人应按照安全生产法律法规赋予的职责，全面负责安全生产工作，

并履行安全生产义务。

3）各级人员应掌握本岗位的安全生产职责。

3. 安全投入

（1）安全生产费用

1）建立安全生产费用提取和使用管理制度。

2）保证安全生产费用投入，专款专用，并建立安全生产费用使用台账。

3）制定并实施包含以下方面的安全生产费用的使用计划：①完善、改造和维护安全健康防护设备设施。②安全生产教育培训和配备个体防护装备。③安全评价、职业危害评价、重大危险源监控、事故隐患排查和治理。④职业危害防治，职业危害因素检测、监测和职业健康体检。⑤设备设施安全性能检测检验。⑥应急救援器材、装备的配备及应急救援演练。⑦安全标志及标识和职业危害警示标识。⑧其他与安全生产直接相关的物品或者活动。

（2）相关保险

1）缴纳足额的保险费（工伤保险、安全生产责任险）。

2）保障受伤害员工享受工伤保险待遇。

4. 法律法规与安全管理制度

（1）法律法规、标准规范

1）建立识别、获取、评审、更新安全生产法律法规、标准规范与其他要求的管理制度。

2）各职能部门和基层单位应定期、及时识别和获取本部门适用的安全生产法律法规、标准规范与其他要求，向归口部门汇总，并发布清单。

3）及时将识别和获取的安全生产法律法规、标准规范与其他要求融入企业安全生产管理制度中。

4）及时将适用的安全生产法律法规、标准规范与其他要求传达给从业人员，并进行相关培训和考核。

（2）规章制度

1）按照相关规定建立和发布健全的安全生产规章制度，至少包含下列内容：安全生产责任制管理、法律法规和标准规范管理、安全投入管理、文件和档案管理、安全教育培训管理、特种作业人员管理、设备设施安全管理、建设项目安全设施“三同时”管理、生产设备设施验收管理、生产设备设施报废管理、施工和检维修安全管理、车辆安全管理、危险物品及重大危险源管理、作业安全管理、相关方及外用工（单位）管理、职业健康管理、个体防护装备管理、安全检查、隐患排查治理、消防安全管理、应急管理、事故管理、安全绩效评定管理等。

2）将安全生产规章制度发放到相关工作岗位，员工应掌握相关内容。

（3）操作规程

1）基于岗位风险辨识，编制完善、适用的岗位安全操作规程。

2）向员工下发岗位安全操作规程，员工应掌握相关内容。

3）员工操作要严格按照操作规程执行。

（4）评估

每年至少一次对安全生产法律法规、标准规范、规章制度、操作规程的执行情况和适用情况进行检查、评估。

（5）修订

根据评估情况、安全检查反馈的问题、生产安全事故案例、绩效评定结果等，对安全生产管理规章制度和操作规程进行修订，确保其有效和适用。

（6）文件和档案管理

1）建立文件和档案的管理制度，明确职责、流程、形式、权限及各类安全生产档案及保存要求等事项。

2）确保安全规章制度和操作规程编制、使用、评审、修订的效力。

3）对下列主要安全生产资料实行档案管理：主要安全生产文件、安全生产会议记录、隐患管理信息、培训记录、资格资质证书、检查和整改记录、职业健康管理记录、安全活动记录、法定检测记录、关键设备设施档案、相关方信息、应急演习信息、事故管理记录、标准化系统评价报告、维护和校验记录、技术图纸等。

5. 教育培训

（1）教育培训管理

1）建立安全教育培训的管理制度。

2）确定安全教育培训主管部门，定期识别安全教育培训需求，制定各类人员的培训计划。

3）按计划进行安全教育培训，对安全培训效果进行评估和改进。做好培训记录，并建立档案。

（2）安全生产管理人员教育培训

主要负责人和安全生产管理人员，必须具备与本单位所从事的生产经营活动相应的安全生产知识和管理能力，须经考核合格后方可任职，并应按规定进行再培训。

（3）操作岗位人员教育培训

1）对操作岗位人员进行安全教育和生产技能培训和考核，考核不合格的人员，不得上岗。

2）对新员工进行“三级”安全教育。

3）在新工艺、新技术、新材料、新设备设施投入使用前，应对有关操作岗位人员进行专门的安全教育和培训。

4）操作岗位人员转岗、离岗六个月以上重新上岗者，应进行车间（工段）、班组安全教育培训，经考核合格后，方可上岗工作。

（4）特种作业人员教育培训

从事特种作业的人员应取得特种作业操作资格证书，方可上岗作业。

（5）其他人员教育培训

1）企业应对相关方的作业人员进行安全教育培训。作业人员进入作业现场前，应由作业现场所在单位对其进行进入现场前的安全教育培训。

2）对外来参观、学习等人员进行有关安全规定、可能接触到的危害及应急知识等内容的安全教育和告知，并由专人带领。

（6）安全文化建设

采取多种形式的活动来促进企业的安全文化建设，促进安全生产工作。

6. 生产设备设施

（1）生产设备设施建设

1）企业新改扩工程应建立建设项目安全设施“三同时”管理制度。

2）新、改、扩建设项目应严格执行安全设施“三同时”制度，根据国家、地方及行业等规定执行建设项目安全预评价、安全专篇、安全验收评价和项目安全验收等审查、批复和备案等程序；按照《建设工程消防监督管理规定》（公安部令第106号）的要求，进行消防设计审核和消防验收。

3）各类仓储场所装修和改变用途应依法向公安消防机构申报，办理行政审批手续。

4）仓库选址：①仓库宜选择在常年主导风向上风或侧风方向，选址时要避开风口。②土壤承载力要高，避免在地质条件不良的地方建仓库。③远离容易泛滥的河川流域与上溢的地下水区域。④不宜靠近易燃、易爆场所。

5）建筑设施：①室内装修、装饰，应当按照消防技术标准的要求，使用不燃、难燃材料。装修、装饰施工过程中，室内装修防火材料应当按照国家消防技术标准的要求进行见证取样和抽样检验。②禁止在设有营运场所或仓库的建筑内设宿舍或饭堂。③普通仓库与营运场所应分楼层设置，确因需要而同层时，应用实体砖墙砌至梁板底部，且不留缝隙。④仓库、营运场所、办公室、员工宿舍不得用可燃材料装修、分隔。⑤孔洞口、楼板、基坑等临边应有防护设施。

6）库区布置、主要场所的火灾危险性分类及建构筑物防火最小安全间距、设备设施、变配电等电气设施、爆炸危险场所通风设施、防爆型电气设施设备、设施设备双重接地保护、防雷设施、集中监视和显示的防控中心、照明、场内交通路线等应符合有关法律法规、标准规范的要求。

（2）设备设施运行管理

1）建立设备、设施的运行、检修、维护、保养的管理制度。

2）建立设备设施运行台账，制定检维修计划。

3）检维修计划（方案）应包含作业危险分析和控制措施。

4）按检维修计划定期对设备设施和安全设备设施进行检修。

5）安全、消防设备设施不得随意拆除、挪用或弃置不用。确因检维修需要而拆除的，必须经企业安全、消防主管部门同意，并采取临时安全措施，检维修完毕后立即复原。

6）生产现场的机电、操控设备应有安全连锁、快停、急停等本质安全设计与装置。

7）立体库：①在进行大跨度的库房设计时，应考虑到跨度大易变形，必须保证足够的安全。跨度应符合相关标准或要求以保证库房能够在地震中承受水平冲击力。②库房的基础及地面要有足够的承载力。③立体库房的消防系统、照明系统、通风及水暖系统、配电系统等都应符合国家相关标准规范的规定。

8）冷库：①制冷系统的密封和冷库的密封要符合安全规范。②如果制冷剂具有腐蚀性或者毒性，应具备防腐和防毒安全防护设施和装备。③对有毒性或者腐蚀性的制冷剂的泄漏，应装设相应的检测装置。④对工作人员及冷库内的其他设施设备应做好防寒保暖工作。

9）货架：①货架的安装应符合有关标准和规定要求。②货架各个结合处必须固定牢固。③钢货架表面加涂防火涂料或采取其他保护措施。④货架周围应按相关要求配置灭火装置。⑤货架在使用过程中防超高超宽，防超载，防撞击，防头重脚轻。

10）堆垛机：①堆垛机的安装应符合有关标准和规定要求。②堆垛机所有带电部分的外壳均可靠接地。③堆垛机具有各机构终端限位保护，巷道两端限速保护，货叉与运行、起升机构的联锁，限制货叉在货格内微升降的行程，入库时货物要虚实探测，钢丝绳松绳和过载保护，载货台断绳保护，声光信号，超越限制器，货架上货物不正报警等多种安全保护装置。④在切断电源前，禁止打开控制箱和电气装置。⑤堆垛机操作必须由专人负责，与操作无关人员均不得进行操作或进入司机室；操作人员每次开机前必须发出警告信号，司机室搭载人数不得超过 2 人；在堆垛机运行中，司机不得将身体的任何部位伸出司机室以外。

11）垂直输送机：①垂直输送机安装应符合有关标准和规定要求。②垂直输送机应具备货态异常检测装置，装货异常检测装置，升降异常检测装置，手动停止装置，超量检测装置，安全栅，货叉停止器，闸门联销装置，热敏继电器等安全装置。③上述未说明的按相关规定执行。

12）带式输送机：①具有防尘装置。②具有防火、防爆要求的仓库禁止采用塑料、增强尼龙等材料的输送带。③倾斜的带式输送机必须装有停止器和制动器作为安全装置。④带式输送机工作时，检查胶带松紧程度，并进行空载启动。⑤带式输送机的进料必须保持均匀。⑥带式输送机必须在停止进料且待机上物料卸完后才能停机。如中途突然停车，应在事故排除后，卸下带上的物料再启动。⑦带式输送机不使用时应盖上油布。

13）螺旋式输送机：①螺旋式输送机各节必须在全部调整稳妥后再拧紧地脚螺栓或固定在支架上。②驱动装置的低速轴和螺旋输送机的前轴应在同一轴线上。③螺旋输送机各悬挂轴承应可靠地支撑连接轴，不得使螺旋卡住或压弯。④加料时应当均匀。⑤螺旋机应空载启动，启动后方可加料。⑥确保吊轴承两侧的连接螺栓无松动、掉下或剪断。⑦不能在输送机运转时取下螺旋机的机盖。

14）非自行移动式输送机：①产品设计和制造必须符合国家相关标准的要求。②当输送机处于工作位置时，应将轮子垫稳。③输送机移动前应停车，并且必须切断动力源，移动到工作位置后再运转。④输送机移动时不得超过制造厂所表明的最大牵引速度。⑤当输送机移动时不允许任何人坐在机器上或吊在其下面。

15）斗式提升机：①斗式提升机的设计和建造应符合有关标准的要求。②斗式提升机头轮主轴与尾轮主轴应在同一垂直面内，两轴线应与水平面平行。③室内斗式提升机泄压管应直通室外，材料选用容易冲开或破坏的薄金属板或纤维板制作，机头上部可设泄爆口或泄爆管。④斗式提升机罩壳处应装有清扫门，门的开启不能是瞬时的。⑤当搬运有害性质的物料时，提升机壳体应密闭，如有必要应安装排烟和吸尘装置。⑥对无罩壳的斗式提升机在物料易掉落地段应设有防护装置，否则应禁止进入该区域。

16）刮板输送机：①机头、机尾必须牢固安装在头、尾支架上，头部进料口的高度必须保证物料有足够的自留角。②中间段支架间距不得大于 4 m，支架与机壳法兰口的距离应符合相关标准或要求。③刮板链条首尾连接，用连接板、连接销接起来，或用销轴连接，连接牢固转动灵活，且必须对中。④主动链轮和从动链轮应在同一平面。⑤未安装液力耦合器的刮板输送机一般不得满载启动。⑥运行过程中如有物料或粉尘泄漏，应调整或更换密封垫。⑦运行过程中严禁打开盖板，严禁在设备上行走。⑧禁止接近设备的活动部件。如必须在设备运转时接近活动部件进行工作，则必须有一工作人员值守在停止装置旁边，注视着正在工作的人员，以便随时停车。

17）悬挂式输送机：①确保使用的悬挂式输送机的设计和建造应符合有关标准的要求。②离地面小于 2.5 m 的链条或滚轮的轨道，正常情况下人员可能进入的区域必须加以防护。③必须在所有规定通道上用可见信号提醒人们注意，避免与运行车辆相撞。④在线路倾斜的地方应采取措施防止货物及承载装置失去控制。⑤严禁将任何部件依靠或放置在链条或滚轮的轨道上。管理和维护人员确实需要在链条上或轨道上工作时，应采取必要的防护措施，并确保输送机处于停机状态。

18）连续搬运设备移动式支撑装置：①确保使用的连续搬运设备移动式支撑装置的设计和建造应符合有关标准的要求。②在每个通往移动式支撑装置的通道应设置“未经批准，禁止入内”的警示。③移动式支撑装置的轨道上应装有缓冲停止器或其他相应的装置。④移动部件与固定平台的距离不应小于 0.5 m，中间必须设有防护栏或类似装置。⑤每次换班时，司机应检查制动系统，必须随时注意移动式支撑装置可能会出现的缺陷，如发现有影响设备作业安全的缺陷时，必须立即停止作业。⑥当有人处在危险时，司机应开动警报装置。⑦当轨道式移动支撑装置用贮料时，必须确保所有运动部件和贮存物料之间间隙符合相关规定。

19）分拣机：①分拣机的安装应符合有关标准和规定要求。②确保设备各联结部分紧固。③分拣机应有自动停止装置、报警装置以及防静电、防滑等装置。④分拣机应具有防尘、防噪装置。⑤在分拣辊子处、推出装置处以及分拣口周围架设安全网装置，防止人接触。

20）裹包机：①选购的裹包机的生产厂商必须具备相应的生产资质。②确保机器转盘上没有物品或人员。③确保设定裹包高度的接触开关的凸轮轨道上无障碍物。④确保转盘周围安全距离内无人。

21）填充机：①选购的填充机的生产厂商必须具备相应的生产资质。②在压力下进行充填时必须对填充机装设防护装置，阻挡爆炸时被包装产品或包装容器飞出。③在充填有毒或有害物品时，在充填工位上装设有效的吸尘装置、保护罩、喷淋装置等。④在充填易燃易爆物品时，必须有防火、防爆、防静电装置，并设置通风或吸尘装置。⑤与充填物接触的机械零部件的表面温度必须低于充填物的燃点。

22）真空包装机：①选购的真空包装机的生产厂商必须具备相应的生产资质。②真空包装机在安装时必须符合安全规范，有可靠接地装置。③严格按照操作规程操作，以免意外事故的发生。

23）托盘：①托盘的结构、尺寸设计应符合相关方面及专业领域已有的安全技术要求。②以托盘为集装单元的货物不能超过托盘的最大承载力。③根据货物的物化属性选择合适的托盘。④确保集装单元与其配套的装卸搬运设备在货物空间转移上的良好配合、平滑过渡。⑤托盘的堆码要平衡，防止货物倾斜、塌落。

24）封口机：①各类防护罩、防护盖等完备可靠，安装符合要求。②传送带的速度在合适的范围。

25）搬运机器人：①设立安全防护空间和限定空间，预设安全补偿措施，以防有人闯入安全防护空间。②控制柜应安装在安全防护空间外。当控制柜安装在安全防护空间内时，控制柜定位和安装应符合有关安全防护空间内人员的安全要求。③机器人运动部件和周围环境中的物体之间（如结构支柱、平顶隔栅、防护栏、电源线等）要有足够的安全间距。④机器人系统布局应考虑操作员执行与机器人有关的手动操作时的安全，或通过采用一定的措施，使操作人员不必进入危险区，或为手动操作提供适当的安全防护装置。⑤应设警示信号装置，以给接近或处于危险中的人员提供可识别的视听信号。⑥操作人员严格执行安全操作规程，启动时确认操作现场安全。⑦遇到突发故障时应该按照故障处理办法采取相应操作。

26）安防设备：①设备选用及安装符合国家标准和有关规定。②设备档案完整，资料数据保密。③对设备的各项操控必须确保在安全状态水平显示为良好时进行。④设备、设施、工具、配件等完整无缺陷。⑤设备的防护、保险、信号联动等安全装置无缺陷。

27）防雷设备：①库房应安装避雷针、避雷线、避雷网和避雷带。②将建筑设施内的金属设备、金属管道、电缆钢铠外皮及钢筋构架等电位良好接地，钢筋混凝土层面要将钢筋焊接成避雷网，且每隔 18～24 m 采用引下线与接地装置连接。③运输工具在运输危险化学品时也必须有防雷措施。④建筑物宜利用钢筋混凝土屋面板、梁、柱和基础的钢筋作为防雷装置。⑤在入户处应将绝缘子铁脚接到防雷及电气设备的接地装置上。⑥进入建筑物的架空金属管道在入户处宜与上述接地装置相连。

28）除尘系统：①风机转子转动灵活，无擦碰。②联轴器或带轮安装可靠，电机轴和风机主轴的同轴度应符合技术要求。③电气系统正常，接地良好。④空压机压力正常。⑤排气口不得有明显灰尘泄漏。

29）烘干系统：①烘干系统应该设置防雷设施。②设备所有运转部分应设置保护罩，应有警示或提示标志。③已装货或正在作业的烘前、烘后仓及烘干储货段不允许进入。④烘干机排送畅通。

30）机械通风系统：①空气分配系统向货堆内送风应均匀，通风设施应安全可靠。②通风系统完好，风道内不得有积水和异物，地上笼风道衔接部位牢固合缝。③多台风机同时使用时，应逐台单独启动。禁止同时启动。④应安装防噪装置。

31）消防设备设施：①选用及安装应符合国家标准和有关规定，设备档案完整，安全状态良好。②建筑消防设施的产权单位或者使用单位应当建立和落实消防设施的管理、检查、检测、维修、保养、建档等工作制度，对建筑消防设施、电气设备、电气线路每年至少进行一次全面检测，检测报告存档备查。③消防控制室的门应向疏散方向开启，且入口处应设置明显标志。地下的消防控制室门上的标志必须是带灯光的装置；消防控制室应设置一部外线电话、火灾事故应急照明、灭火器等消防器材，并配备相应的通讯联络工具。④对设备的各项操控必须确保在安全状态水平显示为良好时进行。⑤设备的防护、保险、信号等安全装置无缺陷。⑥预备中英文紧急疏散广播词或录音广播。

32）变配电系统：①各高、低压供电系统图注明变配电站位置、架空线路和地下电缆走向、坐标、编号及型号、规格、长度、杆型和敷设方式等。②应有配电室、变压器室、电容室、发电机室平面布置图；降压站、中央变电室、高压配电室及各分变电室和发电站的接地网络图。③应有主要电气设备和安全防护用品的绝缘强度、继电保护、接地电阻、安全工具的试验报告和测试数据。④位置不应在危险源的正上方或正下方，地势不应低洼，现场无漏雨、无积水。⑤变配电间门向外开，高压间门应向低压间开，相邻配电间门应双向开。门应为非燃烧体或难燃烧体材料制作的实体门。⑥门、窗、自然通风的孔洞都应采用金属网和建筑材料封闭，金属网孔应小于 10 mm×10 mm。⑦油浸式变压器应设有 100%变压器油量的储油池或排油设施。⑧加设遮栏、护板、箱闸，安全距离符合规定；遮栏高度不低于 1.7 m，固定式遮栏网孔不应大于 40 mm×40 mm。⑨高压配电室、电容器室、控制室应隔离，电缆通道用防火材料封堵。⑩保存完整规定存档期限内的工作票、操作票。

33）固定式低压电气线路：①线路布线安装应符合电气线路安装规程。②架空绝缘导线各种安全距离应符合要求。③线路保护装置齐全可靠，装有能满足线路通、断能力的开关、短路保护、过负荷保护和接地故障保护等。④线路穿墙、楼板或地埋敷设时，都应穿管或采取其他保护；穿金属管时管口应装绝缘护套；室外埋设，上面应有保护层；电缆沟应有防火、排水设施。⑤地下线路应有清晰坐标或标志以及施工图。

34）动力照明箱（柜、板）：①触电危险性大或作业环境差的生产车间、锅炉房等场所，应采用与环境相适应的防尘、防水、防爆等动力照明箱、柜。②符合电气设计安装规范要求，各类电气元件、仪表、开关和线路排列整齐，安装牢固，操作方便，内外无积尘、积水和杂物。③各种电气元件及线路接触良好，连接可靠，无严重发热、烧损或裸露带电体现象。

35）在正常情况下所有用电、配电设备金属外壳及电缆桥架、支架、保护管等均须可靠接保护地线（PE）。低压电气设备非带电的金属外壳和电动工具的接地电阻，不应大于 4 Ω。

36）临时用电线路：①有完备的临时电气线路审批制度和手续，其中应明确架设地点、用电容量、用电负责人、审批部门意见、准用日期等内容。②临时电气线路审批期限：一般场所使用不超过 15 天；建筑、安装工程按计划施工周期确定。③不得在易燃、易爆等危险作业场所架设临时电气线路。④必须按照电气线路安装规程进行布线。⑤必须装有总开关控制和剩余电流保护装置，每一个分路应装设与负荷匹配的熔断器。

37）电焊机：①电源线、焊接电缆与电焊机连接处的裸露接线板，应采取安全防护罩或防护板进行隔离，以防止人员或金属物体接触。②电焊机外壳必须接地或接零保护，接地或接零装置连接良好，并定期检查。③电焊机一次侧电源线长度不超过 5 m，电源进线处必须设置防护罩。电焊机二次线必须连接紧固，无松动，接头不超过 3 个，长度不超过 30 m。④每半年应对电焊机绝缘电阻检测一次，且记录完整。⑤电焊钳夹紧力好，绝缘良好，手柄隔热层完整，电焊钳与导线连接可靠。

38）手持电动工具：①手持电动工具根据使用的环境不同选择相应的绝缘等级。②手持电动工具至少每3个月进行一次绝缘电阻检测，且记录完整有效。③手持电动工具的防护罩、盖板及手柄应完好，无破损，无变形，不松动。④电源线中间不允许有接头和破损。⑤不得跨越通道使用。

39）管线：①应有管网平面布置图，标记完整，位置准确，管网设计、安装、验收技术资料齐全。②不同介质的管线，应按照《工业管道的基本识别色、识别符号和安全标识》(GB 7231）的规定涂上不同的颜色，并注明介质名称和流向。③埋地管道敷层完整无破损，架空管道支架牢固合理，无严重腐蚀、无泄漏，设置限高警示，有隔热措施。

40）作业场所应划出人员行走的安全路线，其宽度一般不小于1.5 m。

41）下列工作场所应设置应急照明：主要通道及主要出入口、通道楼梯、变配电室、中控室。

42）设备裸露的转动或快速移动部分，应设有结构可靠的安全防护罩、防护栏杆或防护挡板。

（3）特种设备管理

1）建立特种设备（锅炉、压力容器、压力管道、电梯、起重机械、场或厂内专用机动车辆、安全附件及安全保护装置等）的管理制度。

2）按规定登记、建档、使用、维护保养和每月自检，按期由特种设备检验检测机构定期检验。

3）压力容器等设备（包括空气压缩机、气泵、储气罐等)：①应有“压力容器使用登记证”、注册证件、质量证明书、出厂合格证、年检报告等。②本体、接口、焊接接头等部位无裂纹、变形、过热、泄漏、腐蚀现象等缺陷。③相邻管件或构件无异常振动、响声或相互摩擦等现象。④压力表指示灵敏，刻度清晰，安全阀每年检验一次，记录齐全，且铅封完整，在检验周期内使用。⑤生产过程中使用的压缩空气、循环水、润滑油等管路，应安装压力表，储气罐应安装安全阀，各种阀门应采用不同颜色和不同几何形状的标志，还应有表明开、闭状态的标志。

4）工业气瓶：①对购入气瓶入库和发放实行登记制度，登记内容包括气瓶类型、编号、检验周期、外观检查、入出库日期、领用单位、管理责任人。②在检验周期内使用。常用气瓶的检验周期为：一般气瓶（氧气、乙炔）每3年检验一次。惰性气体（氮气）每5年检验一次。超过30年的应按报废处理。③外观无机械性损伤及严重腐蚀，表面漆色、字样和色环标记正确、明显；瓶阀、瓶帽、防震圈等安全附件齐全、完好。④气瓶立放时应有可靠的防倾倒装置或措施；瓶内气体不得用尽，按规定留有剩余重量。⑤氧气瓶、乙炔气瓶应分库存放，并存放在气瓶专用库中，库房应符合建筑防火规范。⑥同一作业点气瓶放置不超过5瓶；若超过5瓶，但不超过20瓶应有防火防爆措施；超过20瓶以上，应设置二级瓶库。⑦气瓶不得靠近热源，可燃、助燃气瓶与明火距离应大于10 m。⑧不得有地沟、暗道，严禁明火和其他热源，有防止阳光直射措施，通风良好，保持干燥。⑨空、实瓶应分开放置，保持1.5 m以上距离，且有明显标记；存放整齐，瓶帽齐全。立放时妥善固定，卧放时头朝一个方向，库内应设置足量消防器材。

5）吊车应设有下列安全装置并正常使用：①吊车之间防碰撞装置。②大、小行车端头缓冲以及防冲撞装置。③过载保护装置。④主、副卷扬限位、报警装置。⑤登吊车信号装置及门联锁装置。⑥露天作业的防风装置。⑦电动警报器或大型电铃以及警报指示灯。

6）起重机械设备（吊车、吊具等）：①吊车应装有能从地面辨别额定荷重的标识，不应超负荷作业。②吊运物行走的安全路线，不应跨越有人操作的固定岗位或经常有人停留的场所，且不应随意越过主体设备。③与机动车辆通道相交的轨道区域，应有必要的安全措施。④起重机械的定期检验周期为一年，应在检验周期内使用，合格的检验报告，要长期完整保存。⑤应有吊索具管理制度，车间有吊索具管理办法，明确规定集中存放地点，存放点有选用规格与对应载荷的标牌，有专人管理和保养。⑥普通麻绳和白棕绳只能用于轻质物件捆绑和吊运，有断股、割伤、磨损严重的应报废。⑦钢丝绳编接长度应大于15倍绳直径，且不小于300 mm，卡接绳卡间距离应不小于6倍绳直径，压板应在主绳侧。⑧链条有裂纹、塑性变形、伸长达原长度的5%或下链环直径磨损达原直径的10%时应报废。⑨报废吊索具不得在现场存放或使用。

7）场（厂）内专用机动车辆：①安装厂内机动车辆牌照并粘贴安全检验合格标志。②技术资料和档案、台账齐全，无遗漏。③进行日常检查、保养和维护，保证正常的安全状态。④每年检验一次，检验数据齐全有效。

8）叉车：①叉车载重不超过额定能力，产品标志清楚。②动力系统性能良好、运转平稳、无异响。③叉车的操纵符合规定。④车架不得变形，螺栓不得缺少或松动；车轮防护装置齐全、牢固、无损坏。⑤车辆转向系统良好，自由角满足额定要求。⑥刹车系统灵敏，脚制动器踏板力均匀，手刹车完整、有效。⑦升降架属具齐全、完好；门架前倾上下动作平稳。⑧货叉安装可靠、牢固；货叉无裂纹、开焊。⑨货叉两叉尖高度差，水平长度差，货叉磨损长度满足额定要求。

（4）新设备设施验收及旧设备设施拆除、报废

1）建立新设备设施验收和旧设备设施拆除、报废的管理制度。

2）按规定对新设备设施进行验收，确保使用质量合格、设计符合要求的设备设施。

3）按规定对不符合要求的设备设施进行报废或拆除。

7. 作业安全

（1）生产现场管理和生产过程控制

1）建立至少包括下列危险作业的作业安全管理制度，明确责任部门、人员、许可范围、审批程序、许可签发人员等：①危险区域动火作业。②进入受限空间作业。③高处作业。④大型吊装作业。⑤临时用电作业。⑥其他危险作业。

2）应对生产现场和生产过程、环境存在的事故隐患进行排查、评估分级，并制定相应的控制措施。

3）应禁止与生产无关人员进入生产操作现场。

4）仓库作业要求：①库区内严禁烟火。②库区内按规定设置交通安全标志和设备设施。③库区和仓库内路面平坦，无积油积水，无障碍物。④消防通道和疏散通道畅通，应急指示和照明完好。⑤特殊仓储物必须储存在专用仓库内，按国家标准、规范存放，并由专人管理。⑥库内保持良好通风条件。⑦堆放易潮物品仓库的地面必须高于本

区的基准面，并有防潮防雨淋设施。⑧易燃、易潮物资仓库应有防水、防潮设施。

5）存储要求：①物品应分类储存，定置区域线清晰，数量和区域不超限。②对于不采用托盘货架存储方式的物料，制定堆放要求，设置最高堆放高度，规定摆放方式，不得随意堆高。堆高的方式应该采用物流码数堆放，保证货物堆放的稳定性。③对于采用托盘货架存储方式的物料，应定期检查货架的稳固性，安全性。使用设备存取货物时，应将货物放置到位。

6）危险化学品使用安全要求：①企业应建立危险化学品安全管理制度。②储存、使用危险化学品应符合国家或行业有关法规、标准要求。③企业使用的清洗剂、消毒剂、杀虫剂以及其他有毒有害化学品必须粘贴安全标签，在盛装、输送、储存危险化学品的设备附近，采用颜色、标牌、标签等形式标明其危险性。④企业使用的化学品必须按规定储存，设置明显标志，由专人负责保管。危险化学品专用仓库或专用储存室的储存设备和安全设施应定期进行检测。⑤应按相关要求在储存和使用危险化学品的场所设置应急救援器材、通信报警装置，并保证处于完好状态。

7）生产过程控制：①企业应建立交接班制度并做好交接班记录。发现潜在的或已发生的危及作业人员安全的状况，在交接班时应交代清楚，并做好记录。②在作业现场配备相应的安全防护用品（具）及消防设施与器材，进入作业现场前，应按规定使用个体防护装备。③作业前应先检查作业场所和设备、设施的安全状况，发现异常及时处理。④作业活动的负责人应严格按照作业文件的规定组织和指挥生产作业活动，作业人员应严格执行安全操作规程，不违章作业，作业人员在进行危险作业时，应持相应的作业许可证作业。⑤生产作业必须落实安全防护措施。作业监护人员应具备基本救护技能和作业现场的应急处理能力，作业过程中不得擅离职守。

（2）作业行为管理

1）对生产作业过程中人的不安全行为进行辨识，并制定相应的控制措施。需要规范的作业行为主要包括：①遵守劳动纪律。②设备开机前按规定进行检查，确认无误后方可操作。③运转中的设备禁止进行擦洗、清扫、拆卸和维护维修等可能直接接触运转部位的操作。④工作过程中，如有故障，停机通知修理，待故障排除后再恢复工作状态。⑤作业完成时按规定进行停机操作，关闭电源，清理岗位作业环境。

2）人力作业安全要求：①人力作业仅限制于轻负荷的作业。男工人力搬举货物每件不超过 80 kg，集体搬运时每人负荷不超过 40 kg，女工不超过 25 kg。搬运作业距离不宜过长。②作业前应使作业人员明确作业要求、了解作业环境、清楚危险有害因素。③合理安排工间休息。

3）落实危险作业管理制度，执行工作票制度。

4）电气、高速运转机械等设备，应实行操作牌制度。

5）按规定为从业人员配备与工作岗位相适应的个体防护装备，并监督、教育从业人员按照使用规则佩戴、使用。

（3）警示标志和安全防护

1）建立警示标志和安全防护的管理制度。

2）在存在较大危险因素的作业场所或有关设备上，按照 GB 2894 及企业内部规定，设置安全警示标志。

3）在检维修、施工、吊装等作业现场设置警戒区域，以及厂区内的坑、沟、池、井、陡坡等设置安全盖板或护栏等。

（4）相关方管理

1）建立有关承包商、供应商等相关方的管理制度。

2）对承包商、供应商等相关方的资格预审、选择、服务前准备、作业过程监督、提供的产品、技术服务、表现评估、续用等进行管理，建立相关方的名录和档案。

3）不应将工程项目发包给不具备相应资质的单位。与承包、承租单位签订安全生产管理协议，并在协议中明确各方对事故隐患排查、治理和防控的管理职责。

4）根据相关方提供的服务作业性质和行为定期识别服务行为风险，采取行之有效的风险控制措施，并对其安全绩效进行监测。

5）企业应统一协调管理同一作业区域内的多个相关方的交叉作业。

（5）变更

1）建立有关人员、机构、工艺、技术、设施、作业过程及环境变更的管理制度。

2）对变更的设施进行审批和验收管理，并对变更过程及变更后所产生的隐患进行排查、评估和控制。

8. 隐患排查和治理

（1）隐患排查

1）建立隐患排查治理的管理制度，明确部门、人员的责任。

2）制定隐患排查工作方案，明确排查的目的、范围、方法和要求等。

3）按照方案进行隐患排查工作。

4）对隐患进行分析评估，确定隐患等级，登记建档。

（2）排查范围与方法

1）隐患排查的范围应包括所有与生产经营相关的场所、环境、人员、设备设施和活动。

2）采用综合检查、专业检查、季节性检查、节假日检查、日常检查和其他方式进行隐患排查。

（3）隐患治理

1）根据隐患排查的结果，及时进行整改。不能立即整改的，制定隐患治理方案，内容应包括目标和任务、方法和措施、经费和物资、机构和人员、时限和要求。

2）重大事故隐患在治理前应采取临时控制措施，并制定应急预案。隐患治理措施应包括工程技术措施、管理措施、教育措施、防护措施、应急措施等。

3）在隐患治理完成后对治理情况进行验证和效果评估。

4）按规定对隐患排查和治理情况进行统计分析，并向安全监管部门和有关部门报送书面统计分析表。

（4）预测预警

企业应根据生产经营状况及隐患排查治理情况，采用技术手段、仪器仪表及管理方法等，建立安全预警指数系统，每月进行一次安全生产风险分析。

第四章 商贸服务企业事故隐患排查治理相关规章与制度

许多事故的发生都是由事故隐患引起的，因此，消除事故隐患是预防事故的有效措施，也是保证安全生产的有效措施。商贸服务企业在排查治理事故隐患方面，深圳市上园大酒店安全规范化管理经验值得借鉴。该酒店按照规范化管理工作要求，逐条对照《企业安全生产规范化管理标准》，查漏补缺，对酒店的各项安全管理制度进行修改和完善，并根据火灾的特点，结合其他酒店发生火灾事故教训，研究制定了安全责任、安全操作、消防安全管理、安全检查、隐患整改、事故管理、培训教育、应急救援等16项具有针对性的安全管理制度，内容涵盖酒店安全管理的方方面面，从而促进了酒店的安全管理。

第一节 商贸服务企业事故隐患排查治理相关规章

安全生产事故隐患（以下简称事故隐患），是指生产经营单位违反安全生产法律、法规、规章、标准、规程和安全生产管理制度的规定，或者因其他因素在生产经营活动中存在可能导致事故发生的物的危险状态、人的不安全行为和管理上的缺陷。对于商贸服务企业来讲，排查治理事故隐患是一项长期的任务，企业只有建立完善事故隐患排查治理的常态机制，坚持不懈地开展好隐患治理工作，才能远离事故灾害，确保安全生产。

一、《安全生产事故隐患排查治理暂行规定》相关要点

2007年12月28日，国家安全生产监督管理总局公布《安全生产事故隐患排查治理暂行规定》（国家安全生产监督管理总局令第16号），自2008年2月1日起施行。

《安全生产事故隐患排查治理暂行规定》分为五章三十二条，各章内容为：第一章总则，第二章生产经营单位的职责，第三章监督管理，第四章罚则，第五章附则。制定本规定的目的，是根据安全生产法等法律、行政法规，建立安全生产事故隐患排查治理长效机制，强化安全生产主体责任，加强事故隐患监督管理，防止和减少事故，保障人民群众生命财产安全。

1. 总则中的有关规定

在第一章总则中，对相关事项作了规定。

◆生产经营单位安全生产事故隐患排查治理和安全生产监督管理部门、煤矿安全监察机构（以下统称安全监管监察部门）实施监管监察，适用本规定。

有关法律、行政法规对安全生产事故隐患排查治理另有规定的，依照其规定。

◆本规定所称安全生产事故隐患（以下简称事故隐患），是指生产经营单位违反安全生产法律、法规、规章、标准、规程和安全生产管理制度的规定，或者因其他因素在生产经营活动中存在可能导致事故发生的物的危险状态、人的不安全行为和管理上的缺陷。

事故隐患分为一般事故隐患和重大事故隐患。一般事故隐患，是指危害和整改难度较小，发现后能够立即整改排除的隐患。重大事故隐患，是指危害和整改难度较大，应当全部或者局部停产停业，并经过一定时间整改治理方能排除的隐患，或者因外部因素影响致使生产经营单位自身难以排除的隐患。

◆生产经营单位应当建立健全事故隐患排查治理制度。

生产经营单位主要负责人对本单位事故隐患排查治理工作全面负责。

◆各级安全监管监察部门按照职责对所辖区域内生产经营单位排查治理事故隐患工作依法实施综合监督管理；各级人民政府有关部门在各自职责范围内对生产经营单位排查治理事故隐患工作依法实施监督管理。

◆任何单位和个人发现事故隐患，均有权向安全监管监察部门和有关部门报告。

安全监管监察部门接到事故隐患报告后，应当按照职责分工立即组织核实并予以查处；发现所报告事故隐患应当由其他有关部门处理的，应当立即移送有关部门并记录备查。

2. 生产经营单位职责的规定

在第二章生产经营单位的职责中，对相关事项作了规定。

◆生产经营单位应当依照法律、法规、规章、标准和规程的要求从事生产经营活动。严禁非法从事生产经营活动。

◆生产经营单位是事故隐患排查、治理和防控的责任主体。

生产经营单位应当建立健全事故隐患排查治理和建档监控等制度，逐级建立并落实从主要负责人到每个从业人员的隐患排查治理和监控责任制。

◆生产经营单位应当保证事故隐患排查治理所需的资金，建立资金使用专项制度。

◆生产经营单位应当定期组织安全生产管理人员、工程技术人员和其他相关人员排查本单位的事故隐患。对排查出的事故隐患，应当按照事故隐患的等级进行登记，建立事故隐患信息档案，并按照职责分工实施监控治理。

◆生产经营单位应当建立事故隐患报告和举报奖励制度，鼓励、发动职工发现和排除事故隐患，鼓励社会公众举报。对发现、排除和举报事故隐患的有功人员，应当给予物质奖励和表彰。

◆生产经营单位将生产经营项目、场所、设备发包、出租的，应当与承包、承租单位签订安全生产管理协议，并在协议中明确各方对事故隐患排查、治理和防控的管理职责。生产经营单位对承包、承租单位的事故隐患排查治理负有统一协调和监督管理的职责。

◆安全监管监察部门和有关部门的监督检查人员依法履行事故隐患监督检查职责时，生产经营单位应当积极配合，不得拒绝和阻挠。

◆生产经营单位应当每季、每年对本单位事故隐患排查治理情况进行统计分析，并分别于下一季度 15 日前和下一年 1 月 31 日前向安全监管监察部门和有关部门报送书面统计分析表。统计分析表应当由生产经营单位主要负责人签字。

对于重大事故隐患，生产经营单位除依照前款规定报送外，应当及时向安全监管监察部门和有关部门报告。重大事故隐患报告内容应当包括：

（1）隐患的现状及其产生原因。

（2）隐患的危害程度和整改难易程度分析。

（3）隐患的治理方案。

◆对于一般事故隐患，由生产经营单位（车间、分厂、区队等）负责人或者有关人员立即组织整改。

对于重大事故隐患，由生产经营单位主要负责人组织制定并实施事故隐患治理方案。重大事故隐患治理方案应当包括以下内容：

（1）治理的目标和任务。

（2）采取的方法和措施。

（3）经费和物资的落实。

（4）负责治理的机构和人员。

（5）治理的时限和要求。

（6）安全措施和应急预案。

◆生产经营单位在事故隐患治理过程中，应当采取相应的安全防范措施，防止事故发生。事故隐患排除前或者排除过程中无法保证安全的，应当从危险区域内撤出作业人员，并疏散可能危及的其他人员，设置警戒标志，暂时停产停业或者停止使用；对暂时难以停产或者停止使用的相关生产储存装置、设施、设备，应当加强维护和保养，防止事故发生。

◆生产经营单位应当加强对自然灾害的预防。对于因自然灾害可能导致事故灾难的隐患，应当按照有关法律、法规、标准和本规定的要求排查治理，采取可靠的预防措施，制定应急预案。在接到有关自然灾害预报时，应当及时向下属单位发出预警通知；发生自然灾害可能危及生产经营单位和人员安全的情况时，应当采取撤离人员、停止作业、加强监测等安全措施，并及时向当地人民政府及其有关部门报告。

◆地方人民政府或者安全监管监察部门及有关部门挂牌督办并责令全部或者局部停产停业治理的重大事故隐患，治理工作结束后，有条件的生产经营单位应当组织本单位的技术人员和专家对重大事故隐患的治理情况进行评估；其他生产经营单位应当委托具备相应资质的安全评价机构对重大事故隐患的治理情况进行评估。

经治理后符合安全生产条件的，生产经营单位应当向安全监管监察部门和有关部门提出恢复生产的书面申请，经安全监管监察部门和有关部门审查同意后，方可恢复生产经营。申请报告应当包括治理方案的内容、项目和安全评价机构出具的评价报告等。

3. 有关监督管理的规定

在第三章监督管理中，对相关事项作了规定。

◆安全监管监察部门应当指导、监督生产经营单位按照有关法律、法规、规章、标准和规程的要求，建立健全事故隐患排查治理等各项制度。

◆安全监管监察部门应当建立事故隐患排查治理监督检查制度，定期组织对生产经营单位事故隐患排查治理情况开展监督检查；应当加强对重点单位的事故隐患排查治理情况的监督检查。对检查过程中发现的重大事故隐患，应当下达整改指令书，并建立信息管理台账。必要时，报告同级人民政府并对重大事故隐患实行挂牌督办。

◆已经取得安全生产许可证的生产经营单位，在其被挂牌督办的重大事故隐患治理结束前，安全监管监察部门应当加强监督检查。必要时，可以提请原许可证颁发机关依法暂扣其安全生产许可证。

◆安全监管监察部门应当会同有关部门把重大事故隐患整改纳入重点行业领域的安全专项整治中加以治理，落实相应责任。

◆对挂牌督办并采取全部或者局部停产停业治理的重大事故隐患，安全监管监察部门收到生产经营单位恢复生产的申请报告后，应当在10日内进行现场审查。审查合格的，对事故隐患进行核销，同意恢复生产经营；审查不合格的，依法责令改正或者下达停产整改指令。对整改无望或者生产经营单位拒不执行整改指令的，依法实施行政处罚；不具备安全生产条件的，依法提请县级以上人民政府按照国务院规定的权限予以关闭。

4. 有关处罚的规定

在第四章罚则中，对相关事项作了规定。

◆生产经营单位及其主要负责人未履行事故隐患排查治理职责，导致发生生产安全事故的，依法给予行政处罚。

◆生产经营单位违反本规定，有下列行为之一的，由安全监管监察部门给予警告，并处三万元以下的罚款：

（1）未建立安全生产事故隐患排查治理等各项制度的。

（2）未按规定上报事故隐患排查治理统计分析表的。

（3）未制定事故隐患治理方案的。

（4）重大事故隐患不报或者未及时报告的。

（5）未对事故隐患进行排查治理擅自生产经营的。

（6）整改不合格或者未经安全监管监察部门审查同意擅自恢复生产经营的。

◆生产经营单位事故隐患排查治理过程中违反有关安全生产法律、法规、规章、标准和规程规定的，依法给予行政处罚。

◆安全监管监察部门的工作人员未依法履行职责的，按照有关规定处理。

二、《安全生产事故隐患排查治理体系建设实施指南》相关要点

2012年7月3日，国务院安全生产委员会办公室下发《关于印发工贸行业企业安全生产标准化建设和安全生产事故隐患排查治理体系建设实施指南的通知》（安委办〔2012〕28号）。该《通知》指出：为进一步推进企业安全生产标准化建设和安全隐患排查治理体系建设（以下简称“两项建设”），夯实安全管理基础，提升安全监管水平，

促进全国安全生产形势持续稳定好转，国务院安委会办公室组织制定了《工贸行业企业安全生产标准化建设实施指南》和《安全生产事故隐患排查治理体系建设实施指南》。

《安全生产事故隐患排查治理体系建设实施指南》分为五章，各章内容为：第一章概述，第二章政府监管工作，第三章企业隐患排查治理工作，第四章隐患排查治理标准，第五章隐患排查治理信息系统。在此主要介绍与企业隐患排查治理工作相关内容。

1. 安全生产事故隐患排查治理基本概念

（1）安全生产事故隐患

安全生产事故隐患（以下简称隐患、事故隐患或安全隐患），是指生产经营单位违反安全生产法律、法规、规章、标准、规程和安全生产管理制度的规定，或者因其他因素在生产经营活动中存在可能导致事故发生的物的危险状态、人的不安全行为和管理上的缺陷。在事故隐患的三种表现中，物的危险状态是指生产过程或生产区域内的物质条件（如材料、工具、设备、设施、成品、半成品）处于危险状态，人的不安全行为是指人在工作过程中的操作、指示或其他具体行为不符合安全规定，管理上的缺陷是指在开展各种生产活动中所必需的各种组织、协调等行动存在缺陷。

（2）隐患分级

隐患的分级是以隐患的整改、治理和排除的难度及其影响范围为标准的，可以分为一般事故隐患和重大事故隐患。一般事故隐患，是指危害和整改难度较小，发现后能够立即整改排除的隐患。重大事故隐患，是指危害和整改难度较大，应当全部或者局部停产停业，并经过一定时间整改治理方能排除的隐患，或者因外部因素影响致使生产经营单位自身难以排除的隐患。

（3）隐患排查

隐患排查是指生产经营单位组织安全生产管理人员、工程技术人员和其他相关人员对本单位的事故隐患进行排查，并对排查出的事故隐患，按照事故隐患的等级进行登记，建立事故隐患信息档案。

（4）隐患治理

隐患治理就是指消除或控制隐患的活动或过程。对排查出的事故隐患，应当按照事故隐患的等级进行登记，建立事故隐患信息档案，并按照职责分工实施监控治理。对于一般事故隐患，由于其危害和整改难度较小，发现后应当由生产经营单位（车间、分厂、区队等）负责人或者有关人员立即组织整改。对于重大事故隐患，由生产经营单位主要负责人组织制定并实施事故隐患治理方案。

2. 企业隐患排查治理工作

企业是隐患排查治理工作的主体，是隐患排查治理工作的直接实施者。企业隐患排查治理工作主要包括四个方面：自查隐患、治理隐患、自报隐患和分析趋势。自查是为了发现自身所存在的隐患，保证全面而减少遗漏；治理是为了将自查中发现的隐患控制住，防止引发后果，尽可能从根本上解决问题；自报是为了将自查和治理情况报送政府有关部门，以使其了解企业在排查和治理方面的信息；分析趋势是为了建立安全生产预警指数系统，对安全生产状况做出科学、综合、定量的判断，为合理分配安全监管资源和加强安全管理提供依据。

(1) 企业自查隐患

企业自查隐患就是在政府及其部门的统一安排和指导下，确定自身分类分级的定位，采用其适用的隐患排查治理标准，通过准备、组织机构建设、建立健全制度、全面培训、实施排查、分析改进等步骤形成完整的、系统的企业自查机制。尤其是大型企业集团，应在企业内部形成连接所有管理层级和各个生产单位，以及当地安全监管部门的隐患排查治理体系。

1) 准备工作。为保证隐患自查工作能够打下坚实的基础，企业必须做好与之相关的准备工作。隐患排查治理是涉及企业所有部门、所有生产流程、所有人员的一项系统工程，如果不做好全面的准备，那么所建立的隐患排查治理机制将缺乏系统性和可操作性，结果必然是“一阵风”式的开展一次“运动”，不能做到深入和持久地开展自查工作。准备工作主要包括：①收集信息。由企业安全生产主管部门和有关专业人员，对现行的有关隐患排查治理工作的各种信息、文件、资料等通过多种行之有效的方式进行收集。此项工作也可以委托与企业有合作关系的服务方来实施。②辅助决策。将收集信息形成的有关材料向企业管理层汇报，并说明有关情况，使企业管理层的领导能够全面、正确理解和认识隐患排查治理工作，对企业建设隐患排查治理工作作出正确决策。③领导决策。高、中层领导需要从思想意识中真正解决为什么要实施隐患排查治理工作的问题，并为此项工作提供充分的各类资源，隐患排查治理工作才会在企业得到有效和完全的实施。

2) 组织机构建设。由企业一把手担任隐患排查治理工作的总负责人，以安全生产委员会或领导班子为总决策管理机构，以安全生产管理部门为办事机构，以基层安全管理人员为骨干，以全体员工为基础，形成从上至下的组织保证。形成从主要负责人到一线员工的隐患排查治理工作网络，确定各个层级的隐患排查治理职责。

领导层：主要负责人是隐患排查治理工作的第一责任人，通过安委会、领导办公会等形式，将隐患排查治理工作纳入其日常工作的范围中，亲自定期组织和参与检查，及时准确把握情况，发出明确的指令。主管负责人要在其职责中明确有关隐患排查治理的内容，将有关情况上传下达，做好主要负责人的帮手。其他有关领导也要在各自管辖范围内做好隐患排查治理工作，至少要知道、过问、督促、确认。

管理层：安全生产管理机构和专职安全管理人员是隐患排查治理工作的骨干力量，编制有关制度、培训各类人员、组织检查排查、下达整改指令、验证整改效果等是主要的工作内容。还要通过监督方式对各部门和下属单位及所有员工在隐患排查治理工作方面的履职情况进行了解，纳入考核，全力推动隐患排查治理工作的全方位和全员化。

操作层：按照责任制、相关规章制度和操作规程中明确的隐患排查治理责任，在日常的各项工作中，员工要有高度的隐患意识，随时发现和处理各种隐患和事故苗头，自己不能解决的及时上报，同时采取临时性的控制措施，并注意做好记录，为统计分析隐患留下资料。

3) 建立健全规章制度。制度是企业管理的基本依据，需要企业将法律法规和标准规范以及上级和外部的其他要求全面掌握，将其各项具体的规定结合自身的实际情况，通过编制工作将外部的规定转化为企业内部的各项规章制度，再经过全面地执行和落实，变成企业的管理行动。隐患排查治理工作也不例外，也基本按这一思路展开。企业需要建立的制度主要有隐患排查治理和监控责任制、事故隐患排查治理制度、隐患排查治理资金使用专项制度、事故隐患建档监控制度（事故隐患信息档案）、事故隐患报告和举报奖励制度等。

4）隐患排查治理标准的细化。企业应根据其适用的政府部门制定颁布的隐患排查治理标准，结合自身的实际情况，对标准的内容和要求应当进行细化，例如对企业主要负责人的安全生产职责中规定“督促、检查安全生产工作，及时消除生产安全事故隐患”的内容，企业就应当提出更具体的要求：明确督促的方式方法、检查的方式方法（对矿山等企业领导来说可能就要与下井带班作业相结合）、检查的频率（是每周还是每月参加一次）等。

（2）人员全面培训

在全面铺开工作之前，应对有关人员进行初步的培训，使其掌握“谁来干？干什么？如何干？工作质量有什么要求？”等内容。企业隐患排查治理体系建设的初期培训对象分为两种：一是对领导层（高层与中层）人员进行背景培训，二是对承担推进工作的骨干人员进行全面培训。对领导（高层与中层）进行背景培训，通过培训，使相关领导充分认识到企业实施隐患排查治理体系的重要意义、作用，让他们了解整个实施过程，知道自己在整个过程中的工作职责，以及应该给予隐患排查治理工作的支持和保障。对承担推进工作的骨干人员进行全面培训，主要内容包括：背景（可与领导层培训合并进行）、相关政策法规、隐患排查标准内容详解、制度编写、隐患排查治理过程等方面。

隐患排查的主体是企业的所有人员，包括从领导到一线员工直到在企业工作范围内的外部人员，以保证排查的全面性和有效性。在颁布隐患排查治理制度文件之后，组织全体员工，按照不同层次、不同岗位的要求，学习相应的隐患排查治理制度文件内容。所有人员能不能或者会不会隐患排查是关键，必须对其进行有针对性和有效果的教育培训。在各种安全生产教育培训工作中要将隐患排查的内容纳入，并根据需要做专门的培训，还要确认培训的效果，以保证所有人员有意识、有能力地开展隐患排查。

（3）实施排查

排查的实施是一个涉及企业所有管理范围的工作，需要有计划、按部就班地开展。

1）排查计划。排查工作涉及面广、时间较长，需要制定一个比较详细可行的实施计划，确定参加人员、排查内容、排查时间、排查安排、排查记录等内容。为提高效率也可以与日常安全检查、安全生产标准化的自评工作或管理体系中的合规性评价和内审工作相结合。

2）隐患排查的种类。隐患排查种类包括：①专项排查。专项排查是指采用特定的、专门的排查方法，这种类别的方法具有周期性、技术性和投入性。主要有按隐患排查治理标准进行的全面自查、对重大危险源的定期评价、对危险化学品的定期现状安全评价等。②日常排查。日常排查是指与安全生产检查工作的结合，具有日常性、及时性、全面性和群众性。主要有企业全面的安全大检查、主管部门的专业安全检查、专业管理部门的专项安全检查、各管理层级的日常安全检查、操作岗位的现场安全检查等。

3）排查的实施。以专项排查为例，企业组织隐患排查组，根据排查计划到各部门和各所属单位进行全面的排查，流程及关键点如图 4—1 所示。排查时必须及时、准确和全面地记录排查情况和发现的问题，并随时与被检查单位的人员做好沟通。

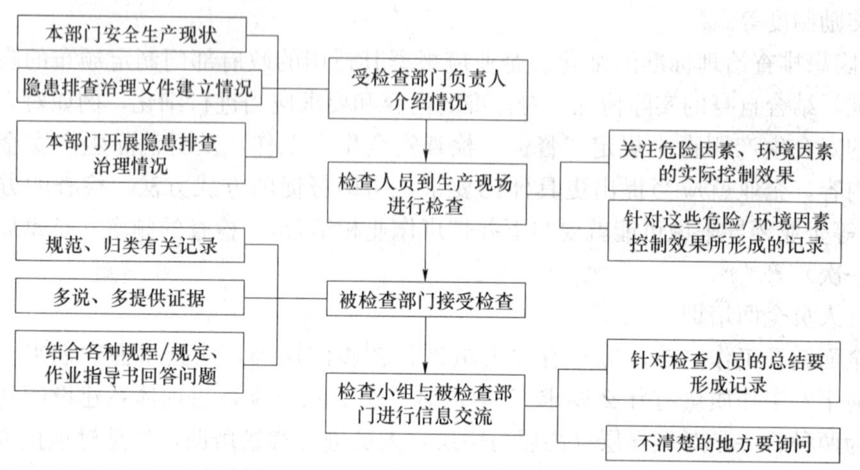

图 4—1　对各部门的排查流程及关键点

4）排查结果的分析总结。一是评价本次隐患排查是否覆盖了计划中的范围和相关隐患类别；二是评价本次隐患排查是否落实了“全面、抽样”的原则，是否落实了重点部门、高风险和重大危险源适当突出的原则；三是确定本次隐患排查发现，包括确定隐患清单、隐患级别以及分析隐患的分布（包括隐患所在单位和地点的分布、种类）等；四是作出本次隐患排查治理工作的结论，填写隐患排查治理标准表格。

（4）纳入考核和持续改进

为了确保顺利进行隐患排查治理工作，领导必须责成有关部门以考核手段为基本的保障。必须规定上至一把手、下至普通的员工以及所有的检查人员的职责、权利和义务，特别是必须明确规定企业中、高层领导在此项工作中的义务与职责。因为，企业的中、高层领导是实施与开展隐患排查治理工作的重要保障力量。

隐患排查治理机制的各个方面都不是一成不变的，也要随着安全生产管理水平的提高而与时俱进，借助安全生产标准化的自评和评审、职业健康安全管理体系的合规性评价、内部审核与认证审核等外力的作用，实现企业在此工作方面的持续改进。另外隐患排查治理也为整体安全生产管理提供了持续改进的信息资源，通过对隐患排查治理情况的统计、分析，能够为预测预警输入必要的信息，能够为管理的改进提供方向性的资料。

3. 企业隐患治理

对隐患排查所发现的各种隐患进行治理，才能真正解决企业生产经营过程中的问题，降低风险，提高安全管理水平。

（1）一般隐患治理

1）一般隐患分级。一般隐患是指危害和整改难度较小，发现后能够立即整改排除的隐患。为更好地有针对性地治理在企业生产和管理工作中存在的一般隐患，要对一般隐患进行进一步的细化分级。事故隐患的分级是以隐患的整改、治理和排除的难度及其影响范围为标准的。根据这个分级标准，在企业中通常将隐患分为班组级、车间级、分厂级直至厂（公司）级，其含义是在相应级别的组织（单位）中能够整改、治理和排除。其中的厂（公司）级隐患中的某些隐患如果属于应当全部或者局部停产停业，并经过一定时间整改治理方能排除的隐患，或者因外部因素影响致使企业自身难以排除的隐患应当列为重大事故隐患。

2）现场立即整改。有些隐患如明显违反操作规程和劳动纪律的行为，属于人的不安全行为的一般隐患，排查人员一旦发现，应当要求立即整改，并如实记录，以备对此类行为统计分析，确定是否为习惯性或群体性隐患。有些设备设施方面的简单的不安全状态如安全装置没有启用、现场混乱等物的不安全状态等一般隐患，也可以要求现场立即整改。

3）限期整改。有些隐患难以做到立即整改的，但也属于一般隐患，则应限期整改。限期整改通常由排查人员或排查主管部门对隐患所属单位发出“隐患整改通知”，内容中需要明确列出如隐患情况的排查发现时间和地点、隐患情况的详细描述、隐患发生原因的分析、隐患整改责任的认定、隐患整改负责人、隐患整改的方法和要求、隐患整改完毕的时间要求等。限期整改需要全过程监督管理，除对整改结果进行“闭环”确认外，也要在整改工作实施期间进行监督，以发现和解决可能临时出现的问题，防止拖延。

（2）重大隐患治理

针对重大隐患，就需要“量身定做”，为每个重大隐患制定专门的治理方案。由于重大隐患治理的复杂性和较长的周期性，在没有完成治理前，还要有临时性的措施和应急预案。治理完成后还有书面申请以及接受审查等工作。

1）制定重大事故隐患治理方案。重大事故隐患由生产经营单位主要负责人组织制定并实施事故隐患治理方案。重大事故隐患治理方案应当包括以下内容：①治理的目标和任务。②采取的方法和措施。③经费和物资的落实。④负责治理的机构和人员。⑤治理的时限和要求。⑥安全措施和应急预案。根据相关规定，企业在制定重大事故隐患治理方案时还必须考虑安全监管监察部门或其他有关部门所下达的“整改指令书”和政府挂牌督办的有关内容的指示，也要将这些指示的要求体现在治理方案里。

2）重大事故隐患治理过程中的安全防范措施。生产经营单位在事故隐患治理过程中，应当采取相应的安全防范措施，防止事故发生。事故隐患排除前或者排除过程中无法保证安全的，应当从危险区域内撤出作业人员，并疏散可能危及的其他人员，设置警戒标志，暂时停产停业或者停止使用；对暂时难以停产或者停止使用的相关生产储存装置、设施、设备，应当加强维护和保养，防止事故发生。

3）重大事故隐患的治理过程。企业在重大事故隐患治理过程中，还要随时接受和配合安全监管部门的重点监督检查。如果企业的重大事故隐患属于重点行业领域的安全专项整治的范围，就更应落实相应的整改、治理的主体责任。

4）重大事故隐患治理情况评估。地方人民政府或者安全监管监察部门及有关部门挂牌督办并责令全部或者局部停产停业治理的重大事故隐患，治理工作结束后，有条件的生产经营单位应当组织本单位的技术人员和专家对重大事故隐患的治理情况进行评估；其他生产经营单位应当委托具备相应资质的安全评价机构对重大事故隐患的治理情况进行评估。这种评估主要针对治理结果的效果进行，确认其措施的合理性和有效性，确认对隐患及其可能导致的事故的预防效果。评估需要有一定条件和资质的技术人员和专家或有相应资质的安全评价机构实施，以保证评估本身的权威性和有效性。

5）重大事故隐患治理后的工作。重大事故隐患治理后并经过评估，符合安全生产条件的，生产经营单位应当向安全监管监察部门和有关部门提出恢复生产的书面申请，经安全监管监察部门和有关部门审查同意后，方可恢复生产经营。申请报告应当包括治理方案的内容、项目和安全评价机构出具的评价报告等。对挂牌督办并采取全部或者局部停产停业治理的重大事故隐患，安全监管监察部门收到生产经营单位恢复生产的申请报告后，应当在 10 日内进行现场审查。审查合格的，对事故隐患进行核销，同意恢复生产经营；审查不合格的，依法责令改正或者下达停产整改指令。对整改无望或者生产经营单位拒不执行整改指令的，依法实施行政处罚；不具备安全生产条件的，依法提请县级以上人民政府按照国务院规定的权限予以关闭。

（3）隐患治理措施

隐患治理及其方案的核心都是通过具体的治理措施来实现的，这些措施大体上分为工程技术措施和管理措施，再加上对重大隐患需要做的临时性防护和应急措施。

1）治理措施的基本要求。基本要求主要包括：①能消除或减弱生产过程中产生的危险、有害因素。②处置危险和有害物，并降低到国家规定的限值内。③预防生产装置失灵和操作失误产生的危险、有害因素。④能有效地预防重大事故和职业危害的发生。⑤发生意外事故时，能为遇险人员提供自救和互救条件。

隐患治理的方式方法是多种多样的，因为企业必须考虑成本投入，需要最小代价取得最适当（不一定是最好）的结果。有时候隐患治理很难彻底消除隐患，这就必须在遵守法律法规和标准规范的前提下，将其风险降低到企业可以接受的程度。可以这样说："最好"的方法不一定是最适当的，而最适当的方法一定是"最好"的。

2）工程技术措施。工程技术措施的实施等级顺序是直接安全技术措施、间接安全技术措施、指示性安全技术措施等；根据等级顺序的要求应遵循的具体原则应按消除、预防、减弱、隔离、连锁、警告的等级顺序选择安全技术措施；应具有针对性、可操作性和经济合理性并符合国家有关法规、标准和设计规范的规定。

3）安全管理措施。安全管理措施往往在隐患治理工作中被忽视，即使有也是老生常谈式的提高安全意识、加强培训教育和加强安全检查等几种。其实管理措施往往能系统性地解决很多普遍和长期存在的隐患，这就需要在实施隐患治理时，主动地和有意识地研究分析隐患产生原因中的管理因素，发现和掌握其管理规律，通过修订有关规章制度和操作规程并贯彻执行来从根本上解决问题。

（4）闭环管理

闭环管理是现代安全生产管理中的基本要求，对任何一个过程的管理最终都要通过"闭环"才能最后结束。隐患治理工作的收尾工作也是"闭环"管理，要求治理措施完成后，企业主管部门和人员对其结果进行验证和效果评估。验证就是检查措施的实现情况，是否按方案和计划的要求一一落实了；效果评估是对完成的措施是否起到了隐患治理和整改的作用，是彻底解决了问题还是部分的、达到某种可接受程度的解决，是否真正能做到“预防为主”。当然不可忽略的还有是否隐患的治理措施会带来或产生新的风险也需要特别关注。

4. 安全生产形势预测预警

安全生产形势预测预警是指以隐患排查结果和仪器仪表监测检测数据为基础，辨识和提取有效信息，分析其可能产生的后果并予以量化，将有关信息经过综合分析形成直观的、动态的反映企业安全生产现状的安全生产预警指数系统，运用预测理论，建立数学模型，对未来的安全生产趋势进行预测，得出安全生产趋势的发展情况。

（1）预测预警的任务

1）以企业日常隐患排查工作为基础，发现工作场所存在的隐患，并及时纠正，使生产过程中人的不安全行为和物的不安全状态及管理缺陷处于被监测、识别、诊断和干预的监控之下。

2）通过对隐患排查数据、监测信息的分析，可以确定各种信息可能造成的后果，辨明造成伤亡的严重程度如何，确定是否处于安全状态，其主要任务是应用适宜的识别指标判断可能造成的后果，此对整个预警系统的活动至关重要。将分析得出的不安全因素进行量化，对可能造成的后果进行量化统计分析，加以系数修正，计算得出安全生产预警指数，通过安全生产预警指数走向的升高和降低，直观反映当前安全状况是安全、注意、警告或是危险。

3）利用系统分析、信息处理、建模、预测、决策、控制等主要内容的预测理论，定量计算未来安全生产发展趋势，警示生产过程中将面临的危险程度，提请企业采取有效措施防范事件事故的发生。

4）根据安全生产预警指数数值大小，对事故征兆（险肇事件）的不良趋势采取不同的措施，进行矫正、预防与控制。

5）对可能造成损失的事件及时进行整改，分析规律，防范同类事件的发生。

（2）预测预警指数系统的建立

这里所指的预测预警指数系统是根据中国安全生产协会的《安全生产预警指数管理系统》的有关内容提出的，供企业参考。

1）收集数据。安全生产预警的基础是数据的收集，数据来源为两个方面：隐患排查的结果及仪器仪表监测数据。在隐患排查中，不仅要发现物的不安全状态，同时对人的行为也要加以判断，对于好的安全行为要及时表扬并记录在案，仪器仪表监测过程中不正常的数据要进行整理。通过对历史数据、即时数据的整理、分析、存储，建立安全预警数据档案。

2）分析判断。对收集到的信息、数据进行分析，判断已经发生的异常征兆及可能发生的连锁反应，评价事故征兆可能造成的损失。对分析的结果进行分类统计，形成部门安全预警情况报告，上报企业安全管理部门，汇总分析后，得出当前安全生产预警指数报告。分析判断包括原始数据判断和伤害等级判断。

3）系数修正。系数修正包括：①报告份数修正。为了消除规定时间内安全预警情况报告数量不同对安全生产预警指数的影响，按每周（月）适合本企业的平均数来修正周（月）伤害统计值。②事故修正。事故的发生会造成安全生产预警指数的升高，另外，每次事故发生后都会对一定时期内的安全生产工作产生影响，因此，系数修正要考虑不同级别事故及事故发生后一段时期内的影响。③隐患整改率修正。隐患整改率的高低直接影响企业安全生产状况，因此，要根据不同的隐患整改率，进行修正。④培训及演练修正。安全教育培训是提高员工安全意识和安全素质，防止产生不安全行为，减少人员失误的重要途径。因此，培训能够降低企业安全风险，降低安全生产预警指数值不同级别的培训（厂级、车间级和班组级）对员工的影响不同，修正值不同。

4）计算。安全生产预警指数的计算是以规定时间段内的各部门安全预警情况报告为基础，进行报告份数、演练、培训、事故、隐患整改率等系数修正，计算得到安全生产预警指数值。包括统计值计算和安全生产预警指数计算。

5）生成图形。根据预警指数数值，并按照时间顺序，将一段时间内的安全生产预警指数连接后，即构成了安全生产预警指数图，从而直观反映企业整体安全形势。

运用预测理论，对历史安全生产预警指数进行整理、修正后，消除影响因素，建立数学模型，生成安全生产趋势图，直观预测企业安全生产趋势。

第二节　商贸服务企业事故隐患排查治理相关制度

商贸服务企业安全管理的重点是消防安全管理。在消防安全管理上，商贸服务企业应建立健全系统的消防工作制度，包括领导逐级消防责任制度、员工消防岗位责任制度、动用明火安全管理制度、用电安全管理制度、消防设施、设备检查维护制度等，以及对各种消防安全档案管理的要求、对消防应急方案和消防安全培训演练的要求等。通过规章制度的执行落实，保证企业的规范运行，达到内外一致、上下一心，使消防工作做到全面到位，不出漏洞、不留隐患。

商贸服务企业在消防安全管理规章制度上有许多共同之处，在此选择了几家大型商场消防安全管理的有关规章制度，供相关企业参考借鉴。

一、营业场所消防安全管理制度

为了维护营业场所的正常经营秩序，避免火灾事故的发生，保障顾客和员工人身财产安全，制定本制度。

（1）营业现场实行防火责任制，商场第一负责人及各柜组长，是该商场、该柜组的消防安全负责人。

（2）各负责人对所属员工要进行消防安全教育，并组织员工学习和遵守消防安全制度。营业员要熟悉公司的各类消防设施和安全出口位置，掌握火灾情况下的疏散救援方法，能熟练使用消火栓、灭火器等消防器材。

（3）柜台内严禁违规存放易燃易爆物品。

（4）严禁在营业场所、柜台内吸烟、动用明火或使用电炉子、电热器等大功率用电器具。

(5) 柜台内外必须保持整洁，废弃的包装纸、盒等易燃物，不要抛撒地面，应集中并及时处理。

(6) 经营指甲油、摩丝、火柴、蜡纸、改正液、赛璐珞（硝化纤维塑料）制品对上货量应加以限制，一般不超过两天的销售量，严禁将汽油、酒精等易燃易爆危险物品带入营业场所。

(7) 严禁在营业场所、柜台内擅自乱拉电线，需要时报请保卫部、动力设备部批准，并由专业电工设置。

(8) 出售和必须使用电器的柜组，必须经常检查电器和电源线路，发现异常，报告动力设备部尽快维修。用电设备不准长期通电。

(9) 营业员在售货中，要时刻提高警惕，严防外来火种进入柜台。

(10) 任何人不得擅自挪用、堵挡和损坏消防器材设备。

(11) 为了保证顾客安全疏散，商场的楼梯、通道必须保证畅通，不得堆放商品、货物，不得临时设摊推销商品。

(12) 营业结束后，当班人员必须关好门窗，检查死角，确保无火种，并关闭所有电源开关，拔下电源插头，方可离岗。

(13) 有火情发生时，要立即报警并迅速引导顾客疏散。

(14) 违反本制度，按公司的“消防安全管理奖惩规定”给予处罚，造成严重后果的追究其法律责任。

二、商场（市场）安全清场检查规定

为做好本商场每日终止营业后的安全清场检查工作，确保大楼下班后安全，特制定本规定。

1. 清场检查参与人员

(1) 组织清场检查管理人员：保卫部门负责人、各楼层经理。

(2) 清场检查人员：保卫部白天执勤人员、夜间小夜班执勤人员。

(3) 各楼层清洁工、厕所管理工、电梯工、各经营户主。

2. 清场检查责任

凡确定参与清场检查的人员，均依据国家有关对大型商场的消防管理要求及本单位消防安全管理要求确定。凡参与清场检查人员均应负责楼内各方位消防安全清场检查工作任务，并承担相应安全责任（保卫人员将要承担主要责任）。

3. 清场检查办法

每日终止营业时，提前 20 min 由各楼层经理负责召集本楼层清洁工、厕所管理工、电梯工、按时进入清场部位检查准备工作，清场时楼层经理组织清洁工、电梯工坚守本楼层各楼梯、电梯处（只准下人，不准上人），主要任务是禁止非工作人员进入清场完毕楼层。清场开始，保卫人员统一从最高楼层起由上往下逐层清理检查，清场完毕统一外出离场，保卫班组长要负责在值班室做好清场检查情况交接工作，交接工作要详细记录清场检查情况后方可离岗。

4. 清场检查的主要事项任务

（1）电源

检查所有电源开关是否关闭，电源插座及各电源线路是否漏电、断电。

（2）火源

检查各部位有无明火隐患。

（3）水、暖气

检查楼层内各水管是否关闭，消火栓供水管道、接口是否完好，卫生间水管是否完好，供热暖气部位是否安全等。

（4）易燃可燃物品和爆炸危险品

主要检查各部位是否存放易燃可燃物，特别是各部位电源开关、暖气附近是否有违章存放易燃可燃品和爆炸危险物品（危险化学品）等。

（5）门窗检查

要认真检查各楼层门窗是否关闭上锁。

（6）隐蔽死角是否隐藏犯罪嫌疑人员

彻底清查楼层各隐蔽死角部位是否隐藏盗窃或准备各种破坏的犯罪嫌疑人员，检查主要隐蔽部位，如柜台内、精品屋、货架上方和后背处，柜台内排服装部位、模特摆放处、楼内其他上方不易观察部位，各楼层底部隐蔽处，各楼层垃圾通道，电梯、扶梯等有关部位（处）。

（7）全面检查其他可能存在的各种安全隐患。

5. 清场检查责任要求

（1）凡参加清场检查人员务必按时到位参加清场检查工作，在清场检查中，要按以上规定要求各守其位，各尽其责，进行有序清理检查工作。

（2）各楼层清洁工，在参与清场前，首先务必将所负责楼层卫生间的水、暖、电、门窗检查关闭好，同时要将楼内易燃可燃物品、垃圾检查清理完毕，之后按时进入全楼清场工作。

（3）清场检查人员在清场期间要坚决服从保卫部门负责人和楼层经理的统一指挥，要按照要求高度负责认真清查，坚持做到高度清醒，决不疏忽麻痹，要认真、细致、彻底、全面清理检查，决不允许存在丝毫隐患，务必对该查的部位确认安全，保证每日终止营业后万无一失。否则，对存在隐患，发生事故，经有关技术部门鉴定及查明责任后，谁清查的部位造成事故，将由本人承担一切后果责任。

三、仓库消防安全管理制度

为了加强仓库的消防安全工作，保护仓库和商品的安全，避免仓库及人身受火灾危害，制定本制度。

（1）本制度适用于公司所属储存各类商品、物资的仓库、周转库和场所。

（2）严禁在仓库内吸烟、带入火种、使用明火。

（3）仓库防火安全工作实行仓库、班组、岗位逐级负责制。

（4）仓库防火责任人要制定电源、火源、消防设施和值班巡逻、安全检查、消防安全管理规章制度，逐级落实防火责任制和岗位责任制。

(5) 组织开展防火检查、消除火灾隐患。

(6) 禁止聘用年老体弱人员值班、值宿。外来临时人员在仓库工作，必须经保卫部门审查同意。

(7) 仓库负责人要经常检查仓库的消防设施、器材的完好情况。发现火灾隐患立即消除，并向单位领导汇报，对进库的货物要仔细检查，防止带入外来火种。

(8) 仓库工作人员下班时要关闭门窗、拉闸断电，消除火种，清扫易燃物品，确认无火灾危险后方可离岗。

(9) 进入仓库的外来人员要对其进行防火宣传、教育，制止不符合消防安全要求的行为。

(10) 仓库应设置醒目的防火标志，严禁吸烟和使用明火。

(11) 仓库内如需动用明火作业，必须报保卫部批准，并制定安全防范措施，指定专人负责监护，作业结束要认真检查，不得留有火种。

(12) 仓库内安装、使用固定电源，必须符合安全规定。

(13) 仓库内不准乱拉临时电线，不准值班人员使用电炉、电热杯等电热器做饭、取暖。

(14) 仓库内不准设置移动照明灯具，照明灯头要装在通道上方，安装防爆灯罩。灯具下不许堆放商品，留作通道。禁止使用蜡烛、油灯、火柴、打火机照明。

(15) 储存商品必须按性质存放，对易燃易爆危险物品要设专库保管，不得混放。

(16) 库存商品垛与垛间距不少于 1 m，垛与墙间距不少于 0.5 m，垛与柱间距不小于 0.3 m，主要通道宽度不小于 2 m。

(17) 每年雷雨季节到来之前，要请气象部门检测防雷设施。

(18) 对于违反本制度的人员，视情节轻重，按奖惩制度给予经济处罚和纪律处分；情节严重的，由有关司法机关处理。

四、门卫、夜勤值班制度

门卫、夜勤值班工作是企业安全工作的重要组成部分，责任十分重大。为确保此项工作严格落到实处，结合现行有关规定，特对门卫、夜勤制定以下制度。

(1) 门卫、夜勤人员必须以高度的责任心和敬业精神，坚守岗位，必须按规定时间上岗，要填写交接班记录，严禁迟到早退。一经发现，第一次罚款 20 元，第二次下岗，退交公司人事部。

(2) 严禁在当班期间酗酒、打扑克、打麻将、干私活、看书报，如有违反，根据情节给予 200～500 元的罚款，情节严重的，按照公司有关规定给予下岗直至解除劳动合同的处罚。

(3) 夜间楼内巡视必须两人以上同行，前夜岗和后夜岗应每小时巡查一次，对角落及试衣室应重点巡查。

(4) 严禁值班空岗、脱岗和岗上睡觉。如有空岗者，立即勒令其下岗。上岗睡觉或脱岗者，第一次罚款 200 元，第二次下岗并交公司人事部。

(5) 需请病假时，应提前请假并履行请假手续。

(6) 每岗必须检查营业场所内电气设备、电源开关是否处于开启状态，是否存在短路现象。

(7) 严格巡查，防止纵火等事故的发生。

(8) 凡因不认真遵守本制度及企业其他规章制度而导致火灾、盗窃等事故发生，按公司《消防安全管理奖惩制度》给予相应处罚并赔偿损失，直至追究刑事责任。

五、日常防火巡查和检查制度

为了做好公司日常消防安全工作，预防重大火灾事故的发生，保障公司经营工作顺利进行，特制定本制度。

1. 巡查制度

公司保卫部全体工作人员以及设备部部分维修人员，为公司日常消防安全工作的巡查人员。巡查人员应每天每两小时对营业厅、仓库、配电室等重点部位巡查一次，巡查内容包括：

(1) 用火、用电有无违章情况。

(2) 安全出口、疏散通道是否畅通，安全疏散指示标志、应急照明是否完好。

(3) 消防设施、器材和消防安全标志是否在位、完整。

(4) 常闭式防火门是否处于关闭状态，走道出口是否堆放物品，影响疏散。

(5) 消防安全重点部位的人员在岗情况。

(6) 易燃易爆危险品（如摩丝、发胶、丁烷气、柴油等）的存放使用情况。

(7) 营业结束时，对营业现场进行检查，消除遗留火种。

(8) 夜勤人员加强夜间防火巡查。

防火巡查人员应当及时纠正违章行为，如发现火灾隐患，应妥善处置；无法当场处置的，应当立即上报保卫部，发现初起火灾应当立即组织扑救，同时立即向消防部门报警。

防火巡查结束后，巡查人员应当填写巡查记录，并在记录上签名。

2. 检查制度

公司成立以保卫部为主的消防安全检查组，会同楼层部、办公室、企划部、人事部、动力设备部每月对全公司进行一次消防安全检查；每季度由公司主要领导为组长，有关部门负责人为成员组成消防安全检查组，对全公司进行消防安全大检查，检查内容包括：

(1) 火灾隐患整改情况以及防范措施的落实情况。

(2) 安全疏散通道、疏散指示标志、应急照明和安全出口情况。

(3) 消防车通道、消防水源情况。

(4) 灭火器材配置及有效情况。

(5) 用火、用电有无违章情况。

(6) 重点工种人员以及其他员工消防知识的掌握情况。

(7) 消防安全重点部位的管理情况。

（8）易燃易爆危险品的存放情况。

（9）消防监控室值班情况和设施运行、记录情况。

（10）防火巡查情况。

（11）消防安全标志的设置情况和完好有效情况。

（12）公司各部门落实公司的各项消防安全管理制度情况。

防火检查查出的火灾隐患能整改的需及时整改，不能及时整改的，应填写火灾隐患整改通知书限期整改，及时上报公司消防安全责任人。防火检查后应当填写检查记录，检查人员和被检查部门负责人应当在检查记录上签名。

六、火灾隐患整改制度

（1）公司对存在的火灾隐患，应当及时予以整改消除。

（2）对违反消防安全规定的行为，公司消防安全部门应当责成有关部门当场整改并督促落实。如督促后仍不整改的，依据公司《消防安全管理奖惩制度》进行处罚，并有记录存档备查。

（3）公司对不能当场整改的火灾隐患，应及时制定整改方案，确定整改措施，限期整改并落实整改资金和人员。

（4）在火灾隐患未消除之前，公司应当落实防范措施，确保消防安全，存在严重火灾隐患的应当将危险部位停业整改。

（5）火灾隐患整改完毕，负责整改的部门或者人员应当将整改记录报送消防安全责任人或者消防安全管理人签字、确认后存档备查。

（6）对于涉及城市规划布局不能自身解决的重大火灾隐患，公司应当提出解决方案，并及时向其上级主管部门或者当地人民政府报告。

（7）对公安消防机构责令限期改正的火灾隐患，公司应当在规定的期限内改正并写出火灾隐患整改复函，报送公安消防部门。

（8）租赁公司营业场所经营的单位和商户，必须对租赁场所的消防安全工作负全部责任。如存在火灾隐患的，公司有权督促其整改，如不及时整改的由公司上报当地消防监督部门。

七、安全用电、用火管理制度

为了加强公司企业的消防安全管理，规范用火、用电行为，预防火灾，制定本制度。

（1）公司所属各部门用火、用电，都须按本制度执行。

（2）电工人员必须持证上岗，经常进行教育培训，按特殊工种的要求管理好电工。

（3）电工人员必须遵守值班制度和工作职责，不可随意提前、拖后送断电时间。

（4）对公司所有用电线路、设备，电工人员负有监督、检查、维修管理的责任。

（5）电气设备的安装要符合国家电力部门规定。

（6）任何部门、个人都不准许私拉乱接电线、插座，不准乱用电器。

（7）如必须新增电气设备、电源线路，须到保卫部、动力设备部申请，经过批准，由专业人员进行施工，施工结束后，由保卫部、动力设备部检查验收，合格后方可使用。

(8) 大楼任何场所和部门严禁使用电炉子、电热杯、电热毯等电热设备。

(9) 使用电源、电器，出售电器的柜组，必须经常检查电器和线路，发现问题及时整改，所有开关要做到随用随关。

(10) 对不符合用电安全要求的设施、线路，动力设备部要立即整改和拆除。

(11) 经批准使用锅灶的部门，要指定防火责任人，做到定人、定点、定制度，炉灶要设在安全部位，周围不准堆放可燃、易燃物，做到有火有人，人走火灭。

(12) 营业现场、各部室、仓库等禁火区严禁吸烟、带入易燃、易爆物品及可能酿成火灾的火种。

(13) 营业现场、仓库严禁使用明火。

(14) 在禁火区明火作业时必须事先填报动火证，经保卫部批准后，领取动火证方可施工。施工过程中，施工单位要派专人监护，做好灭火准备。

(15) 电、气焊割人员要有特殊工种操作证。

(16) 违反本规定的部门和个人要依照公司《消防安全管理奖惩制度》给予行政处分和经济处罚。造成严重后果的，依法追究刑事责任。

八、接用电管理制度

为了加强接用电管理，防止电气事故的发生，节约用电、减少费用，特制定接用电管理制度。

(1) 公司在出租房屋、场地、柜台、专卖店、精品屋及新修店面签订合同时，必须核定承租用户的用电量，经动力设备部审批后方可用电。新增部分用电应由承租用户自备电表及相关材料，由专职电工安装检验完毕后，方可使用。

(2) 承租用户加装的广告灯箱、照明、电气设备能装表计量的，必须装表计量，统一收费。凡不能装表计量的广告灯箱、照明设施，由动力设备部核准用电量后，方可使用，并需逐月交纳电费。

(3) 用户使用的电料必须符合国家产品质量标准，禁止不同材质的电料搭配使用。

(4) 凡未经批准私自用电或承租用户自行增加的电器、用电设备，一经发现立即取缔，并处以500元以下罚款。

(5) 凡装修复业后用户新增加的灯箱、用电设备，由动力设备部根据原合同用电量核定，超出部分应装表计量，统一收费，不得自行变更用电量。

(6) 用电收费标准

1) 凡装表计量的，收费标准按商业用电电价每千瓦时0.90元（其中含0.012的表损）收取。

2) 凡不具备装表计量的用户，根据核定的用电量每千瓦时0.90元收取。

3) 凡未装表的用户用电时间每日按12 h计算。

(7) 缴费由大楼动力设备部统一造册，由用户统一交财务部门出具收费单据，凡不能按时交纳的用户，按每天5%交纳滞纳金。

九、消防器材设施维护、管理制度

为了使公司的消防设施保持良好的状态，以确保大楼的消防安全，特制定本制度。

1. 移动消防器材的维护、管理

（1）消防器材的购置、更换、维修统一由公司保卫部管理。

（2）灭火器材每半年必须检测一次气压，每一年必须对罐体及灭火药剂进行一次检测、维护。

（3）消防器材、消防设备、设施应由专人负责维护、保养。

（4）灭火器材放在指定地点，任何人不得擅自挪用、堵挡和损坏消防器材。

（5）消防设备、设施及器材必须有维修、维护记录。

2. 固定消防设施的维护管理

（1）为确保建筑物消防安全，火灾自动报警系统与其他消防设施必须经当地消防监督机构验收合格后方可投入使用。在投入使用后应保持系统在自动状态连续正常运行，任何单位和个人不得擅自随意中断运行，如必须中断，必须及时上报公安消防机构。

（2）系统必须要有专人负责，坚持24小时值班制度，无关人员不得随意触动。

（3）系统投入正常使用后，必须严格按照操作规程进行定期检查和试验。

3. 火灾自动报警系统检查要求

（1）每日值班人员应检查集中报警控制器和区域报警控制器的功能（如火警功能、故障功能、复位、消音等）是否正常，有关指示灯有否损坏，值班人员应将每日检查、处理问题情况记录在册。

（2）每周进行一次主、备电源自动转换试验。

（3）每季度对火灾自动报警系统的各项功能进行试验和检查。

（4）每年公司应联合生产厂家有关技术人员对自动化消防系统的各项功能进行检测，并出具检测报告。

4. 室外消火栓及结合器的维护、管理

（1）每月检查消火栓供水情况，在放净锈水后再关闭，观察有无漏水。

（2）经常清除消火栓附近障碍物，清除井内积聚的垃圾、尘土等杂物。

5. 室内消火栓的维护、管理

（1）严禁擅自使用消防水带、水枪，不得把消防水源当作生活水使用。

（2）每半年要进行一次全面的检查（消火栓、水带、水枪是否齐全好用；报警按钮、指示灯及报警控制线路是否正常）。

（3）严禁挪用、圈占、遮挡消火栓。

6. 自动喷水灭火系统的维护与管理

（1）每两月对水流指示器进行一次功能试验。

（2）每季度应对报警阀进行一次功能试验。

（3）自动喷水灭火系统必须始终处于正常的警戒状态。

7. 消防泵的维护管理

（1）每月启动运转一次，检查水泵运行是否正常。

（2）每年应对水消防系统进行一次模拟火警联动试验。

8. 消防设施、安全疏散设施弱电部分的维护管理

（1）消防设施中火灾联动报警控制器、消防广播等侧重于弱电系统的设备由公司设备部弱电组负责对其进行检查、维护和修理，使其能够正常运行。

（2）对于火灾联动报警控制器反映的设备失常工作情况，维护人员要及时进行检查，如发现设备确实存在故障或误报，要及时对故障或误报进行排除。若设备出现复杂故障或缺少零部件的情况，维护人员要立即上报主管领导，商讨解决故障的方案，尽快恢复设备的正常运行。

（3）对于消防设施中已投入运行，处于动作预备状态的设备，要定期对其进行试验，以确保其需要启动时能够正常工作。

（4）每周对安全疏散指示灯和火灾事故应急照明灯进行巡查，发现有不能正常工作的，及时进行修复；不能被修复的，要及时予以更换。

（5）对消防设施中的喷淋系统，发现管线中出现的跑、冒、滴、漏现象，维护人员要及时给予修复，以保持管线中的正常压力水平。每周对消防水泵进行一次巡检，发现问题及时解决。

（6）如需要对消防设备的种类、数量做变动及停用部分消防设备时，事先应向本部门负责人和保卫部提出申请，经批准后方可执行。

十、安全疏散设施管理制度

为了保证公司安全疏散设施的正常使用，确保人员在发生火灾后能够快速疏散逃生，特制定本制度。

（1）巡查人员应定期对公司各部位进行巡查，保证各安全通道畅通无阻。

（2）每月对楼内的应急照明灯、安全出口指示灯和疏散指示标志进行认真检查，并定期充放电。

（3）保证常闭式防火门处于关闭状态，每日检查闭门器等是否好用。

（4）严禁下列行为：

1）擅自占用疏散通道。

2）在安全出口或疏散通道上安装栅栏等影响疏散的障碍物。

3）在营业、工作期间将安全出口上锁、遮挡或者将消防安全疏散指示标志遮挡、覆盖。

4）其他影响安全疏散的行为。

十一、义务消防队管理制度

为了加强和规范义务消防队的管理，提高预防和扑救火灾能力，制定本制度。

（1）义务消防队员定期（每星期一下午）学习消防常识、法律、法规，熟悉工作职责。

（2）每半年进行一次消防训练，必须熟练掌握消防器材、设施的性能和使用方法。

（3）有火灾发生时，要按照《疏散预案》和《灭火预案》安全迅速疏散人员，向

119 报警并积极灭火。

（4）在配合消防部门灭火时，要听从命令、服从指挥。

（5）在学习、训练中要做好学习记录，不得无故缺课、缺训，有事提前请假。

（6）在日常训练和灭火救援中不主动积极的或贻误战机的，按照公司有关规定给予处罚。

（7）义务消防队每年进行一次业务考试和评比，成绩优秀者公司给予一定的精神奖励和物质奖励。

（8）义务消防队的日常工作由公司保卫部统一管理。

第三节　商贸服务企业事故隐患排查治理做法

事故隐患的存在是引发事故的重要因素，这已经成为人们的共识。因此，安全管理工作一个重点，就是在事故未发生之前，及时排查治理事故隐患，消除事故发生的条件。排查治理事故隐患，不仅工业企业需要，商贸服务企业同样也需要。近年来，在事故隐患排查方面，许多商贸服务企业采取了一些积极有效的做法，对排查治理事故隐患发挥了重要作用，在此对北京菜市口百货公司、北京凯晨世贸中心、北京顺鑫公司、西安西站加强消防管理、消除火灾隐患的做法进行介绍。

一、北京菜市口百货公司建立健全安全防控体系的做法

北京菜市口百货股份有限公司是北京最大的黄金珠宝专营公司，营业面积 8 800 m^2，旗下拥有公司自主品牌——菜百首饰。菜百公司主要经营黄金、铂金、钻石、珠宝、翡翠、金银币章、金条及投资类产品等项目。

菜百公司位于北京市繁华街区，在企业发展的进程中，公司始终把安全放在首位，长期坚持“稳定促发展、安全出效益”这一宗旨，坚持“安全第一、预防为主”的安全生产方针，从而营造了安全、稳定的经营环境和氛围。在安全管理上，公司采取完善安全防控体系、健全安全管理制度、加强安全教育、提高员工安全防范意识等做法，取得了很好的效果。

1. 领导重视，责任到人，完善体系，健全制度

公司领导始终把企业安全生产工作纳入企业重要议事日程：成立了安全生产领导小组，坚持一把手负总责，主管经理亲自抓，安全保卫部门具体管，各楼层、部门层层落实，并将安全生产工作分解到岗，分解到个人，实行三级目标责任制，逐级落实，形成全方位的安全网络，做到层层有人抓，处处有人管，事事有人落实。

结合公司实际情况，研究、制定和完善了符合企业情况、切实可行的各项安全生产制度如下：

（1）安全生产工作例会制度。

（2）安全生产教育培训制度。

（3）安全生产工作检查考核奖惩制度。

（4）劳动安全卫生制度。

（5）领导干部 24 小时带班制度，专、兼职人员值班制度。

（6）生产安全事故申报和处理制度。

（7）设备设施管理制度和安全防护规定、公司商装、电气安装等一系列安全生产规章制度。

通过企业安全生产法制体系的建立，促进了企业安全生产工作走向了制度化、法制化的轨道。

公司各级领导在安全生产工作中严格执行各项法律、法规，确定了各岗位安全工作规范，并将安全工作作为考核干部和职工的一项重要指标和内容，实行干部安全工作责任追究。公司还以部门和岗位为单位，制定了各部门和重点部位的应急方案并组织员工反复演练。把各种可能发生的问题想到前面，把可能采取的措施做在前面，把实施预案的监督检查走在前面，对检查出的问题立即整改，堵塞漏洞，不留死角。

针对楼层施工装修，要求事先填写施工计划，经各级部门层层审批，保障施工安全。为杜绝安全隐患，公司为来场施工单位准备了《北京市电气防火检测技术规范》等条文，对施工的特种工作人员的资格进行严格审查，确保企业安全生产万无一失。在人员落实、资金投入、设施建设、器材更新等方面重点考虑，优先安排，舍得投入，每年在进行财务预算时，都将安全方面的支出提前考虑，将此项工作纳入企业的经营管理中，仅近两年新增安全方面的投入就在百万元以上。多年来，由于领导重视，措施得力，检查到位，奖惩分明，为企业创造了一个良好的安全生产环境。

2. 加强安全教育，提高员工安全防范意识

“为顾客创造良好的购物环境，为消费者提供安全保证，切实维护消费者的利益，不使国家、企业、职工、消费者财产受到损失”是公司安全工作的出发点和立足点，搞好安全生产仅靠企业的几个领导是远远不够的，一定要有广泛的群众基础。因此，公司把提高全员的安全意识，大力开展全员安全教育、培训作为一个重要课题，常抓不懈，充分利用广播、宣传栏、职工大会和每日班前、班后会、组织演练等各种形式对全员进行安全教育，提高职工对安全工作的认识和重视程度。在重大节日和活动前，及时制定应急预案，组织职工学习培训，并进行不定期的询问考试。

在安全生产教育工作中，公司明确规定总经理负责安全生产教育，主管领导负责组织实施培训计划，部门负责人组织培训，保证让每个职工具有必要的安全生产知识，熟悉安全生产制度和安全操作规程，掌握本岗位安全操作技能，增强员工的事故预防和应急处理能力，真正树立起安全生产意识。公司在安全教育工作上做到了经常化、制度化，利用干部会、职工大会、班前会进行布置，及时下发安全工作文件。

公司经常开展防火、防爆、突发事件等演练，如公司结合吉林市中百大厦发生火灾的惨痛教训，警醒公司的员工，及时地组织员工学习消防知识，了解消防器材和安全出口所处位置以及消防器材的正确使用及火灾逃生自救等常识培训。公司还将《北京市消防安全责任监督管理办法》等安全生产宣传挂图以宣传栏的形式张贴在明显位置，花费 2 000 元租赁场地进行消防知识培训，聘请消防协会的专业人员讲解消防知识，播放消防录像，加深员工对消防工作的理解。

在安全生产方面，公司注重对特殊岗位如电梯、高压配电室工作人员进行专门的培训，做到一个人不漏，一个岗不少。

通过经常化的宣传教育，全体员工提高了对安全工作的认识和重视程度，增强了安全生产意识，提高了遇突发事件的自救能力。

3. 抓好安全制度的落实，注重实效，确保企业万无一失

公司加强对安全生产的检查监督，消除侥幸心理和麻痹思想，强化安全保障措施，坚决消除安全隐患，将安全从事后的处理转化为事前的预防。

公司领导每日结业后带领值班人员进行清场检查，保卫部经理每日在一线值班巡视，及时纠正不规范行为，在营业时间内专职保卫人员和保安人员坚持全天候在货场巡视；消防中控室人员坚持每两小时巡视检查；公司领导会同有关部门负责人每周进行安全专项检查；定期组织电工对商场电器及各专柜部门用电情况进行检查，加强对电梯、配电室等各部位的安全检查，及时发现问题，及时整改；经常对特殊工种人员持证上岗情况和操作规程进行抽查，并召开专门会议，强调安全责任，杜绝违章操作。真正把安全生产工作做到了经常化、制度化和规范化。此外，对外联单位张一元、雪亮眼镜、同仁堂、华普超市一并进行检查，不留死角。

对于检查中所发现的隐患，公司及时制定和采取整改措施。例如一次在总经理带队进行实地检查过程中，发现一层货场消火栓前空间过小，于是立即决定撤销一个经营岛。一个岛的年销售在200余万元，减少这个岛，必然影响到企业的经济利益。但是公司领导从安全的角度考虑，经济利益可以弥补，而安全出了问题是无可挽回的。随着企业安全意识的提高，公司随时都在对安全隐患进行不断查找和整改。为了保证安全，公司还调整增加了货场和安全出口的应急照明20处，增加安全指示标志30多个。每年定期出资请检测部门对商场的电气设备进行检查。对于外联单位的安全工作，公司也是给予了足够的重视，投入了必要的人力、物力和财力。同时加大了公司的执法力度和制度落实情况的监督，严格执行企业安全生产奖惩制度，无论是职工还是干部，也不管是本企业人员还是厂方信息员，都是同样考核。对于维护企业安全的人员坚决给予奖励，造成隐患的给予处罚。一次公司一位楼层经理在办公室洽谈业务时，对方吸烟，这位经理未进行劝阻，因此对这位经理进行了200元的经济处罚。公司真正地把安全生产与商品质量、服务质量放在了同一平台上进行管理、考核和监督，保证了企业、职工、消费者人身和财产安全，同时企业也从安全的环境中创造了不俗的业绩。

二、北京凯晨世贸中心积极推进消防管理标准化的做法

北京凯晨世贸中心建成于2006年6月，是一座高档商务写字楼，位于西长安街复兴门内大街，集合了西长安街、金融街和西单三大商圈的优势，地理位置得天独厚，被誉为长安街顶级写字楼。该中心由三个内部独立楼体组成，占地19.4万m^2，总高度约57 m，通体的玻璃幕墙，犹如水晶，透出大厦高端的品质。大厦有地上14层，入住了40家单位，每日大约有3 000人出入这座大厦，多是经贸、金融行业；有地下4层，B1为物业办公场所和大厦服务场所，超市、休闲、商务中心、票务中心、会议中心、洗衣店、茶艺室、餐厅一应俱全。2012年12月22日，凯晨世贸中心正式通过美国绿色建筑

协会 LEED-EB 金级认证，成为中国内地第一家获此殊荣的楼宇。

高层建筑由于其楼层高、构筑复杂、火势蔓延迅速、扑救难度大、人员密集、设备多且智能化程度高、一旦发生火灾造成的损失大等特点，消防安全更显重要。位于北京市金融街商圈的凯晨世贸中心，把消防安全管理工作做得有声有色，建有消防体验教室，由于消防安全工作出色，成为北京市西城区消防支队树立的消防“四个能力”建设标杆。

1. 推进消防管理标准化，配备消防设备先进齐全

凯晨世贸中心由中化金茂物业管理（北京）有限公司管理。物业公司按照公安部制定的消防“四个能力”建设，积极开展工作，一丝不苟，严谨认真，细致地做好每一项事情。

消防“四个能力”建设的内容主要包括：明确各级消防安全责任，公司总经理为第一责任人，责任内容横向到边、纵向到底。对入住客户的消防安全进行全过程监控，将消防安全管理纳入公司 QSHE 体系，对管理职责、制度、标准、流程进行梳理和完善，并接受认证公司审查，同时，建立规范的消防安全档案；对消防设备进行量化和目视化管理，并建立电子图片档案；严格执行年检、月检、日检巡检制度，设计最优化巡检线路，利用电子巡更和中控室的监控设备规范隐患排查，与入住客户单位联合成立禁烟小组进行每月一检；建立志愿消防队，配备空气呼吸器、逃生面具、防护服等应急器材；通过定期组织物业公司内部人员、外包人员、新进员工以及客户进行学习和培训，建立集器材展示、消防系统展示、逃生体验、培训与考核于一体的消防体验教室，走进客户办公区进行针对性的培训，制作宣传片和提示牌等形式进行消防安全宣传教育；每年至少组织一次疏散演练，并及时梳理更新应急预案。

该中心的消防设备先进齐全，主要设置有：温感报警器 2 338 个，烟感报警器 4 709 个，手动报警装置 417 个，明装/暗装喷淋 15 972 个，应急广播 1 204 个，灭火器 1 630 具，消火栓箱 404 个，疏散指示灯 2 125 个，发电机 1 台，气体灭火 1 套，消火栓、喷淋泵各 2 台，监控探头 515 个，直通电话 43 部，消防、安全、安全警示三类标识共计 4 582 个，6 套空气呼吸器，300 套（600 个）逃生面具。

为了实现规范化管理，物业公司对每一个设备都进行了编号，形成电子档案，每一次巡检后都要进行记录，并每月拍一次照片作为检查依据存入电子档案中，便于随时查询设备的位置、状态和更换记录。除此之外，物业公司在夜间值班上，引进了电子巡更设备。值班人员必须进行现场确认，直接打点。监测系统可以进行统一详查，并严格要求做到定路线、定时间、定内容、定频次，并设计了最优化的巡更路线和巡更点位 868 个，把所有设备设施划入了巡更范围，确保巡查无死角，管理更标准化。

2. 周密考虑消防安全，运用先进设施保证安全

凯晨世贸中心在最初设计、施工时，就对消防安全有周密的考虑。大厦除了布控了气体灭火系统、火灾报警系统、中央控制系统和消防喷淋系统外，在玻璃幕墙上也进行了独特的设计。首先，地面各层的每个窗户都设计成在双层真空玻璃外加装一层内导窗，形成自然排热/烟窗，让原有玻璃幕墙变成了智能生态呼吸式幕墙。其次，为防止一旦发生意外，人群聚集在疏散门前出现拥堵，大厦南北两边玻璃幕墙的底层一排玻璃其实是 64 扇电动通风门，在紧急情况下都会同时打开。

中控室更是大厦的神经中枢。它集消防、安防监控和门禁楼宇自控、灯光、窗帘控制于一室，中控室里的 20 块大屏幕可以随时切换到 515 个探头所能捕捉的地方。将库房、重点机房、出入口、重要区域列入安全监控范围，为大厦整体的安全影像记录、快速反应提供了技防支持。

写字楼消防安全最危险的部位是餐厅的后厨，而该中心采取重点部位强防范的做法，积极预防可能发生的火灾。例如在后厨，为了预防火灾事故，设置有自动气体灭火装置，灶台上方设置了喷淋装置，灶台旁边设置有灭火毯。据介绍，处于地下的后厨一旦失火，由于所处空间不利，逃生不便，所以对于这样的重点防火部位，不仅从硬件上配置了自动气体灭火装置，准备了灭火毯，并对后厨工作人员定期培训，便于紧急情况时选择最近的逃生路线撤离。

3. 设立消防体验教室，提高职工安全素质

为让职工们可以自主安排学习时间，大厦设立了消防体验教室，教室设有报警展示区、器材展示区、扑救初起火灾演示区、疏散逃生区、现场网络培训区，实现了培训资源的共享和效用最大化，实现了消防安全教育的一体化和系统化。

消防体验教室室内面积约有 60 m^2，分里、外两间屋，里屋整齐摆放着空气呼吸器（含压缩空气瓶）、安全头盔、火灾逃生面具、安全绳、防护手套、防护靴、防护服、割刀、防爆毯、防爆桶等防护用具；外屋中间摆了一张供学员学习的大桌子，左侧墙上陈列了手动报警装置、消火栓、灭火器、直通电话等消防器材及其使用方法，右侧墙上悬挂了消防控制逻辑示意图，正面桌上摆放着 4 台触摸屏式电脑。该中心专门请专业公司开发的一套属于自己的消防应用培训系统，把相关的消防内容设计成题目加进题库，使用之前，每个学员被分配到一个 ID 号，先进行在线学习，然后再在线考试。通过这种方法，能够使职工了解相关消防知识，有效提高职工的安全素质。

在消防楼梯前厅，专门设置有“消防专用”的竖桶。这是物业公司为抽烟人士专门设置的投放烟头的消防桶。因为引起写字楼火灾的一个重要原因就是随意丢弃烟头，所以该中心根据有关规定，大厦内禁止吸烟，但为防止外来的吸烟客人在得知大厦禁烟时无处扔烟头的情况，大厦特意设置了这种消防桶，并与入住客户代表一起组成禁烟小组，每月组织联合检查，发现有抽烟现象，及时通报。其中一家客户就规定，对吸烟乱丢烟头的员工一次处以 5 000 元罚款。这一规定推出后，该家客户单位还真处罚过 2 名员工。由于禁烟小组的联合检查，以及客户安全意识的提高，目前楼内客户吸烟现象明显减少。

三、北京顺鑫公司强化事故隐患排查治理体系建设的做法

北京顺鑫农业股份有限公司是一家集粮食作物、经济作物加工与销售、白酒生产与销售、肉食品加工与销售、农产品物流配送与销售等于一体的多元化大型企业，下设 6 家分公司、18 家控股子公司。截至 2010 年年底，公司总资产达 118 亿元，实现销售收入 80 亿元，实现利润 4.5 亿元，实现税金 6 亿元，已发展成为中国农业产业化领军企业。

近年来，顺鑫农业公司坚持“安全第一、预防为主”的方针，始终把安全放在各项

工作的首位。在隐患治理方面，公司确定的隐患排查治理工作方针是：建立长效工作机制做保障。通过开展安全生产事故隐患排查治理自查自报管理工作，建立安全生产事故隐患“动态分类排查、动态评审挂账、动态整改销账”的长效机制，实现“零事故、零死亡、零损失，力争实现零隐患”的目标，为实现集团安全和谐可持续发展营造良好的安全环境。

1. 提高对排查隐患的认识，建立工作机制

顺鑫集团为实现“零隐患”的目标，首先建立了一套隐患排查治理工作机制。集团各所属企业为安全生产事故隐患排查治理工作责任主体，员工采取提合理化建议形式全员参与排查，集团履行对企业安全生产事故隐患排查治理工作的监督、检查、指导，形成了两级管理、全员参与的隐患排查治理工作机制。

顺鑫集团实行了隐患动态分类排查工作制度，即领导小组、专家组（内部）、安全生产部有针对性地进行专项隐患排查和定期安全性评价，并组织专家深入企业进行全面系统隐患排查；所属企业层面实行总经理进行季度检查，主管副职领导进行月度检查，主管部门负责人进行每周检查，车间主任和班组长每日进行检查，专兼职安全员、岗位员工则时时检查。为了调动员工参与隐患排查的积极性，在集团内部以开展“我为安全生产提合理化建议”活动为载体，建立员工提安全生产合理化建议奖励机制，有效调动和激励员工开展隐患排查治理积极性。

集团实行隐患动态整改销账工作制度。首先实行隐患整改例会制度。集团隐患整改领导小组将每次集团对企业开展隐患排查情况以及整改意见向集团经理办公会报告，包括每次隐患检查安排、隐患排查结果、整改要求以及针对一些较大隐患问题所提出的整改措施方案意见等。集团经理办公会针对较大隐患问题及时做出整改决策，包括较大隐患问题整改资金投入安排及措施方案决策等，确保及时有效进行整改。

集团所属宝地环球工贸有限公司，原先是一个市级“三八”鞋厂，改制后划归为顺鑫集团，但是企业实际已经停止生产，还有几十名老职工，为解决退休职工生活保障问题，企业还留有车间和厂房出租给商户，做一些小吃、小饭店。由于是老的车间、厂房，配电设备非常破旧，存在配电及消防等方面较大事故隐患。集团安全生产部对商户进行检查发现，进行整改需要更换大量设备，由于顺义区也准备把这个地区拆迁，专家组建议集团进行商户清除关闭，确保安全。隐患上报后，集团经理办公会研究制定了宝地环球工贸有限公司隐患专项整治方案，由集团安排专项资金，由集团两名副总牵头，由所属企业北京顺鑫石门农产品批发市场有限责任公司负责隐患专项整治方案具体实施，仅用 4 个月时间，完成了近百余承租户的清理工作。集团每年直接补贴 100 多万元给这些老职工，解决他们的生活保障问题。目前厂房闲置不用等待拆迁，水电全部切断，留专人看守，从而消除了潜在隐患。

集团实行系统内隐患整改通报制度。集团对所属企业每次安全检查结果都要下发专项通报并提出限期整改要求，所属企业按照隐患整改通报要求落实整改，并按照要求将隐患整改情况上报集团安全生产部，相关隐患整改情况还需上报隐患整改前后对比照片。

集团对所属企业较大隐患整改情况实行复查制度。企业将隐患整改情况上报集团安全生产部后，集团安全生产部召集集团内部专家组成员对企业相关隐患整改情况逐一进行复查，确保企业隐患整改及时、规范、到位。

顺鑫集团还建立了隐患排查治理工作考核奖惩机制，制定了《顺鑫集团安全生产检查百分考核细则》。对企业隐患排查治理工作情况进行考评，对企业存在隐患按照相关分值给予扣分（如一项配电线路敷设不规范扣 5 分、一项消防水带卡圈脱落扣 2 分、一项设备压力表到期未检测扣 10 分、一项消防通道门上锁扣 10 分），并将考评结果纳入集团《企业年度工作目标责任制考核》，与所属企业一把手年终薪酬挂钩，占其 10%；对企业隐患排查治理工作或其他安全工作凡荣获区级奖项的给予企业一把手年终考评加分；对员工在事故隐患自查上报工作提出的隐患问题，集团依照《我为安全生产提合理化建议活动方案》相关规定，对效果突出的合理化建议员工给予奖励。

2. 发挥专家组作用，不断深化隐患排查

顺鑫农业集团为了排查和整改隐患，保证企业安全生产，自 2004 年专门设立了安全生产专家组。成立专家组，主要考虑到集团企业行业太多，涉及的管理和危险点也特别多，涉及酒厂的，属于易燃易爆；鹏程食品有氨气车间，属于危化，主要是防止氨气泄漏；建筑施工企业，属于高危行业，包括高处作业的临边管理，脚手架、高空作业、基坑的管理，以及消防管理等；还有一些企业有化验室，有危化品的管理；还有配电管理，都要涉及配电的使用、配电的规范、锅炉的管理等，各有各的管理特点。这些危险点的管理必须具备特殊的专业知识。鉴于这种情况，集团从下属企业抽调责任心强、有丰富的实践经验和管理经验的人员组成安全生产专家组，并分成配电、消防、建筑施工、危险化学品、氨制冷 5 个分组。

安全生产专家组既要对企业进行监督，还要对企业进行具体指导和帮助。每季度进行一次集团所属 17 家企业联合大检查。比如锅炉组专门检查锅炉情况，消防组主要检查消防的所有设备设施，是否存在隐患，是否灵敏，或者消火栓是否有水，压力够不够，都有一个检查得很细的标准。每年到了采暖季节，在取暖锅炉运营之前，锅炉专家组就要下去进行专项检查，检查锅炉工是否确定并培训，所用锅炉工是否持证上岗；检查锅炉在停用期间的保养情况、锅炉的匹配情况、锅炉的供水情况等，及时发现隐患及时整改。

3. 开展群众性活动，发动全员提合理化建议

顺鑫集团在排查隐患工作中，除了建立机制和发挥专家组作用外，另一个非常有效的手段是发动全体员工参与安全隐患检查。顺鑫集团以“我为安全生产提合理化建议”活动为载体，建立员工提安全生产合理化建议奖励机制，调动和激励全员开展隐患排查治理积极性。2008 年企业收到员工合理化建议 936 条，2009 年企业收到员工合理化建议 1 046 条，2010 年企业收到员工合理化建议 862 条，集团及所属各企业均给予了奖励。

集团所属创新食品分公司员工发现仓储部叉车充电间设有 20 个叉车充电器，原墙板为聚氨酯保温板，外面安装了一层铁板，阻燃效果较差，充电器插头经常触到铁板，若充电器发生漏电，易发生触电事故，若发生电器打火，易引燃聚氨酯保温板而引发火灾。员工提建议在充电间四周墙壁加装防火板。企业给予采纳，积极进行了整改，有效消除了安全隐患。

创新食品分公司员工针对物流配送机动车驾驶员多存在酒后驾车行为，建议公司购置驾驶员酒精探测仪，并建议每天出车前要对驾驶员进行酒精检测，避免驾驶员出现违法酒后驾车导致发生交通事故，对此企业积极采纳，在有效防控驾驶员酒后驾车方面取得突出实效。

顺鑫集团通过扎实开展事故隐患排查整治工作，使集团的安全生产管理水平得到了提升，隐患和问题明显减少，为实现集团确定的安全生产“零隐患”管理目标和全面推行企业安全生产标准化管理奠定了基础。

四、西安西站加强货运车站消防管理消除火灾隐患的做法

西安铁路局位于西北地区，管辖范围内有陇海、宝成、宝中、宁西、西康、襄渝等重要干线，线路纵贯南北、横跨东西、覆盖陕西全省、辐射周边各省市，是承东启西、连接南北的咽喉要道，也是西北乃至全国重要客货流集散地和转运枢纽之一，在西部乃至全国路网中具有重要的战略地位。

西安西站是西安铁路局的直属车站，自 1953 年建立后，主要担负西安、渭南、咸阳、宝鸡等关中城市群内各种生产生活物资的运输、发送，年吞吐各类货物超过 2 400 万 t。

多年来，西安西站牢固树立“安全第一、预防为主”的管理理念，积极做好安全管理的各项工作，特别是面对纷繁复杂的运输业务，努力做好消防安全管理，及时消除火灾隐患，依靠立体化综合性消防体系，把住源头“第一关”，制度落实“第一眼”，潜移默化“第一课”，应急救援“第一秒”，实现了 35 年无火情。

1. 利用立体卡控，在源头把住“第一关”

西安西站地处城市中心，每天进出货场的长途运输车辆、司机、货主、车站职工、农民工等达 3 000 多人次。来往人员的素质水平参差不齐，有的消防安全意识淡薄，携带火种进入货场或在货场内吸烟等情况时有发生，因此，日常的消防安全管理压力巨大。

针对上述情况，西安西站积极推行“门、牌、证”立体卡控的管理制度，从源头入手，严防死守确保把住消防安全“第一关”。所有货主进入货场，必须到车站专门开具出入牌，凭“牌”进出货场；所有长途运输车辆必须开具出门证，凭“证”进出货场；职工需要出示“工作证”或者“工作牌”，凭“证”出入，以此坚决杜绝社会闲杂人员随意进出货场，避免留下消防隐患。

西安西站的货场门禁制度规定，任何人或车辆，不能出示相关凭证一律不得进出。所有进入货场的人员、车辆必须严格遵守车站的消防管理制度，打火机、火柴等火种，散装汽油、柴油等各种危险品不得携带入内，必须经过检查后交由门卫暂存入货场专门的消防安全柜内，返回时方能取出带走。

进入西安西站 28 万 m^2 的货场内，随处可见各种消防警示标语、警示牌、张贴画，货场还配备了 600 只消防水桶和消防沙桶、100 多个消防沙池、500 多个干粉灭火器、100 多个大型推车式灭火器、50 多条消防水带遍布其间，营造出一种浓厚的消防氛围，

时时刻刻警示进出人员要注意消防安全。不仅如此，货场内密布的电子监控器 24 小时监控货场内的进出人员，对货场、库房、站台、货物堆放处等各种容易发生火险的高危场所，采取 24 小时不间断的人员巡查与机控相结合，一旦发现有人吸烟，或者出现火灾苗头，车站安全生产指挥中心的监控人员就会立即电话通知最近岗位的人员赶到现场制止，将各种火灾隐患扼杀在萌芽状态。

2. 采取严防死守措施，制度落实“第一眼”

消防安全，防重于消。以此为理念的西安西站不仅制定了严格的消防管理制度，更将制度落实放在了首位。西安西站积极推行消防安全“五同”措施，即同部署、同管理、同检查、同考核、同评比，将消防安全同车站的日常安全生产融为一体。在消防安全管理中始终突出内化于心、固化于制、外化于行的理念，日常消防管理更是盯准落地为实，从制度措施上保证消防安全的“第一眼”。

西安西站的领导班子为将消防知识和专业技能融入日常安全生产工作的每一天中，采取“四个一”的消防安全管理制度，即全站各个车间、中间站每个单位配备一名消防安全员，由车间、中间站管理干部兼任，负责日常的职工消防培训、器材检查等重点工作；“一月考”，每月对 2 400 多名职工进行一次消防安全知识的专门考试，将“三懂三会”（“三懂”，即懂得本岗位生产经营过程中的产品及原材料的火灾危险性、懂得火灾扑救的方法、懂得预防火灾的措施；“三会”，即会使用灭火器材、会处理事故、会报警）内容牢记在心，考试成绩直接同个人月度奖金挂钩，促使职工更加注重消防知识和技能的学习；“一演练”，即每季度在全站范围内的车间、中间站进行一次消防应急救援演练，针对各自的消防预案进行补充完善，突出各种情况下、各种火险消防器具的使用；“一检查”，即每半年对全站各车间、中间站进行一次消防安全大检查，按照发现问题、纠正问题、整改问题、落实问责的步骤，将检查结果直接同管理干部的晋职晋级、评先表彰相结合，促使管理干部高度重视消防安全管理。

针对北方冬季气候寒冷，室外消防水桶会结冰的情况，西安西站在资金极为紧张的情况下仍千方百计筹措资金，按照一比一的原则，在配备消防水桶的场所同时配备消防沙桶，重点场所设置大型消防沙池，增设干粉灭火器、推车式灭火器。

3. 潜移默化“第一课”

每年，西安西站新入职职工的第一课就是消防安全讲座；春季第一次职工专业培训就是消防专业知识培训；第一次考试就是消防月度综合考试。西安西站如此高度重视职工的日常消防教育，就是让所有的职工牢记消防安全的极端重要性，通过潜移默化、引导灌输，不断夯实消防基础，让职工始终保持消防安全的警惕性。

春芽吐枝，西安西站拉开了消防考试培训的序幕，使职工将消防知识和技能在潜移默化中融会贯通；炎炎夏日，西安西站各个消防重点岗位，不时闪现职工警惕的双眼和来往检查设备的身影；秋风泛起，所有室外露天作业岗位、机关干部组成的义务拔草队将铁路线路两旁的荒草拔除干净；寒冬料峭，全站性的消防演练如火如荼。经过日复一日、年复一年不间断的实战演练，西安西站 2 400 多名干部职工人人都是消防员，人人都是消防专家，消防“三懂三会”烂熟于心。

西安西站 28 万 m^2 的货场，依次划分为 11 个货运装卸作业区，同时还有调车区、接发列车区。4台调车机车来回穿梭，禁烟区同非禁烟区呈现出相互交错的格局。如货运装卸作业区是消防禁烟场所，调车区、接发列车区则允许职工吸烟。这就导致少数吸烟职工一不留神，就从非禁烟区“溜”到禁烟区。每当这时，马上就会有四五双“禁烟手”（普通职工）将烟民嘴上的烟拔掉，令吸烟的职工瞬间“戒烟”。据统计，西安西站职工的吸烟率，远远低于社会平均吸烟率，这与严格的禁烟消防措施、制度是分不开的。

西安西站各车间、中间站都组建了以党员骨干为核心的消防救援队，定期进行消防演练培训。一旦启动消防预案或者发生火险，能够迅速投入抢险救援中。同时，全站范围的内站间发生消防火险时，车站安全生产指挥中心能够立即调动全站的人力物力、机械设备奔赴支援，直接将火险消灭在萌芽状态。

4. 制定快速反应预案，促进应急救援“第一秒”

“安全生产指挥中心，货四发生火情，请求支援!”“指挥中心明白!”“运转车间、货运车间、机关各科室、西站派出所、装卸公司、多元公司立即出发……”

随着西安西站安全生产指挥中心此起彼伏的电话铃声，西安西站管辖内的各车间、机关科室、驻站单位300多名干部职工携带100多个干粉灭火器、推车式干粉灭火器、太平斧、消防铁锹等工具奔赴现场，仅用了3 min就将“大火”扑灭，这是2011年11月西安西站举行的冬季消防演练中的一个场景。

1953年建站的西安西站，庞大的货场存在不同程度的设备陈旧、线路老化等各种消防隐患，任何麻痹松懈思想都可能导致消防事故。隐患胜于明火，快速反应并紧急处置初发火险，是消除消防隐患、避免火灾的最有效措施。

西安西站每季度举行一次实战性的消防演练，突出暴风雨天气、大雪、雷电等各种恶劣自然气象条件下的消防应急救援和快速反应。彻底杜绝职工头脑中存在的消防演练选在风和日丽的天气的麻痹思想，树立起火险不分时间、不分场合，任何时间、任何地点、任何时段都有可能出现消防隐患的高度警惕思想，时时刻刻牢固树立消防安全无小事的理念。

西安西站对货场内仓库着火、易燃易爆物品着火、长途运输车辆着火等不同火险，分别制定了针对性的消防救援预案，从火险发布、救援器具调配、救援人员到达、设备隔离、物资搬运、人员撤离等各个方面设置了针对性的防控措施和应对方案。并且，经常组织针对性的消防演练，确保职工熟练掌握。比如，旅客列车、货运列车着火，由于接触网区段高压电线电压高达3.8万V，未切断电源易对消防救援人员造成触电伤害，所以在使用干粉灭火器灭火的同时，要迅速通知驻站供电部门切断高压电源，保证救援人员的人身安全。另外，迅速组织救援人员对着火列车进行分离调车作业，砸破车窗并组织旅客撤离，将损失降低到最小限度。

不仅如此，西安西站每次救援演练都力求实战性、逼真性、突然性，往往是不经提前预告，直接启动消防预案，考核职工突发情况下的快速反应能力，强化培训职工每次火险时“第一秒”的快速反应，要求做到迅速扑救初起火险，降低消防隐患和损失，从而能为西安西站这个交通运输枢纽筑牢安全屏障。

第五章　商贸服务企业安全检查

从大量事故案例来看，商贸服务企业面临的风险主要是火灾与特种设备（锅炉、电梯）事故，这两类事故发生率比较高，特别是火灾事故，更容易造成大量人员伤亡，所以，预防火灾事故是商贸服务企业安全管理的重点，也是安全检查的重点。安全检查是排查事故隐患、预防事故发生的一个重要手段。事故源于隐患，而隐患又先于事故，这是一条规律。隐患是事故发生前的潜伏阶段，只要在事故发生前能及时发现和控制隐患，并能搞好防范措施，就能防止事故的发生。因此必须根据本企业的情况，不断进行安全检查，及时发现事故隐患，进而采取整改治理措施消除事故隐患，做到防患于未然，才能保证安全。

第一节　消防安全基本知识

对于商贸服务企业员工来讲，了解有关消防知识是十分必要的，这不仅能有助于防火，也有助于扑救初期火灾，而且还有助于在火灾中逃生。了解和掌握有关消防知识，对自己和企业都有好处。

一、消防安全技术知识

1. 燃烧与燃烧的条件

在日常生活、生产中经常见到发热、发光的燃烧现象。实质上，燃烧是可燃物质与氧或氧化剂进行反应，同时发热、发光的现象。

人们在长期的实践中发现，要发生燃烧必须同时具备如下三个基本条件：

（1）要有可燃物质，如木材、纸张、汽油、煤等。这些物质中的碳、氢、硫等元素在高温下能与氧发生化合反应，形成燃烧。可燃物质是进行燃烧的物质基础，移走可燃物质，燃烧就会停止。

（2）要有助燃物，如空气（氧气）、氯气以及氯酸钾、高锰酸钾等。可燃物质完全燃烧，必须要有充足的空气。空气中氧气占 21％（体积百分数）。如燃烧 1 kg 木材就需要 4～5 m^3 空气；燃烧 1 kg 石油就需要 10～12 m^3 空气。当空气不足时，燃烧会逐渐减弱，甚至熄灭。空气中的含氧量低于 14％～18％（体积百分数）时，可燃物质就不会燃烧。

（3）要有火源，如明火、电火花等。要使可燃物质燃烧，需要足够的温度和热量。各种物质燃烧所需要的温度不同。例如，在室温 20℃下，用火柴去点汽油和煤油时，汽油会立刻燃烧起来，而煤油却不会燃烧。

以上三个条件必须同时具备，并且相互结合、相互作用，燃烧才能发生。缺少其中任何一个条件，就不能发生燃烧。有时在一定范围内，虽然具备了三个条件，但由于它们没有相互结合、相互作用，燃烧也不会发生。

2. 闪点、燃点和自燃

（1）闪点

可燃液体能挥发变成蒸气，进入空气中。温度升高，挥发加快。当挥发的蒸气和空气的混合物与火源接触能够闪出火花时，这种短暂的燃烧过程就被称作闪燃，把发生闪燃的最低温度叫作闪点。从消防观点来说，液体闪点就是可能引起火灾的最低温度。闪点越低，引起火灾的危险性越大。

（2）燃点

不论是固态、液态或气态的可燃物质如与空气共同存在，当达到一定温度时，与火源接触就会燃烧，移去火源后还继续燃烧。这时，可燃物质的最低温度叫作燃点，也叫作着火点。

（3）自燃

在通常条件下，一般可燃物质和空气接触都会发生缓慢的氧化过程，但速度很慢，析出的热量也很少，同时不断向四周环境散热，不能像燃烧那样发出光。如果温度升高或其他条件改变，氧化过程就会加快，析出的热量增多，不能全部散发掉就积累起来，使温度逐步升高。使这种物质受热发生自燃的最低温度就是该物质的自燃点，也叫作自燃温度。

在自燃温度时，可燃物质与空气接触，不需要明火的作用就能发生燃烧。自燃点不是一个固定不变的数值，它主要取决于氧化时所析出的热量和向外导热的情况。由此可见，同一种可燃物质由于氧化条件不同以及受不同因素的影响，有不同的自燃点。

自燃可分两种情况。由于外来热源的作用而发生的自燃叫作受热自燃。某些可燃物质在没有外来热源作用的情况下，由于其本身内部进行的生物、物理或化学过程而产生热，这些热在条件适合时足以使物质自动燃烧起来，这叫作本身自燃。

本身自燃和受热自燃的本质是一样的，只是热的来源不同。前者是物质本身的热效应，后者是外部加热的结果。物质自燃是在一定条件下发生的，有的能在常温下发生，有的能在低温下发生。本身自燃的现象说明，这种物质潜伏着的火灾危险性比其他物质要大。在一般情况下，能引起本身自燃的物质常见的有植物产品、油脂类、煤炭、硫化铁及其他化学物质。磷、磷化氢是自燃点低的物质。

3. 按燃烧性，危险物品的类别区分

按燃烧性，凡有火灾或爆炸危险的物品统称为危险物品。可分为以下几类：

（1）爆炸物品

凡是受到高热、摩擦、冲击等外力作用或受其他因素激发，能在很短时间内发生化学反应，放出大量气体和热量，同时伴有巨大声响而爆炸的物品，如雷管、炸药、鞭炮药等。

（2）易燃和可燃液体

这类物质极易挥发和燃烧，如汽油、煤油、溶剂油等。

（3）易燃和助燃气体

这类物质受热、受冲击或遇火花能燃烧或发生爆炸，或有助燃能力，能扩大火灾，如氢、氯、煤气、乙炔等。

（4）自燃物品

不需要火源的作用，由于本身受空气氧化而放出热量，或受外界影响而积热不散，达到自燃点而引起自行燃烧的物质，如黄磷、油布、油纸等。

（5）遇水着火物品

这类物质能与水发生剧烈反应，放出可燃气体和热量，可引起燃烧和爆炸，如钠、氯化钠、碳酸氢钙、镁铝粉等。

（6）易燃固体

这类物质燃点较低，遇明火、受热、撞击或与氧化剂接触能引起急剧燃烧，如红磷、硫黄、闪光粉、生松香等。

二、防火与灭火基本知识

1. 企业防火的基本措施

企业采取的防火措施，可以分为技术措施和组织管理措施两类。

（1）防火的技术措施

1）防止形成燃爆的介质。这可以用通风的办法来降低燃爆物质的浓度，使它不达到爆炸极限。也可以用不燃或难燃物质来代替易燃物质。例如用水质清洗剂来代替汽油清洗零件。这样既可以防止火灾、爆炸，还可以防止汽油中毒。另外，也可采用限制可燃物的使用量和存放量的措施，使其达不到燃烧、爆炸的危险限度。

2）防止产生着火源，使火灾、爆炸不具备发生的条件。这方面应严格控制八种火源，即冲击、摩擦、明火、高温表面、自燃发热、绝热压缩、电火花、光热射线。

3）安装防火防爆安全装置，如阻火器、防爆片、防爆窗、阻火阀门以及安全阀等，以防止发生火灾和爆炸。

（2）防火的组织管理措施

1）加强对防火工作的管理，管理人员要重视这项工作。

2）开展经常性防火防爆安全教育和安全大检查，提高员工的警惕性，及时发现和整改安全隐患。

3）建立健全防火防爆制度，例如防火检查制度、隐患排查治理制度、人员责任制度等。

4）营业期间一切出口和通往消防设施的通道，不得占用和堵塞。

5）各单位应建立义务消防组织，并配备有针对性强和足够数量的消防器材。

6）加强值班值宿，严格进行巡回检查。

（3）企业人员应遵守的防火守则

企业人员应遵守以下防火守则：

1）应具有一定的防火知识，并严格贯彻执行防火规章制度。禁止违章作业。

2）应在指定的安全地点吸烟，严禁在工作现场和厂区内吸烟和乱扔烟头。

3）使用、运输、储存易燃易爆气体、液体和粉尘时，一定要严格遵守安全操作规程。

4）在工作现场禁止随便动用明火。如果需要动用明火时，必须按照规定进行申报审批，并做好安全防范工作。

5）对于使用的电气设施，如发现绝缘破损、老化不堪、大量超负荷以及不符合防火要求时，应停止作业，并报告领导予以解决。不得带故障运行，防止发生火灾事故。

6）应学会使用一般的灭火工具和器材。对于所配备的防火工具、器材等应加爱护，不得随便挪用。

2. 灭火的基本方法

一切灭火措施都是为了破坏已产生的燃烧条件。根据灭火的原理，灭火的基本方法有四种：

（1）隔离灭火法

即将火源处或其周围的可燃物质隔离或移开，燃烧会因缺少可燃物而停止。如将火源附近的可燃、易燃、易爆和助燃物品搬走；关闭可燃气体、液体管道的阀门，以减少和阻止可燃物质进入燃烧区；设法阻拦流散的液体；拆除与火源毗连的易燃建筑物等。

（2）窒息灭火法

即阻止空气流入燃烧区或用不燃物质冲淡空气，使燃烧物质得不到足够的氧气而熄灭。如用不燃或难燃物捂盖燃烧物；用水蒸气或惰性气体灌注容器设备；封闭起火的建筑、设备的孔洞等。

（3）冷却灭火法

即降低燃烧物的温度，使温度低于燃点，从而使燃烧过程停止。如用水或二氧化碳直接喷射燃烧物；在火源附近未燃物上喷射灭火剂，防止形成新的火点。

（4）抑制灭火法

即使灭火剂参与到燃烧反应过程中去，使燃烧过程中产生的游离基消失，而形成稳定分子或低活性的游离基，使燃烧反应因缺少游离基而停止。

3. 火灾分类与常用灭火器的规格

按照发生火灾的物质不同，火灾大体分为四种类型：

（1）A类火灾

即固体可燃材料火灾，包括木材、布料、纸张、橡胶以及塑料等。

（2）B类火灾

即易燃、可燃液体、油脂类火灾。

（3）C类火灾

即气体，如煤气、液体石油气等火灾。

（4）D类火灾

即部分可燃金属，如镁、钠、钾及其合金等火灾。

目前常用的灭火器有各种规格的泡沫灭火器、各种规格的干粉灭火器、二氧化碳灭火器和卤代烷（1211）灭火器等。

(1) 泡沫灭火器一般能扑救A、B类火灾，当电器发生火灾，电源被切断后，也可使用泡沫灭火器进行扑救。

(2) 干粉灭火器和二氧化碳灭火器则用于扑救B、C类火灾。可燃金属火灾则可使用扑救D类的干粉灭火剂进行扑救。

(3) 卤代烷（1211）灭火器主要用于扑救易燃液体、带电电气设备和精密仪器以及机房的火灾，这种灭火器内装的灭火剂没有腐蚀性，灭火后不留痕迹，效果也较好。

4. 消防器材的管理和保养注意事项

消防器材的管理和保养是很重要的，一般应注意：

(1) 各单位的消防器材应有专人负责管理和保养，并要求企业员工共同来做好消防器材的管理和保养工作。

(2) 消防器材要专物专用，不能用于与消防无关的方面。

(3) 要定期检查保养消防器材。检查存放地点是否适当，机件是否损坏或出现故障，灭火药剂是否过期等。消防器材使用后，要立即保养、补充。对机动消防车要经常发动、定期试车，保持性能良好。

(4) 消防器材应设置在明显的地方，必要时设置标志板，便于取用。消防器材的附近不能堆放杂物，保持道路畅通。

5. 发生火灾后如何报打火警电话

发生火灾不要惊慌失措，要保持镇静，火警电话号码119要记清。

(1) 火警电话打通后，应讲清楚着火单位，所在区县、街道、门牌或乡村的详细地址。

(2) 要讲清什么东西着火，起火部位，燃烧物质和燃烧情况，火势怎样。

(3) 报警人要讲清自己的姓名、工作单位和电话号码。

(4) 报警后要派专人在街道路口等候消防车到来，指引消防车去火场的道路，以便迅速、准确到达起火地点。

6. 电气设备着火后的灭火方法

电气设备着火后不能直接用水灭火，因为水中一般含有导电的杂质，喷在带电设备上，再渗入设备上的灰尘杂质很容易导电。如用水扑灭电气设备的火，还会降低电气设备的绝缘性能引起接地短路，危及附近救火人员的安全。所以一般都用二氧化碳、四氯化碳、卤代烷、干粉等灭火剂灭火，因为这些灭火剂是不导电的。但变压器、油断路器等充油设备发生火灾后，则可把水喷成雾状灭火。因水雾面积大，覆盖在火焰上，细小的水珠很易吸热汽化，将火焰温度迅速降低；上升的烟气流又使悬浮的雾状水粒降落缓慢，更有利于吸热汽化；落下的细小水珠浮在油面上，也使油面温度降低，减弱了油的汽化，从而使火焰减弱以至熄灭。

7. 带电灭火应注意的安全问题

为了争取灭火时间，防止火灾扩大，在来不及断电或因需要或其他原因不能断电，则需要带电灭火。带电灭火应注意以下几点：

(1) 应按灭火剂的种类选择适当的灭火器。二氧化碳、四氯化碳、二氟一氯一溴甲烷（即1211）、二氟二溴甲烷或干粉灭火器的灭火剂都是不导电的，可用于带电灭火。

泡沫灭火器的灭火剂（水溶液）有一定的导电性，而且对电气设备的绝缘有影响，不宜用于带电灭火。

（2）用水枪时宜采用喷雾水枪，这种水枪通过水柱的泄漏电流较小，带电灭火比较安全；用普通直流水枪灭火时，为防止通过水柱的泄漏电流通过人体，可以将水枪喷嘴接地，也可以让灭火人员穿戴绝缘手套和绝缘靴或穿均压服操作。

（3）人体与带电体之间要保持必要的安全距离。用水灭火时，水枪喷嘴至带电体的距离：电压 110 kV 及以下者不应小于 3 m，220 kV 及以上者不应小于 5 m。用二氧化碳等不导电的灭火器时，机体、喷嘴至带电体的最小距离：10 kV 者不应小于 0.4 m，36 kV 者不应小于 0.6 m。

（4）对架空线路等空中设备进行灭火时，人体位置与带电体之间的仰角不应超过 45°，以防导线断落危及灭火人员的安全。

（5）如遇带电导线跌落地面，要划出一定的警戒区，防止跨步电压伤人。

三、扑救初期火灾的准备和要求

扑救初期火灾需要平时有所准备，做到有备无患，才能在突然发生的火灾面前沉着镇静，将初期火灾扑灭。

灭火准备工作包括以下内容：

1. 做好思想准备

思想准备强调的是消防意识，特别是灭火救人和逃生的意识，这是做好其他准备工作的基础。树立消防意识的主导思想是本单位在消防安全工作上要做到自防自救，而不是依靠或依赖他人，其中也包括公安消防部门。因为在火灾初始阶段，火灾空间的烟气和热量还不多，温度上升较慢，火灾面积还很小，这段时间是 5～10 min，可见这段时间是组织引导疏散救人、扑灭燃烧的最有利的宝贵时机。如果错过这段时间，即使公安消防队赶到火灾现场，由于火灾已进入发展或猛烈阶段，扑救起来也将困难重重。如火场有被困人员，则救人所要投入的力量要增加几倍。这时，火灾所造成的损失已成定局，投入再大力量，灭火效果也将有限。这就是为什么要立足于自防自救的道理所在。

2. 制定灭火预案

在做好组织准备和配置扑救初期火灾的器材、设施的基础上，要做好灭火预案的制定。

（1）明确重点部位的概况和发生火灾时的特点

即明确重点部位在本单位内的位置，了解和熟悉其周围环境、交通道路、可用于灭火的水源种类、储量和利用水源的方法以及室内外消火栓的位置；明确重点部位的建筑特点、耐火等级、建筑（占地）面积、层数和高度；预计发生火灾后，火势发展变化的特点、蔓延的方向及可能造成的后果（波及的范围）；了解发生火灾后，有无有害有毒气体产生以及对灭火人员能够构成威胁的其他因素。

（2）制定出灭火救助力量的部署和扑救措施

根据设想的初期火灾的位置和规模、特点，部署灭火和组织疏散所需的员工人数；确定现场人员的疏散路线和保证人员安全疏散的方式方法；确定应该使用的灭火器和固定消防设施，确定利用室内消火栓和室外消防水源铺设水带线路的方向及其任务；针对火灾不同阶段上可能出现的各种情况所应采取的措施以及灭火救助中应注意的事项。

（3）灭火预案的制定

深入现场，调查研究，按照所熟悉的重点部位情况和假定的火势情况确定灭火进攻方向、力量部署及其具体任务；确定组织安全疏散的路线、力量部署及其具体任务，绘制出灭火预案图。灭火预案制定后，要进行审核，并要组织实际演练，以便及时发现问题，完善预案。这样做有助于增强职工的消防意识，熟悉消防器材和设施的位置以及使用方法。随着本单位内部情况的变化，灭火预案应及时修订。

3. 积极组织消防训练

训练义务消防队员（职工）应立足于本单位现有的消防器材、工具和设施，通过训练，不断提高和增强职工的消防意识，培养勇敢顽强的战斗作风，熟悉本单位各种消防器材、设施的性能及操作方法，增强应变能力，有效地控制和扑灭初起火灾。

灭火救助训练应从现场灭火救助的需要出发进行训练。训练时，可聘请当地公安消防队或企事业单位专职消防队派人来现场指导训练，或聘请他们有计划地对职工（队员）进行专题培训。

4. 扑救初期火灾的基本原则

初起火灾容易扑救，但必须事先有所准备，扑救及时，方法得当。义务消防队员或其他现场灭火人员扑救火灾时，要遵循发现起火立即报警，先控制、后消灭，救人重于救火，先重点、后一般的原则，合理选用灭火剂和灭火方法。

（1）发现起火立即报警

《消防法》明确规定，任何单位和个人发现火灾时，都应当立即报警，并积极组织参与扑救。经验告诉我们，在起火后的十几分钟内，为了不让小火变成大灾，必须抓住这个关键时刻。实际数据表明，我国每年80％的火灾，都是在其初起阶段被义务消防队和广大职工群众扑灭的。把握住这个关键时刻主要有两条：一是迅速利用身边的灭火器材进行扑救；二是迅速报火警，以便调来足够的力量，尽快地控制火势和扑灭火灾。

一定要记住，不管火的大小，只要发现起火就应报火警，甚至在自以为有足够力量扑灭初起火灾时，也应当向公安消防队报警。因为火势的发展往往是难以预料的，比如扑救方法不当，对起火物质的情况不了解，灭火器材的效用所限或灭火器材失效、数量不足等原因，均有可能控制不住火势而酿成大火。此刻才想起报警，由于错过了火灾的初起阶段，有时由于火势已发展到猛烈阶段，消防队到场也只能控制火势不使之蔓延扩大，仍会造成一定的损失。报警早，损失小，就是这个道理。

有些火灾案例表明，火灾发生后不能及时报警主要原因有：不会报警；错误地认为消防队灭火要收取费用；存在侥幸心理，以为自己能扑灭；怕发生火灾影响评先进、得奖金，怕消防队来了影响不好，怕消防队批评和追究责任；有的单位甚至错误地规定报火警须经领导批准才行。这些原因往往使火灾得不到及时控制，而使小火酿成大灾，以致造成无可挽回的损失。

（2）救人第一

“救人第一”是指把救人放在重于一切的位置上。当火势或险情威胁到人们的生命安全时，要首先把被火围困的人员抢救出来。救人与灭火及排除险情往往是密切相关的。有时救人行动是直接的，有时则是间接的。灭火与救人可以同时进行，但绝不能因为灭火而贻误救人的时机。人未救出之前，灭火是为了打开救人通道或减弱火势对人员的威胁，从而更好地为救人脱险创造有利条件。

(3) 先控制、后消灭

"先控制、后消灭"的灭火原则，是相对于不可能立即扑灭的火灾，要首先控制火势的继续蔓延扩大，在具备了扑灭火灾的条件时，展开全面进攻，一举消灭火灾。对于能扑灭的火灾，要抓住战机，迅速消灭。如火势较大，灭火力量相对较弱，或因其他原因不能立即扑灭时，就要用主要力量控制火势发展或防止爆炸、泄漏等危险情况的发生，为防止火势扩大，彻底消灭火灾创造有利条件。

(4) 先重点、后一般

"先重点、后一般"，是就整个火场情况而言的。运用这一原则时，要从火场的全局出发，认真分析火场情况，主要是：

人和物相比，救人是重点；

贵重物资和一般物资相比，保护和抢救贵重物资是重点；

火势蔓延猛烈的方面和其他方面相比，控制火势猛烈蔓延的方面是重点；

有爆炸、毒害、倒塌危险的方面和没有这些危险的方面相比，处置这些危险的方面是重点；

火场的下风方向和上风、侧风方向相比，下风方向是重点；

易燃、可燃物集中区域和这类物品较少的区域相比，这类物品集中区域是保护重点；

要害部位和其他部位相比，要害部位是火场中的重点。

(5) 合理选用灭火剂和灭火方法

扑救火灾时，选用灭火剂不当，就灭不了火；使用灭火剂的方法不当，则灭火效果差，甚至会使火势扩大。所以，正确地选用灭火剂和灭火方法，是能否有效扑灭火灾的重要问题。

目前使用的灭火剂种类较多，常用的有水、各类泡沫、干粉、卤代烷、二氧化碳、烟道气、沙土等，选用哪种灭火剂要根据所生产、储存、使用物质的性质，本着经济、有效、安全的原则确定。

四、扑救初期火灾的方法

1. 夜间火灾的扑救方法

(1) 夜间火灾的特点

据统计，夜间火灾的起数与成灾率大于白天，这是因为夜间起火后往往发现晚、报警迟。夜幕降临后，人们室外活动减少，睡觉后发现火警一般较晚。有的单位制度不严，值班人员疏于职守，往往不能及时发现火情，以致小火酿成大灾。

当熟睡的人们被火灾惊醒后，受到烟雾的侵袭及火势的威胁造成恐慌，不知道如何处置。由于能见度低，灭火战斗行动不便。扑救夜间火灾，灭火人员的视觉受到极大的限制。特别是建筑密集、耐火等级低、巷道弯窄的地区更增大了扑救工作的难度，如对火情的了解，水枪进攻阵地的选择和水带的铺设路线，以及破拆、救人等措施的运用等，都会受到不同程度的影响。

（2）扑救措施和方法

1）为应对夜间扑救火灾的复杂情况，单位应组织专职和义务消防队员以及职工群众熟悉本单位的消防特点，进行必要的夜间灭火训练，使他们增强适应夜间扑救火灾的能力。

2）及时调集灭火力量。值班人员发现火情，首先立即向公安消防队报告火警。及时将本单位的专职、义务消防力量调往火场。

3）消防控制室的值班人员应注意报警控制器上的反应，及时启动有关消防设施，如启动消防水泵，放下消防卷帘，关上防火门，转换应急灯的电源，随时监控自动灭火系统的动作等。

4）做好火场通信联络工作。夜间火场由于视线不清，联络不畅，人们行动混乱。为有条不紊地开展扑救工作，可以利用对讲机、手提扩音喇叭和手电筒等进行通信联络。

5）在组织疏散和救人、铺设水带灭火等行动中，灭火人员要谨慎行动，确保人身安全。在建筑设备有倒塌危险的地方，在楼板孔洞、地沟等处威胁职工群众安全的地方，应设法搞好照明，或临时设安全岗哨，避免发生意外。

6）公安消防队到场时，单位领导或有关人员应向火场指挥员报告火场的具体情况及被困人员的情况，便于他们进行火情侦察和及时有效地组织救人和扑救。

2. 电气线路和设备初期火灾的处置

电气线路和设备初期火灾常常是引发大火的主要因素。其安全处置方法有：

（1）立即断电

1）一般低压线路和电器一旦起火，应立即断电（关闭电源），利用二氧化碳、卤代烷（1211、1301）或干粉灭火器进行灭火。在断电的情况下，也可用水灭火。

2）对有配电室的单位，如舞台和演播厅、工厂车间的配电室，要通过电业部门和电工切断开关。在电源对地电压在 220 V 以下的场合，操作者可穿绝缘靴，戴绝缘手套，用绝缘断电剪将电线逐根切断。对于架空线，应在来电的方向断电。对于扭在一起的合股线，必须分开剪断。

（2）带电灭火

对小范围的初起电气火灾可用二氧化碳、干粉或卤代烷灭火器扑救。为保证灭火人员的安全，人体与带电体之间应保持安全距离：电压 110 kV 时，最小安全距离为 1 m，电压 330 kV 时，最小安全距离则为 2.4 m。用水扑救带电体火灾，最好用雾状水流，也可用直流水枪打点射灭火。用水枪灭火时，必须配备相应的个人防护用具，如均压服、绝缘手套、绝缘靴等。必须在水枪喷嘴处焊接铜缆线并插入地下，与带电体保持一定的安全距离，并严格执行指挥员的命令，以保证人身安全和有效灭火。

3. 气体火灾的扑救方法

可燃气体火灾有两种类型：一是盛装气体的容器本身裂口、裂缝喷气着火，特点是燃烧速度快、冲力大、火焰高；二是气体输送管道裂缝或阀门、法兰处逸出气体着火。

（1）扑救措施和方法

1）启动固定灭火装置和设备冷却容器或灭火；没有固定灭火装置的单位，可用开花水流或强水流冷却罐体，同时用开花水流或二氧化碳、干粉等灭火器扑救。

2）有条件的单位，可采用技术手段将可燃气体导入其他容器，以减弱火焰威力。

3）在水流的保护下可采用敲打法密封（铅制容器）、封堵容器的漏孔，也可用高级密封树脂胶封堵裂缝，以制止燃烧。

4）当无条件制止容器泄漏时，可用水流保护邻近受威胁的设备和建筑，直到容器内的气体燃尽为止。

（2）扑救气体火灾时的注意事项

1）气体火焰被扑灭后，一定要消灭周围的明火，防止气体扩散，发生爆炸或燃烧；在一般情况下，气体火源周围明火未熄灭之前，不可急于扑灭火焰，防止二次爆炸；采用密封补漏时，不可先灭火后密封，以防扩散的气体再次着火伤人；要注意驱散低凹处的可燃气体，以免气体遇明火再次着火爆炸；灭火时，扑救人员要占据上风方向灭火。

2）如果是气体管道或阀门、法兰处着火，应迅速关闭容器阀门或气源向的阀门，以断绝气体来源。

4. 公共娱乐场所初期火灾的扑救方法

（1）公共娱乐场所初期火灾的情况

公共娱乐场所，诸如歌舞厅、娱乐厅、夜总会、卡拉 OK 厅、酒吧、游艺室、网吧、KTV 包房等场所已遍布大小城镇。这些场所初起火灾的特点是，火在某点着起来之后便沿地面的可燃物（座具、家具、地毯、音响设备等）蔓延，或者沿墙面的墙裙、装饰布、木刻壁画、窗帘等可燃物向顶棚蔓延；另一种情形是，顶棚上的吸顶灯、槽灯、嵌入式效果灯以及敷设在顶棚内的电气线路起火，由于起火的开始阶段是隐蔽的，不易发现，一旦发现着火，火势就难以控制了。

（2）娱乐场所的地面起火的扑救方法

若起火点在娱乐场所的地面，火势尚未蔓延到上部空间，在场职工应立即使用现场配置的灭火器灭火。

若火势已经扩大蔓延，应迅速利用附近的室内消火栓，出两支水枪控制火势，防止向隔壁房间（场所）蔓延。

（3）闷顶起火的扑救方法

若是电气线路或灯具着火，应迅速关闭电源，同时启动自动喷水系统灭火。另外，在该厅（房间）的两侧承重墙处，使用室内消火栓出水枪消灭闷顶暴露的火焰。

若依靠职工的自身力量不能控制火势，灭火人员速将起火厅（房间）的门关上，用水枪在门口堵截，防止火势突破房门向邻近其他部位蔓延。这时应将主要力量用于掩护或救助被困人员进行疏散，等待消防队到场扑救。

5. 商场、集贸市场初期火灾的扑救方法

（1）商场、集贸市场火灾的特点

商场、集贸市场火灾，据统计多发生在非营业时间，由于营业厅关闭，无人值守，或者值班和巡查人员疏于职守而不能及时发现起火，一旦发现，火势已扩大。若是多层建筑，在起火层，火势会沿着货物柜台、货架朝水平方向蔓延，很快形成全面的立体燃烧。起火楼层的火势会沿楼梯口、自动扶梯口、电梯竖井等竖向开口向上蔓延，引燃上层的商品而扩大火场面积；起火层燃烧的碎片会从自动扶梯开口处落入下层引起下层商品、货架燃烧，或火势沿自动扶梯燃烧至下层。

（2）商场、集贸市场火灾扑救方法

1）单位职工应尽快启动营业厅自动喷水系统灭火，启动自动扶梯的水幕保护系统，同时要组织力量在起火层的上层和下层的楼口和自动扶梯开口，利用室内消火栓，出水枪保护开口处，防止火势向上层或下层蔓延。

2）若商场是中庭（天井）式的多层建筑，则应在起火层的上、下层靠近中庭侧用水枪保护货柜和货架商品或者向其洒水，以延缓火势的蔓延。在这种着火面积比较大的情况下，凭单位自己的灭火力量虽无能力彻底扑灭火灾，但在一定程度上却能减缓火势，以利消防队后续的扑救。

3）若是在营业时间内发现起火点，则应趁火势还不大的有利时机，毫不犹豫地使用灭火器或用沙土、覆盖物迅速将其扑灭。或者将起火点周围的柜台、货架搬走，同时用灭火器扑救。如果火灾面积较大时，应组织现场摊主或营业员（最好是义务消防队员）使用附近的消火栓出两支水枪直接灭火或从火点两侧堵截火势，或控制火势防止向四周蔓延，等待消防队前来扑救。

6. 汽车火灾的扑救方法

（1）起火部位

汽车起火的部位主要有发动机的电气系统、供油和化油系统、油箱、货运车的货物等。

（2）扑救措施和方法

1）驾驶员一定要抓住初期火灾易扑灭的有利时机，沉着冷静地用车载干粉或卤代烷灭火器进行扑救。如是客车火灾，驾驶员应立即停车，关闭发动机，将车门打开让乘客尽快撤出。一旦车门被火封死，则司机应设法击碎窗玻璃，将乘客救出车外。

2）若是发动机的电气系统或燃油系统着火，要先断电熄火，用随车灭火器进行扑救，或用沙土、水扑救。

3）若是油箱着火，有条件时，用水冷却油箱防止爆炸，同时用灭火器或用覆盖法窒息灭火。如果油箱漏油地面燃烧，可用沙土围堵、覆盖流淌火，扑灭后再灭油箱火。

4）货运汽车上的货物起火，如果所处环境复杂，例如人多，或有物资堆垛等情况，司机应将车开到附近较安全的地点，停车关闭发动机，用车上的灭火器进行扑救，如果火势大应利用就近电话报警，组织群众用水或沙土扑救，或搬走未燃物资。同时注意保护油箱防止受火势威胁发生爆炸。

5）载运压力容器（氧气瓶、乙炔瓶、液化气罐等）的汽车着火，应停车，关闭发动机，用灭火器扑灭火点。必要时，将钢瓶卸掉以防爆炸。但不得高位向下推卸，以防损坏阀门引起泄漏或撞击引起爆炸。同时注意保护油箱。

6）轮胎与地面摩擦力过大，有时引起轮胎着火。一旦发现轮胎着火，不要继续行驶，应立即停车用水灭火或用车载灭火器扑灭。

第二节　商贸服务企业安全检查

安全检查是一种被广泛应用的方法，用来发现企业生产过程中存在的危险隐患，进而实施改进以避免可能发生的损失。商贸服务企业安全检查的重点是消防检查，发现和消除各种火灾隐患，保证安全。应注意的是，安全检查并不是目的，通过安全检查发现生产经营过程中存在的问题，及时采取措施加以纠正，消除不安全因素，保证安全才是目的。

一、商贸服务企业消防安全检查的目的和作用

消防安全检查是指企业内部相关机构和人员依照有关规定进行的，旨在消除火灾隐患、减少各类火灾事故的安全检查活动。

1. 消防安全检查的目的和作用

（1）对本企业消防安全制度、消防安全操作规程的落实和遵守情况进行检查。

（2）通过检查发现本企业内部所存在的火灾隐患并督促和组织整改。

（3）可以为公安消防机构提供本企业消防建设情况的第一手资料，协助消防机构开展消防监督检查工作。

（4）对本企业消防目标管理责任制的落实情况进行日常检查。

2. 消防安全检查的形式

不同的企业存在着规模大小的差别、经营方式的差别，因而在消防安全检查的形式上也应根据本企业的特点综合考虑应采用的形式。一般情况下，可按以下消防安全检查制度开展检查工作：

（1）实行逐级防火责任制，通常应当规定企业领导或者部门领导每月检查、基层单位领导每周检查、班组长每日巡查、岗位员工每日自查。

（2）检查之前应当预先编制相应的防火检查表，规定检查内容重点、检查依据和检查合格标准。

（3）检查结果应当有记录，对于查出的火灾隐患应当及时整改。

二、商贸服务企业消防安全检查的主要内容

商贸服务企业应当根据本企业的实际情况，确定相应的检查内容。一般情况下，安全检查内容主要有以下几个方面：

1. 火源管理方面

（1）确定企业管理区域内的用火管理区域范围。

（2）对于储存或处理可燃气体、液体、粉尘的设备，动火检修前应当进行清洗、置

换等安全处理。

（3）规定火炉取暖场所和吸烟场所的具体防火要求。

（4）划分动火作业级别，规定动火作业审批权限和手续，实行“四不动火”制度，即预防措施不落实不动火，没有经过批准的动火证不动火，现场没有消防安全监护人不动火，大风天不在户外动火。

2. 电气防火管理方面

（1）敷设电气线路、安装和维修电气设备，必须由正式电工承担。

（2）电加热设备必须有专人负责使用和监管，离开时要切断电源。

（3）能够产生静电易引起火灾爆炸的设备，必须安装消除静电的装置和采取消除静电的措施。

（4）遭到雷击容易引起火灾爆炸的场所，应当安装避雷装置。

（5）爆炸危险场所应当遵照国家的有关规定安装相应的防爆电气设备。

（6）对于电气线路和设备应当有专人负责监管，定期检查。

3. 易燃易爆危险物品防火管理方面

（1）规定本企业易燃易爆危险物品的类别和品种。

（2）规定收发易燃易爆危险物品的手续。

（3）制定各类易燃易爆危险物品的防火和灭火措施。

（4）规定专人负责保管易燃易爆危险物品等。

4. 消防设施和器材管理方面

（1）消防设施和器材不得随意挪作他用。

（2）消防设施和器材应当定期进行检测，发现损坏应当及时维修或更换。

（3）灭火药剂失效以后应当及时更换新药剂。

（4）消火栓不得埋压，道路应当畅通无阻。

（5）消防器材的配置种类、数量及配置地点，应当由专人负责，配置地点应当有明显标志等。

5. 火灾事故调查处理方面

对于本企业所发生的火灾事故，企业相关部门和人员应积极协助公安消防机构保护火灾现场，调查火灾原因，对于火灾事故责任者提出处理意见，并提出具体的防范措施和改进措施。对于火灾事故的处理应坚持“四不放过”原则，即没有查清起火原因不放过，有关领导和火灾事故责任者没有受到处理不放过，企业员工没有受到教育不放过，没有防范措施和改进措施不放过。

6. 单位内部重点部位的防火管理

企业消防安全重点部位大致包括汽油库、汽车库、变配电室、化验室、锅炉房、仓库以及涉及易燃易爆危险物品的岗位等。各企业可根据本企业消防重点部位的情况制定检查内容，开展消防安全检查。

7. 实施消防安全检查的主要方法

（1）做好上述检查内容的常规检查，发现火灾隐患及时处理。

（2）通过询问等方式了解人员的消防知识和消防技能的掌握情况。

（3）协助主管消防机构共同开展消防检查、消防培训等工作，做好消防机构监督检查的协调、处理。

三、《人员密集场所消防安全管理》标准对照检查提示

2006年10月25日，公安部发布《人员密集场所消防安全管理》（GA 654—2006），自2007年1月1日起实施。本标准由公安部消防局提出。本标准部分条款为强制性条文，其余为推荐性条文。本标准提出了人员密集场所使用和管理单位的消防安全管理要求和措施。本标准适用于各类人员密集场所及其所在建筑的消防安全管理。

《人员密集场所消防安全管理》在研究、分析人员密集场所及其火灾特点的基础上，提出了相应的消防安全管理要求和措施，用以引导和规范此类场所的消防安全管理工作，提高其消防安全管理水平。人员密集场所可以通过采用本标准，规范自身消防安全管理行为，建立消防安全自查、火灾隐患自除、消防责任自负的自我管理与约束机制，达到防止火灾发生、减少火灾危害，保障人身和财产安全的目的。

根据《人员密集场所消防安全管理》（GA 654—2006）相关规定，将消防安全制度和管理、消防安全措施等内容制作成表格形式，供商贸服务企业在安全检查中参考。

1. 消防安全制度和管理对照检查提示（见表5—1）

表5—1　　消防安全制度和管理对照检查提示

序号	对照检查项目	检查内容	检查评价
1	消防安全制度和管理通则	（1）人员密集场所使用、开业前依法应向公安消防机构申报的，或改建、扩建、装修和改变用途依法应报经公安消防机构审批的，应事先向当地公安消防机构申报，办理行政审批手续 （2）建筑四周不得搭建违章建筑，不得占用防火间距、消防通道、举高消防车作业场地，不得设置影响消防扑救或遮挡排烟窗（口）的架空管线、广告牌等障碍物 （3）人员密集场所不应与甲、乙类厂房、仓库组合布置及贴邻布置；除人员密集的生产加工车间外，人员密集场所不应与丙、丁、戊类厂房、仓库组合布置；人员密集的生产加工车间不宜布置在丙、丁、戊类厂房、仓库的上部 （4）人员密集场所不应擅自改变防火分区和消防设施、降低装修材料的燃烧性能等级。建筑内部装修不应改变疏散门的开启方向，减少安全出口、疏散出口的数量及其净宽度，影响安全疏散畅通 （5）设有生产车间、仓库的建筑内，严禁设置员工集体宿舍	
2	消防安全例会	（1）人员密集场所应建立消防安全例会制度，处理涉及消防安全的重大问题，研究、部署、落实本场所的消防安全工作计划和措施 （2）消防安全例会应由消防安全责任人主持，有关人员参加，每月不宜少于一次。消防安全例会应由消防安全管理人提出议程，并应形成会议纪要或决议	

续表

序号	对照检查项目	检查内容	检查评价
3	消防宣传与培训	（1）人员密集场所应通过多种形式开展经常性的消防安全宣传与培训 （2）对公众开放的人员密集场所应通过张贴图画、消防刊物、视频、网络、举办消防文化活动等形式对公众宣传防火、灭火和应急逃生等常识 （3）人员密集场所应至少每半年组织一次对从业人员的集中消防培训 （4）应对新上岗员工或有关从业人员进行上岗前的消防培训	
4	消防培训内容	消防培训应包括下列内容： （1）有关消防法规、消防安全管理制度、保证消防安全的操作规程等 （2）本单位、本岗位的火灾危险性和防火措施 （3）建筑消防设施、灭火器材的性能、使用方法和操作规程 （4）报火警、扑救初起火灾、应急疏散和自救逃生的知识、技能 （5）本场所的安全疏散路线，引导人员疏散的程序和方法等 （6）灭火和应急疏散预案的内容、操作程序	
5	消防档案	应建立消防档案管理制度，其内容应明确消防档案管理的责任部门和责任人，消防档案的制作、使用、更新及销毁的要求。消防档案管理应符合下列要求： （1）按照有关规定建立纸质消防档案，并宜同时建立电子档案 （2）消防档案应包括消防安全基本情况、消防安全管理情况、灭火和应急疏散预案 （3）消防档案内容应翔实，全面反映消防工作的基本情况，并附有必要的图纸、图表 （4）消防档案应由专人统一管理，按档案管理要求装订成册	
6	消防安全基本情况	消防安全基本情况应包括下列内容： （1）基本概况和消防安全重点部位情况 （2）所在建筑消防设计审核、消防验收以及场所使用或者开业前消防安全检查的许可文件和相关资料 （3）消防组织和各级消防安全责任人 （4）消防安全管理制度和保证消防安全的操作规程 （5）消防设施、灭火器材配置情况 （6）专职消防队、志愿消防队、义务消防队人员及其消防装备配备情况 （7）消防安全管理人、自动消防设施操作人员、电气焊工、电工、易燃易爆化学物品操作人员的基本情况 （8）新增消防产品、防火材料的合格证明材料	
7	消防安全管理情况	消防安全管理情况应包括下列内容： （1）消防安全例会纪要或决定 （2）公安消防机构填发的各种法律文书 （3）消防设施定期检查记录、自动消防设施全面检查测试的报告以及维修保养记录 （4）火灾隐患、重大火灾隐患及其整改情况记录	

续表

序号	对照检查项目	检查内容	检查评价
7	消防安全管理情况	(5) 防火检查、巡查记录 (6) 有关燃气、电气设备检测等记录资料 (7) 消防安全培训记录 (8) 灭火和应急疏散预案演练记录 (9) 火灾情况记录 (10) 消防奖惩情况记录	

安全检查人员：　　　　　　　　　　　　　　　　　　　检查时间：　　年　　月　　日

2. 防火巡查、检查对照检查提示（见表5—2）

表5—2　　　　　　　　防火巡查、检查对照检查提示

序号	对照检查项目	检查内容	检查评价
1	防火巡查、检查规定	(1) 人员密集场所应建立防火巡查和防火检查制度，确定巡查和检查的人员、内容、部位和频次 (2) 防火巡查和检查时应填写巡查和检查记录，巡查和检查人员及其主管人员应在记录上签名。巡查、检查中应及时纠正违法违章行为，消除火灾隐患，无法整改的应立即报告，并记录存档 (3) 防火巡查时发现火灾应立即报火警并实施扑救 (4) 人员密集场所应进行每日防火巡查，并结合实际组织夜间防火巡查。旅馆、商店、公共娱乐场所在营业时间应至少每2 h巡查一次，营业结束后应检查并消除遗留火种	
2	防火巡查内容	防火巡查应包括下列内容： (1) 用火、用电有无违章情况 (2) 安全出口、疏散通道是否畅通，有无锁闭；安全疏散指示标志、应急照明是否完好 (3) 常闭式防火门是否处于关闭状态，防火卷帘下是否堆放物品 (4) 消防设施、器材是否在位、完整有效；消防安全标志是否完好清晰 (5) 消防安全重点部位的人员在岗情况 (6) 其他消防安全情况	
3	防火检查规定	(1) 防火检查应定期开展，各岗位应每天一次，各部门应每周一次，单位应每月一次 (2) 对建筑消防设施检查，应执行GA 503和GA 587的相关规定	
4	防火检查内容	防火检查应包括下列内容： (1) 消防车通道、消防水源 (2) 安全疏散通道、楼梯，安全出口及其疏散指示标志、应急照明 (3) 消防安全标志的设置情况 (4) 灭火器材配置及其完好情况 (5) 建筑消防设施运行情况 (6) 消防控制室值班情况、消防控制设备运行情况及相关记录 (7) 用火、用电有无违章情况	

续表

序号	对照检查项目	检查内容	检查评价
4	防火检查内容	（8）消防安全重点部位的管理 （9）防火巡查落实情况及其记录 （10）火灾隐患的整改以及防范措施的落实情况 （11）易燃易爆危险物品场所防火、防爆和防雷措施的落实情况 （12）楼板、防火墙和竖井孔洞等重点防火分隔部位的封堵情况 （13）消防安全重点部位人员及其他员工消防知识的掌握情况	

安全检查人员：　　　　　　　　　　　　　　　　　　　　检查时间：　　年　　月　　日

3. 安全疏散设施与消防设施对照检查提示（见表 5—3）

表 5—3　　　　　　　　安全疏散设施与消防设施对照检查提示

序号	对照检查项目	检查内容	检查评价
1	安全疏散设施管理规定	安全疏散设施管理制度的内容应明确消防安全疏散设施管理的责任部门和责任人，定期维护、检查的要求，确保安全疏散设施的管理要求。 安全疏散设施管理应符合下列要求： （1）确保疏散通道、安全出口的畅通，禁止占用、堵塞疏散通道和楼梯间 （2）人员密集场所在使用和营业期间疏散出口、安全出口的门不应锁闭 （3）封闭楼梯间、防烟楼梯间的门应完好，门上应有正确启闭状态的标识，保证其正常使用 （4）常闭式防火门应经常保持关闭 （5）需要经常保持开启状态的防火门，应保证其火灾时能自动关闭，自动和手动关闭的装置应完好有效 （6）平时需要控制人员出入或设有门禁系统的疏散门，应有保证火灾时人员疏散畅通的可靠措施 （7）安全出口、疏散门不得设置门槛和其他影响疏散的障碍物，且在其 1.4 m 范围内不应设置台阶 （8）消防应急照明、安全疏散指示标志应完好、有效，发生损坏时应及时维修、更换 （9）消防安全标志应完好、清晰，不应遮挡 （10）安全出口、公共疏散走道上不应安装栅栏、卷帘门 （11）窗口、阳台等部位不应设置影响逃生和灭火救援的栅栏 （12）在旅馆、餐饮场所、商店、医院、公共娱乐场等各楼层的明显位置应设置安全疏散指示图，指示图上应标明疏散路线、安全出口、人员所在位置和必要的文字说明 （13）举办展览、展销、演出等大型群众性活动，应事先根据场所的疏散能力核定容纳人数。活动期间应对人数进行控制，采取防止超员的措施	

续表

序号	对照检查项目	检查内容	检查评价
2	消防设施管理规定	人员密集场所应建立消防设施管理制度，其内容应明确消防设施管理的责任部门和责任人，消防设施的检查内容和要求，消防设施定期维护保养的要求。消防设施管理应符合下列要求： （1）消火栓应有明显标识 （2）室内消火栓箱不应上锁，箱内设备应齐全、完好 （3）室外消火栓不应埋压、圈占；距室外消火栓、水泵接合器 2.0 m 范围内不得设置影响其正常使用的障碍物 （4）展品、商品、货柜、广告箱牌、生产设备等的设置不得影响防火门、防火卷帘、室内消火栓、灭火剂喷头、机械排烟口和送风口、自然排烟窗、火灾探测器、手动火灾报警按钮、声光报警装置等消防设施的正常使用 （5）应确保消防设施和消防电源始终处于正常运行状态；需要维修时，应采取相应的措施，维修完成后，应立即恢复到正常运行状态 （6）按照消防设施管理制度和相关标准定期检查、检测消防设施，并做好记录，存档备查 （7）自动消防设施应按照有关规定，每年委托具有相关资质的单位进行全面检查测试，并出具检测报告，送当地公安消防机构备案 （8）消防控制室管理应明确值班人员的职责，应制订每日 24 h 值班制度和交接班的程序与要求以及设备自检、巡检的程序与要求 （9）消防控制值班室内不得堆放杂物，应保证其环境满足设备正常运行的要求；应具备消防设施平面布置图、完整的消防设施设计、施工和验收资料、灭火和应急疏散预案等 （10）消防控制室值班记录应完整，字迹清晰，保存完好	
3	火灾隐患整改	（1）因违反或不符合消防法规而导致的各类潜在不安全因素，应认定为火灾隐患 （2）发现火灾隐患应立即改正，不能立即改正的，应报告上级主管人员 （3）消防安全管理人或部门消防安全责任人应组织对报告的火灾隐患进行认定，并对整改完毕的进行确认 （4）明确火灾隐患整改责任部门、责任人、整改的期限和所需经费来源 （5）在火灾隐患整改期间，应采取相应措施，保障安全 （6）对公安消防机构责令限期改正的火灾隐患和重大火灾隐患，应在规定的期限内改正，并将火灾隐患整改复函送达公安消防机构 （7）重大火灾隐患不能立即整改的，应自行将危险部位停产停业整改 （8）对于涉及城市规划布局而不能自身解决的重大火灾隐患，应提出解决方案并及时向其上级主管部门或当地人民政府报告	

安全检查人员：　　　　　　　　　　　　　　　　检查时间：　　年　　月　　日

4. 危险作业与重点部位管理对照检查提示（见表5—4）

表5—4 危险作业与重点部位管理对照检查提示

序号	对照检查项目	检查内容	检查评价
1	用电防火安全管理	人员密集场所应建立用电防火安全管理制度，并应明确下列内容： （1）明确用电防火安全管理的责任部门和责任人 （2）电气设备的采购要求 （3）电气设备的安全使用要求 （4）电气设备的检查内容和要求 （5）电气设备操作人员的岗位资格及其职责要求	
2	用电防火安全管理要求	用电防火安全管理应符合下列要求： （1）采购电气、电热设备，应选用合格产品，并应符合有关安全标准的要求 （2）电气线路敷设、电气设备安装和维修应由具备职业资格的电工操作 （3）不得随意乱接电线，擅自增加用电设备 （4）电气设备周围应与可燃物保持0.5 m以上的间距 （5）对电气线路、设备应定期检查、检测，严禁长时间超负荷运行 （6）商店、餐饮场所、公共娱乐场所营业结束时，应切断营业场所的非必要电源	
3	用火、动火安全管理	人员密集场所应建立用火、动火安全管理制度，并应明确用火、动火管理的责任部门和责任人，用火、动火的审批范围、程序和要求以及电气焊工的岗位资格及其职责要求等内容。用火、动火安全管理应符合下列要求： （1）需要动火施工的区域与使用、营业区之间应进行防火分隔 （2）电气焊等明火作业前，实施动火的部门和人员应按照制度规定办理动火审批手续，清除易燃可燃物，配置灭火器材，落实现场监护人和安全措施，在确认无火灾、爆炸危险后方可动火施工 （3）商店、公共娱乐场所禁止在营业时间进行动火施工 （4）演出、放映场所需要使用明火效果时，应落实相应的防火措施 （5）人员密集场所不应使用明火照明或取暖，如特殊情况需要时应有专人看护 （6）炉火、烟道等取暖设施与可燃物之间应采取防火隔热措施 （7）旅馆、餐饮场所、医院、学校等厨房的烟道应至少每季度清洗一次 （8）厨房燃油、燃气管道应经常检查、检测和保养	
4	易燃易爆化学物品管理	（1）应明确易燃易爆化学物品管理的责任部门和责任人 （2）人员密集场所严禁生产、储存易燃易爆化学物品 （3）人员密集场所需要使用易燃易爆化学物品时，应根据需要限量使用，存储量不应超过一天的使用量，且应由专人管理、登记	

续表

序号	对照检查项目	检查内容	检查评价
5	消防安全重点部位管理	(1) 人员集中的厅（室）以及储油间、变配电室、锅炉房、厨房、空调机房、资料库、可燃物品仓库、化学实验室等应确定为消防安全重点部位，并明确消防安全管理的责任部门和责任人 (2) 应根据实际需要配备相应的灭火器材、装备和个人防护器材 (3) 应制定和完善事故应急处置操作程序 (4) 应列入防火巡查范围，作为定期检查的重点	

安全检查人员：　　　　　　　　　　　　　　　　　检查时间：　　年　　月　　日

5. 消防安全措施对照检查提示（见表5—5）

表5—5　　　　　　　　消防安全措施对照检查提示

序号	对照检查项目	检查内容	检查评价
1	消防安全措施通则	(1) 设置在多种用途建筑内的人员密集场所，应采用耐火极限不低于1.0 h的楼板和2.0 h的隔墙与其他部位隔开，并应满足各自不同工作或使用时间对安全疏散的要求 (2) 人员密集场所或其所在建筑内的疏散楼梯宜通至屋面，且宜在屋面设置辅助疏散设施 (3) 营业厅、展览厅等大空间疏散指示标志的布置，应保证其指向最近的疏散出口，并使人员在走道上任何位置都能看见和识别 (4) 防火巡查宜采用电子巡更设备 (5) 设有消防控制室的人员密集场所或其所在建筑，其火灾自动报警和控制系统宜接入城市火灾报警网络监控中心 (6) 除国家标准规定外，其他人员密集场所需要设置自动喷水灭火系统时，可按GB 50084的规定设置自动喷水灭火局部应用系统或简易自动喷水灭火系统 (7) 除国家标准规定外，其他人员密集场所需要设置火灾自动报警系统时，可设置点式火灾报警设备 (8) 超市、娱乐场所等人员密集场所需要控制人员随意出入的安全出口、疏散门，或设有门禁系统的，应保证火灾时不需使用钥匙等任何工具即能易于从内部打开，并应在显著位置设置“紧急出口”标识和使用提示。可以根据实际需要选用以下方法： 1) 设置报警延迟时间不应超过15 s的安全控制与报警逃生门锁系统 2) 设置能与火灾自动报警系统联动，且具备远程控制和现场手动开启装置的电磁门锁装置 3) 设置推门式外开门	
2	旅馆消防安全措施	(1) 高层旅馆的客房内应配备应急手电筒、防烟面具等逃生器材及使用说明，其他旅馆的客房内宜配备应急手电筒、防烟面具等逃生器材及使用说明 (2) 客房内应设置醒目、耐久的“请勿卧床吸烟”提示牌和楼层安全疏散示意图 (3) 客房层应按照有关建筑火灾逃生器材及配备标准设置辅助疏散、逃生设备，并应有明显的标志	

续表

序号	对照检查项目	检查内容	检查评价
3	商店消防安全措施	（1）商店（市场）建筑物之间不应设置连接顶棚，当必须设置时应符合下列要求： 1）消防车通道上部严禁设置连接顶棚 2）顶棚所连接的建筑总占地面积不应超过 2 500 m^2 3）顶棚下面不应设置摊位，堆放可燃物 4）顶棚材料的燃烧性能不应低于 B1 级 5）顶棚四周应敞开，其高度应高出建筑檐口 1.0 m 以上 （2）商店的仓库应采用耐火极限不低于 3.0 h 的隔墙与营业、办公部分分隔，通向营业厅的门应为甲级防火门 （3）营业厅内的柜台和货架应合理布置，疏散走道设置应符合 JGJ 48 的规定，并应符合下列要求： 1）营业厅内的主要疏散走道应直通安全出口 2）主要疏散走道的净宽度不应小于 3.0 m，其他疏散走道净宽度不应小于 2.0 m；当一层的营业厅建筑面积小于 500 m^2 时，主要疏散走道的净宽度可为 2.0 m，其他疏散走道净宽度可为 1.5 m 3）疏散走道与营业区之间应在地面上设置明显的界线标识 4）营业厅内任何一点至最近安全出口的直线距离不宜大于 30 m，且行走距离不应大于 45 m （4）营业厅内设置的疏散指示标志应符合下列要求： 1）应在疏散走道转弯和交叉部位两侧的墙面、柱面距地面高度 1.0 m 以下设置灯光疏散指示标志；确有困难时，可设置在疏散走道上方 2.2～3.0 m 处；疏散指示标志的间距不应大于 20 m 2）灯光疏散指示标志的规格不应小于 0.85 m×0.30 m，当一层的营业厅建筑面积小于 500 m^2 时，疏散指示标志的规格不应小于 0.65 m×0.25 m 3）疏散走道的地面上应设置视觉连续的蓄光型辅助疏散指示标志 （5）营业厅的安全疏散不应穿越仓库。当必须穿越时，应设置疏散走道，并采用耐火极限不低于 2.0 h 的隔墙与仓库分隔 （6）营业厅内食品加工区的明火部位应靠外墙布置，并应采用耐火极限不低于 2.0 h 的隔墙与其他部位分隔。敞开式的食品加工区应采用电能加热设施，不应使用液化石油气作燃料 （7）防火卷帘门两侧各 0.5 m 范围内不得堆放物品，并应用黄色标识线划定范围	
4	公共娱乐场所消防安全措施	（1）公共娱乐场所的外墙上应在每层设置外窗（含阳台），其间隔不应大于 15.0 m；每个外窗的面积不应小于 1.5 m^2，且其短边不应小于 0.8 m，窗口下沿距室内地坪不应大于 1.2 m （2）使用人数超过 20 人的厅、室内应设置净宽度不小于 1.1 m 的疏散走道，活动座椅应采用固定措施 （3）休息厅、录像放映室、卡拉 OK 室内应设置声音或视像警报，保证在火灾发生初期，将其画面、音响切换到应急广播和应急疏散指示状态 （4）各种灯具距离周围窗帘、幕布、布景等可燃物不应小于 0.50 m （5）在营业时间和营业结束后，应指定专人进行消防安全检查，清除烟蒂等火种	

续表

序号	对照检查项目	检查内容	检查评价
5	生产加工车间与员工集体宿舍消防安全措施	人员密集的生产加工车间、员工集体宿舍消防安全措施要求： （1）生产车间内应保持疏散通道畅通，通向疏散出口的主要疏散走道的净宽度不应小于 2.0 m，其他疏散走道净宽度不应小于 1.5 m，且走道地面上应画出明显的标示线 （2）车间内中间仓库的储量不应超过一昼夜的使用量。生产过程中的原料、半成品、成品应集中摆放，机电设备、消防设施周围 0.5 m 的范围内不得堆放可燃物 （3）生产加工中使用电熨斗等电加热器具时，应固定使用地点，并采取可靠的防火措施 （4）应按操作规程定时清除电气设备及通风管道上的可燃粉尘、飞絮 （5）生产加工车间、员工集体宿舍不应擅自拉接电气线路、设置炉灶 （6）员工集体宿舍隔墙的耐火极限不应低于 1.0 h，且应砌至梁、板底	

安全检查人员：　　　　　　　　　　　　　　　　检查时间：　　年　　月　　日

四、《特种设备现场安全监督检查规则》相关要点

2015 年 1 月 7 日，国家质检总局发布《特种设备现场安全监督检查规则》和《特种设备重点监控工作要求》，自印发之日起施行。

《特种设备现场安全监督检查规则》分为五章三十九条，各章内容为：第一章总则，第二章日常监督检查，第三章专项监督检查，第四章检查方式与程序，第五章附则。制定并施行本规定，是为了督促特种设备生产、经营和使用单位落实安全主体责任，进一步加强特种设备现场安全监督检查工作，并建立长效机制，同时规范现场安全监督检查行为。

1. 总则中的有关规定

在第一章总则中，对相关事项作了规定。

◆本规则适用于国家质量监督检验检疫总局（以下简称质检总局）和省以下各级负责特种设备安全监督管理的部门（以下简称监管部门）对特种设备生产（含设计、制造、安装、改造、修理，下同）、经营（含销售、出租、进口）和使用单位（含气瓶、移动式压力容器充装单位，下同）实施的安全监督检查。

◆特种设备现场安全监督检查分为日常监督检查和专项监督检查。

日常监督检查，是指按照本规则规定的检查计划、检查项目、检查内容，对被检查单位实施的监督检查。

专项监督检查，是指根据各级人民政府及其所属有关部门的统一部署，或由各级监管部门组织的，针对具体情况，在规定的时间内，对被检查单位的特定设备或项目实施的监督检查。

◆实施特种设备现场安全监督检查时，应当有 2 名以上持有特种设备安全行政执法证件的人员参加；根据需要，可以邀请有关技术人员参与检查（以下统称检查人员）。

2. 有关日常监督检查的规定

在第二章日常监督检查中，对相关事项作了规定。

◆特种设备生产单位的日常监督检查，应当重点安排对以下单位进行检查：

（1）取得许可资质未满1年的。

（2）近2年发生过特种设备事故的。

（3）近2年发生过因产品缺陷实施强制召回的。

（4）举报投诉较多且经确认属实的，以及检验、检测机构和鉴定评审机构等反映质量和安全管理较差的。

◆对特种设备使用单位的日常监督检查，由市级监管部门根据风险情况确定当年检查的重点和检查单位数量，制定计划并报同级人民政府，由市、县（含县级市、上述市级下辖的区和县，下同）级监管部门按计划分级组织实施。

其中，属于重点监督检查的特种设备使用单位，每年日常监督检查次数不得少于1次。

3. 有关专项监督检查的规定

在第三章专项监督检查中，对相关事项作了规定。

◆特种设备专项监督检查包括：

（1）重点时段监督检查。根据国家或地区重大活动及节假日的安全保障需要，针对特定单位、设备和项目开展的监督检查。

（2）专项整治监督检查。根据安全生产形势、近期发生的典型事故或连续发生同类事故的隐患整治等需要，由各级人民政府及其所属有关部门统一部署，或由各级监管部门自行组织的，对特定的设备或项目实施的监督检查。

（3）其他专项监督检查。针对特种设备检验、检测机构报告的重大问题或投诉举报反映的问题等实施的监督检查。

◆特种设备检验、检测机构实施监督检验和定期检验时，发现以下重大问题之一的，应当及时书面告知受检单位，并书面报告所在地的县或者市级监管部门：

（1）特种设备生产单位重大问题

1）未经许可从事相应生产活动的。

2）不再符合许可条件的。

3）拒绝监督检验的。

4）产品未经监督检验合格擅自出厂或者交付用户使用的。

※（2）特种设备使用单位重大问题

1）使用非法生产特种设备的。

2）超过特种设备的规定参数范围使用的。

3）使用应当予以报废的特种设备的。

4）使用超期未检、经检验检测判为不合格且限期未整改的或复检不合格特种设备的。

◆专项监督检查的项目和内容按照以下要求确定：

（1）重点时段监督检查和专项整治监督检查，检查设备的种类和数量、检查项目和内容，应当按照相应部署的具体要求执行，如无专门明确的，参照日常监督检查的检查项目和内容执行。

（2）对检验、检测机构报告的重大问题或针对投诉举报开展的专项监督检查的检查项目和内容，由实施检查的监管部门根据报告和投诉举报反映的情况确定。

4. 有关检查方式与程序的规定

在第四章检查方式与程序中，对相关事项作了规定。

◆特种设备现场安全监督检查实行抽查方式。

其中，专项整治监督检查在市、县级监管部门抽查实施前，应当部署特种设备相关生产、经营和使用单位按照相应检查要求开展自查自纠；重点时段监督检查各级监管部门的相关负责人应当带队参加。

◆特种设备现场监督检查程序主要包括：出示证件、说明来意、现场检查、做出记录、交换检查意见、下达安全监察指令书、采取查封扣押措施等。

◆检查人员在监督检查中，应当遵守相关的安全管理要求，保证自身安全。

◆检查人员有权行使《特种设备安全法》第六十一条规定的如下职权：

（1）进入现场进行检查，向特种设备生产、经营、使用单位主要负责人和其他有关人员调查、了解有关情况。

（2）根据举报或者取得的涉嫌违法证据，查阅、复制特种设备生产、经营、使用单位的有关合同、发票、账簿以及其他有关资料。

（3）对有证据表明不符合安全技术规范要求或者存在严重事故隐患的特种设备实施查封、扣押。

（4）对流入市场的达到报废条件或者已经报废的特种设备实施查封、扣押。

（5）对违反《特种设备安全法》《特种设备安全监察条例》和特种设备地方法规，以及其他特种设备行政规章规定的行为作出行政处罚决定。

被检查单位因故不能提供有关书证材料的，检查人员可以书面通知被检查单位后补。

被检查单位无正当理由拒绝检查人员进入特种设备生产、使用场所检查，对现场监督检查不予配合，拖延、阻碍正常检查，可以认定为拒不接受依法实施的监督检查，应当依据《特种设备安全法》第九十五条的规定予以处罚。

◆检查人员将检查中发现的主要问题、处理措施等信息汇总后，填写“特种设备安全监督检查记录”（略）。

检查记录应当由被检查单位参加人员和检查人员双方签字。签字前，检查人员应当就检查情况与被检查单位参加人员交换意见。

◆被检查单位拒绝签字的，检查人员可以记录在案；拒绝签收相关执法文书的，可以采取留置、邮寄、公告等方式进行送达。有条件的，可以采取邀请第三方作证、照相、录音、摄像等方式取证。

◆检查时发现违反《特种设备安全法》和《特种设备安全监察条例》规定和安全技术规范要求的行为或者特种设备存在事故隐患时，检查人员应当下达“特种设备安全监察指令书”（略），责令被检查单位立即或者限期采取必要措施予以改正，消除事故隐患。

◆监管部门的检查人员通过特种设备动态监管信息化系统或者特种设备检验、检测机构的报告，发现特种设备生产、使用单位存在违法违规行为或者事故隐患的，可以不经过现场监督检查直接下达“特种设备安全监察指令书”。

※※◆实施现场安全监督检查中，发现特种设备或其主要部件存在以下情形之一，应当予以查封或者扣押：

（1）在用特种设备存在本规则第十二条第二款（见前文※处）规定的情形之一的。

（2）有证据表明生产、经营、使用的特种设备或者其主要部件不符合安全技术规范的要求。

（3）使用经责令整改而未予整改的特种设备。

（4）特种设备发生事故不予报告而继续使用的。

当场能够整改的，可以不予查封、扣押。

在用特种设备因连续性生产工艺及其他客观原因不能实施现场查封、扣押的，可由被检查单位在检查记录上说明情况，注明其间采取的保障安全的措施，暂不实施查封、扣押并履行本规则第二十八条规定职责（见后文※※※处），待相应设备能够停用后予以查封、扣押。其间发生事故的，由被检查单位承担责任。

◆对特种设备实施查封或扣押前，检查人员应当事先向本监管部门负责人报告，并取得同意。

◆查封、扣押的期限不得超过 30 天。因案情复杂等情况，需要延长查封、扣押期限的，经监管部门负责人批准，可以延长，但是延长期限不得超过 30 天。

◆被检查单位在用特种设备存在以下严重事故隐患，经现场报告本监管部门负责人同意，检查人员可以下达“特种设备安全监察指令书”责令使用单位停止使用特种设备：

（1）使用未取得许可生产，未经检验或者检验不合格的特种设备，或者国家明令淘汰、已经报废的特种设备的。

（2）特种设备出现故障或者发生异常情况，未对其进行全面检查、消除事故隐患，继续使用的。

（3）特种设备存在严重事故隐患，无改造、修理价值，或者达到安全技术规范规定的其他报废条件，未依法履行报废义务，并办理使用登记证书注销手续的。

◆检查提出整改要求的，检查人员应当在被检查单位提交整改报告后 5 个工作日之内，或者被检查单位未提交整改报告、整改期限届满后 3 个工作日之内对隐患整改情况进行复查。复查可以通过现场检查、材料核查等形式实施。

复查的现场检查程序按照本章上述规定进行。

※※※◆监督检查中发现下列情形之一的，需要当地人民政府和有关部门支持、配合的，监管部门应当及时以书面形式报告同级人民政府或者通知有关部门：

（1）拒绝接受检查的违法行为。

（2）被检查单位对严重事故隐患不予整改或者消除的。

（3）出现第二十三条（见前文※※处）情形但按该条最后一款规定暂不实施查封、扣押的。

（4）存在区域性或者普遍性的严重事故隐患。

发现本条第（4）项情形的，应当及时书面报告上一级监管部门。

接到报告的人民政府和其他有关部门对上述情形依法采取必要措施及时处理时，监管部门应当积极予以配合。

◆监督检查中发现依法应当撤销、吊销或者暂停许可的违法行为的，实施检查的监管部门应当及时向许可实施机关通报，并附相关证据材料复印件。

◆接到上述两条报告或通报的监管部门或许可实施机关，应当对所报告的问题及时按照以下规定办理：

（1）对存在区域性或者普遍性严重事故隐患的，接到报告的监管部门应当指导下一级监管部门依法采取相应措施，同时在辖区内组织排查、整治，必要时应当报告上一级监管部门直至质检总局。

（2）对依法应当撤销、吊销或者暂停许可的违法行为，依法启动相应处理程序。

◆发现被检查单位依法应予以行政处罚的，按照《质量技术监督行政处罚程序规定》办理。其中，撤销、吊销、暂停许可案件由许可实施机关办理，其他立案处罚案件可以移交监管部门专职执法机构承办。

承办特种设备违法案件的机构，负责对隐患整改情况进行复查，必要时可约请相关机构给予配合。

◆发现被检查单位或者人员涉嫌构成犯罪的，应当按照《行政执法机关移送涉嫌犯罪案件的规定》，移送公安机关调查处理。

◆检查时发现特种设备检验、检测机构，鉴定评审机构，作业人员考试机构存在违法违规行为的，应当按照有关规定予以处理。

五、特种设备使用单位现场安全监督检查项目表

在《特种设备现场安全监督检查规则（试行）》中，制定了特种设备使用单位现场安全监督检查项目表，用以对特种设备使用情况进行具体检查，这也是商贸服务企业进行特种设备安全检查的依据和参考。

1. 特种设备使用单位安全管理情况检查项目表（见表5—6）

表5—6　　特种设备使用单位安全管理情况检查项目表

检查项目	编号	检查内容
机构及制度	1	是否设置安全管理机构或配备专兼职管理人员
	2	是否按规定建立安全管理制度和岗位安全责任制度
	3	是否制定事故应急专项预案并有演练记录
设备档案	4	是否建立设备档案，档案是否齐全
	5	所抽查设备是否在定期检验有效期内
	6	所抽查的设备是否按规定进行日常维护保养或者定期自行检查并有记录
人员档案	7	抽查安全管理人员和作业人员证件是否在有效期内
	8	是否有特种设备作业人员培训记录

2. 锅炉使用情况检查项目表（见表5—7）

表5—7　　锅炉使用情况检查项目表

检查项目	编号	检查内容
作业人员	1	在岗作业人员是否具有有效证件
登记及检验标志	2	是否有使用登记证，是否在检验有效期内
安全附件及安全保护装置	3	液位（面）计是否有最高、最低安全液位标记，液位是否显示清楚并能被作业人员正确监视
	4	安全阀是否有有效的校验报告和铅封标记，或者水封管是否被堵塞
	5	压力表是否有有效的检定证书或标记
	6	温度计是否有有效的检定证书或标记
	7	仪器仪表显示参数是否与液位计、压力表、温度计一致
	8	是否按规定装有相关保护装置和报警装置
运行参数	9	水位、压力、温度是否在允许范围内
	10	是否及时填写运行记录，记录是否与实际相符
本体、阀门、管道状况	11	是否发现漏气、漏水现象
	12	是否有肉眼可见的损坏（含炉墙）
水（介）质处理	13	是否按规定配备水处理设备或进行锅内水处理
	14	是否有水（介）质化验记录
其他	15	是否存在常压锅炉承压使用或者使用土锅炉等情况

3. 电梯使用情况检查项目表（见表5—8）

表5—8　　电梯使用情况检查项目表

检查项目	编号	检查内容
作业人员	1	现场作业人员是否具有有效证件
合格标志及警示标记	2	是否有安全检验合格标志，并按规定固定在电梯的显著位置，是否在检验有效期内
	3	安全注意事项和警示标志是否置于易于为乘客注意的显著位置
安全装置	4	电梯内设置的报警装置是否可靠，联系是否畅通
	5	呼层、楼层等显示信号系统功能是否有效，指示是否正确
	6	防夹装置是否可靠
	7	自动扶梯和自动人行道入口处是否有安全开关并灵敏可靠
维保情况	8	是否有有效的维保合同，确认维保作业人员能否按合同及时抵达电梯使用地点
	9	是否有维保记录
	10	维保周期是否符合规定

4. 对特种设备使用单位的安全管理要求

在 2007 年 11 月 7 日，国家质检总局发布的《特种设备重点监控工作要求》（国质检特函〔2007〕910 号）中，对特种设备使用单位的安全管理提出明确要求，要求特种设备使用单位负责重点监控设备的安全运行。各级质监部门应当督促使用单位采取以下措施加强安全管理：

（1）建立完善重点监控设备安全管理制度、岗位安全责任制度。

（2）确定本单位重点监控设备安全管理机构，并逐台落实安全管理责任人。

（3）确保重点监控设备使用登记率、持证上岗率、定期检验率 100%。

（4）定期培训安全管理及作业人员。

（5）按规定对重点监控设备定期进行检查、维护、校验。

（6）建立完善应急救援措施及应急预案，每两年至少进行一次预案演练，并对演练情况予以记录。

（7）对经检验判为监控使用的重点监控设备，认真落实监控措施；未按规定整改的，不得带病运行。

第六章　商贸服务企业应急救援预案参考

商贸服务企业应急救援与应急处置管理，属于安全生产管理的一个部分。对于应急救援与应急处置管理，商贸服务企业一是需要确立未雨绸缪、防患于未然的安全意识，按照法律法规、部门规章以及规范标准的要求，制定应急救援预案，并经常进行演练；二是需要与安全生产管理相结合，把日常的安全管理、安全教育、人员的安全培训与应急救援结合起来，从技术技能上、救援意识上进行相应的训练，从而为突然发生的事故应急处置打下基础。

第一节　商贸服务企业应急救援管理相关政策法规

商贸服务企业应急救援管理就是一种事先准备。针对各种不同的紧急情况编制有效的应急预案，保证各种应急资源处于良好的备战状态，一旦事故发生，可以指导应急救援行动按计划有序进行，防止因行动组织不力或现场救援工作混乱而延误事故应急救援，从而降低人员伤亡和财产损失。在商贸服务企业应急救援管理方面，国家颁布了相关法律法规，需要企业认真落实执行。

一、《突发事件应急预案管理办法》相关要点

2013 年 10 月 25 日，国务院办公厅下发《关于印发突发事件应急预案管理办法的通知》（国办发〔2013〕101 号），自印发之日起施行。该《通知》指出：《突发事件应急预案管理办法》已经国务院同意，请认真贯彻执行。

《突发事件应急预案管理办法》分为九章三十四条，各章内容为：第一章总则，第二章分类和内容，第三章预案编制，第四章审批、备案和公布，第五章应急演练，第六章评估和修订，第七章培训和宣传教育，第八章组织保障，第九章附则。制定本办法的目的，是依据《中华人民共和国突发事件应对法》等法律、行政法规，为规范突发事件应急预案（以下简称应急预案）管理，增强应急预案的针对性、实用性和可操作性。

1. 总则中的有关规定

在第一章总则中，对相关事项作了规定。

◆本办法所称应急预案，是指各级人民政府及其部门、基层组织、企事业单位、社会团体等为依法、迅速、科学、有序应对突发事件，最大程度减少突发事件及其造成的损害而预先制定的工作方案。

◆应急预案的规划、编制、审批、发布、备案、演练、修订、培训、宣传教育等工作，适用本办法。

◆应急预案管理遵循统一规划、分类指导、分级负责、动态管理的原则。

◆应急预案编制要依据有关法律、行政法规和制度，紧密结合实际，合理确定内容，切实提高针对性、实用性和可操作性。

2. 分类和内容的有关规定

在第二章分类和内容中，对相关事项作了规定。

◆应急预案按照制定主体划分，分为政府及其部门应急预案、单位和基层组织应急预案两大类。

◆政府及其部门应急预案由各级人民政府及其部门制定，包括总体应急预案、专项应急预案、部门应急预案等。

总体应急预案是应急预案体系的总纲，是政府组织应对突发事件的总体制度安排，由县级以上各级人民政府制定。

专项应急预案是政府为应对某一类型或某几种类型突发事件，或者针对重要目标物保护、重大活动保障、应急资源保障等重要专项工作而预先制定的涉及多个部门职责的工作方案，由有关部门牵头制定，报本级人民政府批准后印发实施。

部门应急预案是政府有关部门根据总体应急预案、专项应急预案和部门职责，为应对本部门（行业、领域）突发事件，或者针对重要目标物保护、重大活动保障、应急资源保障等涉及部门工作而预先制定的工作方案，由各级政府有关部门制定。

鼓励相邻、相近的地方人民政府及其有关部门联合制定应对区域性、流域性突发事件的联合应急预案。

◆总体应急预案主要规定突发事件应对的基本原则、组织体系、运行机制，以及应急保障的总体安排等，明确相关各方的职责和任务。

针对突发事件应对的专项和部门应急预案，不同层级的预案内容各有所侧重。国家层面专项和部门应急预案侧重明确突发事件的应对原则、组织指挥机制、预警分级和事件分级标准、信息报告要求、分级响应及响应行动、应急保障措施等，重点规范国家层面应对行动，同时体现政策性和指导性；省级专项和部门应急预案侧重明确突发事件的组织指挥机制、信息报告要求、分级响应及响应行动、队伍物资保障及调动程序、市县级政府职责等，重点规范省级层面应对行动，同时体现指导性；市县级专项和部门应急预案侧重明确突发事件的组织指挥机制、风险评估、监测预警、信息报告、应急处置措施、队伍物资保障及调动程序等内容，重点规范市（地）级和县级层面应对行动，体现应急处置的主体职能；乡镇街道专项和部门应急预案侧重明确突发事件的预警信息传播、组织先期处置和自救互救、信息收集报告、人员临时安置等内容，重点规范乡镇层面应对行动，体现先期处置特点。

针对重要基础设施、生命线工程等重要目标物保护的专项和部门应急预案，侧重明确风险隐患及防范措施、监测预警、信息报告、应急处置和紧急恢复等内容。

针对重大活动保障制定的专项和部门应急预案，侧重明确活动安全风险隐患及防范措施、监测预警、信息报告、应急处置、人员疏散撤离组织和路线等内容。

针对为突发事件应对工作提供队伍、物资、装备、资金等资源保障的专项和部门应急预案，侧重明确组织指挥机制、资源布局、不同种类和级别突发事件发生后的资源调用程序等内容。

联合应急预案侧重明确相邻、相近地方人民政府及其部门间信息通报、处置措施衔接、应急资源共享等应急联动机制。

◆单位和基层组织应急预案由机关、企业、事业单位、社会团体和居委会、村委会等法人和基层组织制定，侧重明确应急响应责任人、风险隐患监测、信息报告、预警响应、应急处置、人员疏散撤离组织和路线、可调用或可请求援助的应急资源情况及如何实施等，体现自救互救、信息报告和先期处置特点。

大型企业集团可根据相关标准规范和实际工作需要，参照国际惯例，建立本集团应急预案体系。

◆政府及其部门、有关单位和基层组织可根据应急预案，并针对突发事件现场处置工作灵活制定现场工作方案，侧重明确现场组织指挥机制、应急队伍分工、不同情况下的应对措施、应急装备保障和自我保障等内容。

◆政府及其部门、有关单位和基层组织可结合本地区、本部门和本单位具体情况，编制应急预案操作手册，内容一般包括风险隐患分析、处置工作程序、响应措施、应急队伍和装备物资情况，以及相关单位联络人员和电话等。

◆对预案应急响应是否分级、如何分级、如何界定分级响应措施等，由预案制定单位根据本地区、本部门和本单位的实际情况确定。

3. 预案编制的有关规定

在第三章预案编制中，对相关事项作了规定。

◆各级人民政府应当针对本行政区域多发易发突发事件、主要风险等，制定本级政府及其部门应急预案编制规划，并根据实际情况变化适时修订完善。

单位和基层组织可根据应对突发事件需要，制定本单位、本基层组织应急预案编制计划。

◆应急预案编制部门和单位应组成预案编制工作小组，吸收预案涉及主要部门和单位业务相关人员、有关专家及有现场处置经验的人员参加。编制工作小组组长由应急预案编制部门或单位有关负责人担任。

◆编制应急预案应当在开展风险评估和应急资源调查的基础上进行。

（1）风险评估

针对突发事件特点，识别事件的危害因素，分析事件可能产生的直接后果以及次生、衍生后果，评估各种后果的危害程度，提出控制风险、治理隐患的措施。

（2）应急资源调查

全面调查本地区、本单位第一时间可调用的应急队伍、装备、物资、场所等应急资源状况和合作区域内可请求援助的应急资源状况，必要时对本地居民应急资源情况进行调查，为制定应急响应措施提供依据。

◆政府及其部门应急预案编制过程中应当广泛听取有关部门、单位和专家的意见，与相关的预案做好衔接。涉及其他单位职责的，应当书面征求相关单位意见。必要时，向社会公开征求意见。

单位和基层组织应急预案编制过程中，应根据法律、行政法规要求或实际需要，征求相关公民、法人或其他组织的意见。

4. 审批、备案和公布的有关规定

在第四章审批、备案和公布中，对相关事项作了规定。

◆预案编制工作小组或牵头单位应当将预案送审稿及各有关单位复函和意见采纳情况说明、编制工作说明等有关材料报送应急预案审批单位。因保密等原因需要发布应急预案简本的，应当将应急预案简本一起报送审批。

◆应急预案审核内容主要包括预案是否符合有关法律、行政法规，是否与有关应急预案进行了衔接，各方面意见是否一致，主体内容是否完备，责任分工是否合理明确，应急响应级别设计是否合理，应对措施是否具体简明、管用可行等。必要时，应急预案审批单位可组织有关专家对应急预案进行评审。

◆国家总体应急预案报国务院审批，以国务院名义印发；专项应急预案报国务院审批，以国务院办公厅名义印发；部门应急预案由部门有关会议审议决定，以部门名义印发，必要时，可以由国务院办公厅转发。

地方各级人民政府总体应急预案应当经本级人民政府常务会议审议，以本级人民政府名义印发；专项应急预案应当经本级人民政府审批，必要时经本级人民政府常务会议或专题会议审议，以本级人民政府办公厅（室）名义印发；部门应急预案应当经部门有关会议审议，以部门名义印发，必要时，可以由本级人民政府办公厅（室）转发。

单位和基层组织应急预案须经本单位或基层组织主要负责人或分管负责人签发，审批方式根据实际情况确定。

◆应急预案审批单位应当在应急预案印发后的 20 个工作日内依照下列规定向有关单位备案：

（1）地方人民政府总体应急预案报送上一级人民政府备案。

（2）地方人民政府专项应急预案抄送上一级人民政府有关主管部门备案。

（3）部门应急预案报送本级人民政府备案。

（4）涉及需要与所在地政府联合应急处置的中央单位应急预案，应当向所在地县级人民政府备案。

法律、行政法规另有规定的从其规定。

◆自然灾害、事故灾难、公共卫生类政府及其部门应急预案，应向社会公布。对确需保密的应急预案，按有关规定执行。

5. 应急演练的有关规定

在第五章应急演练中，对相关事项作了规定。

◆应急预案编制单位应当建立应急演练制度，根据实际情况采取实战演练、桌面推演等方式，组织开展人员广泛参与、处置联动性强、形式多样、节约高效的应急演练。

专项应急预案、部门应急预案至少每 3 年进行一次应急演练。

地震、台风、洪涝、滑坡、山洪泥石流等自然灾害易发区域所在地政府，重要基础设施和城市供水、供电、供气、供热等生命线工程经营管理单位，矿山、建筑施工单位和易燃易爆物品、危险化学品、放射性物品等危险物品生产、经营、储运、使用单位，公共交通工具、公共场所和医院、学校等人员密集场所的经营单位或者管理单位等，应当有针对性地经常组织开展应急演练。

◆应急演练组织单位应当组织演练评估。评估的主要内容包括：演练的执行情况，预案的合理性与可操作性，指挥协调和应急联动情况，应急人员的处置情况，演练所用设备装备的适用性，对完善预案、应急准备、应急机制、应急措施等方面的意见和建议等。

鼓励委托第三方进行演练评估。

6. 评估和修订的有关规定

在第六章评估和修订中，对相关事项作了规定。

◆应急预案编制单位应当建立定期评估制度，分析评价预案内容的针对性、实用性和可操作性，实现应急预案的动态优化和科学规范管理。

◆有下列情形之一的，应当及时修订应急预案：

（1）有关法律、行政法规、规章、标准、上位预案中的有关规定发生变化的。

（2）应急指挥机构及其职责发生重大调整的。

（3）面临的风险发生重大变化的。

（4）重要应急资源发生重大变化的。

（5）预案中的其他重要信息发生变化的。

（6）在突发事件实际应对和应急演练中发现问题需要作出重大调整的。

（7）应急预案制定单位认为应当修订的其他情况。

◆应急预案修订涉及组织指挥体系与职责、应急处置程序、主要处置措施、突发事件分级标准等重要内容的，修订工作应参照本办法规定的预案编制、审批、备案、公布程序组织进行。仅涉及其他内容的，修订程序可根据情况适当简化。

◆各级政府及其部门、企事业单位、社会团体、公民等，可以向有关预案编制单位提出修订建议。

7. 培训和宣传教育的有关规定

在第七章培训和宣传教育中，对相关事项作了规定。

◆应急预案编制单位应当通过编发培训材料、举办培训班、开展工作研讨等方式，对与应急预案实施密切相关的管理人员和专业救援人员等组织开展应急预案培训。

◆对需要公众广泛参与的非涉密的应急预案，编制单位应当充分利用互联网、广播、电视、报刊等多种媒体广泛宣传，制作通俗易懂、好记管用的宣传普及材料，向公众免费发放。

8. 组织保障的有关规定

在第八章组织保障中，对相关事项作了规定。

◆各级政府及其有关部门应对本行政区域、本行业（领域）应急预案管理工作加强指导和监督。国务院有关部门可根据需要编写应急预案编制指南，指导本行业（领域）应急预案编制工作。

◆各级政府及其有关部门、各有关单位要指定专门机构和人员负责相关具体工作，将应急预案规划、编制、审批、发布、演练、修订、培训、宣传教育等工作所需经费纳入预算统筹安排。

二、《生产安全事故应急预案管理办法》相关要点

2009 年 4 月 1 日，国家安全生产监督管理总局公布《生产安全事故应急预案管理办法》（国家安全生产监督管理总局令第 17 号），自 2009 年 5 月 1 日起施行。

《生产安全事故应急预案管理办法》分为七章三十九条，各章内容为：第一章总则，第二章应急预案的编制，第三章应急预案的评审，第四章应急预案的备案，第五章应急预案的实施，第六章奖励与处罚，第七章附则。

制定本办法的目的，是依据《突发事件应对法》《安全生产法》和国务院有关规定，为了规范生产安全事故应急预案的管理，完善应急预案体系，增强应急预案的科学性、针对性、实效性。本办法适用于生产安全事故应急预案（以下简称应急预案）的编制、评审、发布、备案、培训、演练和修订等工作。

1. 总则中的有关规定

在第一章总则中，对相关事项作了规定。

◆生产安全事故应急预案（以下简称应急预案）的编制、评审、发布、备案、培训、演练和修订等工作，适用本办法。

法律、行政法规和国务院另有规定的，依照其规定。

◆应急预案的管理遵循综合协调、分类管理、分级负责、属地为主的原则。

◆国家安全生产监督管理总局负责应急预案的综合协调管理工作。国务院其他负有安全生产监督管理职责的部门按照各自的职责负责本行业、本领域内应急预案的管理工作。

县级以上地方各级人民政府安全生产监督管理部门负责本行政区域内应急预案的综合协调管理工作。县级以上地方各级人民政府其他负有安全生产监督管理职责的部门按照各自的职责负责辖区内本行业、本领域应急预案的管理工作。

2. 应急预案编制的有关规定

在第二章应急预案的编制中，对相关事项作了规定。

◆应急预案的编制应当符合下列基本要求：

（1）符合有关法律、法规、规章和标准的规定。

（2）结合本地区、本部门、本单位的安全生产实际情况。

（3）结合本地区、本部门、本单位的危险性分析情况。

（4）应急组织和人员的职责分工明确，并有具体的落实措施。

（5）有明确、具体的事故预防措施和应急程序，并与其应急能力相适应。

（6）有明确的应急保障措施，并能满足本地区、本部门、本单位的应急工作要求。

（7）预案基本要素齐全、完整，预案附件提供的信息准确。

（8）预案内容与相关应急预案相互衔接。

◆地方各级安全生产监督管理部门应当根据法律、法规、规章和同级人民政府以及上一级安全生产监督管理部门的应急预案，结合工作实际，组织制定相应的部门应急

预案。

◆生产经营单位应当根据有关法律、法规和《生产经营单位安全生产事故应急预案编制导则》（AQ/T 9002—2006），结合本单位的危险源状况、危险性分析情况和可能发生的事故特点，制定相应的应急预案。

生产经营单位的应急预案按照针对情况的不同，分为综合应急预案、专项应急预案和现场处置方案。

◆生产经营单位风险种类多、可能发生多种事故类型的，应当组织编制本单位的综合应急预案。

综合应急预案应当包括本单位的应急组织机构及其职责、预案体系及响应程序、事故预防及应急保障、应急培训及预案演练等主要内容。

◆对于某一种类的风险，生产经营单位应当根据存在的重大危险源和可能发生的事故类型，制定相应的专项应急预案。

专项应急预案应当包括危险性分析、可能发生的事故特征、应急组织机构与职责、预防措施、应急处置程序和应急保障等内容。

◆对于危险性较大的重点岗位，生产经营单位应当制定重点工作岗位的现场处置方案。

现场处置方案应当包括危险性分析、可能发生的事故特征、应急处置程序、应急处置要点和注意事项等内容。

◆生产经营单位编制的综合应急预案、专项应急预案和现场处置方案之间应当相互衔接，并与所涉及的其他单位的应急预案相互衔接。

◆应急预案应当包括应急组织机构和人员的联系方式、应急物资储备清单等附件信息。附件信息应当经常更新，确保信息准确有效。

3. 应急预案评审的有关规定

在第三章应急预案的评审中，对相关事项作了规定。

◆地方各级安全生产监督管理部门应当组织有关专家对本部门编制的应急预案进行审定；必要时，可以召开听证会，听取社会有关方面的意见。涉及相关部门职能或者需要有关部门配合的，应当征得有关部门同意。

◆矿山、建筑施工单位和易燃易爆物品、危险化学品、放射性物品等危险物品的生产、经营、储存、使用单位和中型规模以上的其他生产经营单位，应当组织专家对本单位编制的应急预案进行评审。评审应当形成书面纪要并附有专家名单。

◆应急预案的评审或者论证应当注重应急预案的实用性、基本要素的完整性、预防措施的针对性、组织体系的科学性、响应程序的操作性、应急保障措施的可行性、应急预案的衔接性等内容。

◆生产经营单位的应急预案经评审或者论证后，由生产经营单位主要负责人签署公布。

4. 应急预案备案的有关规定

在第四章应急预案的备案中，对相关事项作了规定。

◆中央管理的总公司（总厂、集团公司、上市公司）的综合应急预案和专项应急预案，报国务院国有资产监督管理部门、国务院安全生产监督管理部门和国务院有关主管部门备案；其所属单位的应急预案分别抄送所在地的省、自治区、直辖市或者设区的市人民政府安全生产监督管理部门和有关主管部门备案。

前款规定以外的其他生产经营单位中涉及实行安全生产许可的，其综合应急预案和专项应急预案，按照隶属关系报所在地县级以上地方人民政府安全生产监督管理部门和有关主管部门备案；未实行安全生产许可的，其综合应急预案和专项应急预案的备案，由省、自治区、直辖市人民政府安全生产监督管理部门确定。

◆生产经营单位申请应急预案备案，应当提交以下材料：

（1）应急预案备案申请表。

（2）应急预案评审或者论证意见。

（3）应急预案文本及电子文档。

◆受理备案登记的安全生产监督管理部门应当对应急预案进行形式审查，经审查符合要求的，予以备案并出具应急预案备案登记表；不符合要求的，不予备案并说明理由。

对于实行安全生产许可的生产经营单位，已经进行应急预案备案登记的，在申请安全生产许可证时，可以不提供相应的应急预案，仅提供应急预案备案登记表。

◆各级安全生产监督管理部门应当指导、督促检查生产经营单位做好应急预案的备案登记工作，建立应急预案备案登记建档制度。

5. 应急预案实施的有关规定

在第五章应急预案的实施中，对相关事项作了规定。

◆各级安全生产监督管理部门、生产经营单位应当采取多种形式开展应急预案的宣传教育，普及生产安全事故预防、避险、自救和互救知识，提高从业人员安全意识和应急处置技能。

◆各级安全生产监督管理部门应当将应急预案的培训纳入安全生产培训工作计划，并组织实施本行政区域内重点生产经营单位的应急预案培训工作。

生产经营单位应当组织开展本单位的应急预案培训活动，使有关人员了解应急预案内容，熟悉应急职责、应急程序和岗位应急处置方案。

应急预案的要点和程序应当张贴在应急地点和应急指挥场所，并设有明显的标志。

◆生产经营单位应当制定本单位的应急预案演练计划，根据本单位的事故预防重点，每年至少组织一次综合应急预案演练或者专项应急预案演练，每半年至少组织一次现场处置方案演练。

◆应急预案演练结束后，应急预案演练组织单位应当对应急预案演练效果进行评估，撰写应急预案演练评估报告，分析存在的问题，并对应急预案提出修订意见。

◆生产经营单位制定的应急预案应当至少每三年修订一次，预案修订情况应有记录并归档。

◆有下列情形之一的，应急预案应当及时修订：

（1）生产经营单位因兼并、重组、转制等导致隶属关系、经营方式、法定代表人发生变化的。

（2）生产经营单位生产工艺和技术发生变化的。

（3）周围环境发生变化，形成新的重大危险源的。

（4）应急组织指挥体系或者职责已经调整的。

（5）依据的法律、法规、规章和标准发生变化的。

（6）应急预案演练评估报告要求修订的。

（7）应急预案管理部门要求修订的。

◆生产经营单位应当及时向有关部门或者单位报告应急预案的修订情况，并按照有关应急预案报备程序重新备案。

◆生产经营单位应当按照应急预案的要求配备相应的应急物资及装备，建立使用状况档案，定期检测和维护，使其处于良好状态。

◆生产经营单位发生事故后，应当及时启动应急预案，组织有关力量进行救援，并按照规定将事故信息及应急预案启动情况报告安全生产监督管理部门和其他负有安全生产监督管理职责的部门。

6. 奖励与处罚的有关规定

在第六章奖励与处罚中，对相关事项作了规定。

◆对于在应急预案编制和管理工作中做出显著成绩的单位和人员，安全生产监督管理部门、生产经营单位可以给予表彰和奖励。

◆生产经营单位应急预案未按照本办法规定备案的，由县级以上安全生产监督管理部门给予警告，并处三万元以下罚款。

◆生产经营单位未制定应急预案或者未按照应急预案采取预防措施，导致事故救援不力或者造成严重后果的，由县级以上安全生产监督管理部门依照有关法律、法规和规章的规定，责令停产停业整顿，并依法给予行政处罚。

三、《生产经营单位生产安全事故应急预案编制导则》相关要点

2013 年 7 月 19 日，国家安全生产监督管理总局发布《生产经营单位生产安全事故应急预案编制导则》（GB/T 29639—2013），自 2013 年 10 月 1 日起实施。

本标准按照 GB/T 1.1—2009 给出的规则起草。本标准由国家安全生产监督管理总局提出。本标准由全国安全生产标准化技术委员会（SAC/TC 288）归口。

1. 适用范围

本标准规定了生产经营单位编制生产安全事故应急预案（以下简称应急预案）的编制程序、体系构成和综合应急预案、专项应急预案、现场处置方案以及附件。

本标准适用于生产经营单位的应急预案编制工作，其他社会组织和单位的应急预案编制可参照本标准执行。

2. 术语和定义

下列术语和定义适用于本文件：

（1）应急预案

应急预案是指为有效预防和控制可能发生的事故，最大程度减少事故及其造成的损害而预先制定的工作方案。

（2）应急准备

应急准备是指针对可能发生的事故，为迅速、科学、有序地开展应急行动而预先进行的思想准备、组织准备和物资准备。

（3）应急响应

应急响应是指针对发生的事故，有关组织或人员采取的应急行动。

（4）应急救援

应急救援是指在应急响应过程中，为最大限度地降低事故造成的损失或危害，防止事故扩大，而采取的紧急措施或行动。

（5）应急演练

应急演练是指针对可能发生的事故情景，依据应急预案而模拟开展的应急活动。

3. 应急预案编制程序

（1）概述

生产经营单位应急预案编制程序包括成立应急预案编制工作组、资料收集、风险评估、应急能力评估、编制应急预案和应急预案评审六个步骤。

（2）成立应急预案编制工作组

生产经营单位应结合本单位部门职能和分工，成立以单位主要负责人（或分管负责人）为组长，单位相关部门人员参加的应急预案编制工作组，明确工作职责和任务分工，制定工作计划，组织开展应急预案编制工作。

（3）资料收集

应急预案编制工作组应收集与预案编制工作相关的法律法规、技术标准、应急预案、国内外同行业企业事故资料，同时收集本单位安全生产相关技术资料、周边环境影响、应急资源等有关资料。

（4）风险评估

主要内容包括：

1）分析生产经营单位存在的危险因素，确定事故危险源。

2）分析可能发生的事故类型及后果，并指出可能产生的次生、衍生事故。

3）评估事故的危害程度和影响范围，提出风险防控措施。

（5）应急能力评估

在全面调查和客观分析生产经营单位应急队伍、装备、物资等应急资源状况基础上开展应急能力评估，并依据评估结果，完善应急保障措施。

（6）编制应急预案

依据生产经营单位风险评估以及应急能力评估结果，组织编制应急预案。应急预案编制应注重系统性和可操作性，做到与相关部门和单位应急预案相衔接。应急预案编制格式参见附录 A（略）。

（7）应急预案评审

应急预案编制完成后，生产经营单位应组织评审。评审分为内部评审和外部评审。内部评审由生产经营单位主要负责人组织有关部门和人员进行。外部评审由生产经营单位组织外部有关专家和人员进行评审。应急预案评审合格后，由生产经营单位主要负责人（或分管负责人）签发实施，并进行备案管理。

4. 应急预案体系

（1）概述

生产经营单位的应急预案体系主要由综合应急预案、专项应急预案和现场处置方案构成。生产经营单位应根据本单位组织管理体系、生产规模、危险源的性质以及可能发生的事故类型确定应急预案体系，并可根据本单位的实际情况，确定是否编制专项应急预案。风险因素单一的小微型生产经营单位可只编写现场处置方案。

（2）综合应急预案

综合应急预案是生产经营单位应急预案体系的总纲，主要从总体上阐述事故的应急工作原则，包括生产经营单位的应急组织机构及职责、应急预案体系、事故风险描述、预警及信息报告、应急响应、保障措施、应急预案管理等内容。

（3）专项应急预案

专项应急预案是生产经营单位为应对某一类型或某几种类型事故，或者针对重要生产设施、重大危险源、重大活动等内容而制定的应急预案。专项应急预案主要包括事故风险分析、应急指挥机构及职责、处置程序和措施等内容。

（4）现场处置方案

现场处置方案是生产经营单位根据不同事故类型，针对具体的场所、装置或设施所制定的应急处置措施，主要包括事故风险分析、应急工作职责、应急处置和注意事项等内容。生产经营单位应根据风险评估、岗位操作规程以及危险性控制措施，组织本单位现场作业人员及安全管理等专业人员共同编制现场处置方案。

5. 综合应急预案主要内容

（1）总则

1）编制目的。简述应急预案编制的目的。

2）编制依据。简述应急预案编制所依据的法律、法规、规章、标准和规范性文件以及相关应急预案等。

3）适用范围。说明应急预案适用的工作范围和事故类型、级别。

4）应急预案体系。说明生产经营单位应急预案体系的构成情况，可用框图形式表述。

5）应急工作原则。说明生产经营单位应急工作的原则，内容应简明扼要、明确具体。

（2）事故风险描述

简述生产经营单位存在或可能发生的事故风险种类、发生的可能性以及严重程度及影响范围等。

（3）应急组织机构及职责

明确生产经营单位的应急组织形式及组成单位或人员，可用结构图的形式表示，明确构成部门的职责。应急组织机构根据事故类型和应急工作需要，可设置相应的应急工作小组，并明确各小组的工作任务及职责。

（4）预警及信息报告

1）预警。根据生产经营单位检测监控系统数据变化状况、事故险情紧急程度和发展势态或有关部门提供的预警信息进行预警，明确预警的条件、方式、方法和信息发布的程序。

2）信息报告。信息报告程序主要包括：①信息接收与通报。明确 24 小时应急值守电话、事故信息接收、通报程序和责任人。②信息上报。明确事故发生后向上级主管部门、上级单位报告事故信息的流程、内容、时限和责任人。③信息传递。明确事故发生后向本单位以外的有关部门或单位通报事故信息的方法、程序和责任人。

（5）应急响应

1）响应分级。针对事故危害程度、影响范围和生产经营单位控制事态的能力，对事故应急响应进行分级，明确分级响应的基本原则。

2）响应程序。根据事故级别的发展态势，描述应急指挥机构启动、应急资源调配、应急救援、扩大应急等响应程序。

3）处置措施。针对可能发生的事故风险、事故危害程度和影响范围，制定相应的应急处置措施，明确处置原则和具体要求。

4）应急结束。明确现场应急响应结束的基本条件和要求。

（6）信息公开

明确向有关新闻媒体、社会公众通报事故信息的部门、负责人和程序以及通报原则。

（7）后期处置

主要明确污染物处理、生产秩序恢复、医疗救治、人员安置、善后赔偿、应急救援评估等内容。

（8）保障措施

1）通信与信息保障。明确可为生产经营单位提供应急保障的相关单位及人员通信联系方式和方法，并提供备用方案。同时，建立信息通信系统及维护方案，确保应急期间信息通畅。

2）应急队伍保障。明确应急响应的人力资源，包括应急专家、专业应急队伍、兼职应急队伍等。

3）物资装备保障。明确生产经营单位的应急物资和装备的类型、数量、性能、存放位置、运输及使用条件、管理责任人及其联系方式等内容。

4）其他保障。根据应急工作需求而确定的其他相关保障措施（如经费保障、交通运输保障、治安保障、技术保障、医疗保障、后勤保障等）。

（9）应急预案管理

1）应急预案培训。明确对生产经营单位人员开展的应急预案培训计划、方式和要求，使有关人员了解相关应急预案内容，熟悉应急职责、应急程序和现场处置方案。如果应急预案涉及社区和居民，要做好宣传教育和告知等工作。

2）应急预案演练。明确生产经营单位不同类型应急预案演练的形式、范围、频次、内容以及演练评估、总结等要求。

3）应急预案修订。明确应急预案修订的基本要求，并定期进行评审，实现可持续改进。

4）应急预案备案。明确应急预案的报备部门，并进行备案。

5）应急预案实施。明确应急预案实施的具体时间、负责制定与解释的部门。

6. 专项应急预案主要内容

（1）事故风险分析

针对可能发生的事故风险，分析事故发生的可能性以及严重程度、影响范围等。

（2）应急指挥机构及职责

根据事故类型，明确应急指挥机构总指挥、副总指挥以及各成员单位或人员的具体职责。应急指挥机构可以设置相应的应急救援工作小组，明确各小组的工作任务及主要负责人职责。

（3）处置程序

明确事故及事故险情信息报告程序和内容、报告方式和责任等内容。根据事故响应级别，具体描述事故接警报告和记录、应急指挥机构启动、应急指挥、资源调配、应急救援、扩大应急等应急响应程序。

（4）处置措施

针对可能发生的事故风险、事故危害程度和影响范围，制定相应的应急处置措施，明确处置原则和具体要求。

7. 现场处置方案主要内容

（1）事故风险分析

主要包括：

1）事故类型。

2）事故发生的区域、地点或装置的名称。

3）事故发生的可能时间、事故的危害严重程度及其影响范围。

4）事故前可能出现的征兆。

5）事故可能引发的次生、衍生事故。

（2）应急工作职责

根据现场工作岗位、组织形式及人员构成，明确各岗位人员的应急工作分工和职责。

（3）应急处置

主要包括以下内容：

1）事故应急处置程序。根据可能发生的事故及现场情况，明确事故报警、各项应急措施启动、应急救护人员的引导、事故扩大及同生产经营单位应急预案相衔接的程序。

2）现场应急处置措施。针对可能发生的火灾、爆炸、危险化学品泄漏、坍塌、水患、机动车辆伤害等，从人员救护、工艺操作、事故控制、消防、现场恢复等方面制定明确的应急处置措施。

3）明确报警负责人以及报警电话及上级管理部门、相关应急救援单位联络方式和联系人员、事故报告基本要求和内容。

（4）注意事项

主要包括：

1）佩戴个人防护器具方面的注意事项。

2）使用抢险救援器材方面的注意事项。

3）采取救援对策或措施方面的注意事项。

4）现场自救和互救注意事项。

5）现场应急处置能力确认和人员安全防护等事项。

6）应急救援结束后的注意事项。

7）其他需要特别警示的事项。

8. 附件

（1）有关应急部门、机构或人员的联系方式

列出应急工作中需要联系的部门、机构或人员的多种联系方式，当发生变化时及时进行更新。

（2）应急物资装备的名录或清单

列出应急预案涉及的主要物资和装备名称、型号、性能、数量、存放地点、运输和使用条件、管理责任人和联系电话等。

（3）规范化格式文本

应急信息接报、处理、上报等规范化格式文本。

（4）关键的路线、标识和图纸

主要包括：

1）警报系统分布及覆盖范围。

2）重要防护目标、危险源一览表、分布图。

3）应急指挥部位置及救援队伍行动路线。

4）疏散路线、警戒范围、重要地点等的标识。

5）相关平面布置图纸、救援力量的分布图纸等。

（5）有关协议或备忘录

列出与相关应急救援部门签订的应急救援协议或备忘录。

四、《生产经营单位生产安全事故应急预案编制导则》解读

2013 年 10 月 1 日，《生产经营单位生产安全事故应急预案编制导则》（GB/T 29639—2013，以下简称《导则》）开始施行，这一标准在《生产经营单位生产安全事故应急预案编制导则》（AQ/T 9002—2006）的基础上经过优化修订，上升为国家标准。为了使各生产经营单位了解《导则》的内容，以此来指导安全生产事故应急预案的编制，国家安全生产应急救援指挥中心对该《导则》进行了解读。

1.《导则》从无到有的发展过程

近年来，通过各地区、各有关部门和单位的共同努力，安全生产应急管理规章、标准和制度不断完善，应急预案管理逐步规范，应急预案编制全面展开，应急预案质量不断提高，安全生产应急预案体系取得积极进展。2006 年以来，国家生产安全监督管理总

局在应急预案编制管理方面，共出台 1 个部门规章、2 个行业标准和十余个规范性文件，整理编辑了 9 个重点行业（领域）799 个现场处置方案范例。其中，为规范指导生产经营单位做好应急预案编制工作，国家安全监管总局在《危险化学品事故应急救援预案编制导则》基础上，于 2006 年颁布实施了《生产经营单位生产安全事故应急预案编制导则》（AQ/T 9002—2006），作为应急预案管理的第一个安全生产行业标准，此举推进了生产安全事故应急预案体系建设。截至 2012 年年底，全国 32 个省级统计单位上报生产经营单位近 286.8 万家，编制应急预案总数达 579.3 万个，其中综合预案 178 万个，专项预案 163.1 万个，现场处置方案 238.2 万个。煤矿、非煤矿山、危险化学品、烟花爆竹等高危行业预案覆盖率达到 100%。但是，安全生产应急预案编制也还存在很多问题，主要表现在应急预案功能定位、层级分类不够明确，实用性、针对性不强，风险分析、能力评估不到位，关键要素不统一，相互不衔接等方面。

针对暴露出的这些问题，《国务院关于进一步加强企业安全生产工作的通知》《国务院关于坚持科学发展安全发展促进安全生产形势持续稳定好转的意见》和《国务院安委会办公室关于贯彻落实国务院〈通知〉精神进一步加强安全生产应急救援体系建设的实施意见》，均对应急预案编制、评审、备案、衔接等工作提出了明确的要求。

2.《导则》从有到优的变化过程

为贯彻落实相关文件精神，解决应急预案针对性差、可操作性不强等问题，国家安全生产应急救援指挥中心于 2011 年年初启动了《导则》的修订工作。多次征求地方、企业及有关专家意见，大家普遍认为各行业企业生产经营范围广，跨行业经营较为普遍，应整合原有的《危险化学品事故应急救援预案编制导则》，并将《生产经营单位生产安全事故应急预案编制导则》修订后上升为国家标准。这样既保持了原来标准的延续性，又能提升标准级别，有利于指导生产经营单位做好应急预案编制工作。

生产经营单位生产安全事故应急预案，是国家安全生产应急预案体系的重要组成部分。总体上看，我国应急预案体系建设已由“从无到有”进入“从有到优”的新阶段。下一阶段，必须将提升应急预案质量作为工作重点，推动我国应急管理水平不断提高。《导则》的这次修订，是在认真分析目前应急预案体系建设阶段性特点和问题的基础上，一方面系统总结以往安全生产应急预案编制方面的法规规范、方针政策及经验教训，吸收了国务院应急办组织的应急预案体系建设专题调研的重要成果；另一方面是国家对应急预案各环节工作规定和要求的细化和具体化。《导则》的颁布实施，对于指导生产经营单位做好生产安全事故应急预案编制工作，解决目前部分生产经营单位应急预案存在的要素不全、操作性不强、相互不衔接等问题，提高生产经营单位应急预案的编制质量等，起到了推动作用。

3.《导则》本次主要修订的内容

《导则》主要规定了生产经营单位编制生产安全事故应急预案的程序、要素和内容等基本要求，在明确应急处置职能和程序的基础上，重点突出事故的风险管理，按照安全生产工作方针，强调应急预案的事故预防功能。

《导则》进一步规范应急预案编制程序。执行正确的应急预案编制程序，是提高应急预案编制质量的前提条件。《导则》明确了应急预案编制的六个步骤：成立应急预案编制工作组、资料收集、风险评估、应急能力评估、编制应急预案、应急预案评审。特别强调的是，很多部门和企业在编制应急预案时，缺少风险分析和应急资源情况的调查，没有进行科学的能力评估，应急预案情景设计与实际不符，可操作性无从谈起。因此，《导则》特别强调了风险评估和应急能力评估。

《导则》对应急预案体系进行规范，是《导则》的重要特点。《导则》提出，生产经营单位应急预案体系主要由综合应急预案、专项应急预案和现场处置方案构成。哪些单位应编写综合应急预案、哪些单位应编写专项应急预案、哪些单位应编写现场处置方案、哪些单位综合应急预案和专项应急预案可以合并编写，《导则》都对此进行了说明，并对每一类预案中应当包含的内容进行了详细说明。《导则》指出，专项应急预案可根据本单位的实际情况确定是否编制。风险因素单一的小微型生产经营单位，可只编写现场处置方案。这一重要修订突破了原来应急预案体系结构的限制，强调可结合实际灵活掌握。

《导则》进一步明确各类应急预案的功能定位和内容要求。《导则》强调，综合应急预案是生产经营单位应急预案体系的总纲，主要从总体上阐述事故的应急方针、原则。《导则》强调了其指导性和规范性、规定综合应急预案应包括应急组织机构及职责、应急预案体系、事故风险描述、预警及信息报告、应急响应、保障措施、应急预案管理等内容。专项应急预案是生产经营单位为应对某一类型或某几种类型事故，或者针对重要生产设施、重大危险源、重大活动等内容，而制定的应急预案。进一步简化了专项应急预案的内容，强调其针对性和可操作性、事故风险分析、应急指挥机构及职责、处置程序和措施等内容。现场处置方案是生产经营单位根据不同事故类别，针对具体的场所、装置或设施所制定的应急处置措施，主要包括事故风险分析、应急工作职责、应急处置和注意事项等内容。

由于生产经营单位的组织结构、管理模式、生产规模、事故风险等情况差异性较大，很难以一个标准对所有单位应急预案编制进行强制性要求，因此国家安全生产应急救援指挥中心建议将其作为推荐性国家标准，供生产经营单位参考使用，给企业一定程度的灵活度和自由度，这样各单位可结合自身特点对《导则》中部分内容进行适当调整，从而保证应急预案的针对性、实用性和可操作性。

五、《生产安全事故应急演练指南》相关要点

2011 年 4 月 19 日，国家安全生产监督管理总局批准安全生产行业标准《生产安全事故应急演练指南》（AQ/T 9007—2011），自 2011 年 9 月 1 日起施行。

《生产安全事故应急演练指南》分为范围、规范性引用文件、术语和定义、应急演练目的、应急演练原则、应急演练类型、应急演练内容、综合演练组织与实施、应急演练评估与总结、演练资料归档、持续改进等部分，主要内容如下：

1. 适用范围

《生产安全事故应急演练指南》规定了生产安全事故应急演练（以下简称应急演练）的目的、原则、类型、内容和综合应急演练的组织与实施。其他类型演练的组织与实施，可根据演练规模和复杂程度参照本标准进行。本标准适用于针对生产安全事故所开

展的应急演练活动。

2. 应急演练目的

应急演练目的主要包括：

（1）检验预案

发现应急预案中存在的问题，提高应急预案的科学性、实用性和可操作性。

（2）锻炼队伍

熟悉应急预案，提高应急人员在紧急情况下妥善处置事故的能力。

（3）磨合机制

完善应急管理相关部门、单位和人员的工作职责，提高协调配合能力。

（4）宣传教育

普及应急管理知识，提高参演和观摩人员风险防范意识和自救互救能力。

（5）完善准备

完善应急管理和应急处置技术，补充应急装备和物资，提高其适用性和可靠性。

3. 应急演练原则

应急演练应符合以下原则：

（1）符合相关规定

按照国家相关法律、法规、标准及有关规定组织开展演练。

（2）切合企业实际

结合企业生产安全事故特点和可能发生的事故类型组织开展演练。

（3）注重能力提高

以提高指挥协调能力、应急处置能力为主要出发点组织开展演练。

（4）确保安全有序

在保证参演人员及设备设施安全的条件下组织开展演练。

4. 应急演练类型

应急演练按照演练内容分为综合演练和单项演练，按照演练形式分为现场演练和桌面演练，不同类型的演练可相互组合。

5. 应急演练内容

（1）预警与报告

根据事故情景，向相关部门或人员发出预警信息，并向有关部门和人员报告事故信息。

（2）指挥协调

根据事故情景，成立应急指挥部，调集应急救援队伍等相关资源，开展应急救援行动。

（3）应急通信

根据事故情景，在应急救援相关部门或人员之间进行音频、视频信号或数据信息互通。

（4）事故监测

根据事故情景，对事故现场进行观察、分析或测定，确定事故严重程度、影响范围和变化趋势等。

（5）警戒管制

根据事故情景，建立应急处置现场警戒区域，实行交通管制，维护现场秩序。

（6）疏散安置

根据事故情景，对事故可能波及范围内的相关人员进行疏散、转移和安置。

（7）医疗卫生

根据事故情景，调集医疗卫生专家和卫生应急队伍开展紧急医学救援，并开展卫生监测和防疫工作。

（8）现场处置

根据事故情景，按照相关应急预案和现场指挥部要求对事故现场进行控制和处理。

（9）社会沟通

根据事故情景，召开新闻发布会或事故情况通报会，通报事故有关情况。

（10）善后工作

后期根据事故情景，应急处置结束后，开展事故损失评估、事故原因调查、事故现场清理和相关善后工作。

（11）其他

根据相关行业（领域）安全生产特点所包含的其他应急功能。

6. 综合演练组织与实施

（1）演练计划应包括演练目的、类型（形式）、时间、地点，演练主要内容、参加单位和经费预算等。

（2）综合演练通常成立演练领导小组，下设策划组、执行组、保障组、评估组等专业工作组。根据演练规模大小，其组织机构可进行调整。

（3）演练工作方案内容主要包括：应急演练目的及要求，应急演练事故情景设计，应急演练规模及时间，参演单位和人员主要任务及职责，应急演练筹备工作内容，应急演练主要步骤，应急演练技术支撑及保障条件，应急演练评估与总结。

（4）根据需要，可编制演练脚本。演练脚本是应急演练工作方案具体操作实施的文件，帮助参演人员全面掌握演练进程和内容。演练脚本一般采用表格形式，主要内容包括：演练模拟事故情景；处置行动与执行人员；指令与对白、步骤及时间安排；视频背景与字幕；演练解说词等。

（5）评估方案。演练评估方案通常包括：①演练信息。应急演练目的和目标、情景描述，应急行动与应对措施简介等。②评估内容。应急演练准备、应急演练组织与实施、应急演练效果等。③评估标准。应急演练各环节应达到的目标评判标准。④评估程序。演练评估工作主要步骤及任务分工。⑤附件。演练评估所需要用到的相关表格等。

（6）保障。针对应急演练活动可能发生的意外情况制定演练保障方案或应急预案，并进行演练，做到相关人员应知应会，熟练掌握。演练保障方案应包括应急演练可能发生的意外情况、应急处置措施及责任部门、应急演练意外情况中止条件与程序等。

（7）观摩手册。根据演练规模和观摩需要，可编制演练观摩手册。演练观摩手册通常包括应急演练时间、地点、情景描述、主要环节及演练内容、安全注意事项等。

7. 应急演练评估与总结

（1）现场点评

应急演练结束后，评估人员或评估组负责人在演练现场对演练中发现的问题、不足及取得的成效进行口头点评。

（2）书面评估

评估人员针对演练中观察、记录以及收集的各种信息资料，依据评估标准对应急演练活动全过程进行科学分析和客观评价，并撰写书面评估报告。评估报告重点对演练活动的组织和实施、演练目标的实现、参演人员的表现以及演练中暴露的问题进行评估。

（3）应急演练总结

演练结束后，演练组织单位应根据演练记录、演练评估报告、应急预案、现场总结等材料，对演练进行全面总结，并形成演练书面总结报告。报告可对应急演练准备、策划等工作进行简要总结分析。参与单位也可对本单位的演练情况进行总结。演练总结报告的内容主要包括：演练基本概要；演练发现的问题，取得的经验和教训；应急管理工作建议。

8. 演练资料归档

（1）应急演练活动结束后，演练组织单位应将应急演练工作方案、应急演练书面评估报告、应急演练总结报告等文字资料，以及记录演练实施过程的相关图片、视频、音频等资料归档保存。

（2）对主管部门要求备案的应急演练资料，演练组织单位应及时将相关资料报主管部门备案。

9. 持续改进

（1）预案修订完善

根据演练评估报告中对应急预案的改进建议，由应急预案编制部门按程序对预案进行修订完善。

（2）应急管理工作改进

应急演练结束后，演练组织单位应根据应急演练评估报告、总结报告提出的问题和建议，对应急管理工作（包括应急演练工作）进行持续改进。演练组织单位应督促相关部门和人员，制定整改计划，明确整改目标，制定整改措施，落实整改资金，并跟踪督查整改情况。

六、《关于进一步加强生产经营单位一线从业人员应急培训的通知》相关要点

2014 年 4 月 22 日，国家安全监管总局办公厅下发《关于进一步加强生产经营单位一线从业人员应急培训的通知》（安监总厅应急〔2014〕46 号）。该《通知》指出：为深入贯彻落实《国务院安委会关于进一步加强安全培训工作的决定》（安委〔2012〕10 号）和《国务院安委会关于进一步加强生产安全事故应急处置工作的通知》（安委〔2013〕8 号）精神，进一步加强生产经营单位（以下统称企业）一线从业人员应急培训工作，提高企业应急处置能力，现就有关要求通知如下：

1. 充分认识加强企业一线从业人员应急培训的重要性

企业一线从业人员是安全生产的第一道防线，是生产安全事故应急处置的第一梯

队。进一步加强企业一线从业人员的应急培训，既是全面提高企业应急处置能力，也是有效防止因应急知识缺乏导致事故扩大的迫切要求。各类企业和各级安全生产监管监察部门一定要提高认识，认真履行职责，以全面提高一线从业人员应急能力为目标，制定培训计划、设置培训内容、严格培训考核，切实抓好培训责任的落实，牢牢坚守“发展决不能以牺牲人的生命为代价”这条红线，牢固树立培训不到位是重大安全隐患的理念，扭转从业人员特别是基层厂矿企业中存在的“培训不培训一个样”的错误观念。

2. 全面落实企业应急培训主体责任

企业必须按照国家有关规定对本单位所有一线从业人员进行应急培训，确保其具备本岗位安全操作、自救互救以及应急处置所需的知识和技能。要将应急培训作为安全培训的应有内容，纳入安全培训年度工作计划，与安全培训同时谋划、同时开展、同时考核。要切实突出厂（矿）、车间（工段、区、队）、班组三级安全培训，不断提升一线从业人员应急能力。

（1）健全培训制度

企业要建立健全适应自身发展的应急培训制度，保障所需经费，严格培训程序、培训时间、培训记录、培训考核等环节。对于无法进行自主培训的企业，要与具有相应条件的培训机构签订服务协议，确保一线从业人员全部接受科学规范的应急培训。

（2）明确培训内容

企业要根据生产实际和工艺流程，全面准确地梳理各岗位危险源，明确各岗位所需共性的和特有的应急知识和操作技能。一线从业人员应急培训基本内容应包括：工作环境危险因素分析；危险源和隐患辨识；本企业、本行业典型事故案例；事故报告流程；事故先期处置基本应急操作；个人防灾避险、自救方法；紧急逃生疏散路线；初级卫生救护知识；劳动防护用品的使用和应急预案演练等。特种作业人员的培训内容和培训时间必须符合国家相关法律法规和标准的要求。

（3）丰富培训形式

企业要充分分析本单位一线从业人员的群体特性，编写科学实用、简单易懂的应急培训读本，采取集中培训、半工半训、网络自学、现场“手指口述”、师傅带徒弟、知识竞赛、技能比武和应急演练等多种方式方法，充分调动一线从业人员参加培训积极性。同时，要不断学习借鉴应急培训工作成效突出的地区和企业的经验，使应急培训能够始终紧密贴合企业生产发展的趋势。

（4）加大考核力度

企业要将应急技能作为一线从业人员必需的岗位技能进行考核，并与员工绩效挂钩，要建立健全一线从业人员应急培训档案，详细、准确记录培训及考核情况，实行企业与员工双向盖章、签字管理，严禁形式主义和弄虚作假。企业要定期开展内部应急培训工作的检查，及时发现和解决各种实际问题，切实做到安全生产现状需要什么就培训什么，企业每发展一步培训就跟进一步，始终保持培训的规范化、制度化。

3. 进一步落实部门应急培训监督管理责任

（1）加强监督指导

各级安全监管监察机构要和相关行业主管部门加强协调配合，强化对本辖区内企业特别是高危行业企业一线从业人员应急培训的监督、指导和检查，及时制（修）订符合地区实际的政策标准。

（2）严格执法检查

要定期开展一线从业人员应急培训专项执法检查，进一步细化检查项目，规范执法程序，创新检查方法，将抽考职工应急处置基础知识和现场组织应急演练作为日常执法检查的重要内容，将应急培训制度落实情况纳入“打非治违”、隐患排查治理体系建设和生产安全事故调查的重要内容和重点环节，严肃追究有关企业培训不到位的责任。

（3）注重服务引导

要坚持执法与服务相结合，及时发现和研究应急培训新情况新问题，全力帮助企业尤其是中小企业解决一线从业人员应急培训中的实际困难，要注重总结和推广在一线从业人员应急培训工作中涌现出来的创新经验和有效做法，推动应急培训工作切实有效开展。

第二节　商贸服务企业应急救援预案的编制

应急救援预案是应急救援系统的重要组成部分，针对各种不同的紧急情况制定有效的应急救援预案，不仅可以指导应急人员的日常培训和演习，保证各种应急资源处于良好的备战状态，而且可以指导应急救援行动按计划有序进行，防止因行动组织不力或现场救援工作混乱而延误事故应急救援，从而降低人员伤亡和财产损失。

一、商贸服务企业应急救援预案的编制要求与思路

事故的发生具有突发性，在时间、空间上有不确定性，因此，应急救援预案应针对不同事故的特点，编制针对性强、切合实际、科学合理的应急预案。只有这样，当事故突然发生时，企业领导和员工才能临危不乱、有章可循、沉着应对，在极短的时间内使事件得到有效控制，把损失降到最低。

1. 应急救援预案基本要求

（1）编制应急救援预案要有针对性

应急救援预案是针对各种可能发生的事故所需的应急行动而制定的指导性文件，应针对具体的、特定的某一类事故而制定。

（2）编制应急救援预案要有预见性

应急救援预案应对未来可能发生的事故做出具体的描述，对事故风险危害进行分析，对已确认的重大危险，应预测发生重大事故的状态和损失程度以及对周边地区可能造成的危害程度。

（3）编制应急救援预案要有科学性

编制应急预案的最基本目的是最大限度地控制事故的影响，把损失降到最低。事故来临时，面对大量的工作，从何下手呢？这就应当依据危害分析分出轻重缓急，对重点目标应优先施救。当事故发生时现场施救的第一目标应当是救人，预案的措施应当以此

为主线展开，当事件的局部已确实无法挽救时，应主动理性地放弃。

（4）编制应急救援预案要有可行性

编制应急救援预案是为了在事故状态下能够按照预案有效地组织施救，所以编制预案要从事故状态下的环境去思考问题。如地震发生时，有可能发生停电、停水。处理地震引发的火灾，就不能按照一般的火灾施救处理。

（5）应急预案应分级编制

各级组织由于所辖范围不同，职责、权限不同，对系统的控制能力也不同。政府有政府的职能，应根据自己的职能编制应急预案。

2. 编制应急救援预案的基本思路

应急预案在应急系统中起着关键作用，它明确了在突发事故发生之前、处理过程以及处理结束之后，谁负责做什么，何时做，以及相应的策略和资源准备等。它是针对可能发生的重大事故及其影响和后果严重程度，为应急准备和应急响应的各个方面所预先做出的详细安排，是开展及时、有序和有效事故应急救援工作的行动指南。它一般分为三个层次，即综合预案、专项预案和现场预案。

（1）综合预案是一个企业的整体预案，从总体上阐述企业的应急方针、政策、应急组织结构及相应职责，应急行动的总体思路等。

（2）专项预案是针对某种具体的、特定类型的紧急情况而制定的，它是在综合预案的基础上充分考虑了某种特定危险的特点，对应急的形式、组织结构、应急活动等进行更具体的描述，具有较强的针对性。

（3）现场预案是在专项预案基础上，根据具体情况需要而编写。它是针对特定的具体场所，即以现场（通常是事故风险较大的场所或重要防护区域）为目标所制定的，特点是针对某一具体现场的特殊危险及周边环境情况，在详细分析的基础上，对应急救援中的各个方面作出具体、周密而细致的安排，因而现场预案具有更强的针对性和对现场具体救援活动的指导性。

编制好现场应急预案对于预防重大事故发生，减少人员伤亡和事故损失具有重要意义。

二、商贸服务企业应急救援预案的编制内容与要求

商贸服务企业应根据人员集中、火灾危险性较大和重点部位的实际情况，制定有针对性的灭火和应急疏散预案（应急救援预案）。

1. 灭火和应急疏散预案内容

灭火和应急疏散预案应包括下列内容：

（1）明确火灾现场通信联络、灭火、疏散、救护、保卫等任务的负责人。规模较大的人员密集场所应由专门机构负责，组建各职能小组。并明确负责人、组成人员及其职责。

（2）火警处置程序。

（3）应急疏散的组织程序和措施。

（4）扑救初起火灾的程序和措施。

（5）通信联络、安全防护和人员救护的组织与调度程序和保障措施。

2. 灭火和应急事故组织机构

（1）消防安全责任人或消防安全管理人担负公安消防队到达火灾现场之前的指挥职责，组织开展灭火和应急疏散等工作。规模较大的单位可以成立火灾事故应急指挥机构。

（2）灭火和应急疏散各项职责应由当班的消防安全管理人、部门主管人员、消防控制室值班人员、保安人员、义务消防队承担。规模较大的单位可以成立各职能小组，由消防安全管理人、部门主管人员、消防控制室值班人员、保安人员、义务消防队及其他在岗的从业人员组成。主要职责如下：

1）通信联络。负责与消防安全责任人和当地公安消防机构之间的通信和联络。

2）灭火。发生火灾立即利用消防器材、设施就地进行火灾扑救。

3）疏散。负责引导人员正确疏散、逃生。

4）救护。协助抢救、护送受伤人员。

5）保卫。阻止与场所无关人员进入现场，保护火灾现场，并协助公安消防机构开展火灾调查。

6）后勤。负责抢险物资、器材器具的供应及后勤保障。

3. 灭火和应急事故预案实施程序

当确认发生火灾后，应立即启动灭火和应急疏散预案，并同时开展下列工作：

（1）向公安消防机构报火警。

（2）当班人员执行预案中的相应职责。

（3）组织和引导人员疏散，营救被困人员。

（4）使用消火栓等消防器材、设施扑救初起火灾。

（5）派专人接应消防车辆到达火灾现场。

（6）保护火灾现场，维护现场秩序。

4. 灭火和应急事故预案的宣传和完善

（1）应定期组织员工熟悉灭火和应急疏散预案，并通过预案演练，逐步修改完善。

（2）地铁、高度超过 100 m 的多功能建筑等，应根据需要邀请有关专家对灭火和应急疏散预案进行评估、论证。

5. 消防演练

消防演练的目的主要是：

（1）检验各级消防安全责任人、各职能组和有关人员对灭火和应急疏散预案内容、职责的熟悉程度。

（2）检验人员安全疏散、初期火灾扑救、消防设施使用等情况。

（3）检验本单位在紧急情况下的组织、指挥、通信、救护等方面的能力。

（4）检验灭火应急疏散预案的实用性和可操作性。

6. 消防演练组织

（1）宾馆、商场、公共娱乐场所应至少每半年组织一次消防演练，其他场所应至少每年组织一次。

（2）宜选择人员集中、火灾危险性较大和重点部位作为消防演练的目标，根据实际情况，确定火灾模拟形式。

（3）消防演练方案可以报告当地公安消防机构，争取其业务指导。

（4）消防演练前，应通知场所内的从业人员和顾客或使用人员积极参与；消防演练时，应在建筑入口等显著位置设置“正在消防演练”的标志牌，进行公告。

（5）消防演练应按照灭火和应急疏散预案实施。

（6）模拟火灾演练中应落实火源及烟气的控制措施，防止造成人员伤害。

（7）地铁、高度超过 100 m 的多功能建筑等，应适时与公安消防队组织联合消防演练。

（8）演练结束后，应将消防设施恢复到正常运行状态，做好记录，并及时进行总结。

7. 火灾事故处置与善后要求

（1）确认火灾发生后，起火单位应立即启动灭火和应急疏散预案，通知建筑内所有人员立即疏散，实施初期火灾扑救，并报火警。

（2）火灾发生后，受灾单位应保护火灾现场。公安消防机构划定的警戒范围是火灾现场保护范围；尚未划定时，应将火灾过火范围以及与发生火灾有关的部位划定为火灾现场保护范围。

（3）未经公安消防机构允许，任何人不得擅自进入火灾现场保护范围内，不得擅自移动火场中的任何物品。

（4）未经公安消防机构同意，任何人不得擅自清理火灾现场。

（5）有关单位应接受事故调查，如实提供火灾事故情况，查找有关人员，协助火灾调查。

（6）有关单位应做好火灾伤亡人员及其亲属的安排、善后事宜。

（7）火灾调查结束后，有关单位应总结火灾事故教训，改进消防安全管理。

三、商贸服务企业应急救援管理做法与事例参考

1. 石家庄皇冠酒店积极做好应急管理的做法

河北省石家庄市世贸皇冠酒店位于石家庄市商业文化中心，于 2002 年建成开业，建筑面积 6.3 万 m^2，是一家集餐饮、住宿、娱乐、健身于一体的大型综合类酒店，是河北省首家由洲际国际酒店管理集团管理的五星级涉外酒店。

皇冠酒店在安全生产管理方面，充分利用自身优势，借鉴国外先进经验，倡导“以人为本”的管理理念，并将这种理念贯穿到该酒店安全工作的方方面面，特别是对消防安全工作常抓不懈，把消防安全工作作为企业生产经营过程中的一个重要组成部分，积极消除事故隐患，做好应急管理工作，取得了显著的成绩。

石家庄皇冠酒店积极做好应急管理的做法主要是：

（1）珍视生命安全，制定各类突发事件处理程序

自 2002 年皇冠酒店开业以来，酒店领导和各管理部门针对安全工作点多、面广、任务重的特点，成立了以一把手为组长、各部门负责人为成员的安全领导小组，统筹安

排突发事件处理、火灾预防等安全防范工作。

突发事件的处理一直是各行业非常头疼的一件事，尤其是服务业，皇冠酒店每年接待的住店客人超过4万人次。酒店按照国家有关法律法规要求，结合国际酒店管理公司安全工作的惯例，本着“以人为本”的原则，制定出各类突发事件的处理程序。

皇冠酒店安全部经理王书山说：“酒店在消防疏散预案里面的一般安全制度中第一条明确规定，你自身的安全是首要的，不要用你的生命来冒险拯救楼内财物。”按照酒店管理一系列“以人为本”的应急处理程序，酒店对员工进行了全面、系统的培训和指导，采取情景模拟训练方式，使每位员工都能从训练中学到东西，并在突发事件处理过程中发挥各自的作用，从而保证了在该酒店举行的省、市重大接待任务、外事活动及各种大型集会活动的顺利进行。

(2) 注重演练，提高人员对火警警报的快速反应能力

皇冠酒店要求自己的安全管理人员：一定要把你的安全放在首位，如果火势发展可能危及你的生命，就先撤离去寻求外界帮助。

为提高安全管理人员对火警警报的快速反应能力，皇冠酒店安全部制定了工作目标：任何一个部位出现火警警报，安全管理人员必须在3 min内到达现场，进行查看确认。为了实现这个目标，酒店邀请石家庄市消防中队的战士做现场指导，对员工进行强化训练。“从岗位返回部门用多长时间”“穿上战斗服并携带灭火器材用多长时间”，训练将每一个过程进行逐项分解，经过反复测试与演练，最后酒店安全管理人员全部达标。此外，皇冠酒店安全部还对安全管理人员的技能及日常工作进行重点培训和考核，每周至少两次的部门测试和班组演练，使每位安全管理人员的操作熟练程度和心理素质都有了明显提高。

为深入贯彻《消防法》的有关规定，落实防火责任制，皇冠酒店逐一与各部门签订安全责任状或安全协议，并延伸至每位员工。同时，严格落实每月安全例会制度及检查制度，酒店主管安全工作的副总经理主持每月安全例会，总结上月安全工作，详细部署下一阶段的安全工作重点，会后进行酒店安全大检查。

皇冠酒店在各级安全检查中不走过场，逐一查找各种不安全因素，大楼的施工部位是安全检查的重中之重，对查出隐患的部位要明确责任并认真落实整改，使之得到彻底解决，不留后患。该酒店自开业以来，通过联查与巡检，累计发现并处理消防隐患500余起，重大隐患12起，避免了恶性安全事故的发生。

经过近十年的运行，皇冠酒店已逐渐形成一整套较完善的安全管理及检查程序，程序中对重点部位以及重大活动的安全防范均作出了详尽规定，要求做到重点部位重点检查，重大活动前认真检查现场及周边区域，活动结束后及时清理现场。

2. 乌鲁木齐富丽华大酒店火灾发生后应急救援的做法

新疆乌鲁木齐富丽华大酒店前身是津京美食娱乐有限公司，现有近1 000名员工。公司本着以人为本的发展战略，依托边城，立足企业，辐射全疆，开发连锁化、规模化经营。公司在发展过程中，取得了良好的经济效益和社会效益。

2005年4月26日凌晨2时30分，19层高的三星级涉外酒店——富丽华大酒店里，有的客人已入睡，大部分客人在16层、17层KTV包厢内娱乐，不料一场大火突袭而

至。在这生死关头，富丽华大酒店的员工迅速启动应急预案，按照平时掌握的疏散逃生技能，积极引导客人疏散。结果，在短短 8 min 内，将 376 名客人安全疏散，无人员伤亡，火灾损失降到了最低限度。

乌鲁木齐富丽华大酒店火灾发生后应急救援的做法主要是：

(1) 火灾：深夜突袭来

富丽华大酒店由于地理位置优越，“五一”黄金周临近前，来自国内外的游客争相入住，酒店内的歌舞厅、夜总会也是常常座无虚席。

4 月 26 日凌晨 2 时 30 分，酒店外墙冒出的一道火光划破了夜色，酒店楼体东南角外侧突然失火（现已查明是酒店某室内遗留火种沿窗掉落，引燃酒店大楼外墙装饰的铝塑板与建筑墙面夹缝内的杂物而引发）。火势从 6 层迅速蔓延到 19 层，人员集中的 6 层至 14 层客房和 16 层、17 层的夜总会、歌舞厅等部位片刻间被熊熊大火包围。熟睡中的客人被刺鼻的浓烟呛醒，正在歌舞厅、KTV 包厢内娱乐的客人面对突如其来的灾祸惊慌失措，一时间，大楼内呼救声、惊叫声、哭喊声连成一片！加之整幢大楼忽然停电，漆黑一片，慌乱的人群顺着消防应急指示灯光，摸索着拥堵到安全出口，整个楼道都被焦躁的人群挤得水泄不通。

(2) 救人：紧急大转移

据介绍，当时较早发现火情的是富丽华大酒店保安部经理王某。当时他正在酒店门前维持车辆秩序，抬头看到酒店 6 层外沿有火光冒出，便立即拨打 119 报警，并用对讲机向酒店领导和消防控制中心报告，随即快速跑到酒店内组织疏散人群和灭火。

酒店消防控制中心得讯后，立即启动平时早已制定好的火灾应急疏散预案，打开消防广播，迅速通知各部门、各楼层立即采取救助措施，并通过广播稳定顾客的情绪，讲解逃生自救方法，请客人们配合酒店员工有秩序地逃生。很快，酒店当日值班领导赶到消防控制中心，按照预案下达救人灭火指令。

客房部领班牟某按照疏散救人预案，召集在 18 层、19 层的全体服务员，分成两组从 14 层往下开始疏散顾客。酒店工作人员用扩音器告诉拥挤在楼道内的客人，打湿衣物或毛巾捂住口鼻，有秩序地跟随服务员从两侧的疏散楼梯向楼下疏散。服务员嘴里不停地大声喊话：“请大家跟我来，不要慌……”牟某带着值班服务员每人手拿电筒和粉笔，逐个房间敲门搜索有无顾客被困在客房内，每打开一个房间确定无人后，服务员就用白色粉笔在门上画一个钩，以防重复搜救耽误时间。在 1317 号房间，牟某连敲了几次门都没有回应，她赶紧用备用钥匙打开房门，发现里面一位外宾因饮酒过量还在昏睡，便立即与服务员马某抬起这名外宾就往安全出口走，直到将其安全救出。

富丽华大酒店 16 层和 17 层夜总会内共有 34 个包厢，发生火灾时，正值娱乐消费的高峰期，里面有 200 多名顾客被困。娱乐部总监陈某为避免顾客混乱，将每个包厢的服务员集合到一起分配任务，要求他们免收当晚所有的消费款，按照应急预案履行职责，带领本包厢的顾客沿安全通道疏散。一些包厢内的客人害怕楼内火势大不敢离开包厢，服务员们就耐心地向他们讲解楼体结构和逃生常识，最终将客人们全部安全带出。

酒店 6 层以下的人员在发生火灾后都已自行逃出，6 层至 19 层内的被困人员也相继疏散到一楼大厅。由于酒店大厅出口安装的是旋转门，无法满足大量客人同时通过的需要，许多人被堵在了大厅。酒店工作人员将疏散下来的客人排成队，由两名工作人员手动操作旋转门，有条不紊地逐个将客人送出楼外。酒店门外的门卫对疏散出来的客人一一进行登记，再对照原先的入住记录查询有无漏救者。

凌晨 2 时 38 分，富丽华大酒店内的 376 名客人全部疏散到安全地带。

(3) 灭火：内外搞合击

本着“先救人、后灭火”的战术原则，酒店保安部经理王某和工程部主管朱某带领单位义务消防队及技术人员在疏散救人的同时，迅速组成了灭火组扑救初期火灾。他们启动酒店内的自动喷淋系统和防排烟系统，打开防火卷帘门，加大室内消火栓压力。王某带领义务消防队员负责实施灭火，他们利用室内消火栓的 2 支水枪堵截火势，用强大的水压将楼体上的燃烧物击落。王某的胳膊和胸部不慎被砸伤，保安员朱某的眼睛和眉毛也被飞溅下的火星烧伤，剧烈的疼痛阵阵袭来，但他们没有丝毫退缩，仍咬紧牙关坚持战斗，并且又分别在 10 层和 19 层楼顶进行扑救，以防火势蔓延。

凌晨 2 时 42 分，乌鲁木齐市消防二中队接到消防指挥中心命令后，迅速出动 7 辆消防车、30 名指战员赶赴现场救援。同时，当地消防部门在现场成立火场指挥部，调集更多的消防人员前来增援，并与交通、医疗、供电、供水等部门取得联系，请求他们协助作战。15 分钟内，乌鲁木齐市近半数消防官兵会战富丽华大酒店，在酒店员工的配合下全面搜索有无被困者；同时，掩护酒店义务消防队员撤离火场，利用上下、内外合击的战术扑救火灾。

3 时 25 分，在酒店火灾发生 55 分钟后，大火被彻底扑灭。据统计，这次高层建筑火灾中，酒店共疏散救出 376 人，无一伤亡。

(4) 启示：平时练硬功

高层建筑和人员密集场所一旦发生火灾，极易形成立体燃烧，蔓延迅速，历来是人员疏散和火灾扑救的难点。富丽华大酒店为何能在这起火灾中最大限度地降低了损失？这不得不归因这家企业平时在消防工作中练就了一身硬功。

据了解，富丽华大酒店是乌鲁木齐市消防安全重点单位之一，当地消防部门指导酒店建立健全了各项消防安全管理制度，制定了详细的火灾应急疏散预案。就在酒店发生火灾前一个月，酒店还组织员工对应急预案进行了演练。

在消防部门的指导下，该酒店逐步树立了单位消防安全责任主体意识，将消防安全作为酒店经营管理的一项重要工作来抓，先后投资 200 多万元完善了酒店内的消防报警系统和消防设备。

火灾发生后，酒店各岗位人员能迅速反应，疏散被困顾客有序逃生，并及时利用酒店内部的消防设施扑救初期火灾。这既得益于平时的演练，也得益于酒店内部消防设施的日常维护保养。

此外，酒店还建立了全员消防安全培训制度，层层签订了消防安全责任书，坚持新招员工必须经消防安全培训合格才能录用，自动消防设施操作人员必须经消防部门进行专业培训，并取得专业上岗证才聘用。酒店内的保安和义务消防队员，有 80%以上都是复员军人，其中多数都是退役的消防战士。酒店还制定了严格的消防安全奖惩措施，将消防安全与全体员工的工资待遇挂钩，充分调动了员工做好消防安全工作的积极性。

3. 北京熊猫烟花公司进行仓库防火防盗应急演练的做法

熊猫烟花集团股份有限公司从2005年收购上市企业“浏阳花炮”，到2010年收购东信烟花集团，逐步实现对中国优秀烟花企业的并购与重组，现在已经成为一家大型烟花爆竹生产企业。

（1）企业基本情况

熊猫烟花集团目前在湖南、江西拥有8家功能完备且标准化、现代化的烟花爆竹制作厂，总占地面积超过700万 m^2，员工超过3 000人，主要生产消费类烟花和专业类烟花，覆盖了几乎所有烟花类别。

熊猫烟花集团所生产和经营的烟花鞭炮产品品种齐全，涵盖消费类和专业类所有类别，共3 000余个品种。从2006年起，熊猫烟花集团由专注外销转为国内外销售并举，同年10月，成立集团首家全资子公司——北京市熊猫烟花有限公司。在此后的5年中，熊猫烟花集团加快了布局全国的步伐，相继在山东、山西、河南、湖北、云南等地设立子公司，并在江西成立了中国唯一的国家级烟花研究院，从事烟花技术与产品的研发及中华古老烟花文化的挖掘。

（2）烟花仓库防火防盗暨消防应急演练

这是2011年8月24日下午，北京市熊猫烟花有限公司在仓库举行防火防盗暨消防应急演练。

“呜，呜，呜……”一名值班人员发现1号库房冒出烟雾，立即通过中控室向值班领导汇报，并拉响警报启动应急预案，另一名值班人员奔向变电箱，及时切断电源。其他人员迅速跑向防火器材柜，取出灭火器和高压水枪，不超过1 min，两支高压水枪就将水喷向仓库屋顶。此时，有人捂着毛巾往外跑，有人把伤员扶出来……几分钟后，消防队赶到现场，仅用15 min就将大火扑灭。在应急演练现场，演练过程紧张有序，人员反应迅速，分工明确，配合默契。

“如果没有平时百次、千次对各项应急预案进行‘培训—演练—修订—培训—演练’，此次演练是达不到员工对自身扮演角色熟悉、相互之间配合默契这种程度的。”公司总经理潘某讲。作为一家高危企业，该公司平时是如何开展应急演练的？除了应急演练外，在仓储安全管理方面还有哪些做法？

（3）举行演练为了实施自救

北京市熊猫烟花有限公司是经北京市政府批准在北京地区专营烟花爆竹批发和零售的企业。该公司仓库位于北京市房山区韩村河镇，占地面积达20 hm^2，有10栋现代化库房，周转储存能力达40万箱，是北京乃至全国最大规模的烟花爆竹仓储物流中心。仓库一旦发生事故，后果不堪设想。

公司总经理潘某讲：“近期发生的多起烟花爆竹事故再次给我们敲响了警钟，我们不仅要落实好平时预防措施，更要考虑当事故发生时，在救援人员赶到之前，如何实施自救。举行演练就是出于这种考虑。”

该公司每年都要举行两次大型应急演练，每月至少举行一次小型应急演练。大型演练除了公司全体人员外，安监、消防、公安、卫生等相关部门也参与其中。大型演练针对仓库局部范围内发生火灾而实施的人员救护、财物转移、安全疏散等，小型演练针对盗窃、人为入库破坏、煤气泄漏、交通事故等。大型演练安排在 7 月或 8 月及销售旺季到来前的 11 月或 12 月。北京夏季高温、高湿、雷雨天气多，而每年 11 月、12 月是烟花爆竹开始配送、销售的季节，时间短、工作量大、人员和车辆高度集中，容易出现险情，所以要举行演练，确保能够有效地实施自救。

（4）强化管理为了防范麻痹

该公司仓库目前有 62 名管理人员，包括 2 名安全主管、14 名专职安全员、16 名仓库守护人员等。仓库实行领导 24 小时轮流带班执勤制，每班至少 2 名人员。周六周日也是同样的安排，遇到节假日，值勤等级还会提高。在仓库中控室，配置有红外可视图像监控系统，仓库各个角落的情况在屏幕上一目了然。翻开桌上的“仓库守护人员值班情况登记表”，值班时段、值班人员、仓库前门后门、车辆，以及灭火器、门窗、消火栓井盖等检查内容都有记录。值班人员讲，他们每隔 1 小时做一次记录，24 小时不间断，发现严重异常情况立即报警，同时报告仓库负责人，仓库负责人接到事故报告后，会迅速启动事故应急救援预案。

在仓库设置有“温度、湿度记录表”，库房每个时间段的温度、湿度都记录在案。此外，仓库还有“公司领导定期、不定期安全检查记录”“仓库专职安全员、仓库保管人员、仓库守护人员每日安全检查记录”“在职、新入职人员安全培训、考核、演练记录”等台账。

公司在安全管理上，淡季比旺季更为严格，淡季时人们思想容易麻痹。每年 5 月至 10 月，也就是所谓的淡季，公司会强化安全管理，增强安全防范意识，做好各个环节的培训，制定和修改各类事故应急预案，并举行演练。

公司还根据制定的安全教育培训和考核管理制度，定期或不定期地对仓库管理人员进行培训，并将培训记录和考核结果与员工绩效考核挂钩。培训内容包括安全生产知识、消防知识以及监控、测温测湿、车辆故障检查等操作知识。

（5）应用科技为了提高效率

近年来，该公司在科技监控和 ERP 进销存物流系统方面共投入 400 多万元，其中红外可视图像监控系统和 ERP 进销存系统花了近 200 万元。2011 年春节，公司启用电子标签管理系统，在每箱烟花爆竹张贴具有全球唯一代码的可存储信息的 RFID 电子标签。在烟花爆竹出入库时，将出入库信息写入电子标签，并上传到电子标签管理平台，使得非法烟花爆竹不可能进入仓库。同时，仓库为了保障安全，除了安装防爆灯具和防雷防静电设施外，还采用目前国际最先进的 360°摄像头，可看到 80 m 以外的场景。每隔 120 m 安装 1 个红外线灯，可做到 24 小时动态监控。

目前，该公司正着手将电子标签的应用，从每箱烟花爆竹的管理，延伸到车辆、人员、物资的管理，对仓库范围内的人、财、物进行系统化管理，预计投入 100 万元。同时，公司正在研究消除烟花爆竹仓储、运输等环节因冬季天气影响而出现的安全隐患，在得到国家专业部门评估和主管部门批准后，将对硬件设施实行升级改造，预计投入 300 余万元。

烟花爆竹是一个传统行业，同时又是一个高危行业，需要大力推广新技术、新方法、新设备来提高烟花爆竹的安全管理水平。然而，科技手段只是工具，更重要的是应用它的人。因此需要不断增强人的安全意识，不断开展安全培训，从而发挥科技手段的更大作用。

第三节　商贸服务企业事故应急预案参考

商贸服务企业在生产经营过程中，同样会面临各种风险，特别是发生火灾的风险。按照相关规定的要求，商贸服务企业应结合本企业的实际情况制定事故应急预案。制定事故应急预案，是贯彻落实“安全第一、预防为主、综合治理”方针，规范企业应急管理工作，提高应对风险和防范事故的能力，保证职工安全健康和公众生命安全，最大限度地减少财产损失、环境损害和社会影响的重要措施。

在此介绍宾馆火灾事故应急预案、商场消防安全事故应急预案、高层写字楼火灾事故应急预案、服装加工公司火灾事故应急预案、水务公司生产安全事故应急预案、上网服务公司火灾事故应急预案，供商贸服务企业在制定应急预案时参考借鉴。

一、宾馆火灾事故应急预案

1. 编制目的

为全面贯彻落实“安全第一、预防为主、综合治理”的方针，增强宾馆整体应对安全生产事故的应急处置能力，减少火灾事故造成的损失和危害，构建安全、舒适的宾馆环境，保障人身和财产安全，制定本预案。

2. 危险性分析

（1）企业概况（略）。

（2）危险性分析

1）宾馆业经营的特点。宾馆为开放式经营管理，具有人员密集、流动性大的特点，宾馆内各项饮食娱乐配套设施齐全，客房数量多，装修富丽堂皇，宾馆还配有各种大型机电设备，确保宾馆的正常经营。

2）火灾危险性分析。宾馆大厦主体为框架结构，总建筑面积大，楼高层数多，建筑立面复杂。由于宾馆配有厨房、高低压配电房、锅炉房、发电机房、化学品仓库、油库等危险源，加上客人和员工的一些不安全行为和宾馆设备设施的不安全状态，容易发生火灾。一旦宾馆发生火灾，烟、火蔓延途径多，容易形成立体火灾，疏散困难。由于客房内有大量的织布用品，火势在短时内会迅速增大，如不及时扑救，火势扩大，将难以控制，届时将造成严重的人员伤亡。如果重点部位发生火灾及爆炸事故将会使设备损坏、营运瘫痪、人员伤亡更加严重，造成巨大的经济损失及不良的社会影响。

3. 应急组织机构与职责

（1）应急组织体系

宾馆火灾事故应急组织体系如图 6—1 所示。

（2）指挥机构

火灾事故应急救援指挥系统启动后，成立由宾馆安委会、事发宾馆自身的安委会共

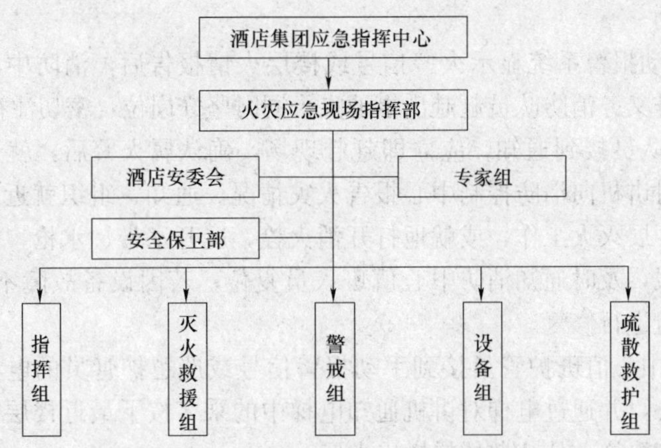

图 6—1　宾馆火灾事故应急组织体系

同组成的应急现场指挥部，安委会主任任总指挥，宾馆主管安全工作的第一责任人任副总指挥，宾馆高级管理人员和安全主任等为成员。现场指挥部及时召集相关单位专职安全管理人员组成专家组，负责火灾事故现场的应急救援策划工作，为指挥部出谋划策。

（3）应急行动组

为提高火灾事故应急救援效率，迅速展开工作，根据应急救援行动的实际要求，成立五个基本应急行动组，应急行动组由宾馆安委会所有成员组成，分成现场指挥组、灭火救援组、警戒组、设备管理组、疏散维护组。现场指挥组由宾馆主管安全工作的第一责任人担任组长，灭火救援组由宾馆安全主任担任组长，警戒组由保安部经理担任组长，设备管理组由工程部经理担任组长，疏散维护组由行政总监担任组长。

1）现场指挥组。负责指挥调度各部门进行营救，并对现场情况作出评估，制定合理的应对措施。

2）灭火救援组。负责赶赴现场运用现有消防设施进行灭火或控制火势，等待消防人员进行扑救，并配合医务人员抢救伤员。

3）警戒组。负责封锁现场，对受影响区域进行警戒，确认伤亡数字，尽可能减少宾馆的人员伤亡及经济的损失。

4）设备管理组。负责确保宾馆内所有的大型机电设备正常运作，切断受火灾影响区域内的电源及燃气，确保整栋宾馆的消防应急用电。

5）疏散维护组。负责紧急疏散受火灾影响的人群，对宾馆内的客人及员工进行疏导，避免引起恐慌，安抚伤员及其家属的情绪。

4. 预防与预警

（1）预防和监控

宾馆消防中心实施 24 小时值班监控制度，充分利用宾馆的火灾自动报警系统对各个部位实施严密监控，一旦出现报警立即派巡逻队员前往火警现场确认，同时，坚守岗位，密切注视火警动态。加强宾馆消防设施的日常维护保养，出现故障及时排除。宾馆保安部平时要加强巡楼，对重点保护部位或由于维修不及时失去技防保护的区域实施严格巡查，发现火灾隐患及时报告，使人防和技防有效结合，共同发挥作用。

（2）预警行动

1）当火灾自动报警系统显示火警信号或楼层火情报告后，消防中心值班人员立即通知值班经理安排义务消防队员赶赴出事地点，同时坚守岗位，密切注视火警动态。

2）义务消防队员接到通知，应立即赶赴现场，确认属火警后，就近按下手动报警按钮，同时通过对讲机向消防控制中心报告火灾情况。通知、组织就近疏散；能自己动手灭火的，迅速开展灭火工作，或就地打开消火栓，展开水带、水枪，等待救援人员的到来。属系统误报，及时通知消防中心值班人员复位；若因设备故障不能当场复原的，应及时通知维修组进行修复。

3）消防监控中心值班护管员接到手动报警信号或巡逻护管员的电话报警后，立即通知管理服务中心，并通过电梯对讲机通知电梯中的乘客按下最近楼层的按钮，待电梯门打开后迅速撤离电梯，从疏散楼梯撤出大厦。

4）管理服务中心首接通知者，应立即通知宾馆消防中心或拨打 119 报火警，告知火灾发生的地点、位置、楼层以及是否有人被困；告知管理服务中心负责人、安全保卫部、公司安全负责人；通知值班维修工。

5）24 小时值班维修工应立即赶至消防中心：迫降所有电梯，使消防电梯处于消防待用状态；立即切断大厦的市电电源并及时启动备用发电机确保应急供电；立即切断大厦的煤气总阀；检查消防水源是否充足；检查消防设备是否处于良好待用状态；并配合消防中心值班护管员密切监视消防设备运行状态，若有消防设备无法联动，及时采用手动方式强启设备。

5. 信息报告

（1）火灾报警方式

宾馆建筑发生火灾主要采取如下几种方式报火警：

1）建筑物内火灾探测器（如烟感、温感）自动向消防监控中心报火警。

2）建筑物内的人发现火情，及时通过手动报警按钮、消防电话或其他电话向消防监控中心报火警；也可直接拨打 119 向公安消防队报警。

3）消防监控中心值班人员接到火警并确认后，要在第一时间拨打 119 向公安消防队报警。与此同时，还要立即通知宾馆大堂副理、安全主任、安全保卫部门负责人、宾馆安委办等领导。

（2）宾馆火灾报警程序

宾馆火灾事故报警程序如图 6—2 所示。

（3）火灾事故应急联络电话

消防专用报警电话：119

急救电话：120

公安接警电话：110

交通疏导：122

宾馆集团 24 小时值班电话（略）

各宾馆总机（略）

保安部值班电话：各宾馆总机转值班经理

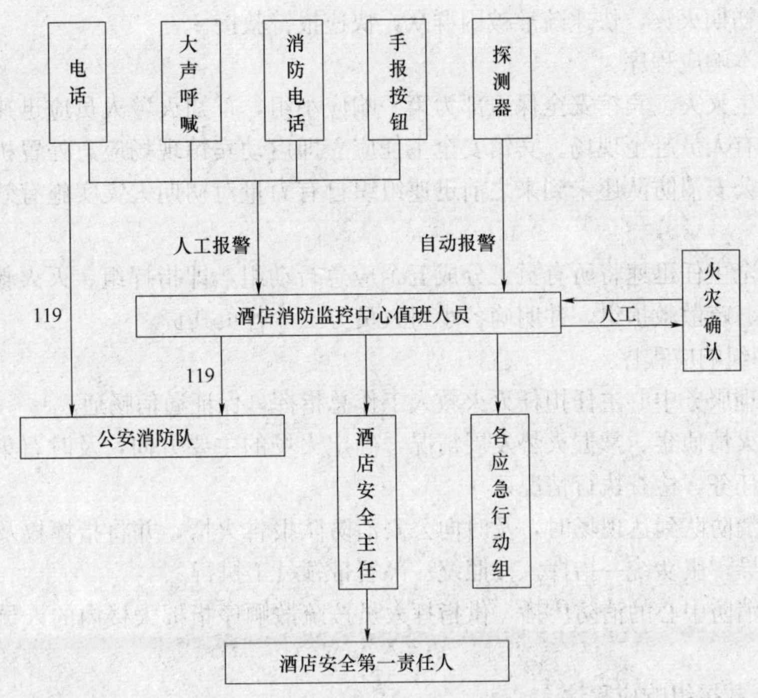

图 6—2　宾馆火灾事故报警程序

主管领导电话（略）

6. 应急响应

（1）应急原则

1）保障人民群众的生命安全和身体健康是应急工作的出发点和落脚点。通过采取各种措施，建立健全应对火灾事故的有效机制，最大限度减少因火灾事故造成的人员伤亡。

2）通过宾馆自身的火灾自动报警系统，及早实现火警的预测和警报。安全保卫部和工程部要采取得力的防范措施，加强对火灾自动报警系统的日常维保，发现故障及时排除，确保系统时刻处于良好状态；加强消防检查，杜绝火灾隐患，尽一切可能防止火灾事故的发生。对无法防止或已经发生的火灾事故，尽可能避免其造成恶劣影响和灾难性后果。

3）宾馆高级管理人员要加强对义务消防队伍（主要是保安人员）的应急训练和演练，紧紧围绕火灾初期五分钟，切实提高义务消防队伍在五分钟内的应急反应能力和实战能力，真正做到早发现、早报告、早控制，打造一支“招之即来、来之善战”的火灾快速反应队伍。

4）火灾应急过程中，始终坚持“统一指挥、统一行动”的应急思路，坚持火灾现场最高领导指挥制，坚持让最了解火情的领导担任前沿指挥官，坚持让能最大限度调用应急力量和资源的领导担任最高指挥官。

5）鉴于高层宾馆垂直距离高、扑救困难、火灾蔓延速度快的特点，宾馆消防控制中心立足自救，充分利用建筑自身的消防设施，充分利用自己打造的应急队伍，自己动手快速扑救初期火灾，快速疏散被困群众，快速报警救援。

（2）基本响应程序

宾馆发生火灾，宾馆安全保卫部为第一响应小组，首知火警人员应迅速通知宾馆安全保卫部所有人员赶至现场。宾馆安全主任应立即启动宾馆现场应急处置机制或现场处置方案，在公安消防队还未到来之前迅速组织自有力量对初期火灾实施有效扑救和人员疏散。

宾馆安全主任迅速将所有员工分成五个应急行动组，即指挥组、灭火救援组、警戒组、设备组、疏散救护组，并明确各小组人员分工，各负其责。

1）指挥组响应程序

①由管理服务中心主任担任灭火救人工作总指挥，保证通信畅通。

②组织火情侦察、掌握火势发展情况，确定火场的主要方向，及时召集力量；向各组明确布置任务，检查执行情况。

③公安消防队到达现场时，及时向公安消防队报告火情，并将指挥权及时移交给公安消防队领导，服从统一指挥，按照统一部署带领员工执行。

④打开消防中心的消防广播，供指挥人员按疏散顺序指挥大楼内的人员从消防通道疏散。

2）灭火救援组响应程序

①由义务消防队员担任，由护管班长任组长。

②接到火警、火灾扑救的命令，带上灭火器材和救生、破门工具（多层还应根据着火地点消防设施配备情况，选择带上消防水带和室外消火栓专用扳手等灭火器材和救援器材），第一时间赶到现场，按照现场指挥人员的统一安排，从疏散楼梯快速上到着火层和相邻的上下层，迅速展开水带，接上水枪和消火栓，先打开消火栓，再打破消火栓按钮，启动水泵，开始灭火和控制火势蔓延。

③若有人被困火中，首先以救人为第一目的。

④在不明火势大小的情况下，采取谨慎的态度和安全的操作方法。

⑤若有爆炸危险源，应及时清理，消除危险源。

3）警戒组响应程序

①由宾馆保安人员担任，负责发生火警、火灾的大厦或多层外围的警戒。

②第一时间清除进入大厦消防通道的路桩阻挡，保持消防通道的畅通，引导消防车行进。

③阻止围观的群众靠近着火的建筑物周围，防止灭火和救人时须打烂的玻璃从高空掉落下来，造成不必要的伤害。

4）设备组响应程序

①由设备维修人员担任，维修主管任组长，按照各自的分工，各就各位。

②负责供电设备安全的维修工第一时间切断着火楼层的电源，必要时切断整个大楼的非消防电，并确保消防应急用电。

③负责煤气设备安全的维修工必须在第一时间切断相应的煤气总阀。

④负责水泵运行的维修工到水泵房观察消防水泵的运行状况，必要时，强启消

防泵。

⑤在消防中心应留一名维修工，随时根据消防中心监视信号，应急处理不能运行的消防设备，通知关闭相应楼层总电源，并保障消防设备正常工作。

5）疏散和救护组响应程序

①接到火情通报，立即到现场，保证疏散通道及安全出口畅通。

②按消防中心的消防广播指挥的疏散顺序，负责现场群众从楼梯疏散，疏导、护送客人和员工有秩序地疏散至安全区。

③逐间客房检查，核实疏散人员是否安全撤离火灾现场。

④对受伤的人员进行简单的包扎和处理，对重伤者，联系救护车并护送到医院进行抢救。

（3）扩大响应

火灾事故发生后，宾馆消防控制中心必须在第一时间内响应，及时启动宾馆现场应急处置机制，组织自有应急力量扑救和控制初期火灾，疏散被困群众。与此同时，宾馆消防控制中心还必须在第一时间内拨打 119 火警电话请求专业消防队进行援助。

当宾馆安全保卫部自有应急力量无法在第一时间内控制住初期火灾时，现场指挥组应快速作出启动更高一级应急预案的决定，立即向宾馆申请援助，宾馆负责人接到申请后应立即启动宾馆级火灾应急预案，立即组成火灾应急现场指挥部，就近调动附近宾馆或邻近单位的应急力量投入到应急行动中去。指挥权上移后，宾馆安全主任应积极配合火灾应急现场指挥部的应急救援工作。

若还是无法控制火灾蔓延，应立即申请启动集团级或当地政府级预案，并充分调动自有的应急力量和资源，积极配合集团或当地政府参与火灾事故的应急处置工作。

（4）处置措施

1）宾馆安全保卫部人员充当义务消防队在扑救火灾时，一定要针对不同类型的火灾分别采用不同的灭火器，通常情况下均采用磷酸铵盐干粉灭火器，可扑救 A、B、C 类及电气火灾；尤其注意电气火灾不能用水扑救。

2）报 119 火警时一定要清楚准确地报出起火地点、起火部位、火势大小、报警人姓名、报警的电话号码等，并在路口迎候和引导消防车进入火场。

3）义务消防队深入着火楼层实施扑救救援任务时，一定不要单兵作战，要彼此相互照应，随时保持联系，一旦火势严重蔓延要及时脱离危险区域。

4）在楼层疏散引导人群全部撤离后，最后撤离的人一定要记住关闭防火门，防止火灾扩散蔓延。

5）义务消防员的第一任务是疏散救人，然后才是扑救初期火灾，协助专业消防队员，千万不可一时逞强，要首先保护好自己，佩戴必要的防护器具，掌握必要的火灾自救逃生和急救知识。

7. 善后处理

（1）扑灭火灾后，警戒组应保护火灾现场。

（2）宾馆安全主任应查明或协助查明火灾原因，核实或清查火灾损失情况，向宾馆安委会提交火灾报告。

（3）大堂副理应安排清洁人员清理地面水渍、走廊地毯。

（4）恢复供电前，负责电气设备安全的维修工应确保损坏线路已恢复正常。

（5）宾馆火灾事故应急处理流程图（略）。

8. 应急物资与装备保障

（1）宾馆义务消防队的装备

如消防服、消防帽、消防鞋、防火手套、空气呼吸器、防毒面具、腰斧头、手电筒、灭火器、担架、消防太平斧头、医药箱、湿毛巾、撬棍、消防水带、水枪、逃生绳索、插孔电话。

（2）其他装备

如运输车辆、救护车辆、对讲机、通信设施等。

9. 附件（略）

二、商场消防安全事故应急预案

1. 编制目的

为加强消防安全管理工作，预防和杜绝火灾事故的发生，保障商场及购物群众的安全，根据国家和本省市、自治区有关法律、法规，本着“预防为主、防消结合”的原则，结合商场实际情况，特制定本预案。

2. 危险性分析

（1）企业概况

某商场位于本市西北部，是一家拥有建筑面积 25 526 m^2，800 多名职工的大型综合性零售企业（其他内容略）。

（2）危险性分析

某商场是一家大型的综合性商业零售企业，其内部结构比较复杂，营业面积大，经营的商品范围广，收银台及贵重商品柜台多，并且设置有大量的照明、用电设备，防火安全是商场工作重中之重。

另外，商场也是人员密集的公共场所，一旦发生各种突发事件，人员的疏散工作十分重要，建立快速人员应急疏散程序非常必要。

3. 应急组织机构与职责

（1）成立应急指挥部

总指挥：由商场总经理担任（法定代表人）。

副总指挥：由商场主管安全副总经理和安保部部长担任。

组员：由各部门主要负责人及安保部工作人员组成。

总指挥部：设在监控室。

职责：全面负责组织、指挥、协调灭火、应急疏散预案的具体实施，确保灭火、应急疏散行动能够按照预案顺利进行。

（2）设立通信联络组

人员组成：由商场办公室和消防中控室人员组成。

职责：做到报警及时，保持通信联络畅通，保证各种指令、信息能够迅速及时、准确地传达。

(3) 设立楼层指挥组

人员组成：由商场各楼层主要负责人及其办公室人员组成。

职责：负责本楼层组织、指挥、协调灭火、应急疏散预案的具体实施；掌握情况，准确分析局势，果断作出正确判断；及时上报有关信息，并认真贯彻执行指挥部命令。

(4) 设立灭火行动组

人员组成：由各部门的义务消防队员组成。

职责：负责按照预案或现场指挥员的指令及时扑救初起火源，控制并消灭火灾；配合专业消防人员进行灭火抢险工作。

(5) 设立疏散引导组

人员组成：由安保部门人员和各楼层有关人员组成。

职责：在楼层指挥组指挥下，坚守岗位，依据预案措施及疏散路线，有秩序地疏散引导本楼层顾客，疏散完毕后有秩序地撤离。

(6) 设立防护救护组

人员组成：由安保部门人员、商场医务室人员和各楼层经过医务培训的人员组成。

职责：负责配合专职消防人员及医护人员救护、抢险火场被困伤员及物资；负责现场警戒，维持现场秩序，看守抢救出来的物资，保证灭火工作顺利进行。

(7) 设立后勤保障组

人员组成：由安保部门人员、后勤部门人员、设备部门人员及指挥部指定人员组成。

职责：负责保障灭火用水供应和其他灭火物资设施供应；负责灭火后的水、电、现场抢修、恢复等工作。

4. 应急响应

(1) 报警和接警

值班人员或现场工作人员发现火情后，应立即采取应急措施，切断与火灾相关的电源，大声呼救，并按下手动报警按钮，发出火灾声响警报，消防中控室接到声响报警后，通过对讲机立即通知义务消防队员赶赴现场，同时拨打119火警电话。报警时要讲清详细地址、起火部位、着火物品、火势大小、报警人姓名及电话、行走路线，并派人到约定地点接引消防车进入火灾现场，同时向单位领导和安保部报告。

(2) 应急疏散

消防中控室接到声响报警后，立即开启火灾应急广播，说明起火部位，疏散路线。疏散组成员立即组织处于着火层等受火灾威胁的楼层人员沿火灾蔓延的相反方向，向疏散走道、安全出口部位有序疏散。

(3) 扑救初起火灾

灭火行动组接到报警后，应立即赶赴着火现场，根据预案或现场指挥员的指令迅速检查是否切断现场电源，利用灭火器材迅速扑救。如火势较大，暂时不能扑灭，应立即根据现场情况及时采取隔离等措施，防止火势进一步蔓延，并积极配合专业消防人员完成灭火任务。

（4）通信联络、安全防护及救护

通信联络组应立即按照预案或指挥员的指令，及时通知相关人员，同时注意保持通信联络畅通，及时准确地将各种指令、情况及信息上传下达。

防护救护组应立即按照预案或指挥员的指令，对现场实行警戒，保证消防车辆的畅通无阻，维护好现场秩序，防止无关人员进入现场，配合好专业消防员及医务人员抢救火场内被困伤员及重要物资。

后勤保障组应立即按照预案或指挥部的指令，迅速调集灭火所需物资、设备，为完成灭火、疏散救护提供必要的支持和保障。

5. 应急结束

灭火工作结束后，总指挥部应派人对着火现场实施警戒保护，严禁在场无关人员进入现场，确保现场的原始状态，并配合调查人员做好事故现场的调查工作，后勤保障组在总指挥的安排下做好抢修、恢复工作。

6. 工作要求

（1）各部门及全体员工要在总指挥部的统一领导下，迅速按照预案或指挥员的指令，完成各项工作任务。

（2）各部门值班人员接到报警后，要立即组织力量赶赴现场进行扑救，掌握情况，同时向单位领导报告。

（3）各部门及全体员工要本着遇事冷静、互相协调、通力配合、不慌不乱的原则，尽快完成报警、扑救、疏散顾客、抢救伤员、保护现场等各项工作。

（4）灭火工作结束后，由总指挥部下达各组人员撤离现场的命令，随后进入善后工作处理阶段。

7. 附件（略）

三、高层写字楼火灾事故应急预案

1. 编制目的

为全面贯彻落实“安全第一、预防为主、综合治理”的方针，增强大厦整体应对安全生产事故的应急处置能力，减少火灾事故造成的损失和危害，保障人身和财产安全，制定本预案。

2. 危险性分析

（1）企业概况（略）。

（2）危险性分析

1）大厦建筑特点

①垂直距离较高，约 110 m。

②装修高档（尤其是高层写字楼），可燃性高分子材料使用较多。

③设备复杂，用电负荷大，高层住宅楼煤气管道多。

④竖向井道多。

⑤建筑容积率高、人员比较密集等。

2）火灾危险性分析。鉴于以上气候及建筑特点，大厦在火灾方面具有如下危险性：

①建筑垂直距离高，人员疏散及火灾扑救比较困难，一旦发生火灾，消防车施救高度有限，只能立足自救，对建筑物本身的消防设施要求高。

②诱发火灾的因素较多，主要以电气、煤气、家庭用火等家居火灾为主，再加上部分居民防火意识淡薄（经常发生家里煲汤无人在家看管，导致发生煤气泄漏事件），从而引发火灾。

③由于高层建筑竖向井道较多，一旦发生火灾，垂直蔓延很快。

④一旦发生火灾，由于装修材料混杂，通常会产生大量浓烟和有毒有害气体，很容易使人在短时间内中毒窒息而死。

3. 应急组织机构与职责

（1）管理服务中心根据所管辖区配置消防设备、设施的不同情况，依据本规程制定相应的火警、火灾应急处理预案，成立应急处理小组和义务消防队，明确分工，保证发生火警、火灾时，通信畅通，应急处理小组成员和义务消防队员能第一时间赶到现场，各负其责，有条不紊开展灭火工作。

（2）管理服务中心火警、火灾应急处理小组和义务消防队员按照自己制定的应急处理预案每年上、下半年各进行一次消防演习。

（3）火警、火灾应急处理小组应包括管理服务中心所有成员，分成指挥组、灭火救援组、警戒组、设备组、疏散救护组。指挥组应由管理服务中心主任担任，灭火救援组、警戒组应由义务消防队员担任，设备组由设备维修人员担任，管理服务中心其余人员担任疏散和救护等工作。

4. 应急响应

（1）楼宇火警确认

1）当自动报警系统显示火警信号或接到火情报告后，消防中心值班护管员应立即通知巡逻护管员，同时，坚守岗位，密切注视火警动态。

2）巡逻护管员接到通知，应立即携带灭火器和插孔电话从楼梯赶到报警现场查看确认：

①属火警，就近打破手动报警按钮报火警，同时通过电话插孔或固定消防电话向消防中心报告火灾的发生，并简要说明火灾情况；通知、组织就近疏散；能自己动手灭火的，迅速开展灭火工作，否则就地打开消火栓，展开水带、水枪，等待救援人员的到来。

②属自动报警系统误报，即时通知消防监控中心当值护管员复位；若因设备故障不能当场复原的，应及时通知维修组进行检查修复。

3）消防监控中心值班护管员接到手动报警信号或巡逻护管员的电话报警后，立即通知管理服务中心，并通过电梯对讲机通知电梯中的乘客按下最近楼层的按钮，待电梯门打开后迅速撤离电梯，从紧急通道撤出大厦。

4）管理服务中心首接通知者，应立即拨打 119 报火警，告知火灾发生的地点、位置、楼层以及是否有人被困；通知维修工；报告管理服务中心主任和安全保卫部 24 小时值班室，管理服务中心主任接到火警后立即报告公司领导及安委办。

5）消防维修工应立即赶至消防监控中心操作或直接打破消防电梯的消防开关玻璃，

将消防开关合上，迫降消防电梯，使之处于消防功能服务状态，供消防人员使用；待乘客已安全撤离电梯后立即切断除消防电梯外的其他电梯的所有电源。

6）消防中心值班护管员应监视消防设备运行状态，若有消防设备没有启动，在联动柜上强制启动。

（2）灭火和疏散

管理服务中心值班人员应迅速通知管理服务中心所有人员赶至现场。

接到报警后，管理服务中心负责人应迅速赶到现场，在公安消防队还未到来之前应迅速启动火灾应急预案，将管理服务中心所有员工分成指挥组、灭火救援组、警戒组、设备组、疏散救护组，明确各小组人员分工，各负其责。

1）指挥组

①由管理服务中心负责人担任灭火救人工作总指挥，保证通信畅通。

②组织火情侦察、掌握火势发展情况，确定火场的主要方向，及时召集人员；向各组明确布置任务，检查执行情况。

③公安消防队到达现场时，及时向公安消防队报告火情，并将指挥权及时移交给公安消防队领导，服从统一指挥，按照统一部署带领员工执行。

④打开消防中心的消防广播，供指挥人员按疏散顺序指挥大楼内的人员从消防通道疏散。

2）灭火救援组

①由义务消防队员担任。

②接到火警、火灾扑救的命令，带上灭火器材和救生、破门工具（多层还应根据着火地点消防设施配备情况，选择带上消防水带和室外消火栓专用扳手等灭火器材和救援器材），第一时间赶到现场，按照现场指挥人员的统一安排，从疏散楼梯快速上到着火层和相邻的上下层，迅速展开水带，接上水枪和消火栓，先打开消火栓，再打破消火栓按钮，启动水泵，开始灭火和控制火势蔓延。

③若有人被困火中，首先以救人为第一目的。

④在不明火势大小的情况下，采取谨慎的态度和安全的操作方法。

⑤若有爆炸危险源，应及时清理，消除危险源。

3）警戒组

①由义务消防队员担任，负责发生火警、火灾的大厦或多层外围的警戒。

②第一时间清除进入大厦消防通道的路桩阻挡，保持消防通道的畅通，引导消防车行进。

③阻止围观的群众靠近着火的建筑物周围，防止灭火和救人时须打烂的玻璃从高空掉落下来，造成不必要的伤害。

4）设备组

①由设备维修人员担任，按照各自的分工，各就各位。

②负责供电设备安全的维修工第一时间切断着火楼层的电源，必要时切断整个大楼的非消防电，并确保消防应急用电。

③负责水泵运行的维修工到水泵房观察消防水泵的运行状况，必要时，强启消

防泵。

④在消防中心应留一名维修工，随时根据消防中心监视信号，应急处理不能运行的消防设备，通知关闭相应楼层总电源和大厦空调通风系统，并保障消防设备正常工作。

5）疏散和救护组

①接到火情通报，立即到现场，保证疏散通道及安全出口畅通。

②按消防中心的消防广播指挥的疏散顺序，负责现场群众从楼梯疏散，疏导、护送顾客有秩序地疏散至安全区。

③逐房检查，核实疏散人员是否安全撤离火灾现场。

④对受伤的人员进行简单的包扎和处理，对重伤者，联系救护车并护送到医院进行抢救。

（3）火警、火灾应急处理流程（见图6—3）

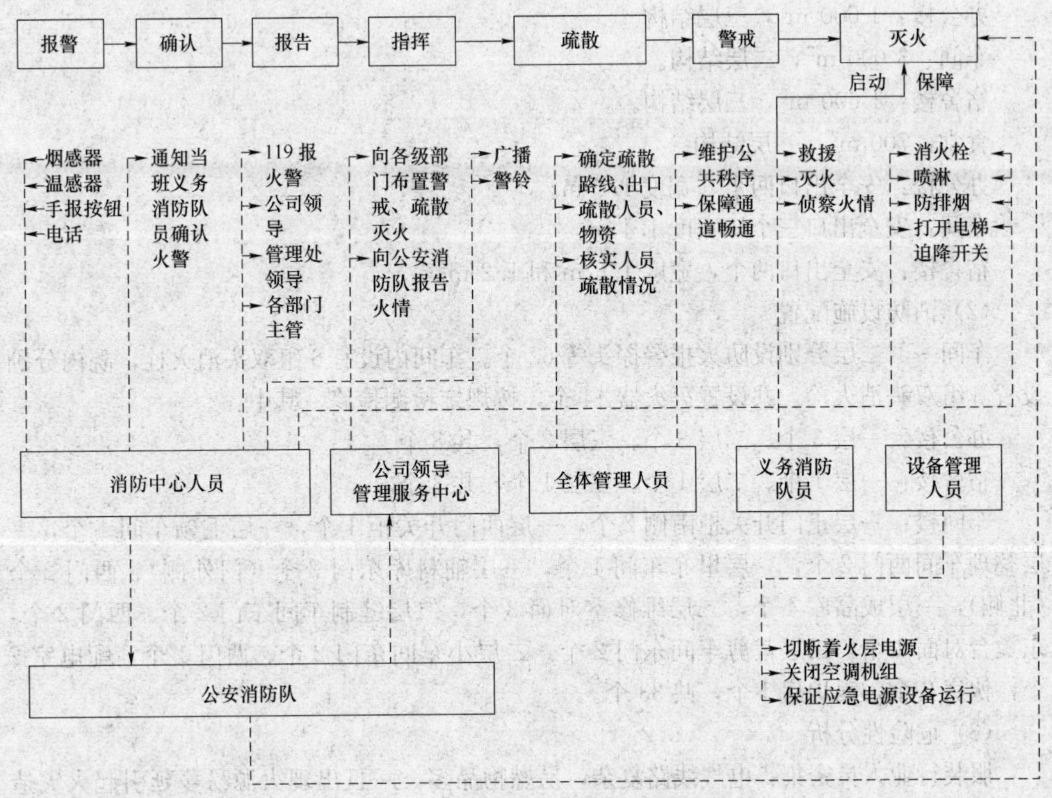

图6—3　火警、火灾应急处理流程

5. 应急结束

（1）扑灭火灾后，警戒组应保护火灾现场。

（2）管理服务中心负责人应查明或协助查明火警、火灾原因，核实或清查火灾损失情况，向公司安委会提交火警、火灾报告。

（3）主任助理应安排清洁人员清理地面水渍。

（4）恢复供电前，负责电气设备安全的维修工应确保损坏线路已恢复正常。

6. 附件（略）

四、服装加工公司火灾事故应急预案

1. 编制目的

为防止重大火灾事故发生，出现火灾情况下做出快速、正确的反应，在事故发生第一时间内有效地扑灭火灾、抢救伤员、疏散伤员和物资，把火灾损失减少到最低限度，特制定本预案。

2. 危险性分析

（1）企业概况

某服装加工公司，位于北京市朝阳区某路某号，占地面积 16 000 m^2，建筑面积 6 900 m^2，职工总数 243 人。

办公楼：1 600 m^2，三层结构。

车间：3 000 m^2，二层结构。

宿舍楼：1 600 m^2，三层结构。

食堂：700 m^2，一层结构。

办公楼：安全出口两个，宽度 1.6 m。

车间：安全出口三个，宽度 1.4 m。

宿舍楼：安全出口两个，宽度 1.6 m 和 1.2 m。

（2）消防设施配置

车间一、二层分别设防火报警探头等 62 个。车间内设有 6 组双头消火栓，院内分别设置 3 组双头消火栓。共设置灭火器 44 个，按规定检测检修。其中：

办公楼：一层 3 个、二层 3 个、三层 2 个，共 8 个。

宿舍楼：一层 1 个、二层 1 个、三层 1 个，共 3 个。

车间楼：一层正门开关柜南侧 2 个，一层西门开关柜 1 个，一层毛领车间 1 个，一层整理车间西门 2 个，一层里布车间 1 个，一层辅料库东门 2 个（门外侧）、西门 2 个（北侧），一层成品库 4 个，二层维修室对面 3 个，二层缝制车间东门 2 个、西门 2 个，东烫台对面 1 个，二层裁剪车间东门 2 个，二层小车间东门 2 个、西门 1 个，配电室 2 个，伙房 2 个，锅炉房 1 个，共 33 个。

（3）危险性分析

服装行业人员密集，电气线路复杂，易燃物品多，一旦出现火源易蔓延引起火灾造成群死群伤。

服装厂库房内的服装衣料的原料可燃且数量多，各种织物的燃烧速度要比普通木材燃烧速度快得多。同时，由于服装厂大量使用电熨斗导致火灾的因素增多。加工服装的各种衣料大多是化纤成分，一旦发生火灾产生的各种毒气比普通的火灾产生的毒气毒性更强。

存放服装的仓库是重点防火点。原料和成品应采用垫板存放（若原料长时间直接置于地面，受潮发霉后容易自燃），须定期进行检查。

火灾因素识别：电气开关、用电线路；加热熨斗；伟明树脂胶的使用；食堂液化气罐的存放使用。

3. 应急组织机构及职责

设立事故现场指挥组、通信联络组、火灾扑救组、人员抢救组、物资疏散组、后勤保障组。

（1）现场指挥组

组长：总经理。

现场指挥：副总经理。

主要职责：定期组织安全检查，消除安全隐患；对企业职工进行安全教育，掌握安全消防知识；对消防设备和设施及时进行监测和更新，保障处于有效使用状态；当接到火灾报警后，迅速通知各组负责人，到现场按自身任务迅速施救；组织全体职工进行应急预案演练。

（2）通信联络组

成员：现场值班员、办公室值班员。

主要职责：在指挥组领导下，负责与消防、医院、公安等有关部门的联系，确保通信畅通。

（3）人员抢救组

负责人：（略）

主要职责：对火场内被困人员实施解救或送至医院，听从指挥人员调动，不得擅自进入火区。

（4）火灾扑救组

负责人：（略）、义务消防人员15名。

主要职责：在指挥组的统一领导下，利用单位内所有的灭火设施灭火。

（5）物资疏散组

负责人：（略）

主要职责：对火灾现场或有可能受到火灾威胁的火灾现场周围的危险品、价值较高的贵重物品进行抢救疏散。

（6）后勤保障组

负责人：（略）

主要职责：负责有关灭火、抢救物资的保障，公安、消防等有关部门的接待，以及灭火相关工作，如保护现场、接待有关人员、协助火灾前期调查等。

4. 应急响应

（1）第一发现火情人员或得知火情的值班人立即拨打119。

报警要求：说明失火的具体地址、失火位置、单位名称、失火物品名称、火势大小、火灾现场有无危险品、报警人姓名、报警所使用的电话号码。

（2）现场值班员或负责人将火情通知指挥组总指挥（或其他负责人），迅速在指定位置集合，听从统一安排部署。

（3）各组成员由本组负责人通知，按部署迅速展开行动。

所有应急人员接到通知后要立即到现场。在应急抢险过程中，本着“救人先于救火”的原则进行。参与抢救的人员要勇敢、机智、沉着，做到紧张有序，一切行动听指挥，有问题要及时上报指挥组。

本方案一经实施，要组织相关人员进行演练，使每一个人熟知自己的任务。如人员、电话等其他情况有变，要及时对原方案进行修改。

5. 附件（略）

五、水务公司生产安全事故应急预案

1. 编制目的

为了全面提高本公司应对各种突发公共事件和风险的能力，确保在发生各类安全生产事故后，科学有序、高效迅捷地组织开展事故抢险、救援工作，最大限度地减少人员伤亡和财产损失，维护正常的社会生产和生活秩序，按照《北京市突发公共事件应急预案管理暂行办法》的要求，结合本公司的实际情况，制定本预案。

2. 危险性分析

（1）公司基本概况

某水务有限公司负责通州城区供水工作，公司现有员工 257 人，机构设置：公司机关有综合办公室、企业管理部、财务部、人力资源部、工会办公室、基层单位有供水部、营销管理部、安装公司、水质监测站，共计 9 个部门单位。

截至 2006 年年底，公司主管道覆盖面积 60 km^2，供水管道总长度 470 km，服务人口 40 万，供水有一座 1986 年投产的水厂，最大供水能力 5.5 万 m^3/日。目前可提供水量 3.0 万 m^3/日（设计能力 10 万 m^3/日），目前总供水能力 8.5 万 m^3/日。2006 年供水总量 23 116 263 m^3，高峰时每日供水 7.8 万 m^3。

（2）危险性分析

根据危险源分布情况，事故类型主要包括：

1）管道检查井、室的毒气事故。已建成的管道或井、室中常常会存在有害气体浓度超标，如在进入前未进行检查或检查方法不当，可能造成爆炸或人员中毒，导致人员伤亡等事故。

2）管道爆裂冒水事故。如供水主管道发生爆裂，可能造成路面坍塌、沉陷以及造成人员伤亡等事故。

3）水源地高压输电线路事故。水源地高压输电线路与地面树木形成交叉，如不及时处理，可能会造成接触，并导致火灾、电击伤人以及水源地掉电供水中断等事故。

4）供水部配电柜及配电线路用电事故。配电柜及配电线路应定期检修和按规程操作，否则可能会导致用电事故，并可能导致供水部停产和造成人身伤害等事故。

5）施工工地沟槽塌方事故。在沟槽开挖过程中，如沟深超过规定深度和宽度或支护不当，可能会造成塌方，并造成人员伤亡、交通中断等事故。

6）施工工地管材吊装事故。在管材吊装过程中，应严格按照操作要求，并精神集中，否则可能会造成设备物件倾倒、坠落、物体撞击人体导致人员伤亡等事故。

7）施工工地用电事故。在管道施工过程中，在抽水作业前应对水泵进行漏电检查，在使用电动泵过程中应戴绝缘手套穿绝缘鞋，如发生事故，可能造成人员伤亡或引发火灾等事故。

3. 应急组织机构与职责

公司安全生产事故应急组织机构由公司安全事故应急指挥中心（以下简称应急指挥中心）、公司安全事故应急指挥中心办公室（以下简称应急指挥中心办公室）、现场指挥中心、公司各职能部门和支持保障部门、兼职应急救援队伍和社会支持保障力量、相关单位应急机构及救援队伍等组成。

（1）应急指挥中心

指挥长：公司总经理。

副指挥长：各位副总经理、公司副书记、公司工会主席。

成员：由综合办公室主任、企业管理部主任、安装公司经理、供水部经理组成。

（注：以上成员名单、职务及联系方式见附件）

应急指挥中心职责：

1）负责组织公司施工安全事故应急预案的修订、审核、发布、演练和总结。

2）按季度安全事故应急预案的规定下达预警和预警解除指令、专项应急预案启动和终止指令。

3）组织、指挥协调施工安全事故应急处置工作；在应急处置过程中，负责向区政府有关部门求援，配合政府部门应急工作及事故调查处理工作。

4）加强安全生产事故应急救援建设。结合生产经营应急救援工作的特点，建立具有快速反应能力的施工安全事故救援队伍，提高救援装备水平，形成施工安全事故应急救援的保障。

5）做好稳定职工的情绪和伤亡人员的善后及安抚工作。

（2）应急指挥中心办公室

应急指挥中心下设应急指挥中心办公室，应急指挥中心办公室设在公司综合办公室，主任由综合办公室主任担任，全面负责办公室日常工作，企业管理部主任、安装公司经理担任副主任，安装公司经理负责现场指挥工作，企业管理部主任负责外围协调工作。

综合办公室主任为总协调人，事故发生后负责传达指挥中心的要求，协调各部门开展工作。

应急指挥中心办公室值班电话（略），为24小时应急值守。

应急指挥中心办公室职责：

1）接到事故报告后，要立即向指挥中心领导报告，并按照领导的指示，协调所属各单位做好人员、车辆保障。

2）随时掌握施工安全事故的发生情报。

3）按照应急指挥中心指令，及时将相关命令信息通知现场应急指挥部和各工作小组。

（3）现场应急指挥部

现场应急指挥部是应急指挥中心的派出机构，设正、副总指挥和各专业小组，其成员主要由事故发生单位人员组成。必要时，应急指挥中心另行指派现场总指挥，当现场总指挥不能履行指挥职能时，由现场最高领导接替或应急指挥中心立即指派。

现场应急指挥部下设各工作小组，人员主要是由事故发生单位应急机构及救援队伍的人员组成。

现场应急指挥部：

1）按照应急指挥中心指令，成立各工作小组，负责现场应急指挥工作，整合和调配现场应急资源。

2）及时向应急指挥中心汇报应急处置情况。

3）收集、整理应急处置过程的有关资料。

4）核实应急终止条件并向应急指挥中心请示应急结束。

5）负责现场应急工作总结。

4. 预防与预警

（1）危险源监控

建立健全工程项目重大危险源信息监控方法与程序，完善危险源辨识工作，对危险源进行识别和评估。在技术和管理措施上加强重大事故危险的监控，防止重特大事故发生。对危险设备的危险区域予以明显标识，实现规范化、标准化管理。重大危险源安全评价报告评价出的事故后果危害程度分为三级：一级危害程度：可能造成人员死亡或直接经济损失 1 000 万元以上或其他性质特别严重事故；二级危害程度：可能造成人员死亡或直接经济损失 100 万元以上或其他性质严重事故；三级危害程度：可能造成人员伤害或直接经济损失 100 万元以下或其他性质严重事故。

（2）事故报告与预警

任何人员接到可能发生的施工安全事故的信息后，应立即报告本单位应急救援指挥部办公室，并按照应急预案及时研究确定应对方案，同时通知有关单位（部门）采取相应行动预防和控制事故的发生、扩大。

可能造成Ⅰ级或Ⅱ级施工安全事故时，应急指挥中心办公室通知各职能部门进入预警状态；可能造成Ⅲ级施工安全事故时，应急指挥中心办公室下达防范措施指令，并连续跟踪事态发展。一旦发生事故，根据施工安全事故的等级，立即启动相应等级的应急预案，实施救援。

（3）预测预警支持系统

公司综合办公室接到报告后，应迅速通知全体指挥中心成员，根据情况由公司综合办公室（值班室）或指挥中心主要领导负责及时向上级机关报告。报告内容包括发生事故的时间、地点、单位、联系电话、报告人、伤亡人数等简要情况。

（4）预警原则

1）快速反应原则。事故处置要坚持一个“快”字，做到反应快、报告快、处置快。事故单位必须在第一时间向公司综合办公室或向公司领导直接报告，同时迅速报警，指挥中心领导要尽快到达事故地点。

2）先期处置原则。一旦发生事故，事故单位应立即启动先期处置应急预案，迅速采取有效措施，尽可能地控制事态发展，以减少人员伤亡和财产损失。

3）统一指挥原则。发生重特大事故后，由指挥中心全面负责内部的统一指挥、统一调度，并配合、服从上级有关部门对重特大事故的统一指挥，保证处置工作的统一高效。

4）协调作战原则。公司各部门在指挥中心的统一领导指挥下，按照各自职责，密切协作，相互配合，共同做好事故的应急处置和抢险救援工作。

5. 应急响应

（1）现场处置

在领导到达事故现场之前，事故单位应按照救人优先的原则，同时在保障人身安全的情况下尽可能地抢救重要资料和财产，在此基础上，注意保护好事故现场。

如遇供水主管线爆裂时，安装公司应急小分队立即出动关闭相应闸门，如危及居民的房屋或周边建筑物时，要立即疏散受影响的居民和过往群众，并对现场立即封闭，防止过往人员、车辆发生事故。抢修分队要立即查明管线爆裂情况并迅速进行抢修。同时启动应急供水预案，以保障受影响地区的急需用水。

指挥中心领导和成员到达现场后，应立即了解事故情况，立即研究部署抢救方案，上级有关部门到达现场后，听从上级的统一指挥，坚决执行上级的决定，并配合有关部门对事故的调查。

（2）信息报告和发布

各部门及时将事故的进展情况报告应急办公室，应急办公室负责汇报指挥中心。应急指挥中心协同有关部门做好信息对外发布。

6. 应急结束

事故应急处理和抢险基本结束后，指挥中心应立即做好受伤人员的救治、慰问和善后处理工作，并配合相关部门对事故进行调查分析，及时清理现场，迅速抢修受损设施，尽快恢复正常的供水工作。事后对事故进行彻底清查，责任到人。

7. 应急保障

（1）通信与信息保障

遇到紧急事故及时采取应对措施，所有信息上报应急办公室并建立严密的联系网络。具体见联络方式。

（2）现场救援和工程抢险装备保障

事故发生单位必须保护现场，严密封锁周边危险区域，按本预案营救、急救伤员和保护财产，如若发生特殊险情时，应急指挥中心在充分考虑专家和有关方面意见的基础上，依法及时采取紧急处置措施。

（3）应急队伍保障

1）事故现场抢修小组。组长由安装公司主管抢修的副经理担任，负责现场人员调配、材料管理等全面工作。安装班安装工为组员。

2）水厂事故现场抢修小组。组长为水厂厂长，负责现场人员调配、材料管理等全面工作。副组长为水厂副厂长，各班长为组员。

3）现场警戒。现场警戒由安装公司巡查队负责，划定现场的警戒区并组织警戒，维护现场治安和交通秩序；负责疏散事故区域内的群众和无关人员；负责救援运输车辆的畅通。

（4）物资保障

按照公司目前使用的管材、管径情况，对一些经常使用的管材、管径应做充足的准备，做到随用随到。如水泵、发电机等机械设备，安装公司由专人负责定期维修、始终处于良好状态。

安全事故应急常用物资和设备有：

1）常备药品。消毒药品、急救物品（创可贴、绷带、无菌敷料、人丹等）及各种常用小夹板、担架、止血带、氧气袋等。

2）抢险工具。铁锹、撬棍、千斤顶、麻绳、气割工具、加压泵、消防斧、灭火桶、小型金属切割机、电工常用工具等。

3）应急器材。架管、安全帽、安全带、防毒面具、应急灯、小型柴油发电机、柴油、对讲机、电焊机、水泵、灭火器等。

4）设备。挖掘机、发电机、车辆等。

8. 附则

（1）培训与演练

各小分队每年应进行应急课程培训两次，有针对性地进行应急事故实战演练一次，并由应急中心办公室进行现场评估和总结。

（2）制定与解释

本预案由公司安全生产事故指挥中心制定，具体解释由公司综合办公室负责。

9. 其他事项

（1）本预案是公司针对可能发生的各类安全生产事故，组织实施应急救援工作并协助上级部门进行事故调查处理的指导性意见，在实施过程中可根据不同情况随机进行处理，并不断完善和充实。

（2）各单位应结合各自职责加强安全宣传教育，提高预防重特大事故的意识，落实有效的防范措施，防止各类事故的发生。

（3）公司所属各单位、各部门和个人都有责任、有义务参加安全生产事故的救援工作，如因畏缩不前或处置不当使事态进一步恶化的，将严格追究其责任。

（4）供水部、安装公司、营销管理部应结合本单位的情况成立相应的指挥中心并制定本单位的预案。

10. 附件（略）

六、上网服务公司火灾事故应急预案

1. 编制目的

为了防止网吧出现重大事故，维护网吧正常运营，确保网吧顾客和员工的人身安全，坚持“预防为主、防消结合”的消防工作方针，制定网吧火灾事故应急预案。

2. 危险性分析

（1）公司基本概况（略）。

（2）危险性分析

网吧经营场所属于人员密集场所，具有电气线路多、用电量大、经营时间长、可燃物多、财物集中、人员混杂难以管理等特点。一旦出现火源易蔓延引起火灾，造成群死群伤事故。

网吧的选址是否妥当、安全出口和疏散标志是否满足要求，以及选用的装饰材料是否阻燃是影响网吧建筑防火的重要因素。网吧应满足有关标准和规范要求，不应选在耐火等级较低的房间甚至是居民住宅楼内。同时，网吧的安全出口数量、门的宽度、开门方向应满足要求。网吧装修应减少用可燃装修材料，如一旦遇有点火源发生火灾时，这些材料容易着火并产生大量有毒烟气，导致人员在短时间内窒息死亡。网吧窗口在必要时可以作为人员紧急逃生的出口，网吧不能为了防止财物的丢失，拒不拆除防护栅栏。

由于网吧电气线路多、用电量大、经营时间长，因此存在通电线路过负荷的危险。网吧用电应满足安全要求，网吧布线应按规定进行，禁止存在电路超负荷运行，以及乱拉乱接电线、人为损坏电线等情况。

此外，引起网吧电气火灾的原因还有：①由于断路造成相间电压不平衡，烧毁计算机、空调等用电设备而引发火灾。②计算机、空调、电取暖器自身故障引燃可燃物发生火灾。③网吧工作人员如果过量使用乙醇、丙醇等挥发性易燃液体作为清洁剂来擦拭微机的电路板、电气元件及地板，极有可能接触电气火花，而导致火灾。④计算机长期工作，容易造成计算机元器件大量放热甚至老化，增大了火灾的可能性。

网吧人员流动性大，不确定因素比较多，因此，人为原因也极易造成火灾。网吧应禁止吸烟，如有顾客不遵守规定擅自吸烟或吸烟后不及时熄灭烟头，有直接导致人为起火的可能性。网吧内应严禁用液化石油气来烧水做饭，稍有疏漏，即可能成为火灾的引火源。此外，网吧应加强安全管理，防止人为纵火引发火灾。

3. 组织机构及相应职责

（1）抢救指挥部

总指挥：总经理。

职责：负责调度指挥，一旦发生火灾，总指挥接到通知后立即赶往现场组织抢险指挥，负责事后调查，处理善后工作。

副总指挥：副总经理。

职责：负责配合总指挥工作，总指挥不在时履行总指挥的一切权力。

报警联络员：吧台值班人员。

职责：一旦发生火灾要沉着冷静，立即上报总指挥、副总指挥、各个应急小组及有关政府部门。

（2）抢险抢修应急组

组长：安全经理。

组员：4 人。

职责：抢险抢修组长接到通知后，立即派人把事故区域动力电源切断，制定安全疏散计划，按人员分布情况制定在火灾紧急情况下的安全疏散路线，用醒目的箭头标示出入口；安全出口的利用率要平均；对网吧的工作人员，要明确分工，平时要训练，以便火灾发生时组织疏散人流有序地进行；在经营时间里，网吧工作人员应坚守岗位，并保证安全通道、楼梯和出入口畅通无阻；安全出口不可锁闭，通道不可堆放物资，组织疏散时应进行宣传，维持好秩序，稳定情绪，按制定的路线尽快地将在场人员疏散到安全地区。

对网吧的工作人员要求做到会使用灭火器，学会火场自救的基本方法，要求知道安全出口，要知道消防器材的摆放位置，要知道逃生的基本方法。

（3）抢救防范应急组

组长：部门经理。

组员：3人。

职责：抢救防范组长接到通知后立即带领本组成员赶赴现场，负责抢救人员物资、灭火工作，进行现场秩序维护及周边检查，保护现场，等待公安调查取证，负责整个网吧区域的治安防护工作，防止不法人员趁机作案。

4. 预防措施

（1）建立和完善各项安全防火责任制度。

（2）进行经常性的防火安全检查，对发现的火险隐患和一切违章现象消除整改和制止，对暂时难以消除的火险隐患必须采取应急措施，确保消防安全。

（3）建立网吧防火档案，确定本网吧的防火重点部位，制定单位灭火、疏散、逃生方案。

（4）定期进行防火知识和灭火技术的培训，要求人人做到“四知”：知报警电话、知重点部位、知消防器材位置、知消防器材使用方法。

（5）加强对当班人员的管理，要求当班人员身体健康，掌握一定的灭火技能，在日常工作中能及时有效地扑救初期火灾。

5. 应急响应

广大网吧员工要有高度的防火意识，坚持经常性的检查。要牢记：火警电话119，匪警电话110，急救电话120。

（1）火情发生后，按照灭火预案，当值网吧管理员要马上通知安全负责人，尽快增加援助人手，组织现场人员用灭火器具等进行扑救，力争能够有效控制火情，尽量把火灾消灭在萌芽状态。

（2）如遇重大火情，同时向119报警，当值网吧管理员根据火情发生的位置、扩散情况及威胁的严重程度首先通知起火楼层，然后根据火情扩大附近区域，逐区域通知。

（3）当值网吧管理员应正确引导网吧内的人员向疏散通道疏散，并授之以正确逃离姿势，其余人员使用灭火器进行灭火，以及进行伤员抢救等工作，并清除各种障碍，疏通各种通道，为消防部门的人员、设备进入现场扑救创造条件。

（4）为更好地应付紧急情况，当值网吧管理员应听从并协助消防工作人员的现场指挥。

（5）当值网吧管理人员要以高度负责的态度，做好危难面前最后一个离开的思想准备，根据火情，接受最高指挥的指令，对需要抢回的设备、文件等采取必要措施。

6. 应急结束

在抢救完毕后，总指挥及事故区域的人员配合上级有关部门调查，对宾客等人员做好安抚工作。技术人员对损坏的物品设备进行抢修，恢复正常运营。

7. 附件（略）

第七章 商贸服务企业典型事故案例分析

在消防安全管理上，商贸服务企业要依据《消防法》和《机关、团体、企业、事业单位消防安全管理规定》等法律法规的规定，建立和健全各项消防安全管理制度，成立消防安全管理机构和义务消防队等消防安全组织，按照“谁主管、谁负责”的原则，明确责任，做好分工，落实逐级防火安全责任制。同时组织企业员工学习有关消防知识，掌握消防技能，熟悉各类消防设施的功能和使用要领，明确发生火灾时的具体任务，并且定期进行演练和考核，要求达到能灭初期火灾、组织人员安全疏散的目的。在组织员工的学习中，也需要学习相关事故案例，通过事故案例，深化对消防安全的认识。

第一节 商贸服务企业火灾事故案例分析

从商贸服务企业发生的火灾事故来看，最可能造成火灾的引火源，主要有电气设备、照明线路、明火等，因此，在安全管理中应该把这些内容作为重要环节来抓。要加强对电气线路、设备管理，电气线路、设备的安装、使用，必须严格遵照有关电气防火技术规范和规定。要加大明火和维修动火的安全管理，动火维修和动用明火，应按照规定实行动火作业制度，并派专人负责，凡需动用明火，必须报经保卫部门审批，采取安全保护措施，并指定防火负责人现场监督和指导。同时要加强对烟头等人为引火源的管理，室内应严禁吸烟，并设置“严禁吸烟”标志牌，如果确实需要，可以设置专门的顾客吸烟室或吸烟点。

一、深圳荣健市场商铺电源线路短路导致的重大火灾事故

2013 年 12 月 11 日 1 时 26 分许，广东省深圳市光明新区公明办事处根竹园社区的荣健农副产品批发市场发生重大火灾事故，造成 16 人死亡、5 人受伤，过火面积 1 290 m^2，直接经济损失 1 781.2 万元。

1. 事故单位基本情况

(1) 深圳市荣健农副产品贸易有限公司（以下简称荣健公司）

该公司成立于 2009 年 10 月 9 日，经营范围是开发、建设、经营、管理光明新区荣健农副产品批发市场，现有员工 126 人左右，日均销售收入超过 400 万元。

(2) 深圳市公明根竹园股份合作公司（以下简称根竹园公司）

该公司成立于 1989 年 4 月 20 日，经营范围是国内商业、物资供销业和物业管理等。该公司 2012 年收取荣健公司租金 650 多万元。

(3) 荣健农副产品批发市场(以下简称荣健市场)

该市场于2010年8月正式经营,总占地面积约12.845 2万 m^2,按交易品类分为5个区域,其中A区规划为市场配套设施和干货及杂货批发;B区(即着火区)为水果批发;C区为蔬菜批发、零售,茶叶批发以及干果销售等;D区拟作为建材市场,暂未使用;H区为水果批发。目前市场内有400多家承租经营的商户,其中仅70多家领取了工商营业执照,其余商户均挂靠荣健公司经营。

(4) 起火建筑情况

起火建筑位于荣健市场B区通道东侧自编A栋,是一栋一层钢架铁皮房,建筑面积1 290 m^2。该建筑南北长134 m、东西宽8.8 m,呈两侧对开分布。该建筑内各商铺均设金属卷闸门作为大门。起火建筑原为1 m高的砖墙结构,后在原有建筑基础上于2008年12月至2009年5月间改建而成。上部是以钢架铁网为主要材料的墙体,顶部为铁皮搭建而成的铁皮房,内部没有承重墙体和防火分隔,整体互相连通,空间大、跨度大。承租商铺的经营户使用彩钢板、木材等材料搭建阁楼,大量使用聚氨酯泡沫板保温隔热,并根据各自使用用途进行改造,在商铺里侧有自制冷藏室、厨房、洗手间等设施。起火建筑内货物密集,堆积大量水果、纸盒、塑料以及炊具、床铺等家居物品。

起火建筑内正常营业人员为60人左右,当晚居住约50人(疏散约30人,死伤21人)。

(5) 荣健市场消防设施情况

荣健市场内自建有固定消火栓系统,商铺均配有灭火器、应急灯和逃生标志。起火建筑没有独立防火分区,建有固定消火栓系统,起火建筑周边共有42个墙壁式消火栓、1个地上消火栓。供水管网直径150 mm,没有设消防水泵,管网直接与市政管网连接,测试压力为0.15~0.2 MPa。当晚,荣健市场内消火栓被市场管理处上锁,消防水管网总阀未调至最大状态。

(6) 荣健市场用电情况

荣健市场B区A56号商铺的配电线路由商铺卷闸门上方铁梁处引入自制冷藏室,电线吊装并使用不阻燃管穿管敷设,商铺内自制冷藏室和日常用电分别用380 V和220 V电压。

荣健公司仅3名电工,2名未持证上岗,1名电工证未年审;未建立符合荣健市场及其商铺用电实际的电气安全管理制度、电气设备检查制度、维护保养制度、临时用电管理制度。荣健市场内公共配电系统存在低压配电干线违规安装联络开关箱,未设置剩余电流动作保护装置,电缆线任意接驳、浮拉、拖地、多线缠绕,电源线路绝缘破损、老化未进行更换等问题。

承租经营的商户选择没有相关资质和资格的人员进行电气设备的安装,使用不合规定的用电设备。商铺内配电线路存在安装敷设不规范、配电线路未穿管或使用不阻燃管、乱拉乱接、在电气设备及电源线附近堆放可燃物及杂物或可能导致电源线发生机械损伤的物品、部分商铺未安装漏电保护以及电源线未接地线等问题。

2. 起火点商铺情况

(1) 整体情况

起火点商铺位于荣健市场B区A栋A56号,长约11 m、宽约5 m、高约5 m,面积约 60 m^2。杨某于 2010 年 5 月始进驻该商铺经营水果（主要经营苹果），无工商营业执照，挂靠荣健公司经营，商铺名为“秦晋果业”。杨某和其妻儿 2 人及 1 名雇佣员工共 4 人居住在该商铺。铺内靠西南部分为自制冷藏室，自制冷藏室里侧自北向南分别建有长约 1.2 m、宽约 1.46 m 的卫生间和长约 2.3 m、宽约 2 m 的两个房间。起火时铺内有电磁炉、洗衣机、电视机等电器。

（2）自制冷藏室情况

自制冷藏室长约 5 m、宽约 4 m、高约 2.3 m，功率 5 匹，于 2010 年 8—9 月雇请黄某外购压缩机、冷风机、库板、电源线、冷凝剂等组装而成，并由其主要负责电线连接工作。自制冷藏室大量使用聚氨酯泡沫保温。黄某自称“东莞环球制冷公司”招揽生意，所制作的冷藏室自称“环球”牌，实际从未在工商部门登记注册，也没有履行任何审批手续。

自制冷藏室交付商户使用后，黄某仅口头告知使用事项，没有提供使用说明书，也没有向 A56 商铺说明自制冷藏室及电源线的维护及保养检查等事项。

3. 事故经过及应急救援情况

（1）事故发生经过

2013 年 12 月 11 日 1 时 26 分许，荣健市场 B 区 A54 号商铺店主陈某发现异常，最先跑出商铺并敲打周边商铺的门，随后 B 区 A55、A56、A57 号商铺附近出现火光。紧接着，A56 号商铺工人蔡某听到商铺外有吵闹声，发现 A56 号商铺上方有红色火光，立即打开铁卷闸门往外跑。1 时 28 分许，A56 号商户杨某从商铺内跑出来，敲打 A57 商铺的门但没有反应，打开附近的消火栓自救但消防水压不足，无法进行有效扑救。同时，荣健市场保安李某和 A61 号商铺郭某在市场办公室查看市场监控录像时，通过监控镜头发现市场有浓烟，有人使用灭火器救火，跑到市场 B 区后发现 A54 号至 A57 号商铺浓烟滚滚并有火光。1 时 29 分许，保安李某回到市场办公室用手机报警并通知现场保安组织救援。由于起火建筑整体连通，商铺内墙使用铁网及聚氨酯泡沫分隔，可燃易燃物品多，与周边建筑防火间距不足，且当时有偏东北风，造成火势迅速向南北两侧蔓延。

事故共造成荣健市场 B 区 A 栋 A38～62 号共 25 间商铺起火，产生的大量浓烟及有毒有害气体充满整个起火建筑，造成 16 人死亡，另有 5 人受伤。

（2）灭火救援及现场处置情况

公安消防救援队伍到达前，陈某、蔡某、杨某和正在荣健市场卸货的搬运工彭某 4 人，荣健市场管理处值班班长胡某等 11 名保安以及部分被叫醒的商户和群众参与救援，通过呼喊、拍门以及到附近宿舍喊话等方式，疏散群众约 30 人。

1 时 29 分，深圳市光明新区公安消防部门接到 119 指挥中心火灾报警后立即出动，公明消防中队 6 辆消防车及辖区 5 个分队 5 辆消防车共 50 名消防官兵于 1 时 35 分率先到达现场开展救援处置，了解现场情况后立即通知光明新区公安消防大队全勤指挥部到场并请求增援。增援消防车辆陆续于 1 时 50 分至 3 时 36 分期间到达。广东省及深圳市政府接到报告后，迅速启动了应急预案，省、市党政主要负责同志和其他负责同志立即赶赴现场，组织调动公安、消防、应急、武警、医疗、安监等有关部门和单位参加事故抢险救援和应急处置，先后组织 8 个中队、29 辆消防车（载水量 156 t）、190 名消防官兵参与事故抢险救援和应急处置，火灾于当日 3 时被扑灭。现场搜救出死亡人员 16 人、受伤人员 5 人，并迅速送往医院治疗。

消防官兵到达现场时，已处于猛烈燃烧阶段且燃烧产物毒性大，部分商铺存有电单车、冷藏室等，在扑救过程中不时发生爆炸，救援环境复杂。在省、市公安消防部门和安全监管部门有关负责同志及专家的指导下，当地消防官兵坚持“救人第一”的指导思想和第一时间控制灾情发展的救援原则，战术运用合理、现场部署得当、及时科学处置、保障措施得力，成功营救 5 人，疏散周边大量群众，避免了火灾事故的进一步扩大和次生灾害。经评估，本次事故救援处置行动成功。

事发当日，深圳市立即成立了火灾事故现场指挥部，部署事故救援、伤员救治、现场管控、社会维稳、善后处置以及市场整治等工作，事故中 5 名受伤人员及时入院治疗。事故发生后，深圳市光明新区管委会关闭了现场周围 60 间商铺，安置人员 1 000 多人，受灾商铺涉及的 125 名从业人员全部予以安置。

4. 事故原因分析

经现场勘验、调查取证、检测鉴定和专家论证，认定事故的直接原因与间接原因如下：

造成事故的直接原因是，荣健市场 B 区 A 栋 A56 号商铺西南角上方的自制冷藏室空气冷却器电源线路短路引燃商铺内可燃物蔓延成灾。

造成事故的间接原因：

（1）安全意识淡薄

荣健公司作为荣健市场建设、经营和管理单位，严重违反安全生产法律法规，为了自身经济利益而无视消防安全；法定代表人许某在事故发生后，未能组织员工进行有效疏散和初起火灾扑救，反而擅自驾车离开现场逃往外地。荣健公司安全管理部门及安全管理人员不明确，所提供的消防安全管理人员早已离职，实际消防安全管理人员没有正式任职记录；日常消防安全检查不彻底，未能及时消除违规住人、用电隐患及消防设施不完善等事故隐患。

（2）荣健市场用电安全管理混乱

荣健公司雇请不具备相应资质的人员违规布设电气线路，荣健市场存在室外路边低压电缆头制作不规范、敷设高度严重不足等问题，且没有任何防护措施；荣健市场整体配电干线、入户线敷设方式不符合规范要求；通信电路与强电线路未分开敷设；电缆线任意接驳、浮拉、拖地、多线缠绕；电源线路绝缘破损、老化未及时进行更换；插座回路未独立安装剩余电流动作保护装置；保护接地线采用缠绕及钩挂方式存在大量安全隐患。

（3）荣健市场管理人员安全培训和应急管理不到位

荣健公司从未组织相关人员进行安全用电及消防方面的培训；未按规范要求建设市场消防设施，未安装火灾紧急报警装置，商铺未设置紧急疏散出口，造成人员未能及时逃生。尤其是违规将荣健市场内消火栓锁闭，消防水管网总阀未调至最大状态，导致火灾发生后无法及时扑救初期火灾。

（4）A56 号秦晋果业商铺经营户消防安全意识淡薄

未履行租赁合同和防火责任书，擅自改变商铺结构，大量使用彩钢板、木材等材料违规搭建阁楼，大量使用聚氨酯泡沫板保温隔热。未对存在的消防隐患进行排查整改消除，尤其是在周边商铺经常性地存在电线开关“跳闸”的情况下，没有引起警醒，及时整改存在的消防安全隐患。同时用电安全意识淡薄；聘请无相关资质资格的人员使用铁皮层、聚氨酯泡沫保温层、压缩机、冷凝剂等设备、材料违规自制冷藏室；配电线路使用不阻燃管穿管，线路乱拉乱接；在自制冷藏室及电源线附近堆放可燃物及杂物或可能导致电源线发生机械损伤的物品；未规范安装漏电保护。

（5）根竹园公司出租场所消防安全责任不落实

根竹园公司违法将未办理土地使用证、规划许可证、建设工程许可证等手续、没有消防许可手续的土地及上盖建筑物出租给荣健公司建设经营市场。同时，根竹园公司未按照《深圳经济特区消防条例》和《深圳市人大常委会关于加强房屋租赁安全责任的决定》相关规定，对荣健公司擅自建设铁皮棚房行为实施有效监督，也未督促承租方及时整改消防安全隐患和向有关部门报告，未履行出租场所消防安全责任。

（6）公安消防部门履行消防监督管理职责不力

2011 年 1 月以前深圳市公安局消防支队原光明消防大队负责公明办事处的消防监督工作，该大队未认真履行职责，对辖区防火监督管理工作监管不力，在发现荣健市场未进行消防报建、验收便擅自经营的问题后，未按相关法律法规对该市场实施停产停业的行政处罚，未能有效消除荣健市场未经消防许可擅自经营的问题，工作严重失职。2011 年 1 月以后深圳市公安局光明分局公明派出所负责辖区（含荣健市场）消防监督检查工作，在发现荣健市场未取得消防许可而擅自营业的情况下，未按相关法律法规作出处理，未能有效制止该市场消防违法行为和消除该市场长期存在的消防安全隐患问题，工作严重失职。

5. 事故教训与防范措施

（1）政府有关部门以及各类生产经营单位要深刻吸取这起重大火灾事故沉痛教训，举一反三，大力加强安全生产尤其是消防安全工作；健全完善安全生产监管体系，落实消防安全监管责任。公安消防部门要认真履行消防安全监管职责，加强对基层消防安全委员会办公室的工作指导，注重发挥消防安全委员会及其办公室在基层消防安全“网格化”管理的重要作用，提升消防安全工作绩效。

（2）加强消防安全工作，坚决拆除各类违法建筑。深圳市各级党委、政府及其有关部门和各类生产经营单位要进一步加强和改进消防安全工作，加大消防安全设施投入，将消防安全设施建设纳入城乡规划统一部署落实；要对建筑耐火等级、消防给水、消防车道、防火分隔和电气线路设备等不符合规范要求、严重威胁公共消防安全、容易造成群死群伤火灾的人员密集场所，采取改造、搬迁、停产、停用等断然措施坚决整改。

（3）要加强集贸市场消防安全监督检查，对集贸市场中的违规住人场所进行集中清理整治，坚决拆除占用集贸市场防火间距和消防车通道以及各类住人阁楼、房间等违法建筑，清理不具备安全条件的各类用电设备设施；要加大火患重点场所的用电安全专项整治，开展用电安全教育宣传，应用并推广电气火灾监控系统；要加强对集贸市场周边市政消火栓的检查、维护和管理，确保消防用水；要强化集贸市场的日常安全管理，要科学设置疏散通道和安全出口，完善应急标志标识和报警系统，全面提升集贸市场从业人员消防安全意识，配备急救和防护用品，落实人防、物防、技防措施，提高自防自救能力。

（4）加大消防安全宣教培训力度，提高全民消防安全防范意识。强化企业和社会单位消防安全管理人和重点岗位人员的消防安全培训，督促落实消防宣传教育培训职责，提高单位检查消除火灾隐患的能力，提升公众特别是从业人员具备扑救初起火灾和组织疏散逃生的基本技能；要利用广播、电视、报刊、互联网等多种途径广泛宣传消防法规和消防常识，向社会宣传整治的意义、要求和措施，营造良好的社会舆论氛围。

二、宝源丰禽业公司电气线路短路导致的特大火灾爆炸事故

2013 年 6 月 3 日 6 时 10 分许，位于吉林省长春市德惠市的吉林宝源丰禽业有限公司（以下简称宝源丰公司）主厂房发生特别重大火灾爆炸事故，共造成 121 人死亡、76 人受伤，17 234 m^2 主厂房及主厂房内生产设备被损毁，直接经济损失 1.82 亿元。

1. 事故单位基本情况

（1）企业概况

宝源丰公司为个人独资企业，位于德惠市米沙子镇，成立于 2008 年 5 月 9 日，公司资产总额 6 227 万元，经营范围为肉鸡屠宰、分割、速冻、加工及销售，现有员工 430 人，年生产肉鸡 36 000 t，年均销售收入约 3 亿元。

（2）主厂房建筑情况

1）主厂房功能分区。主厂房内共有南、中、北三条贯穿东西的主通道，将主厂房划分为四个区域，由北向南依次为冷库、速冻车间、主车间（东侧为一车间、西侧为二车间、中部为预冷池）和附属区（更衣室、卫生间、办公室、配电室、机修车间和化验室等）。

2）主厂房结构情况。主厂房结构为单层门式轻钢框架，屋顶结构为工字钢梁上铺压型板，内表面喷涂聚氨酯泡沫作为保温材料。屋顶下设吊顶，材质为金属面聚苯乙烯夹芯板，吊顶至屋顶高度为 2～3 m 不等。

主厂房外墙 1 m 以下为砖墙，以上南侧为金属面聚苯乙烯夹芯板，其他为金属面岩棉夹芯板。冷库与速冻车间部分采用实体墙分隔，冷库墙体及其屋面内表面喷涂聚氨酯泡沫作为保温材料，附属区为金属面聚苯乙烯夹芯板，其余区域 2 m 以下为砖墙，以上为金属面岩棉夹芯板。钢柱 4 m 以下部分采用钢丝网抹水泥层保护。

主厂房屋顶在设计中采用岩棉（不燃材料，A 级）作保温材料，但实际使用聚氨酯泡沫（燃烧性能为 B3 级），不符合《建筑设计防火规范》（GB 50016—2006）不低于 B2 级的规定；冷库屋顶及墙体使用聚氨酯泡沫作为保温材料（燃烧性能为 B3 级），不符合《冷库设计规范》（GB 50072—2001）不低于 B1 级的规定。

3）主厂房防火分区、安全出口及消防设施情况。主厂房火灾危险性为丁戊类，建筑耐火等级为二级，主厂房为一个防火分区，符合《建筑设计防火规范》相关规定。

主厂房主通道东西两侧各设一个安全出口，冷库北侧设置 5 个安全出口直通室外，附属区南侧外墙设置 4 个安全出口直通室外，二车间西侧外墙设置一个安全出口直通室外。安全出口设置符合《建筑设计防火规范》相关规定。事故发生时，南部主通道西侧

安全出口和二车间西侧直通室外的安全出口被锁闭，其余安全出口处于正常状态。

主厂房设有室内外消防供水管网和消火栓，主厂房内设有事故应急照明灯、安全出口指示标志和灭火器。企业设有消防泵房和 1 500 m^3 消防水池，并设有消防备用电源，符合《建筑设计防火规范》相关规定。

4）生产工艺流程情况。该工艺流程主要有挂鸡（挂鸡台）、宰杀、脱毛、除腔（一车间，又称脏区）、预冷（预冷池）、分割（二车间，又称净区）、速冻（速冻车间）、包装（纸箱间）、储存（冷库）。

5）厂房内的配电情况。冷库、速冻车间的电气线路由主厂房北部主通道东侧上方引入，架空敷设，分别引入冷库配电柜和速冻车间配电柜。

一车间的电气线路由主厂房南部主通道东侧上方引入，电缆设置在电缆槽内，穿过吊顶，引入一车间配电室。

二车间的电气线路由主厂房南部主通道东侧上方引入，在屋顶工字钢梁上吊装明敷（未采取穿管保护），东西走向，穿过吊顶进入二车间配电室。

主厂房电气线路安装敷设不规范，电缆明敷，二车间存在未使用桥架、槽盒、穿管布线的问题。

（3）氨制冷系统情况

1）制冷系统基本情况。事故企业使用氨制冷系统，系统主要包括主厂房外东北部的制冷机房内的制冷设备、布置在主厂房内的冷却设备、液氨输送和氨气回收管线。

制冷设备包括 10 台螺杆式制冷压缩机组、3 台 15.4 m^3 的高压贮氨器、10 台 7 m^3 的卧式低压循环桶（自北向南分别为1～10 号）等。

冷却设备包括冷库、速冻库、预冷池的蒸发排管，螺旋速冻机，风机库和鲜品库的冷风机等。螺旋速冻机和冷风机均有大量铝制部件。

10 台卧式低压循环桶通过液氨输送和氨气回收管线，分别向冷库、速冻库、预冷池、螺旋速冻机、风机库和鲜品库供冷，形成相对独立的 6 个冷却系统。

2）制冷系统受损情况。6 个冷却系统中，螺旋速冻机、风机库和鲜品库所在冷却系统的管道无开放性破口，设备中的铝制部件有多处破损、部分烧毁；冷库、速冻库所在冷却系统的管道有 23 个破损点；预冷池所在冷却系统的管道无开放性破口。制冷机房中，1 号卧式低压循环桶外部包裹的保温层开裂，下方的液氨循环泵开裂，桶内液氨泄漏。机房内未见氨燃烧和化学爆炸迹象，其他设备完好。

事故企业共先后购买液氨 45 t。事故发生后，共从氨制冷系统中导出液氨 30 t，据此估算事故中液氨泄漏的最大可能量为 15 t。

（4）劳动用工情况

宝源丰公司与 120 名工人签订了劳动用工合同，并在当地劳动管理部门备案，其余工人没有签订劳动合同。工人养老保险金上缴不足，部分工人拒绝上缴个人承担的部分。

2. 事故经过及应急救援情况

（1）事故发生经过

2013 年 6 月 3 日 5 时 20 分至 50 分，宝源丰公司员工陆续进厂工作（受运输和天气温度的影响，该企业通常于6时上班），当日计划屠宰加工肉鸡3.79万只，当日在车间现场人数395人（其中一车间113人，二车间192人，挂鸡台20人，冷库70人）。

6时10分左右，部分员工发现一车间女更衣室及附近区域上部有烟、火，主厂房外面也有人发现主厂房南侧中间部位上层窗户最先冒出黑色浓烟。部分较早发现火情人员进行了初期扑救，但火势未得到有效控制。火势逐渐在吊顶内由南向北蔓延，同时向下蔓延到整个附属区，并由附属区向北面的主车间、速冻车间和冷库方向蔓延。燃烧产生的高温导致主厂房西北部的1号冷库和1号螺旋速冻机的液氨输送和氨气回收管线发生物理爆炸，致使该区域上方屋顶卷开，大量氨气泄漏，介入了燃烧，火势蔓延至主厂房的其余区域。

（2）灭火救援及现场处置情况

6时30分57秒，德惠市公安消防大队接到110指挥中心报警后，第一时间调集力量赶赴现场处置。吉林省及长春市人民政府接到报告后，迅速启动应急预案，组织调动公安、消防、武警、医疗、供水、供电等有关部门和单位参加事故抢险救援和应急处置，先后调集消防官兵800余名、公安干警300余名、武警官兵800余名、医护人员150余名，出动消防车113辆、医疗救护车54辆，共同参与事故抢险救援和应急处置。在施救过程中，共组织开展了10次现场搜救，抢救被困人员25人，疏散现场及周边群众近3 000人，火灾于当日11时被扑灭。

由于制冷车间内的高压贮氨器和卧式低压循环桶中储存有大量液氨，消防部队按照“确保液氨储罐不发生爆炸，坚决防止次生灾害事故发生”的原则，采取喷雾稀释泄漏氨气、水枪冷却贮氨器、破拆主厂房排烟排氨气等技战术措施，并组成攻坚组在宝源丰公司技术人员的配合下成功关闭了相关阀门。

事故中，制冷机房内的1号卧式低压循环桶内液氨泄漏，其余3台高压贮氨器、9台卧式低压循环桶及液氨输送和氨气回收管线内尚存储液氨30 t。在国家安全生产应急救援指挥中心有关负责同志及专家的指导下，历经8天昼夜处置，30 t液氨全部导出并运送至安全地点。

当地政府对残留现场已解冻、腐烂的2 600 t禽类产品进行了无害化处理，并对事故现场反复消毒杀菌，避免了疫情发生及对土壤、水源造成二次污染。

3. 事故原因分析

造成事故的直接原因是，宝源丰公司主厂房一车间女更衣室西面和毗连的二车间配电室的上部电气线路短路，引燃周围可燃物。当火势蔓延到氨设备和氨管道区域时，燃烧产生的高温导致氨设备和氨管道发生物理爆炸，大量氨气泄漏，介入了燃烧。

造成火势迅速蔓延的主要原因：一是主厂房内大量使用聚氨酯泡沫保温材料和聚苯乙烯夹芯板（聚氨酯泡沫燃点低、燃烧速度极快，聚苯乙烯夹芯板燃烧的滴落物具有引燃性）。二是一车间女更衣室等附属区房间内的衣柜、衣物、办公用具等可燃物较多，且与人员密集的主车间用聚苯乙烯夹芯板分隔。三是吊顶内的空间大部分连通，火灾发生后，火势由南向北迅速蔓延。四是当火势蔓延到氨设备和氨管道区域时，燃烧产生的高温导致氨设备和氨管道发生物理爆炸，大量氨气泄漏，介入了燃烧。

造成重大人员伤亡的主要原因：一是起火后，火势从起火部位迅速蔓延，聚氨酯泡沫塑料、聚苯乙烯泡沫塑料等材料大面积燃烧，产生高温有毒烟气，同时伴有泄漏的氨气等毒害物质。二是主厂房内逃生通道复杂，且南部主通道西侧安全出口和二车间西侧直通室外的安全出口被锁闭，火灾发生时人员无法及时逃生。三是主厂房内没有报警装置，部分人员对火灾知情晚，加之最先发现起火的人员没有来得及通知二车间等区域的人员疏散，使一些人丧失了最佳逃生时机。四是宝源丰公司未对员工进行安全培训，未组织应急疏散演练，员工缺乏逃生自救互救知识和能力。

造成事故的间接原因：

（1）宝源丰公司安全生产主体责任不落实，企业出资人即法定代表人没有以人为本、安全第一的意识，严重违反党的安全生产方针和安全生产法律法规，重生产、重产值、重利益，要钱不要安全，为了企业和自己的利益而无视员工生命。而且，在企业厂房建设过程中，为了达到少花钱的目的，未按照原设计施工，违规将保温材料由不燃的岩棉换成易燃的聚氨酯泡沫，导致起火后火势迅速蔓延，产生大量有毒气体，造成大量人员伤亡。

（2）企业从未组织开展过安全宣传教育，从未对员工进行安全知识培训，企业管理人员、从业人员缺乏消防安全常识和扑救初期火灾的能力；虽然制定了事故应急预案，但从未组织开展过应急演练；违规将南部主通道西侧的安全出口和二车间西侧外墙设置的直通室外的安全出口锁闭，使火灾发生后大量人员无法逃生。

（3）企业没有建立健全、更没有落实安全生产责任制，虽然制定了一些内部管理制度、安全操作规程，主要是为了应付检查和档案建设需要，没有公布、执行和落实；总经理、厂长、车间班组长不知道有规章制度，更谈不上执行；管理人员招聘后仅在会议上宣布，没有文件任命，日常管理属于随机安排；投产以来没有组织开展过全厂性的安全检查。并且未逐级明确安全管理责任，没有逐级签订包括消防在内的安全责任书，企业法定代表人、总经理、综合办公室主任及车间、班组负责人都不知道自己的安全职责和责任。

（4）企业违规安装布设电气设备及线路，主厂房内电缆明敷，二车间的电线未使用桥架、槽盒，也未穿安全防护管，埋下重大事故隐患。并且未按照有关规定对重大危险源进行监控，未对存在的重大隐患进行排查整改消除。尤其是2010年发生多起火灾事故后，没有认真吸取教训，加强消防安全工作和彻底整改存在的事故隐患。

4. 事故防范措施建议

（1）要切实强化企业安全生产主体责任的落实。各类生产经营单位要从根本上强化安全意识，真正落实企业安全生产法定代表人负责制和安全生产主体责任，坚决贯彻执行安全生产和建筑施工、质量管理等方面的法律法规，建立健全并严格执行各项规章制度和安全操作规程，坚决克服重生产、重扩张、重速度、重效益、轻质量、轻安全的思想，切实摆正安全与生产、安全与效益、安全与发展的位置，坚持牢固树立和落实科学发展观，坚持安全发展原则和“安全第一、预防为主、综合治理”的方针，坚持不以牺牲人的生命为代价去换取企业的产量增长和经济效益。

（2）各类生产经营单位要建立健全安全管理机构和安全责任体系，严格安全生产绩效考核和责任追究，实行“一票否决”；依法保证安全生产投入，杜绝偷工减料、降低标准等现象，坚持科技兴安，提升本质安全水平；加强安全教育培训，加强安全生产标准化建设，加强现场安全管理，严格特种作业人员管理；持之以恒地狠抓非法违法违规建设生产经营行为，治理和纠正违章指挥、违章作业、违反劳动纪律的现象；认真持久彻底地排查和治理安全隐患，加强对重大危险源的监控和危险品的管理；加强应急管理尤其要加强应急预案建设和应急演练，提高应对处置事故灾难的能力。要通过不懈努力，切实持续改进和提升企业安全生产水平，全面提高企业的安全保障能力，坚决防止各类事故发生。

（3）各类生产经营单位要强化安全生产尤其是消防安全“三同时”工作，进一步研究改善劳动密集型企业的消防安全条件，在建筑设计施工时应充分考虑消防安全需求，努力提高设防等级，并加强“三同时”审查、把关与验收，保证做到包括消防设施在内的安全设施“三同时”。要严格限制劳动密集型企业的生产加工车间中易燃、可燃保温材料的使用，保证建筑材料的防火性能；要合理设置疏散通道和安全出口，完善应急标志标识和报警系统，为作业人员提供充足的安全保障。

（4）要切实强化使用氨制冷系统企业的安全监督管理。要加强使用氨制冷系统企业和用氨单位的安全监督管理，在明确主管部门的基础上明确牵头部门，建立相关部门间的协调机制，完善行业安全管理制度，统一相关标准规范，加强日常监督检查和重大危险源监控，加强事故的防控工作。同时，要采取有力措施，加强宣传教育和业务培训，促进使用氨制冷系统的企业和用氨单位全体员工了解掌握氨的理化特性，并针对其危害性制定相应的安全操作规程，切实认真加以落实；要加强企业现场的监测监控，切实做好防泄漏等工作；要在劳动人员密集的地点设置氨气浓度报警装置及事故通风系统，为贮氨器增设水喷淋装置以及集水池和事故排水系统，为紧急泄氨器增设密封的事故排水罐或排水池。在此基础上，要大力推动企业转型升级，尤其要大力推广安全、环保的制冷机组。

三、吉林商业大厦仓库电气线路短路导致的重大火灾事故

2010 年 11 月 5 日 9 时 8 分许，位于吉林市珲春街 12 号的吉林商业大厦发生重大火灾事故，造成 19 人死亡、31 人受伤，直接经济损失 5 000 余万元。

1. 事故单位基本情况

吉林商业大厦位于吉林市船营区珲春街与河南街交会处。1987 年由吉林市城市综合开发总公司投资建设，1990 年投入使用，1993 年和 1995 年进行了扩建，总建筑面积 42 000 m^2，其中商业大厦拥有产权 24 703.29 m^2，其余为私有产权。到火灾发生前，租赁大厦进行经营的业户几经变化，大厦也因此进行过多次局部装修改造，2005 年以来进行的四次较大装修改造均经消防部门审核设计并验收合格，同意使用。火灾发生时，大厦内共有业户 82 家（在工商局注册 64 家，其中个体工商户 57 家，具有法人资质的企业 7 家），日常管理由吉林商业大厦负责。大厦东侧为步行商业区，西侧为东北电影院，南侧为居民楼，北侧为联通大厦。大厦建筑高度为 23.9 m，共 5 层，每层分 3 个经营区，

主要经营家电、服装、鞋帽、家具等。其中一楼一区为苏宁电器，二区摊位出租经营服装、日用小百货，三区闲置；二楼、三楼一区为苏宁电器，二区、三区为大富豪鞋业；四楼一、二、三区为富安居名品家私博览中心；五楼一区为银狐羽毛球馆、安博达慧语言培训学校，二区为铭阳模特舞蹈学校，三区为乒乓球馆、天池游泳馆（冬钓馆）、田宇搏击健身馆以及大富豪鞋业和富安居名品家私的办公室。

吉林商业大厦设有一正四副五名经理，法定代表人为总经理叶某。内设安全防火科、设备科、变电所、办公室、经营管理科、财务科等科室，现有员工 50 人左右。安全防火科设有 1 名科长和 10 名安全员，其中 4 名消防控制室值班人员中，有 1 人取得了《建（构）筑物消防员》职业资格证书，2 人经过培训并考试合格，证书正在办理过程中，1 人未经培训，也未取得证书。变电所有 1 名所长和 5 名电工，全部持有吉林市安全监管局颁发的特种作业操作证；5 人持有电监会吉林电监办颁发的电工进网作业许可证。

吉林商业大厦建设初期隶属吉林市城市综合开发总公司。1997 年被吉林市城发物业管理经营公司兼并，隶属吉林市城发物业管理经营公司。吉林市城市综合开发总公司和吉林市城发物业管理经营公司当时都隶属吉林市城乡建设委员会。1999 年吉林市城市综合开发总公司进行改制，将吉林商业大厦、吉林市城发物业管理经营公司和市建委下属的 10 家企业捆绑改制，改制过程中，这 13 家企业员工解除了与国有企业的劳动关系，部分买断工龄的正式职工得到一年工龄补助 1 019 元的安置费；没有买断的，每人交纳 6 000 元钱入股改制后成立的吉林市城市综合开发有限责任公司，成为其股东。但改制进行得不彻底，商业大厦债务（主要是银行贷款）问题未解决，因此在市工商局吉林商业大厦还保留着国有企业的独立法人营业执照。

2. 事故经过及应急救援情况

2010 年 11 月 5 日 9 时，吉林商业大厦正常开始营业。9 时 8 分左右，大厦一层二区 3 号摊位的业户弭某发现自己摊位的右后侧棚顶冒烟起火，马上跑出来大喊“快报警，着火了”，业户黄某、张某闻讯拿起灭火器去救火，“斯舒朗”精品店业主周某听到店外喊声就往店后库房跑，一看着火了，就拿起灭火器救火。大厦安全防火科马某、王某、汪某等人得知着火后，也先后赶到现场救火，但扑救没有奏效，火势未得到控制。

9 时 17 分 32 秒，吉林市公安消防支队指挥中心接到群众蔺某报警，称船营区河南街商业大厦一楼服装区发生火灾，立即调派市区 11 个消防中队和吉化支队共 71 辆消防车、376 名消防官兵，迅速赶赴火灾现场实施救人灭火。吉林市政府立即启动了《吉林市火灾事故应急预案》，并迅速调集公安、交警、医疗、供水、供电、市政等相关的社会联动力量到场协助救援。根据火灾现场需要，省公安消防总队指挥中心又调派长春市公安消防支队 9 辆消防车、45 名消防官兵进行跨区域增援。参战官兵冒着建筑物经长时间燃烧随时可能坍塌的危险，顶着烈火浓烟，深入火场内部搜救被困人员，先后成功营救出 91 人。经过奋力扑救，大火于当日 17 时 30 分被控制，21 时 30 分被彻底扑灭，大厦过火面积 15 830 m^2。

此次事故共造成 19 人死亡，其中男 2 人，女 17 人；31 人受伤。初步统计，事故造成直接经济损失 5 000 余万元，其中房屋及装饰装潢损失评估为 659 万元，财产（商品）

损失初步核定约 3 900 万元，遇难者赔偿金 494 万元，伤员医疗费用 6 万元。

3. 事故原因分析

造成事故的直接原因：经调查认定这起火灾的起火原因为吉林商业大厦一层二区“斯舒朗”精品店（个体工商注册为吉林市船营区玉芳鞋店）仓库起火点范围内的电气线路短路所致。

造成火势成灾的原因：火灾发生后，消防控制室人员未按消防控制室应急程序处理火灾事故；电工关闭全部电源（含消防电源），导致消防设施未能启动发挥作用；一层二区起火部位上方自动喷水灭火系统管网进水阀门关闭，导致高位水箱未发挥扑救初期火灾作用；起火部位处于扶梯附近，发生火灾后产生烟囱效应，致使火灾蔓延迅速；吉林商业大厦西侧、北侧部分外窗被砖砌死，东侧和北侧局部外窗又有铝塑板广告牌封堵，导致火灾扑救困难。

造成事故的间接原因：

（1）吉林商业大厦作为人员密集场所和消防安全重点单位，对防火工作不重视，安全防火责任制和规章制度不健全，安全和防火相关规定不落实，近年来没有组织对大厦员工和业户进行安全防火教育，没有制定应急救援预案并进行演练，还将有的消防疏散楼梯堵塞或封闭用作仓库。

（2）吉林商业大厦用电管理混乱，用电管理制度不健全；消防配电柜未设置明显标志；不经设计、不按相关标准要求，随意敷设用电线路；用电线路不及时检修和更换；对业户用电管理不到位。

（3）吉林商业大厦消防设施在火灾发生时，没有发挥应有作用。消防控制室值班人员对消防控制室管理及应急程序不熟练，火灾发生后，违反消防控制室应急程序，没有及时启动消防设施；变电所值班电工违反操作制度，在火灾发生后切断了包括消防电源在内的所有电源，致使消防设施无法工作。

（4）吉林市城市综合开发有限责任公司改制后作为吉林商业大厦（改制有遗留问题）的实际管理者，安全生产责任制和安全生产规章制度不健全，安全生产责任不落实，对吉林商业大厦管理不到位，只在重大节日时才对其进行消防安全检查，而且检查流于形式，未能及时发现吉林商业大厦在消防安全管理方面存在的重大问题。

（5）消防安全监管不到位。船营区消防大队作为区消防工作的直接监管部门，监督检查工作不到位，排除火灾隐患不及时。调查发现吉林商业大厦存在多处严重火灾隐患，区消防大队未能及时排查发现，督促整改。2009 年和 2010 年，省、市曾经多次下发文件，要求消防部门针对人员密集场所、重点商场进行全面彻底排查，确保隐患问题得到有效整改，对上级有关文件要求，船营区消防大队未能认真落实。由于检查不到位，未能及时发现和要求吉林商业大厦排除存在的严重火灾隐患。

（6）吉林市市民颜某在没有合法消防检测机构资质的情况下，雇用社会上无消防检测资格的人员，伪造吉林省华维消防工程检测有限责任公司检测专用章等印章，从 2007 年开始，先后以吉林省华威消防工程检测有限责任公司、吉林省华维消防工程检测有限责任公司名义（吉林省华威消防工程检测有限责任公司是吉林省华维消防工程检测有限责任公司的前身）对吉林商业大厦消防设施进行检测并出具虚假检测报告，掩盖了吉林商业大厦消防设施存在的隐患。

4. 事故教训与防范措施

（1）抓好消防安全工作责任制的落实。各级政府要继续加大力度，督促机关、团体、企业、事业等单位全面贯彻落实消防安全责任制；促进消防安全制度，消防安全操作规程，灭火和应急疏散预案的落实。地方各级人民政府应当大力加强对本级人民政府有关部门履行消防安全职责情况的监督检查。行业主管部门应当根据本行业、本系统的特点，有针对性地开展消防安全检查，及时督促整改火灾隐患。公安机关消防机构和派出所应当依法履行职责，加强消防安全监督检查。

（2）吉林商业大厦如要恢复经营，必须建立健全安全防火责任制、安全生产规章制度、安全操作规程，制定灭火和应急疏散预案并进行演练。在用电方面，要由具备相应资质的单位重新设计，规范施工，建立完整的用电档案。对消防用电线路按照现行规范要求进行改造，对消防设施进行检测、维修和更换，确保其完好有效。

（3）提高社会单位“四个能力”建设，构筑社会消防安全“防火墙”。针对这起重大火灾暴露出单位和员工还存在检查消除火灾隐患能力弱、组织扑救初起火灾能力不强以及组织人员疏散逃生能力不足的问题。建议各级政府部门立足贯彻落实《消防法》及相关法律法规，加大构筑社会消防安全“防火墙”力度，采取有针对性措施，有力督促社会单位组织全体人员集中培训，掌握单位基本情况，达到“四懂四会”。有关部门要加大对电工、焊工等特殊行业人员的消防安全培训。全面落实社会单位消防安全“四个能力”建设基本内容，有效提升消防工作社会化水平。

（4）进一步加大消防产品和消防设施的排查整治力度。组织开展消防产品和消防设施的排查整治工作，重点查处和打击使用领域的假冒伪劣消防产品和人员密集场所自动消防设施不定期检测、不维护保养、不联动、人员不会操作和随意停用等问题，切实提高单位场所防控火灾的能力。消防控制室值班人员必须持证上岗，熟练操作，人数要满足标准要求，不允许兼任他职。

（5）公安等部门要开展对人员密集场所门窗设置障碍物影响逃生和灭火救援的专项治理整顿工作。要求单位自行拆除人员密集场所的门窗处设置的栅栏、广告牌、铝塑板装饰物等障碍物并组织相关部门督促存在问题的单位进行整改。

四、长沙西娜湾宾馆电烤炉长时间开启导致的重大火灾事故

2011 年 1 月 13 日 0 时 49 分，长沙市岳麓区西娜湾宾馆发生一起重大火灾事故，造成 10 人死亡、4 人受伤，直接经济损失 60.37 万元。

1. 事故基本情况

（1）西娜湾宾馆的历史沿革

西娜湾宾馆位于长沙市岳麓区枫林一路 303 号，由长沙市南洋食杂果品公司在自有危房仓库用地上改建而成。1994 年长沙市规划局和长沙市原西区计划委员会批复该项目为 6 层，建筑面积 1 055.51 m^2，但实际建成层数为 7 层，建筑面积 1 350 m^2。后因南洋食杂果品公司与建行电力分行发生贷款纠纷并引发民事诉讼，1998 年岳麓区人民法院裁定将该房屋拍卖给买受人肖某，并向长沙市房地产管理局下发了协助执行通知书。该房

屋产权转移前由罗某作娱乐城使用，设有 1 个室内疏散楼梯和 2 个室外紧急疏散楼梯。室外疏散楼梯为钢质结构，东边的室外梯为斜梯，在一、二楼夹层处有通向宾馆内的开口；西边的室外梯为旋转楼梯，设有通向每层的出口。建筑内设有火灾自动报警系统、应急照明和疏散指示标志。1999—2005 年，肖某将房屋出租给欧某等人作 KTV 娱乐城使用，增加了自动喷水灭火系统。2005 年年底，该娱乐城因经营问题停业闲置，直到 2007 年 4 月 21 日，房东文某（肖某之夫）将其出租给钟某等人作为宾馆使用，营业执照为个体工商户（实为个人合伙经营），经营者为钟某。合伙人有刘某辉、刘某民、杨某，并进行了室内装修，将西边室外旋转楼梯拆除，对该室外楼梯通向每层的出口用实体墙进行了封堵。岳麓区消防大队于 2007 年 9 月在消防安全验收及开业检查中认定该宾馆合格，准予其开业。

（2）事故发生单位基本情况

2009 年 7 月 3 日，钟某等以 90 万元的价格将宾馆转让给了李某阳、王某、李某科、李某文四人，李某阳等四人接手后，未向公安机关消防机构申请消防安全许可，擅自进行了装修。2010 年 10 月 8 日，李某科、李某文二人退“股”，李某结、李某训二人入“股”。李某阳、王某、李某结、李某训接手后，从 10 月至 12 月又对宾馆进行了翻新装修，未向公安机关消防机构申报，并擅自将七楼改成客房使用。

（3）事故点基本情况

西娜湾宾馆坐南朝北，东邻雅鑫招待所，西邻滦湾招待所，南侧为岳麓山山体和民房，北侧为枫林一路。该宾馆共 7 层，高 23.6 m，总面积为 1 350 m^2，为钢筋混凝土结构。一楼为大堂，一、二层之间有一夹层，为宾馆办公、客房用品库房、员工宿舍混用，夹层堆放有被子、枕头、床单、被套、电视机、床铺等大量可燃物。二层至七层为客房，共有客房 40 间，设 53 个床位和 1 间棋牌室，客房外窗设有影响逃生和灭火救援的金属栅栏。宾馆设有 1 个无防火门的室内疏散楼梯和 1 个室外紧急疏散楼梯，室外疏散楼梯为钢质结构，仅在六楼设置了 1 个连通室外的出口，该出口与室内疏散楼梯紧邻。宾馆内每层楼梯的半平台处设有 1 个室内消火栓，分层配有灭火器。宾馆内安装有自动喷淋系统（事发后没有喷淋，经放水实验，喷淋系统也不工作）、应急照明、疏散指示标志等消防设施器材。

经火灾现场勘查，宾馆一楼未过火；一、二楼夹层除西北角员工宿舍内未过火外，其余部位全部过火，且烧痕较重；室内楼梯间均过火且烧痕较重，各楼层内走道烧损程度相对较轻；客房内均未过火，但靠近室内楼梯客房有烟熏痕迹。经分析鉴定，火势是由一、二楼间夹层经楼梯间向上迅速蔓延的。视频监控录像表明：二楼烟气是从楼下蔓延上来的，随着楼层的升高，三楼至七楼出现烟气的时间越来越晚。在宾馆一楼大堂值班的服务员袁某、管理员李某训发现一、二楼间夹层最先出现明火。在一、二楼间的夹层内有一个电烤火炉，可见木质箱体除贴地部分有少量残留外，其余部分全部炭化；对电烤火炉四周及上方天花板勘查，电烤火炉四周放置的被套、电视机、木椅、木桌等物件及装修材料、墙体等构筑物的烧损程度、变形程度及痕迹表明，火势是由电烤火炉处向四周及上方蔓延的。

2. 李某训等四人经营宾馆期间的安全生产管理情况

李某训等四人买受宾馆后，未依法申请工商登记和消防安全许可，不符合宾馆饭店消防安全管理标准。没有依法设置消防组织机构，明确消防安全责任人、消防安全管理人、消防控制室值班人员，相应的岗位职责更不明确。也没有消防安全教育培训、火灾隐患排查整改、控制室值班、用火用电安全管理、消防设施器材维护保养、灭火和应急疏散预案演练等必要的消防安全制度。四个投资人根本不懂消防安全管理，也没有聘请符合法定要求的管理人员进行消防安全管理，新进员工岗前未经安全培训，不具备必要的安全常识。当班管理人员李某、服务员黄某在接到五楼旅客称有烟味，到火灾发生轰燃并进入猛烈燃烧时，长达 6 min 的时间里没有进行仔细巡查，错过了初起火灾扑救的最佳时机。四位投资人接手经营后对原有消防设施设备未按法定要求进行维护保养，起火时火灾报警系统控制器主备电源开关均处于关闭状态，自动喷水灭火系统管网阀门关闭，失去了应有的报警灭火功能。

3. 事故经过及应急救援情况

2011 年 1 月 13 日 0 时 49 分左右，入住该宾馆 5028 房的黄某、徐某夫妇闻到刺鼻的烧焦味并出门查看，发现走廊内气味比房间内气味更重，但没有发现明火，便立即打内线电话到该宾馆的前台报警。宾馆值班负责人李某（股东李某之弟）指派未经岗前培训的前台服务员黄某（仅上班一天的大二学生）上楼进行查看。黄某乘电梯到五楼后，先后敲了 5018 和 5028 房门，并进入到 5028 房查看，未发现房内有异常情况，便乘电梯下楼向李某报告称没有看到什么情况。李某及另一服务员袁某认为是有房客在吸烟，所以有烟味，未引起重视，没有再次安排仔细检查。随后黄某外出买夜宵，李某和袁某继续留在前台。几分钟后，李某发现二楼起火且火势很大，袁某立即用前台的固定电话两次拨打 119 报告火警。此时，宾馆内已经入住旅客 32 人，另有工作人员 5 人。

1 月 13 日 0 时 55 分，市公安消防支队指挥中心接到报警后，立即按照《长沙市消防支队灭火救援力量调度方案》，先后调集了麓山门、石岭塘等 8 个中队的官兵到达火灾现场进行扑救，1 时 42 分，火势得到全面控制，2 时 10 分，火灾完全被扑灭，23 名被困人员从火场中被成功疏散。事故共造成 10 人死亡、4 人受伤，过火面积 150 m^2。

4. 事故原因分析

（1）造成事故的直接原因

1）宾馆工作人员违反规定使用有明火隐患且自行改装的电烤火炉取暖，没有温控开关的电烤火炉在长时间开启无人烤火的情况下，高温引燃覆盖其上的棉质被套起火。

2）宾馆疏散楼梯为敞开式楼梯（无防火门），不符合 GB 50016 规范要求，不能防止烟和热气进入客房楼层，致使办公、宿舍、仓库混用的夹层堆放的被子、枕头、床单、被套等大量可燃物引燃，产生的一氧化碳等高温有毒气体在烟囱效应作用下，迅速蔓延到各楼层。

3）室内、室外两个安全出口最近边缘之间的水平距离小于 5 m（紧邻）；外窗设置防盗金属栅栏；客房内没有配备火灾逃生面具和消防警报器等必要消防防护装置，影响了被困人员的疏散逃生和救援，造成事故扩大。

（2）造成事故的间接原因

1）非法经营。李某等四人买受西娜湾宾馆经营权后，没有依法重新办理工商登记；没有依法申请建筑工程消防设计审核、消防验收以及公众聚集场所使用或者开业前的消防安全检查；没有依法取得“特种行业许可证”；没有依法设置消防组织机构，明确消防安全责任人、消防安全管理人、消防控制室值班人员，相应的岗位职责更不明确，不符合宾馆饭店消防安全管理标准。不具备经营宾馆业的权利能力和行为能力，也没有宾馆经营的主体资格。

2）消防安全管理缺失。四位投资人根本不懂消防安全管理，也没有聘请符合法定要求的管理人员进行消防安全管理。没有防火检查和火灾隐患整改、控制室值班、用火用电安全管理等必要的消防安全制度。新进员工岗前未经过消防安全培训，不具备必要的防火安全常识。宾馆管理人员不懂消防设施、器材维护保养，接手经营一年多对原有消防设施设备未按要求进行维护保养。

3）岳麓区人民政府及有关部门消防安全监管不到位。岳麓区人民政府对辖区火灾隐患排查整改工作没有认真督促落实到位，打击无证无照非法经营行为不力，没有督促相关职能部门切实履行消防安全监管职责。岳麓区消防大队许可管理不严，致使不具备条件的西娜湾宾馆通过消防许可审批；岳麓区公安分局西湖派出所未依法认真履行消防安全日常监督检查职责，对宾馆存在的重大火灾隐患和无证无照经营行为没有及时发现查处。

5. 事故教训与防范措施

（1）从事宾馆业服务的单位要进一步落实安全生产的主体责任。宾馆业服务的单位应当遵守消防法律、法规、规章，贯彻“预防为主、防消结合”的消防工作方针，履行消防安全职责，保障消防安全。应当建立消防安全管理体系，落实消防安全责任制和岗位消防安全责任制，明确岗位消防安全职责、权限，确定各岗位的消防安全责任人。切实执行《安全生产事故隐患排查治理暂行规定》，自觉强化隐患排查整改，自觉建立健全事故隐患排查治理和建档监控等制度，及时发现和排查整改事故隐患，确保生产安全。建立健全安全生产应急预案并定期组织演练，加强对建筑消防设施的维护管理，确保完好有效，提高对火灾事故以及其他突发事件的应对能力。

（2）公安机关要加强对小型场所的消防安全管理。小型公共休闲场所、小型公共住宿场所、小型公共娱乐场所、小型公共餐饮场所“四小”场所基础消防设施薄弱，火灾隐患多，量大面广，监督难度大，公安机关要进一步明确消防机构与派出所的职责，强化监管职能，按照省、市的统一部署，认真开展专项治理，加强对各类小型场所的监管。要全面排查不留盲区死角，严厉打击无证无照经营行为，对已经通过行政许可的小型场所进行一次“回头看”，经营主体已经变更或不再具备法定条件的场所，该关停、吊销证照或取缔的必须采取坚决措施严格依法处理。

（3）有关行政执法部门要采取有效措施切实提高监督人员的依法行政的能力。要加强业务知识的培训，切实提高安全隐患的识别能力；要加强法律知识的培训，切实提高依法处理违法行为的能力；要加强思想作风、工作作风建设，切实增强工作责任心。

五、武汉侨康副食批发市场管理混乱导致的重大火灾事故

2011 年 1 月 17 日 23 时 15 分左右，武汉市硚口区武胜路 495 号宏康实业公司所属侨康副食品市场发生火灾，造成 14 人死亡、4 人受伤，直接经济损失 1 402.142 5 万元。

1. 事故单位基本情况

(1) 武汉宏康实业公司

武汉宏康实业公司（以下简称宏康公司）前身是1958年成立的武汉市接插件二厂，后改经营范围：塑料制品制造及销售，百货零售批发，仓库出租，副食品市场物业管理。公司现有在职员工105人（其中在岗12人，下岗93人），离退休人员240人。因经营管理不善，该公司亏损严重，系特困企业，现主要靠出租公司房屋收入维持员工生计。1993年，该公司成立侨康副食品市场，将公司所在房屋的一楼出租给副食品经营业主，收取租金。公司员工宋某任该市场经理兼电工，杨某任保卫科长，负责市场治安和消防工作。2005年4月，该公司将二、三层楼出租给珊珊服饰服装加工厂，从事服装加工。宏康公司属二级消防安全重点单位，由硚口区公安分局消防大队负责消防安全监管。

(2) 珊珊服饰服装加工厂（以下简称珊珊服饰）

2005年4月，余某租用宏康公司所在房屋的二、三楼开办了服装加工厂，二楼为珊珊服饰的仓库和员工宿舍，三楼为生产车间。2007年1月18日，硚口区工商分局对其下达了行政处罚决定书，责令当事人停止无照经营活动，并处罚款1万元。此后，工商部门多次以不同方式要求其规范经营，至事故发生，珊珊服饰一直未取得工商营业执照。事故发生时，珊珊服饰共有27名员工，均住在事故房屋中。

(3) 侨康副食品市场

侨康副食品市场成立于1993年，办理的是非独立法人机构，隶属宏康公司，2000年以后，因资金困难取消了非独立法人营业执照。侨康副食品市场一楼经营户42户，均有个体工商营业执照，二楼和三楼由珊珊服饰承租。

(4) 房屋结构

宏康公司房屋共4层，局部为5层。其中一楼面积300 m^2，为隔断式经营摊位，由东向西分为A、B、C、D区，临街为经营摊位，北边为存储仓库，共90个摊位，经营户42户；二楼面积400 m^2，南部为仓库，中部为珊珊服饰宿舍，北部为厨房和卫生间；三楼面积250 m^2，南部为珊珊服饰加工区，中部为厨房和卫生间，北部为4家住户（原承租直管公房还建户）；四楼有4间带卫生间的住房；五楼为3间带卫生间的住房，均由原承租直管公房的4家住户于2000年以前搭建而成，出租给市场经营户租住。事故当时，该房屋内共住有47人。

(5) 房屋消防设施

事故楼房的一楼内部及周边走道，共计有9扇门；二楼设置有一扇双开铁门。房屋内除配置了干粉灭火器外，未设置室内消防给水系统，未经消防部门审核及验收。

2. 事故经过及应急救援情况

2011年1月17日23时15分左右，宏康公司侨康副食批发市场值班人员王某钧在仓库值班室值班，宋某在配电房值班，程某与纪某（附近居民）在B区9号值班室看电视聊天，突然听到有货架倒塌声音，两人出值班室后发现C区12～13号摊位中上部有火光，程某拿钥匙欲打开值班室旁的市场通道门查看情况，结果未打开。纪某上楼叫女朋友王某打电话报警，王某下楼看见火光后立即打电话报警。值班人员使用灭火器扑救未奏效，火势迅速发展到宏康公司整栋大楼，并蔓延到周边的房屋。

接到报警后，省消防总队、市消防支队、硚口消防大队快速反应，联合派出 12 个中队、57 辆消防车、300 多名消防官兵赶赴火灾现场，2 h 内就扑灭大火，及时阻止了火势蔓延。硚口区迅速组织街道、公安、安监、民政等单位 300 余名干部参加火灾救援，组织疏散火灾现场周边居民 3 000 余人。由于决策正确、指挥得当、处置果断，火情得到迅速控制，避免了火灾损失的进一步扩大。至 1 月 18 日 0 时 18 分控制火势，于 1 时 58 分扑灭明火。

此次火灾过火面积约 2 500 m^2，造成 83 户商户、27 户居民受灾，14 人死亡、4 人受伤。

3. 事故原因分析

造成事故的直接原因：经现场勘查、调查走访、技术鉴定和模拟实验，综合分析认定了起火时间、起火部位，起火原因可以排除放火嫌疑、遗留火种、烟花爆竹等原因，不能排除电气故障引发火灾的可能。

造成事故的间接原因：

（1）宏康公司未履行企业安全生产主体责任，市场管理混乱，消防安全设施缺失；对出租的房屋缺乏有效安全监管，出租房内生产、经营、住宿、生活混杂，造成重大安全隐患。

（2）珊珊服饰无工商营业执照从事服装加工，未建立安全生产管理制度，未开展员工消防安全教育，承租房内生产、经营、住宿、生活混杂，造成重大安全隐患。

（3）硚口区公安分局消防大队履行职责不到位，对辖区内生产经营场所消防安全监管不力。硚口区公安分局消防大队在硚口区汉正街仓储物流综合整治工作中（2010 年 4 月至 12 月开展），没有按照区政府的工作部署抓好落实，对宏康公司存在的重大火灾隐患督促整治不到位，消防监督检查程序不符合相关法律法规要求。在 2010 年的两次消防监督抽查中，对发现的重大消防安全隐患未依法采取有效措施。

（4）硚口区工商部门未认真履行职责，清理和取缔无照工作不到位。硚口区工商分局第四工商所在日常执法和硚口区汉正街仓储物流综合整治工作中，对辖区内服装厂无照生产经营行为未依法有效监督和查处。在 2007 年 1 月 18 日，硚口区工商分局第四工商所以分局名义对其下达了停止无照经营活动并罚款 1 万元的处罚决定，仅罚款到位，但该服装厂并未停止生产经营，直至事故发生。硚口区工商分局对基层工商所领导、检查不力，对珊珊服饰服装加工厂长期无照经营重视不够，查处工作组织督办不力。

（5）硚口区公安部门对消防安全监管不力，对消防工作指导、督促不够。硚口区公安分局利济派出所在日常消防和治安检查中，监督检查不到位，对宏康公司存在的重大消防安全隐患督促整改不力。硚口区公安分局对区消防工作指导不力，未能严格督促所属部门依法实施监管、消除重大消防安全隐患。

4. 事故教训与防范措施

（1）进一步加强对消防工作的领导，提高社会防控火灾的能力。各级人民政府要切实落实消防工作负责制，按照《消防法》等法律法规和上级文件要求，进一步加强对消防工作的领导。要进一步明确并督促落实各相关部门消防监管职责，不断完善机制体制；将消防工作与当地国民经济和社会发展总体规划同步规划、同步实施、同步考核，不断提升消防工作水平；建立完善有关部门参加的消防安全协调制度，定期研究并协调解决消防工作重大问题；建立火灾隐患排查治理长效机制，及时消除消防安全隐患；加大对社会公众的消防安全宣传教育，提高全民的消防安全意识和自救互救能力；要进一步加大存在消防安全隐患的老旧城区的改造力度，提高防火本质安全度，确保人民群众生命财产安全。

（2）进一步加强对消防安全的监管，切实履行部门职责。各级人民政府有关部门要认真落实消防安全责任制，切实履行消防安全监管职责；加强部门间协调沟通，形成齐抓共管、联合执法的合力；公安机关要加强对辖区内消防工作的指导、检查和督促，推进辖区的消防安全监管工作；公安机关消防机构要认真履行职责，加强对辖区内各类生产经营单位消防安全的监督管理，严厉查处消防违法违规行为；工商行政管理部门要认真开展对各类生产经营单位的日常巡查执法，及时查处无照经营行为。

（3）进一步督促企业落实消防安全责任，强化消防安全基础。武汉市各级政府、各职能部门要采取有力措施，督促企业尤其是人员密集场所认真落实消防安全法律法规要求。各类企事业单位要建立健全消防安全管理制度和消防安全组织，明确消防安全第一责任人和相关管理人员职责；保持消防设施完好有效，保持消防通道和安全出口畅通；编制、完善灭火和应急疏散预案并加强演练；加强消防安全培训教育，尤其是流动务工人员的消防安全教育培训，提高员工扑救初起火灾和引导人员疏散的能力；建立火灾隐患排查治理长效机制，及时排查和治理火灾隐患；主动接受政府有关部门的安全监督管理，切实做好火灾预防工作。

六、深圳舞王俱乐部演出发射烟花弹导致的特大火灾事故

2008 年 9 月 20 日 22 时 48 分，广东省深圳市龙岗区舞王俱乐部发生特别重大火灾事故，造成 44 人死亡、58 人受伤（重伤 8 人），过火面积 150 m^2，直接经济损失 1 589.76 万元。

1. 事故单位基本情况

舞王俱乐部的前身是舞王歌舞厅，为个人独资企业，1999 年 7 月开始营业，位于深圳市龙岗区龙岗镇龙平路龙平市场三楼，注册资本 10 万元，主营歌舞厅。2006 年 12 月，舞王歌舞厅的场地租赁合同到期，经营场所因深圳市统一规划进行旧城改造实施拆迁，于 2007 年 1 月迁至龙岗区龙岗街道龙东村，更名为舞王俱乐部，租用该村三和二综合楼（楼房名称）三层至五层。该俱乐部 2007 年 9 月 8 日开业，总投资约 1 000 万元，经营场所为 1 个演艺大厅和 10 间包房，总面积约 1 000 m^2，可容纳 380 人左右。据调查，该俱乐部共有员工 130 人左右，俱乐部未与员工签订劳动合同。

舞王俱乐部租下三和二综合楼后，对三层进行了重新装修，用作经营场所，装修时分室内装饰工程和消防工程两部分。装饰工程施工单位是广东省惠州市鼎昌装饰设计工程有限公司。经查，该公司不具备建筑装修装饰工程专业承包资质。舞王俱乐部演艺大厅顶棚安装的吸音海绵（聚氨酯泡沫塑料，属易燃材料）属于装修额外增加项目，是张某在开业前指使并提供样品，由装修公司联系购买，后由张某和舞王俱乐部员工自行粘

贴。舞王俱乐部消防工程设计、施工和验收申报，均由非法承接消防工程的个体户利某（男，广东阳东人）冒用深圳市天安消防器材有限公司、深圳中建消防器材工程有限公司和广东爱得威建筑装饰安装工程有限公司的名义承接的。直至事故发生之日，舞王俱乐部未能通过消防验收。

2. 事故经过

2008 年 9 月 20 日 22 时 48 分 35 秒，舞王俱乐部员工王某在演艺大厅表演节目时，使用自制道具手枪向舞台上方发射烟花弹，约 15 s 后，演出人员及舞台周边观众发现舞台上方顶棚着火，俱乐部员工使用灭火器扑救未奏效，浓烟从舞台上方顶棚处沿顶棚向四周迅速蔓延，并伴有大量熔融滴落物，在场人员开始疏散。由于顶棚装修材料起火后迅速燃烧并产生大量浓烟，导致现场内未能及时疏散的人员中毒或烧伤，44 名死者均为氢化物气体中毒所致。火灾于 23 时 25 分被扑灭，过火面积约 150 m^2。

3. 事故原因分析

造成事故的直接原因是，舞王俱乐部员工王某在演艺大厅表演节目时，使用自制道具手枪向舞台上方发射烟花弹，烟花弹爆炸产生的火星引燃顶棚聚氨酯泡沫塑料，直接导致火灾事故的发生。

造成事故的间接原因：

（1）舞王俱乐部非法营业，造成重大安全隐患。舞王歌舞厅迁至新址后更名为舞王俱乐部，建筑内部装修擅自安装聚氨酯泡沫塑料；在建筑内部装修工程消防验收不合格、未申报开业前消防安全检查的情况下非法营业；无娱乐场所经营许可证、工商营业执照；未建立安全生产管理制度，未开展员工消防安全教育，并在非法营业演出中燃放烟花弹，造成重大安全隐患。

（2）深圳市公安局龙岗分局消防大队一中队在龙岗区“信访安全维稳‘扫雷’专项行动”（2008 年 2 月底至当年年底开展，以下简称“扫雷”专项行动）和娱乐服务场所专项整治行动（2008 年 6 月下旬至当年 9 月底开展）中，没有按照上级部门的工作部署抓好落实，未发现舞王俱乐部存在的重大火灾隐患；日常监督检查不到位，2008 年 7 月，一中队曾发现舞王俱乐部未通过消防验收即擅自开业的问题，但未依法采取责令停业等措施。

（3）深圳市公安局龙岗分局消防大队在对舞王俱乐部建筑内部装修工程消防验收中，未发现舞王俱乐部在舞台上方顶棚安装聚氨酯泡沫塑料以及未经消防验收即擅自开业的问题；未能指导、督促所辖中队认真履行工作职责，及时发现并制止舞王俱乐部在消防验收不合格的情况下非法营业问题；2008 年 7 月，一中队发现舞王俱乐部消防验收不合格即擅自开业的问题并向消防大队报告后，消防大队未采取监管措施。

（4）深圳市公安局龙岗分局同乐派出所在日常治安管理和处理治安案件工作中，未发现舞王俱乐部使用烟花弹用于营业演出的安全隐患，没有对舞王俱乐部无营业执照、无娱乐场所经营许可证、未通过消防验收擅自开业等问题认真核查，也未依法采取责令停业等措施。

4. 事故教训与防范措施

（1）进一步加强对消防工作的领导，提高社会防控火灾的能力。要进一步明确并督促落实各相关部门消防监管职责，不断完善机制体制；将消防工作与当地国民经济和社会发展总体规划同步规划、同步实施、同步考核，不断提升消防工作水平；建立完善有关部门参加的消防安全协调制度，定期研究并协调解决消防工作重大问题；建立火灾隐患排查治理长效机制，及时消除消防安全隐患；加大对社会公众的消防安全宣传教育，提高全民的消防安全意识和自救互救能力。

(2) 进一步加强对消防安全的监管，切实履行部门职责。公安机关要加大对特种行业及易燃易爆物品监管力度，严防易燃易爆物品流入公众聚集场所，同时要加强对辖区内消防工作的指导、检查和督促，推进辖区的消防安全监管工作；公安机关消防机构要认真履行职责，加强对辖区内各类生产经营单位消防安全的监督管理，严厉查处消防违法违规行为。

(3) 进一步督促企业落实消防安全责任，强化消防安全基础。要采取有力措施，督促企业尤其是人员密集场所认真落实消防安全法律法规要求。各类企事业单位要建立健全消防安全管理制度和消防安全组织，明确消防安全第一责任人和相关管理人员职责；严格执行建筑物室内装修竣工验收和开业前消防安全检查要求；保持消防设施完好有效，保持消防通道和安全出口畅通；编制、完善灭火和应急疏散预案并加强演练；加强消防安全培训教育，提高员工扑救初起火灾和引导人员疏散的能力；建立火灾隐患排查治理长效机制，及时排查和治理火灾隐患；主动接受政府有关部门的安全监督管理，切实做好火灾预防工作。

第二节　商贸服务企业其他事故案例分析

商贸服务企业其他事故主要是指特种设备使用不当或者安全管理存在问题导致的火灾爆炸事故。特种设备是指涉及生命安全、危险性较大的锅炉、压力容器（含气瓶）、压力管道、电梯、起重机械、客运索道、大型游乐设施和场（厂）内专用机动车辆这八大类设备。为保障特种设备的安全运行，国家对各类特种设备，从生产、使用、检验检测三个环节都有严格规定，实行的是全过程的监督。

商贸服务企业主要涉及锅炉、压力容器（含气瓶）、压力管道、电梯、起重机械、场（厂）内专用机动车辆这六大类设备。在特种设备的使用中，设备运行前要做好各项运行前的检查工作，包括电源电压、各开关状态、安全防护装置以及现场操作环境等。发现异常应及时处理，禁止不经检查强行运行设备。当设备发生故障时，应立即停止运行，同时立即上报主管领导，并尽快排除故障或抢修，保证正常经营工作。严禁设备在故障状态下运行。

一、寿阳县喜羊羊火锅店液化石油气泄漏导致的爆炸燃烧重大事故

2012 年 11 月 23 日 19 时 52 分许，山西省晋中市寿阳县喜羊羊火锅店发生一起液化石油气泄漏爆炸燃烧重大事故，造成 14 人死亡、47 人受伤，经济损失 1 600 万元。

1. 事故基本情况

(1) 喜羊羊火锅店基本情况

寿阳县喜羊羊火锅店（以下简称“喜羊羊火锅店”），位于寿阳县城博大西街6号商铺楼C室，系个体工商户，经营范围：餐饮。该店“食品流通许可证”“餐饮服务许可证”等证件均在有效期内。

喜羊羊火锅店现经营场所，系租用个人所有房屋，前房主庞某2012年3月将该房屋租赁给该店主后，于5月将房屋出售给他人，并约定与该店的租赁合同由现房主继续执行。该店建筑坐南朝北，为三层砖混结构，地下一层，地上两层，总面积约180 m^2。地上两层为客人用餐场所，一层有吧台、工作间、卫生间和6张方形餐桌（每桌6个座位），二层有7个隔断包间（每个包间1张圆形餐桌配8个座位），共有就餐座位92个。地下一层东侧由南向北依次被分隔为1间厨房和3个宿舍，厨房内有1个液化气灶、1个蜂窝煤灶，靠近厨房的宿舍门口放置有两台冰柜，其余空间设有洗碗池及用于存储食品和杂物。店外靠近店门口处有一个长600 cm、宽115 cm、深175 cm的采光窗井与地下室北墙处相连通，系前房主庞某于2011年5—6月间擅自违规开挖建设。

该店采用液化石油气作为厨房及火锅燃气，共有液化气瓶21个，其中大瓶（YSP35.5型，15 kg装）2个、小瓶（YSP12型，5 kg装）19个。2个大瓶分别用于一层工作间和地下室厨房，19个小瓶用于餐桌火锅。该店21个液化气瓶系自行购买，均为正规厂家生产，且均在标签有效期内。液化石油气是从寿阳县九龙液化气站充装，由该液化气站派车将该店空瓶拉走，充装后再送回店里。事发当天上午，该店曾在九龙液化气站充装液化石油气6个小瓶、1个大瓶，液化气瓶与液化气灶的拆分与安装由店主张某负责。

（2）寿阳县九龙液化气站基本情况

寿阳县九龙液化气站（以下简称“九龙液化气站”），位于寿阳县朝阳镇九龙村长渠沟，系个体工商户，有固定员工6人、临时工2人。经营范围：销售石油液化气、液化气灶具、钢瓶、焊割气等。现有液化气储存能力为80 m^3（装备有30 m^3的储罐2个、20 m^3的储罐1个），主要供应城乡居民和部分企事业单位用气，消防设施基本完备。该站分别从石家庄液化气总公司和晋中巨联液化气销售有限公司购气。事发当日11月23日上午，九龙液化气站为喜羊羊火锅店自备的液化气瓶（6个小瓶、1个大瓶）充装液化气。

（3）山西煤层气（天然气）集输有限公司寿阳分公司

山西煤层气（天然气）集输有限公司寿阳分公司，成立于2010年4月，隶属山西省国新能源发展集团有限公司。该公司拥有寿阳县境内天然气特许经营权，截至2012年，已在寿阳县完成中压管道28 km，居民小区完成入户7 000多户，其中已经供气的有848户，公服商业用户10户，工业用户1户。喜羊羊火锅店所在的博大西街的煤层气（天然气）管道，是由该公司于2011年9月铺设的，距离该店门口约2 m远，铺设后未投入使用。

2. 现场勘查和技术检测鉴定情况

（1）火锅店租用房屋情况

经现场勘查，询问前业主庞某了解到，2011年5—6月间庞某擅自在店外靠近店门口处，开挖建设了一个长600 cm、宽115 cm、深175 cm的采光窗井，上面安装了6块

115 cm×111.5 cm×2 cm 的钢化玻璃，并在地下室北墙开凿安装了四扇110 cm×150 cm 的窗户与地下室连通。据现场测量并与设计图纸对比发现，地下室地面向下挖了约 70 cm。

2012 年 3 月喜羊羊火锅店老板租下该房后又擅自将地下室分隔为 3 间宿舍（老板居室、男员工宿舍、女员工宿舍）和 1 间厨房，厨房内有 1 个 YSP35.5 型（15 kg）液化石油气瓶、1 个燃气灶、1 个蜂窝煤灶和蜂窝煤，其余空间设为洗碗池和存储食品及杂物。一、二层主要供客人用餐，配有吧台、操作间、13 张餐桌。

（2）事故现场勘查情况

技术组经过两天勘查，初步确定爆炸发生在地下室。受冲击波作用，地下室北墙上方四个窗户和窗井上覆盖的钢化玻璃均被爆炸冲击波破坏，向外喷出。钢框西北角上翘 7 cm，并与窗井墙体之间卡着一个扭曲变形的高压锅；吊顶拉筋均有不同程度的弯折变形；楼梯不锈钢扶手向西（朝楼梯踏步方向）倾斜，上部接近一层平台处与扶手连接的立柱缺失；东西两侧墙体距顶部 30 cm、直达南边墙体均出现裂缝；地下室内宿舍隔断、高低床、冰箱等设施、物品均不同程度地受到爆炸冲击波影响，过火程度较轻。一、二层门窗的玻璃全部破碎喷出，过火程度较重。大火使店内 21 个气瓶中的 9 个气瓶不同程度地烧损鼓胀，最严重的是一个 5 kg 罐在环状焊缝处有一竖向裂口，裂口背部尚存未被火烧烟熏的油漆原色。

（3）事故现场周围勘查情况

火锅店背后（南侧）正对的住宅楼玻璃破碎、墙面有被抛出物撞击形成的密集凹坑、PVC 落水管断裂。火锅店对面的建筑物南立面受抛出物或冲击波作用形成不同程度破坏，以火锅店为中心呈扇形放射状。正对面商铺的卷帘被穿洞，该商铺往西 55 m、往东 50 m 范围内的玻璃被爆炸抛出物撞击或冲击波冲击破碎，对面停放的汽车车窗玻璃破碎，车身有被抛出物撞击的痕迹。

（4）火锅店门前未投入使用城市煤层气管道漏气情况

为给本县世宇超市送气，2012 年 11 月 10 日开始，煤层气管线施工单位开始进行府东街、昌盛路段管线的施工，19 日晚完成了定向钻施工，21 日晚与主管道及博大街管段连头碰口。23 日早上施工单位采用压缩空气进行打压自检，发现压力未升起。23 日下午 5 时继续进行打压查漏，至 5 时 30 分压力仍未升起，结束当日查漏工作。11 月 24 日上午施工单位使用压缩空气加四氢噻吩进行查漏，在火锅店门前窗井处闻到臭味，据此判断此段范围内有漏点。

12 月 1 日，在询问了寿阳分公司有关人员后，调查组掌握了该公司现场管理混乱，严重违规操作，打压前就将管道与主管道连头碰口，负责打压的人员违规持有主阀门钥匙，未制定打压方案，没有打压原始记录等问题，初步确定煤层气泄漏为引发爆炸燃烧的重大疑点。12 月 5 日，决定对该管线进行加臭打压进一步查漏，必要时可挖开查找漏点。12 月 6 日上午进行了加臭打压，证实在火锅店门前窗井处确有臭味，当日下午挖开管线查找漏点，发现管道上有一个直径约 60 mm 的圆形洞口。12 月 8 日，对铺设管道人员进行了再一次询问。

（5）技术检测鉴定情况

在现场勘查和分析的基础上，调查组决定委托具有资质的专门机构对与爆炸燃烧相关的液化石油气、气瓶、燃气灶及调压器进行检测鉴定，对爆炸痕迹、爆炸成因做进一步分析，同时委托专门机构对门前煤层气管道内气体成分、管道泄漏点附近土壤中是否有煤层气成分进行检测鉴定。鉴定意见为：爆炸、燃烧物质为液化石油气，泄漏源为地下室气瓶中的液化石油气，点火源为地下室靠近灶间冰柜的继电器，爆炸中心在地下室靠近灶间的冰柜附近。

3. 事故经过及应急救援情况

（1）事故经过

2012 年 11 月 23 日 17 时许，喜羊羊火锅店正常开门营业。据反映，当晚客人较多。事发前夕，一层有 1 桌客人（5 人），二层有 5 桌客人（43 人），另有员工 5 人、店主夫妇 2 人及其亲属 2 人，店内共有 57 人，两侧隔壁计算机销售店 4 人。事发时地下室内有 3 人，分别为店主刘某及其妹妹和父亲。刘父当晚在地下室厨房帮忙用液化气灶热可乐及洗碗等。19 时 52 分许店内突然发生爆炸，之后起火燃烧，店内人员慌忙逃生。爆炸冲击波将门窗玻璃击碎，将一、二层吊顶冲击坍塌，吊顶埋住正在就餐人员，同时将距事发地 28 m 远的对面店铺门窗损毁、停放车辆的车窗击碎；将距事发地南面 6 m 的居民楼窗户损毁，墙面轻微受损，PVC 落水管断裂。

（2）应急救援情况

寿阳县消防中队 19 时 52 分接警后，于 20 时 01 分到达事故现场并立即展开施救，店内火势燃烧猛烈，有人员被困，液化气瓶有发生爆炸的危险。经全力救援，20 时 40 分左右，明火基本被扑灭。晋中市消防支队于当晚 21 时 30 分抵达现场，加入搜救。24 日凌晨 4 时左右，经反复搜救确认已无被困人员、21 个液化气瓶转移出来后，救援工作结束。所有受伤人员全部及时送往太原和寿阳医院进行抢救。

这起事故共造成 14 人死亡、47 人受伤。事发当晚，31 名较重、危重伤者被及时转往省城 3 所医院治疗，随后又有 5 名伤者转往省城医院，另有 11 名轻伤者在寿阳县的两所医院接受治疗。

4. 事故原因分析

造成事故的直接原因是，地下室液化石油气瓶瓶阀和灶阀未关闭，导致液化石油气泄漏，并与空气混合形成爆炸性气体，达到爆炸极限后遇地下室靠近灶间冰柜的继电器火源，发生爆炸。

造成事故的间接原因：

（1）喜羊羊火锅店主体责任不落实，安全意识淡薄，燃气使用失当；地下室住宿、厨房、仓库为一体，通风不畅；购买使用不符合国家标准的气瓶调压器及二手冰柜，这是造成事故的主要原因。

（2）九龙液化气站作为燃气经营单位，未依法履行指导燃气用户安全用气，并对燃气设施定期进行安全检查的责任；所供气体不符合国家标准；充装气瓶管理不严格，气瓶编号、充装登记信息不完整，张贴充装标签和警示标签随意性大，存在擅自为非自有气瓶充装燃气的违规行为。这是事故发生的重要原因。

（3）当地政府及住建、消防、规划等职能部门监管不到位，瓶装液化石油气市场专项整治行动流于形式，致使液化石油气经营和使用环节存在的安全隐患没有得到有效排查整治。这也是事故发生的重要原因。

（4）火锅店房屋业主违规擅自利用房屋外的地下空间建设采光窗井，扩大了事故的伤亡。

5. 事故教训与防范措施

为深刻吸取本次事故教训，防止类似事故再次发生，特提出如下对策措施和建议：

（1）要彻查"三合一"场所，加强人员密集场所的安全管理

各级政府要组织相关职能部门对"三合一""多合一"等隐患较多的场所进行摸底排查，建立台账。对不符合安全条件，存在安全隐患的经营场所要及时进行查处。要进一步加强对地下空间开发利用的监管，严厉打击擅自开发利用地下空间建设的违法行为。

（2）切实加强液化石油气经营使用各环节的安全管理

严格按照国家及行业标准及管理规定，加强对液化石油气及调压器的质量监测，杜绝不合格和劣质产品流入市场，保障用户使用合格的液化石油气、燃气灶和调压器。向用户和单位广泛宣传液化石油气安全使用的有关知识。所有使用液化石油气的场所必须加装燃气泄漏报警仪、强制通风等装置。

（3）加大对城市燃气管网建设经营单位安全监管力度

尽管山西煤层气（天然气）集输有限公司寿阳分公司与本起事故的发生无直接关系，但在事故调查中发现，该公司存在管理混乱、档案资料不全、原始记录缺失、未按国家有关规程施工、监理人员无证上岗等严重问题。建议晋中市政府组织对该公司进行一次安全专项检查。同时建议省有关部门对全省煤层气（天然气）管道建设经营单位进行全面检查，消除安全隐患，确保城市燃气管网建设运营秩序，保障人民群众生命财产安全。

二、西安市樊记腊汁肉夹馍店液化石油气泄漏导致的爆炸事故

2011 年 11 月 14 日 7 时 30 分左右，陕西省西安市嘉天国际公寓底商樊记腊汁肉夹馍店发生液化石油气泄漏爆炸重大事故。事故造成 10 人死亡、36 人受伤。死亡人员中，1 人为该店员工，9 人为过往行人或等候公交车人员（其中小学生 2 人，中学生 1 人），受伤人员均为过往行人或等候公交车人员，社会影响较大。

1. 事故基本情况

据初步调查了解，嘉天国际公寓位于西安高新技术开发区，是一栋 25 层的写字楼，楼内约有 110 户小公司。

樊记腊汁肉夹馍店位于大楼一层，是一个加盟店，工商注册名为彩婷小吃店，于 2010 年 3 月 1 日开业，属私营企业，主要经营腊汁肉夹馍、凉皮、稀饭等，营业面积约 150 m^2。店铺前面的科创路为一条商业街，路边有一个公交车站。

2. 事故经过

11 月 13 日，樊记腊汁肉夹馍店购进 3 个 50 kg 液化石油气罐，存放在厨房间。11 月 14 日 7 时 30 分左右，1 名女员工到店上班，进门后感觉气味异常，怀疑有液化石油

气泄漏，即向店铺负责人打电话报告，其间突然发生爆炸，殃及邻近6家店铺，受损面积约1 500 m^2，冲击波伤及过往行人和路边公交车站候车人员，并造成周边停放及过往车辆不同程度受损。

3. 事故原因分析

据初步分析，造成事故的直接原因是，一个液化石油气罐发生泄漏，泄漏气体与空气混合达到爆炸极限，遇火源发生爆炸。

造成事故的间接原因：这起事故暴露出一些地区小饭店等小型微型企业和液化石油气使用安全管理及安全监管方面存在严重问题。一是部分小型微型企业安全生产主体责任不落实，安全生产意识差，员工安全素质不高，对安全生产工作重视不够。二是液化石油气使用环节的安全监管工作存在漏洞，监管职责不清，监管不到位。三是对小型微型企业监管责任不落实，缺乏有效的安全监管。

4. 事故教训与防范措施

为深刻吸取事故教训，切实采取有效措施，加强小型微型企业安全生产和液化石油气使用环节的安全管理等工作。

（1）提高思想认识，切实加强小型微型企业安全生产工作

小饭店等小型微型企业点多面广，广泛分布在居民生活区，涉及人民生活的各个方面，一旦发生事故，将严重影响周边居民安全。各地区、各有关部门要认真吸取这次事故教训，高度重视小型微型企业的安全生产工作，明确监管责任，认真分析查找工作中存在的漏洞和薄弱环节，借鉴北京市顺义区等地建设安全隐患排查治理体系、有效防范事故的先进经验和做法，摸清小型微型企业底数，实行分级分类监管，及时消除安全隐患，防止事故发生。

（2）明确职责范围，加强对液化石油气使用的安全监管

目前，液化石油气仍广泛用于城市居民生活和小饭店等小型微型企业的生产经营，其监管涉及城建、市政、商务、消防、质监、安全监管等多个部门，存在着职责交叉、监管不到位等问题。各地区要结合本地实际情况，区别生活用气和生产经营用气，从企业综合安全监管和专业安全监管的角度，进一步明确液化石油气的生产、储存、运输、灌装、使用以及钢瓶的检测、检验、回收、报废等环节的监管部门和监管职责，切实加强对有关生产经营单位的日常监督检查和指导服务，加强对液化石油气安全使用知识的宣传和教育培训，消除安全监管的漏洞和盲点。

（3）认真开展安全隐患排查治理，落实小型微型企业安全生产主体责任

督促各使用单位切实提高对液化石油气安全使用重要性的认识，落实企业主体责任，强化业主安全责任，完善燃气安全管理制度和操作规程；加强职工安全教育培训和面向社会的安全知识宣传，提高职工和居民的安全意识和安全技能，积极推动岗位安全达标；加强对钢瓶瓶体、减压阀、软管等关键部位的日常检查，及时排查和消除各类安全隐患，防止各类泄漏和爆炸事故发生。对安全隐患排查治理不力的，要依法严肃处理。同时，要认真贯彻落实全国安全隐患排查治理现场会精神，抓好安全隐患排查治理体系建设。

三、乡家柴火饭店员工更换液化气瓶不当导致的爆炸事故

2014 年 1 月 18 日 11 时 50 分左右，河北省三河市燕郊高新区乡家柴火饭店发生一起液化气泄漏引起的爆炸事故，造成 1 人死亡、34 人受伤（其中 2 人重伤），直接经济损失约 350 万元。

1. 事故单位概况

乡家柴火饭店位于燕郊高新区燕顺路东侧福海园商住楼 1 栋 B9 号，经营面积 154 m^2，系个体工商户。经营范围：餐饮。2013 年 8 月 29 日注册登记，有效期至 2014 年 8 月 28 日。

该店采用液化石油气作为厨房燃气，共有液化气瓶 6 个，其中大瓶（YSP118 型，50 kg 装）5 个、小瓶（YSP35.5 型，15 kg 装）1 个。该店 6 个液化气瓶系自行购买，均为正规厂家生产，且均在标签有效期内。液化石油气由中燃发液化气公司赵某负责配送。

2. 事故经过

2014 年 1 月 18 日 11 时 50 分左右，乡家柴火饭店工人梁某在更换液化气瓶时，在未关闭液化气钢瓶阀门的情况下，拧开连接软管更换气瓶，致使液化气钢瓶内的液化气从阀门与软管接口处大量泄漏。发现有液化气泄漏，店主申某立即组织人员疏散，在疏散时突然发生爆炸。

3. 事故原因分析

造成事故的直接原因是，饭店员工梁某在更换液化气瓶时误操作，在未关闭液化气钢瓶阀门的情况下，拧开连接软管更换气瓶，致使液化气钢瓶内的液化气从阀门与软管接口处大量泄漏，遇明火引发爆炸。

造成事故的间接原因：

(1) 企业安全管理不到位。乡家柴火饭店主体责任不落实，安全意识淡薄，燃气使用不当。

(2) 燕郊派出所具体负责辖区消防安全检查工作，在工作中，未按照上级的工作部署抓好落实，工作指导不力，监管不到位。

(3) 燕郊高新区市政管理局对分管工作履行监督检查职责不到位，对乡家柴火饭店燃气使用情况检查流于形式，对隐患排查治理工作要求不严、抓得不实。

(4) 燕郊高新区安监大队在日常监管中，对乡家柴火饭店安全设施不健全、安全制度未建立检查不到位。

4. 事故教训与防范措施

针对此次事故暴露出的问题，事故调查组提出如下建议：

(1) 落实生产经营单位安全生产主体责任

各类生产经营单位要切实加强对生产经营环节特别是危险环节等方面的安全管理工作，建立健全安全生产责任制及规章制度和岗位操作规程，加强对从业人员的岗位培训、安全教育和遵守劳动纪律培训，严格按照操作规程要求作业，增强从业人员反违章意识，在作业中做到“三不伤害”，即不伤害自己、不伤害他人、不被他人伤害，要把

“安全为了生产，生产必须安全”贯彻到生产工序的始终，强化生产经营单位安全生产主体责任的落实。

（2）加强生产经营单位现场安全管理

严格落实生产经营单位进行危险作业时，应当安排专门人员进行现场安全管理，确保操作规程的遵守和安全措施的落实。生产经营单位应当教育员工在生产作业现场作业时，坚持不安全不生产，杜绝违章指挥、违章作业、违反劳动纪律的现象发生，全面提高现场作业人员的安全生产作业技能。

（3）落实有关部门行业监管责任和属地监管责任

要立即开展燃气液化气专项检查与治理，认真贯彻执行有关安全生产的法律法规，加大对辖区内生产经营单位的安全监管力度，及时排查各类安全生产隐患和存在的各种安全问题，强化安全措施，及时消除各类隐患，解决存在的问题，堵塞安全漏洞，有效防范生产安全事故发生。

四、西格玛酒店家具厂密闭铁桶被烘烤爆燃导致的火灾事故

2014 年 1 月 10 日 15 时 30 分左右，霸州市胜芳镇西格玛酒店家具厂发生火灾事故，造成 5 人死亡，直接经济损失 660 万元。

1. 事故单位基本情况

胜芳镇西格玛酒店家具厂位于霸州市胜芳镇开发区，未取得工商营业执照及相关手续，2013 年 2 月投入生产，先期生产投入资金 100 万元，家具厂主要生产酒店专用餐桌、餐椅，固定工人 50 人。该厂房系租赁徐某房屋，占地面积 4 896 m^2，建筑面积 4 400 m^2，东邻道路，西邻永华家具厂，北邻领先家具厂，南邻李培春家具加工厂。

2. 事故经过及救援情况

（1）事故发生经过

2014 年 1 月 10 日下午，西格玛酒店家具厂员工张某和梁某进入粘海绵作业区进行生产作业，梁某喷胶，张某粘海绵。15 时 30 分左右，梁某和张某先后离开作业区，待张某刚走出粘海绵工序作业区的东门口时，小太阳电暖器处发生爆燃。张某迅速跑回爆燃处挪椅子，此时搭在夹层承重钢构上垂下的胶管烧爆，火势迅速蔓延扩大引燃周围海绵，张某跑出去喊人，梁某拿灭火器灭火。但火势已无法控制，并产生大量有毒浓烟。梁某和在隔壁缝纫车间的 4 名女工没有来得及逃离遇难。

（2）事故救援情况

事故发生后，车间工人刘某拨打 119 报警电话。15 时 48 分，胜芳中队接到出动命令后，立即出动 3 辆消防车、12 名消防官兵到场处置。随后，廊坊市公安消防支队指挥中心相继调集霸州中队、码头中队、建设南路中队、大城中队等 8 个中队、15 辆消防车、84 名消防官兵到场增援。

现场迅速成立前沿指挥部，成立了搜救组、灭火组、供水监护组、保障组展开灭火救援。21 时 55 分，经过 6 h 的全力奋战，大火被扑灭。其间救援人员先后在缝纫车间和海绵车间搜出 5 名遇难人员尸体。

3. 事故原因分析

造成事故的直接原因是，小太阳电暖器长时间烘烤东侧密闭铁桶，致使铁桶内蒸气

压力过大，桶盖崩开，桶内有机稀释剂蒸气瞬间大量喷出，遇小太阳电暖器发生爆燃，继而引发火灾。

造成事故的间接原因：

（1）西格玛酒店家具厂安全生产主体责任不落实。该厂管理混乱，岗位职责不清，无安全生产制度和安全操作规程，员工未经安全培训，安全意识淡薄。在明知厂区车间内存放和使用易燃可燃原材料的情况下，违规配置小太阳电暖器取暖。并且工厂安全生产环境恶劣，缺少劳动保护及安全生产措施。同时生产布局不合理，各车间生产工序彼此相连，缺少安全间距，未设置疏散通道和安全出口，员工逃生困难。海绵车间内存放大量海绵致使火灾迅速蔓延扩大，产生大量有毒烟气，造成人员伤亡。

（2）厂房违法出租，安全设施不完备。厂房未设置室内、室外给水系统，厂区内各建筑物之间防火间距不够。将厂房出租给不具备安全生产条件和相应资质的生产经营单位。

（3）地方政府有关职能部门履职不到位。胜芳镇开发区派出所对该厂消防隐患整治监督不力，对其租用的厂房没有经过消防验收这一问题，未依照规定向霸州市消防大队移交。

（4）霸州市消防大队在执行“清剿火患”行动中，未按照上级的工作部署抓好落实，工作指导不力，监管不到位。

（5）胜芳安监分局在日常监管中，对该厂安全设施不健全、安全制度未建立检查不到位，未将其无证无照的情况反馈给相关部门。

4. 事故教训与防范措施

（1）要切实强化企业安全生产主体责任的落实。各类生产经营单位要从根本上强化安全意识，真正落实企业安全生产法定代表人负责制和安全生产主体责任，建立健全并严格执行各项规章制度和安全操作规程，坚决克服重生产、重扩张、重速度、重效益、轻质量、轻安全的思想，切实摆正安全与生产、安全与效益、安全与发展的位置，坚持不以牺牲人的生命为代价去换取企业的产量增长和经济效益。

（2）要求企业依法保证安全生产投入，杜绝偷工减料、降低标准等现象，治理和纠正违章指挥、违章作业、违反劳动纪律的现象；认真持久彻底地排查和治理安全隐患，加强对重大危险源的监控和危险品的管理；加强应急管理尤其要加强应急预案建设和应急演练，提高应对处置事故灾难的能力。

（3）企业要建立健全消防安全管理制度和消防安全组织，明确消防安全第一责任人和相关管理人员职责；保持消防设施完好有效，保持消防通道和安全出口畅通；编制、完善灭火和应急疏散预案并加强演练；加强消防安全培训教育，提高员工扑救初起火灾和引导人员疏散的能力；建立火灾隐患排查治理长效机制，及时排查和治理火灾隐患；主动接受政府有关部门的安全监督管理，切实做好火灾预防工作。